Les Nouveaux Mystères de France

Des mêmes auteurs

Gisèle Vigouroux et Jean-Michel Cosson

Les Grandes Affaires Criminelles du Gard, Éditions De Borée, 2008

Gisèle Vigouroux

Les Grandes Affaires Criminelles des Pyrénées, Éditions De Borée, 2007

Les Grandes Affaires Criminelles de Haute-Garonne, avec Sylvain Larue, Éditions De Borée, 2009

Les Grandes Affaires Criminelles de l'Hérault, Éditions De Borée, 2009

Les Grandes Affaires Criminelles du Tarn-et-Garonne, Éditions De Borée, 2010

Jean-Michel Cosson

Les Mystères de l'Aveyron, Éditions De Borée, 2001

Une Vie oubliée, Éditions De Borée, 2003

Les Nouveaux Mystères de l'Aveyron, Éditions De Borée, 2003

Dictionnaire de l'Aveyron, Éditions Loubatières, 2005

Les Grandes Affaires Criminelles d'Auvergne, avec Jean-Philippe Savignoni, Éditions De Borée, 2005

L'Aveyron vu du ciel, Éditions De Borée, 2008

Les Mystères de France, Éditions De Borée, 2009

Un Siècle de faits divers en Aveyron, Éditions De Borée, 2009

Achevé d'imprimer en U.E. en octobre 2010
Dépôt légal : octobre 2010
ISBN 978-2-8129-0156-0

Gisèle Vigouroux
Jean-Michel Cosson

Les Nouveaux Mystères de France

De Borée
ÉDITIONS

Première partie

Lieux insolites

LIEU INSOLITE : qui se définit hors de l'ordinaire soit par la magie du lieu, soit parce que la main des hommes y a déposé des secrets que notre volonté de savoir et notre désir de découverte tentent de déchiffrer ; soit encore que des murs de ce lieu suintent des faits tragiques qui dépassent la raison humaine.

Des lieux insolites qui permettent donc de voyager différemment ; des lieux incroyables, souvent hors des sentiers battus ; des lieux étranges, au-delà du raisonnable ; fantastiques à trop côtoyer les légendes et les mystères…

Beautés magiques

Brocéliande, forêt enchanteresse

«La forêt est un état d'âme.»

Gaston Bachelard

LA FORÊT a de tout temps exercé sur les hommes une grande fascination. L'obscurité des sous-bois, fermant les portes du ciel aux regards des humains qui s'y égarent, engendre la crainte d'être absorbé par les arbres menaçants capables, dans notre imagination claustrale, de se transformer en êtres surnaturels et maléfiques. Le Petit Poucet fut abandonné à son sort au plus profond de son antre, et c'est encore au cœur d'une de ces clairières que le diable donne rendez-vous pour le sabbat.

Tout autant, la forêt peut se révéler accueillante et protectrice. Ermites et abbayes viennent y chercher la paix de l'âme et le silence propice à la méditation ; les druides y coupent le gui sacré, réputé pour ses vertus médicinales, mais aussi pour chasser les mauvais esprits ; sorciers et marginaux s'y réfugient à l'écart de la civilisation qui les a rejetés ; et les sept nains y bâtissent leur maison avant d'y accueillir Blanche-Neige. Car la forêt est le lieu privilégié des contes. Les bois de Lacaune, entre le Tarn et l'Aveyron, servent de cachette à l'enfant sauvage retrouvé par des bûcherons à la fin du XVIIIe siècle.

Menaçante, mystérieuse, protectrice ou enchanteresse, la forêt reflète ce que l'homme porte en lui de bon et de mauvais, inconsciemment ou non.

En France, nulle autre que la forêt de Brocéliande n'est capable d'exprimer cet univers ambivalent, hautement chargé de significations. La situer se révèle dès le premier abord bien délicat tant les théories se disputent sa localisation à partir de sources divergentes. Force est de reconnaître pourtant, et ceci depuis 1835, que les forêts de Brocéliande et de Paimpont sont un seul et même lieu. Située dans le département d'Ille-et-Vilaine, la commune de Paimpont fut connue dès les temps anciens pour ses forges utilisant le minerai de fer très présent dans son

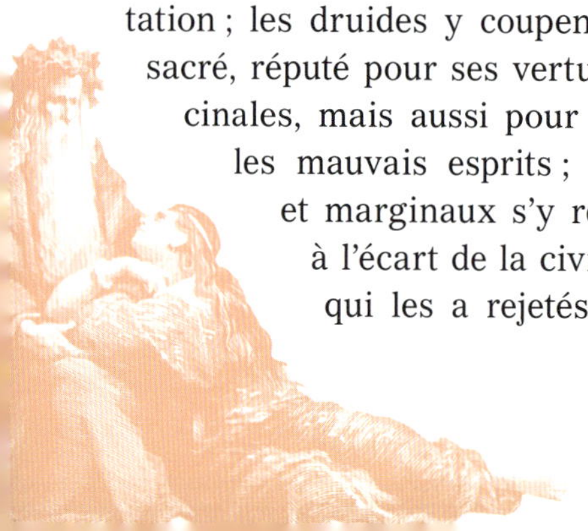

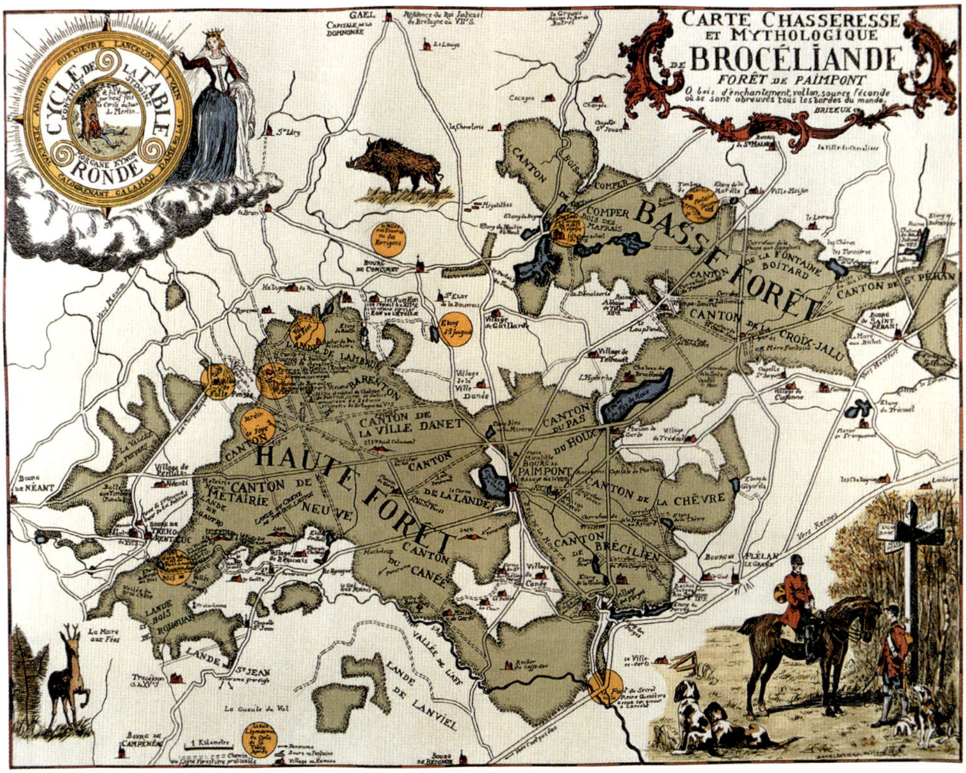

sous-sol, ainsi que par son abbaye fondée au VIIe siècle.
C'est tout autour de ce village que s'exerce la magie des lieux qui transporte les visiteurs au cœur de la légende arthurienne. Comme l'écrit François-René de Chateaubriand, « qui dira le sentiment qu'on éprouve en entrant dans ces forêts aussi vieilles que le monde, et qui seules donnent une idée de la création, telle qu'elle sortit des mains de Dieu ».
À Brocéliande, le merveilleux ne cesse de se mêler à l'Histoire et à l'enchantement de nos pensées. Peut-on y voir, au gré des symboles qui la peuplent, une résurgence de nos mœurs païennes, lointain héritage celtique que la morale chrétienne n'a pas complètement occulté ?

Symbole de la Bretagne mythologique, la forêt de Brocéliande bruisse encore de mystères…

N'est-elle pas l'incarnation naturelle, réelle ou inventée, d'une littérature intemporelle qui, de Chrétien de Troyes aux romantiques du XIXe siècle, a tracé au cœur de cette forêt un chemin initiatique qui nous mène sur les pas de Merlin, de la fée Viviane, des chevaliers de la Table ronde, et de cette fascinante quête du Graal recueillie en Grande-Bretagne par Raoul II de Gaël au XIe siècle, et qui fait encore recette, comme une soif d'espérance ?

La fée Viviane tente de séduire Merlin à l'abri d'un chêne de la forêt de Brocéliande. Lui livrera-t-il tous ses secrets ?

Tel est, en cette ancienne terre sacrée des druides plantée de hêtres et de châtaigniers, parsemée d'étangs et de rochers rouges, le savoir de Merlin l'enchanteur, courtisé par la fée Viviane parce que détenteur du pouvoir de garder l'homme éternellement amoureux ; Viviane qui, pour le malheur du druide épris de sa beauté, l'enferma à jamais dans les neuf cercles d'une prison infranchissable. Trois grosses pierres scellent l'entrée de ce que l'imaginaire a voulu être son tombeau, tandis que la fontaine de Barenton rappelle qu'en ce lieu, Viviane et Merlin se seraient rencontrés pour la première fois. Autant de symboles pour les passionnés de légendes celtiques, tel l'abbé Gillard, curé de Tréhorenteuc et féru

Sur cette gravure de la fin du XIXe siècle, la fée Morgane tente de tuer le roi Arthur. (D. R)

d'ésotérisme, qui consacra dans les années 1940-1950 la restauration de son église à l'évocation fusionnelle des traditions celtiques et de la foi chrétienne, partant de la collecte de légendes encore vivaces dans la mémoire des Bretons pour créer un sanctuaire dédié à la quête du Graal.

Que ceux qui veulent franchir la porte de ces légendes se baignent dans l'étang du Miroir aux Fées, près du Val sans Retour. Ils y trouveront l'harmonie des temps premiers où l'homme vivait en bonne intelligence avec la nature. Car « un pays sans légendes est un pays qui meurt de froid ».

La fée Viviane et l'enchanteur Merlin, représentés sur une gravure de Giraudet (1892). (D. R)

Les pénitents des Mées

« Hâtons-nous de succomber à la tentation
avant qu'elle ne s'éloigne... »

Épicure

La robe ne fait pas le moine

Ils sont tous là, les moinillons, serrés les uns contre les autres, la respiration haletante, le souffle court, les joues rouges. Le capuchon cache leurs yeux écarquillés et leur honte. Les pauvres novices mènent un combat perdu d'avance contre ce méprisable désir d'homme qu'ils croyaient enterré au plus profond de leur être.

Tous les villageois des Mées se sont rassemblés sur le chemin au bord de la Durance. Les prieurs de Paillerols et de Saint-Michel ont invité les jeunes moines à grimper à flanc de colline pour goûter la soumission de ce libertin de chevalier Rimbaud.

Partis une vingtaine de France, les Sarrasins avaient trouvé la région si belle qu'ils se sont installés ici, entre ciel et montagne, avec le Buech d'un côté et le Jabron de l'autre.

Ils sont maintenant une centaine à occuper les terres, après avoir égorgé les propriétaires. Sortis d'on ne sait où, montés sur leurs fringants chevaux, ils se ruent sur les châtellenies, violent et tuent en poussant des cris de barbares. Rien ne résiste à la sauvagerie de ces infidèles qui sèment le malheur dans toute la région.

Deux valeureux seigneurs décident de partir en croisade pour en finir avec ces exactions peu catholiques. Rimbaud des Mées et Bevons de Noyers, armés jusqu'aux dents, choisissent de concert un plan de bataille audacieux, empruntant à leurs ennemis une méthode ayant prouvé son efficacité. Ainsi, par une nuit sans lune, fiers sur leurs destriers, ils foncent par surprise sur les infidèles, maniant l'épée avec tant de force et de virtuosité que la place est nette en un rien de temps.

Nos deux héros pensent alors à se reposer le reste de la nuit, avant de repartir vers leurs nobles dames, lesquelles, privées de leurs amants, se meurent assurément d'ennui.

Sulfureuses prisonnières

Une étrange mélodie et une odeur troublante à nulle autre pareille les orientent vers la large porte qui se trouve au fond d'un sombre couloir. Curieux tout autant que rompus, ils poussent le lourd vantail, tandis que d'une encoignure de la pièce une mélopée sensuelle s'élève. Dans un réflexe de guerrier, ils tirent leur épée. C'est alors que dans un bruissement de soie, sept jeunes filles se jettent à leurs pieds. Il est bien connu que les chevaliers ne tuent pas les dames,

Reconnaissez-vous le prieur de Paillerols ? (Photo Christine Maurin.)

eussent-elles le visage brunâtre. Leurs yeux s'habituant peu à peu à l'obscurité, ils découvrent le plus joli tableau qui soit : enveloppées de soieries, les Mauresques à genoux demandent grâce, leurs grands yeux noirs implorant leur pitié. Or ce n'est précisément pas de la pitié que les preux chevaliers ressentent à ce moment précis. La beauté exotique de ces musulmanes dont la nudité est à peine voilée et les senteurs épicées qu'exhalent leurs corps aux courbes voluptueuses embrouillent leurs pensées ; si le code de la chevalerie empêche la goujaterie envers les chrétiennes, il ne prévoit rien, en revanche, pour les infidèles. On ne saura rien de la fin de la nuit… Au petit matin, incapables de prendre une décision, il est décidé que seul Rimbaud les conduira aux Mées et les expédiera en radeau sur la Durance jusqu'en Arles, où les autorités compétentes statueront sur leur sort.

«Plus a le diable, plus veut avoir»

Rimbaud est un ardent seigneur, bien bâti, mesurant au moins cinq pieds et sept pouces ; ses épaules sont larges, ses jambes épaisses et sa figure rubiconde, comme l'est souvent celle des hommes qui aiment la bonne chère et les plaisirs de la vie en général.

Sa réputation est des meilleures mais présentement, de bien vilaines pensées vont le détourner du droit chemin. Prétextant que la Durance est trop haute, il retarde son arrivée aux Mées et s'installe avec ses prisonnières dans sa vaste demeure sise entre Dabisse et Oraison. Puis les jours passent sans que jamais le seigneur des Mées ne s'aventure hors du château. L'aventure fait jaser ; les dames très pieuses du pays sont scandalisées ; les gentilshommes obsédés par des rêves impies de voluptueuses bacchanales délaissent leur domaine, perdent le sommeil et vendraient volontiers femmes et cochons pour être à la place de ce mécréant de Rimbaud.

La procession des pénitents...

Les médisances ne tardent pas à arriver à l'oreille du moine Donat, saint homme au jugement aiguisé, qui comprend rapidement que l'égarement d'un seul est de nature à disperser l'ensemble du troupeau. L'heure est grave et aux matines sonnantes, il envoie une missive au prieur de Paillerols, lui ordonnant de voler au secours de la morale bafouée.

Rimbaud reçoit l'abbé sans aménité et le prie, en des termes mortifiants, de retourner à ses ouailles.

Le passage incessant des curieux devant les grilles du domaine va cependant le contraindre à plus de sagesse et, profitant d'une nuit sans lune, il reprend la route des Mées accompagné, on s'en doute, des belles Sarrasines.

Le prieur de Paillerols et celui de Saint-Michel, venu en renfort, promettent au grand pécheur les foudres de l'enfer s'il ne se sépare pas au plus vite des diablesses qui l'ont sûrement ensorcelé. À bout d'arguments, ils brandissent l'arme suprême de l'excommunication au moment même où Rimbaud, au bord de l'apoplexie, s'apprête à les précipiter dans la Durance. Le coup est rude ; Rimbaud s'imagine la cérémonie effrayante au cours de laquelle douze prêtres, une torche à la main, proféreraient contre lui anathèmes et malédictions. La cloche de la chapelle Saint-Roch sonnerait sa disgrâce, il devrait fuir... Son regard se porte alors sur les sept merveilles allongées sur des coussins, lascives, offertes. Son hésitation est déjà une capitulation ; son corps est fatigué de toutes ces nuits sans sommeil. À vrai dire, il n'en peut plus !

Autant en emporte la Durance

Ils sont venus, ils sont tous là, pour assister au départ des Sarrasines. Les bigotes se signent. Les mêmes qui transpiraient en imaginant la débauche de Rimbaud vocifèrent et beuglent des insultes. Véritables tartuffes libidineux, ils dévorent du regard les belles dont les corps serrés invitent à la plus grande des jouissances. Elles avancent, fières sous leurs voiles scintillants dont la transparence indécente laisse deviner des courbes parfaites. Les voilà qui embarquent sur le radeau. Un silence profond envahit soudain la vallée. L'air étouffant de cette fin d'été n'est pas le seul responsable de l'oppression qui bloque les respirations.

Métamorphosés en rochers encapuchonnés de plus de cent mètres de haut, les moines dominent la Durance pour l'éternité, expiant à jamais le péché de concupiscence. (Photo Christine Maurin.)

Sur la colline, les jeunes moines sentent inexorablement la tentation de la chair vaincre leurs dernières défenses spirituelles. Ils transpirent abondamment et pour un peu plongeraient dans la rivière dont Jean Giono dira, quelques siècles plus tard, qu'« elle est dans la plaine comme une branche de figuier ».

De l'autre côté de la Durance, l'ermite de Lure veille. Donat épie les prieurs de Saint-Michel et de Paillerols, lesquels, tout comme les moinillons, vivent un véritable supplice. Les patenôtres n'y font plus rien. Les pensées impures ont irrémédiablement souillé le cœur des religieux ; le Malin n'a plus qu'à s'emparer de leur âme...

Donat devient blanc comme linge. Dans sa solitude, il a enseigné à son esprit à vaincre la matière. Il hésite. Le rire sardonique de Satan explose ses oreilles. Le temps est venu...

Le châtiment

L'ermite ferme les yeux, puis serre convulsivement le crucifix de ses doigts noueux. Ses lèvres marmonnent d'inintelligibles paroles. Alors, il dirige la pointe de la croix vers la colline. Un roulement de tonnerre répond à son signal. La terre tremble. Terrorisés, les villageois s'allongent à terre ; les moines n'en ont pas le temps... Dans un fracas de tous les diables, voilà que le charnel est devenu minéral. Les corps passent de la violence du désir à l'immobilité de la mort. Les âmes des religieux, prisonnières d'une gangue de pierre, échappent ainsi à la convoitise du démon.

Métamorphosés en rochers encapuchonnés de plus de cent mètres, les moines de Saint-Michel et Paillerols, vêtus de leur robe de bure, dominent pour l'éternité la Durance, expiant à jamais le grave péché de concupiscence.

Le touriste averti, cheminant entre les monts et merveilles de Haute-Provence, reconnaîtra, au milieu de cette étrange procession, le prieur de Paillerols à la croix de bois accrochée au rocher.

Dans un fracas de tous les diables, le charnel devint minéral. L'âme des religieux, prisonnière d'une gangue de pierre, a échappé à la convoitise du démon. (Photo Christine Maurin.)

La main des hommes

Les mystérieuses gravures de la vallée des Merveilles

«Tout homme a, a eu ou aura besoin d'un dessin pour faire passer son message.»

Helbé

DANS LE MASSIF du Mercantour, à quatre-vingts kilomètres au nord de Nice, le mont Bégo (2 872 mètres) domine de larges vallées parallèles orientées nord-sud, constituées de lacs, de forêts de mélèzes, d'affleurements rocheux et d'énormes blocs erratiques qui donnent à ce lieu un aspect mystérieux et envoûtant.

Le 10 octobre 1718 avant notre ère, lorsque le soleil levant enflamme l'horizon, la lune toute proche semble l'attendre. Puis, lentement, l'astre solaire se glisse derrière elle, obscurcissant la Terre et faisant chuter les températures. Au sommet du mont Bégo, les agriculteurs ligures, à la fois craintifs et admiratifs, observent le phénomène.

Les tribus, depuis des générations, examinent la course de la lune et du soleil dans le ciel, puis gravent dans la pierre de ces vallées la conclusion de leurs observations, au point d'en faire un véritable observatoire astronomique, une nomenclature de leurs connaissances cosmiques, mais également un site d'adoration des divinités célestes mêlées à des images de leur vie quotidienne.

Aussi, les jours suivant cette éclipse annulaire du soleil, vont-ils s'ingénier à reproduire dans la roche leurs constatations, nous offrant des gravures rupestres par milliers, qui ne cessent d'interroger les plus grands spécialistes. Des témoignages merveilleux incrustés dans la roche, tel un grand livre ouvert au ciel, s'étalent sur une trentaine de kilomètres carrés pour nous dire leurs vies et leurs croyances, alliance de la fécondation des cultures par leurs dieux et de la fertilité de la terre.

La vallée des Merveilles se situe au cœur du parc national du Mercantour, dans le département des Alpes-Maritimes.
(Coll. particulière.)

Dans ce décor dantesque, ce culte sacré est longtemps demeuré ignoré des hommes. Ce n'est qu'à la fin de la Renaissance, vers 1650, que l'historien Gioffredo en mentionne pour la première fois l'existence, sans pour autant fournir une explication. Deux siècles plus tard, en 1879, le botaniste anglais Clarence Bicknell dresse une première liste de onze mille gravures. Le site est tellement prodigieux qu'il y consacre une grande partie de sa carrière, comme ceux qui lui succèdent sur le site d'ailleurs. L'Italien Carlo Conti, entre 1942 et 1955, apporte des précisions sur la vie quotidienne et les coutumes des agriculteurs du mont Bégo. Quant au professeur Henri de Lumley et ses équipes d'archéologues, ils parviennent, de 1967 à 1998, à dresser, en dépit de la complexité d'interprétation, un inventaire des gravures et des figures, estimées aujourd'hui à une centaine de milliers, faisant des vallées des Merveilles et de Fontanalba des sites archéologiques majeurs en Europe.

Les gravures, datant de 2 400 av. J.-C. à 1 700 av. J.-C. pour les plus nombreuses, mais qui peuvent aussi remonter pour certaines à l'époque romaine et au haut Moyen Âge, se répartissent en quatre groupes : les figures cornues font référence aux dieux de la fertilité, tels le taureau ou le cerf ; des figures anthropomorphes encore mystérieuses laissent la part belle à de multiples explications ; les armes et les outils agricoles sont autant de témoignages de leur quotidien ; les figures géométriques, enfin, conservent encore tous leurs secrets.

Le « chef de tribu », avec ses bras en croix, désigne-t-il l'axe nord-sud ? La « roche du 6 août » décrit-elle la course du soleil sur une année ? Les cercles concentriques, sur cette même roche, désignent-ils la constellation du Capricorne ? C'est l'interprétation qu'en tire l'anthropologue Chantal Jègues-Wolkiewiez dans les années 1990, voyant en cette vallée des Merveilles un centre d'interprétation astronomique certainement mêlé à un pèlerinage religieux voué à l'imploration des dieux, dont le sommet de l'impressionnant mont Bégo devait être l'étape ultime, le lieu de consécration.

L'insondable enceinte du mont Sainte-Odile

«Pour que la matière ait tant de pouvoir,
il faut qu'elle contienne un esprit.»

Gustave Flaubert

LE MONT SAINTE-ODILE est revenu au cœur de l'actualité le 20 janvier 1992, à 19 h 20, lorsqu'un Airbus A 320 s'est écrasé à proximité, faisant quatre-vingt-sept morts et seulement neuf survivants.

Sur ce site dédié à la patronne des aveugles, connue pour apporter la lumière, court une étrange enceinte d'une dizaine de kilomètres, haute de trois à quatre mètres et large de deux mètres, formée d'énormes blocs cyclopéens au nombre de trois cent mille.

À une époque encore mal déterminée s'ouvrit en ce lieu un formidable chantier qui exigea une main-d'œuvre abondante – près de mille personnes –, sur un laps de temps relativement long, eu égard au gigantisme de cette enceinte, considérée comme le plus important ouvrage mégalithique d'Europe.

Sur le mont Sainte-Odile, l'emplacement actuel du monastère était peut-être autrefois dédié à un culte solaire.

Car, autant l'avouer, les archéologues se heurtent à un double mur quand il s'agit de dater cette construction et sa fonction initiale. Longtemps, l'hypothèse la plus communément admise concède la présence d'un oppidum d'origine gauloise ou romaine, avec une

Le mur païen...

possibilité de restauration au temps des invasions barbares. En 2001, toutefois, la datation de tenons en bois, prélevés entre 1873 et 1875 sur le mur et conservés depuis au service archéologique des Affaires culturelles d'Alsace, laisse à penser qu'ils remonteraient à la fin du VIIe siècle ou au début du VIIIe siècle, relançant ainsi le débat sur l'énigmatique enceinte. Sauf que cette hypothèse est largement contestée, ces tenons pouvant avoir été utilisés postérieurement à la construction initiale, à l'occasion de travaux de restauration. On se perd en conjectures, d'autant que les partisans d'un culte cosmique ne manquent pas de prendre position dans cette affaire, estimant que ce mur païen date de l'âge du bronze et qu'il délimitait alors un temple voué au culte solaire et à la lumière, que les autorités auraient christianisé par la suite en y implantant celui de sainte Odile. Une théorie à laquelle s'opposent les archéologues favorables à une enceinte défensive, lieu de refuge des populations autochtones. Or, dans ce cas précis, il aurait fallu une armée particulièrement fournie pour en assurer la défense. *Errare humanum est !*

Quoi qu'il en soit, le mur païen, ainsi nommé par le pape Léon IX au IXe siècle, n'a guère révélé d'informations pouvant permettre d'étayer l'une ou l'autre thèse. L'absence d'eau laisse circonspect quant à une présence humaine importante venue s'y réfugier, et aucune trace de combats, d'habitats ou de matériaux n'a été relevée sur le site. Un véritable mur du silence qui permet aux hypothèses les plus farfelues (piste d'atterrissage pour Martiens ayant le mal de l'air...) de s'exprimer et de faire de cette enceinte un lieu tellurique chargé d'ondes magnétiques où d'étranges cérémonies se tiennent clandestinement.

Classé monument historique depuis 1840, le mur du mont Sainte-Odile a subi l'outrage du temps, et des hommes surtout, attirés pour réutiliser ses blocs cyclopéens. Le mystère qui l'entoure lui a sans aucun doute permis d'être préservé dans l'attente que la lumière nous éclaire sur son origine et sa fonction. Sainte Odile a encore du travail !

Depuis le sommet de la nouvelle tour du monastère, la statue de sainte Odile bénit l'Alsace...

Les sculpteurs anonymes de Dénezé-sous-Doué et du Jugement dernier de Brantôme

« Le beau est toujours bizarre. Je dis qu'il contient toujours un peu de bizarrerie, de bizarrerie naïve, non voulue, inconsciente… »

Charles Baudelaire

DANS le Maine-et-Loire, sur la commune de Dénezé-sous-Doué, les statues souterraines qui ornent les murs de la caverne laissent transparaître, à la lueur de bougies vacillantes, des figures brutes, figées dans leurs expressions grotesques, alignées autour d'un puits. Quatre cents statues de petite taille semblent danser, la bouche ouverte et grimaçante pour certaines, malicieuses pour d'autres, dans des attitudes parfois érotiques qui ne manquent pas de surprendre ; figures monstrueuses où peut se lire la douleur : scène impie où un Christ vivant s'allonge sur les cuisses dénudées d'une femme.

Une ribambelle de visages aux yeux globuleux sortis de quelle imagination ?

« Au village du Mousseau existent des caves curieuses mais que des murs, malheureusement, interceptent par suite du morcellement des propriétés. J'y ai vu, dans la partie qui dépend de la cure, toute une imagerie

De ces énigmatiques visages, notre regard n'a pas encore percé le secret… (Photo mairie de Dénezé-sous-Doué.)

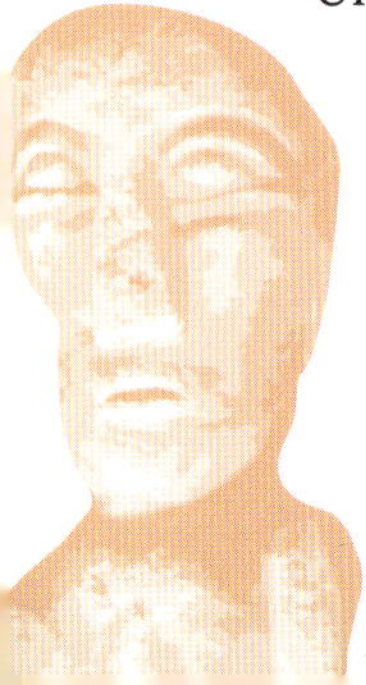

Les quatre cents statues de Dénezé-sous-Doué sont considérées comme un chef-d'œuvre de l'art populaire. (Photo mairie de Dénezé-sous-Doué.)

découpée en plein tuffeau, notamment une femme colossale assise et, à côté, mais d'une main différente, deux autres personnages et une croix, le tout, ce me semble, bien moderne, tout au plus du XVIIe siècle. »

Énigmatiques visages

Sur la description de ces étranges sculptures, parue au XIXe siècle, Célestin Port n'en dit pas plus, laissant aux archéologues Jeanne et Camille Fraysse le soin de redécouvrir ces caves en 1956 et de poser les premières hypothèses, vite remises en question par d'autres chercheurs.

Perçu comme le domaine de la mort, le monde souterrain a toujours fasciné les hommes, soit par la peur qu'engendre l'obscurité, soit par son rôle de refuge pour pratiquer des cultes clandestins. Qui étaient donc ce ou ces sculpteurs anonymes qui ont gravé dans le tuffeau ce chef-d'œuvre considéré comme l'une des plus belles représentations de l'art populaire ? De simples tailleurs de pierre implantés dans la région, réunis en confrérie secrète dans cette caverne, afin de perpétuer leur art ? À moins que dans ce XVIIe siècle décadent, ils aient voulu dénoncer les mœurs perverties de la cour royale ? Car il semble bien que ces statues remontent à l'époque de la Renaissance. Les tenues vestimentaires en font foi : seins nus apparents dans le décolleté des robes, hauts-de-chausses caractéristiques de la période des Valois, port de la fraise pour les hommes et du caleçon chez les femmes. Pour d'autres chercheurs, qui s'appuient sur le cercle des figures organisées autour du puits, il s'agirait plutôt d'un rituel autour de l'eau, symbole de fécondité mais aussi de guérison. Dans une grande cérémonie, la souffrance des malades infirmes venus pour se soigner (mère baignant son enfant dans l'eau miraculeuse, scrofuleux...) se joint à la félicité de ceux qui ont retrouvé la santé. Selon d'autres historiens, une secte hérétique aurait pu occuper cette cave, y célébrant un culte initiatique et orgiaque, à moins que ces créatures n'aient été que l'œuvre d'un seul

Mysterieuse idole qui se dresse, tel un totem, au-dessus de la scène du triomphe de la mort. (Photo mairie de Brantôme.)

personnage, lequel, à la manière du facteur Cheval, aurait sculpté, jour après jour, nuit après nuit, dans le silence et la demi-obscurité, l'œuvre de sa vie.

Les postures obscènes et les différents types de faciès peuvent aussi avoir un rapport avec un grand défilé carnavalesque. Or nous savons par Rabelais qu'il existait des «jeuz» à Dénezé-sous-Doué, où érotisme, paillardise et diableries faisaient bon ménage. Ces frises souterraines ne seraient alors que la représentation sculptée de ces «jeuz», peut-être à la suite de leur interdiction par la religion.

Figés dans le tuffeau, ces énigmatiques visages ne sont-ils pas simplement le reflet de nos personnalités : félicité, peur et angoisse de la vie et de la mort ?

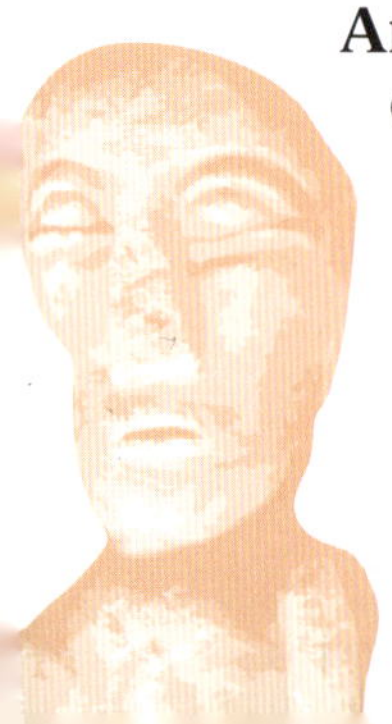

Art populaire ou culte hérésiarque ?

Brantôme, aux airs de petite Venise du Périgord, est riche d'une abbaye bénédictine troglodytique fondée par Charlemagne, en 769, appelée à tort «grotte du Jugement dernier». Elle renferme deux hauts-reliefs qui sont loin d'avoir livré tous leurs secrets, se composant de deux fresques découvertes au milieu du XIXe siècle et pouvant remonter à la fin du XVe siècle. Dans la partie la plus haute, une idole, peut-être d'origine païenne, se dresse, tel un totem, entourée d'un ange en vol et de deux personnages agenouillés. À ses pieds se joue la scène du triomphe de la mort, où plusieurs personnages, figurés par leurs visages et issus de diverses classes sociales, dansent avec la

La scène du Jugement dernier fait face à la fresque du triomphe de la mort. (Photo mairie de Brantôme.)

Faucheuse, démontrant l'inéluctabilité du passage dans l'au-delà et la puissance d'un Dieu dominant le monde des vivants et des trépassés.
Plus classique est la scène qui lui fait face, sculptée sur la paroi, où l'on voit Jésus crucifié entouré de Marie, de l'apôtre Jean et de Marie-Madeleine étreignant la croix ; un moine assis et un personnage agenouillé complètent ce panneau, sans doute postérieur au triomphe de la mort.
Comme dans la caverne de Dénezé-sous-Doué, les hypothèses s'ajoutent les unes aux autres, sans convaincre tout à fait, faute de véritables preuves. Art populaire dû à un sculpteur anonyme mêlant paganisme et christianisme, ou culte hérésiarque d'hommes favorables à une vie humble et discrète, loin des fastes de l'Église ? La question restera-t-elle sans retour, comme le voyage après la vie ?

Le clocher campanile surplombe l'abbatiale de Brantôme, baignée par la Dronne, donnant à la cité un air de petite Venise.
(Coll. O. T. de Brantôme.)

Le corps de garde et la tour ronde dépendaient de l'abbaye Saint-Pierre de Brantôme.
(Coll. O. T. de Brantôme.)

Sainte-Marie de Vals, singulière et énigmatique

« L'architecture est le grand livre de l'humanité,
l'expression principale de l'homme
à ses divers états de développement,
soit comme force, soit comme intelligence. »

Victor Hugo

COMBIEN il a raison, le touriste curieux qui, après avoir été séduit par la belle bastide médiévale de Mirepoix, au cœur du pays cathare, s'aventure dans la moyenne vallée de l'Hers, puis quitte la départementale 119 sur les conseils d'un modeste panneau : « Église rupestre de Vals », l'invitant à suivre une route sinueuse d'où il aperçoit déjà une tour, plus donjon féodal que clocher...

L'église primitive

Habitué à d'autres coutumes lors de ses pérégrinations estivales, le touriste est d'abord surpris de la gratuité et de la simplicité des lieux : ici, aucune de ces machines avides de pièces qui découragent la flânerie et dénaturent bien des sites ; ici, pas de marchands de cartes postales ni de souvenirs « made in China » ; ici, le temps est offert, il suffit d'ouvrir les yeux... Vals vous attend, à peine conscient du trésor qui, depuis plus de mille ans, veille à la tranquillité de la vallée. Intimement enfouie dans la roche, s'extirpant massivement du poudingue, l'église n'en finit pas de délivrer ses mystères.

Une affichette sur la porte en chêne engage à ne pas oublier le chat à l'intérieur dès la fin de la visite... L'incongruité de l'information amuse ; on pousse la porte et, immédiatement, la gorge se serre, l'étrangeté des lieux appelle une première émotion, suivie de bien d'autres.

Le voyageur pénètre dans le ventre de la Terre, dans la profondeur de son intimité, à l'intérieur même d'un long boyau de pierre chichement éclairé par une ouverture dérisoire au-dessus de la porte. Son regard étonné se porte sur les parois rocheuses resserrées, sur les vingt-trois marches de pierre en coude qu'il va grimper pour découvrir ce monde de l'étrange qui, déjà, l'ensorcelle.

L'étrange entrée de l'église. Le voyageur pénètre dans le ventre de la terre par un long boyau de pierre...

Encore une lourde porte sur laquelle, plus prosaïquement, sont affichés les horaires des offices, et les yeux incrédules découvrent l'église primitive, la carolingienne, celle que l'on nomme à tort la crypte. La roche forme les murs du chœur, et les contreforts reliés par des arcades rondes trahissent une maçonnerie du Xe siècle, avec de part et d'autre, taillées dans le poudingue, des chapelles rectangulaires. Il est écrit que la seule fonction de ces arcades est de soutenir le plancher de l'autre église, celle située à l'étage supérieur, mais d'autres continuent à penser que l'édifice a été aménagé dans le rocher dès l'époque préromane, lorsqu'il s'agissait de christianiser les esprits simples à l'aide d'une mise en scène

Cuve baptismale, merveilleuse conque posée sur du grès rose.

propice à chasser le paganisme. L'œil est sollicité de toute part ; il oublierait presque la cuve baptismale, à droite en entrant, merveilleuse conque posée sur du grès rose. Un peu plus loin, un rayon de lumière dévoile une inscription sur une dalle funéraire : « Dame Germaine de Cases, comtesse de Lascaris-Vintimille. Décédée le 5 septembre 1760. » Le voyageur ne saura rien de cette noble dame ni de cette autre : « Françoise de Serres, épouse de Jean de Cases, qui fut conseiller au présidial de Pamiers. »

Les fresques

Puis la rêverie, soudain, cesse ; le regard est happé par un autre spectacle, fascinant, là-haut sur les murs : les grands yeux en amande de saint Pierre fixent le touriste, monopolisant son attention un long moment, avant de la libérer pour qu'il puisse apprécier l'ensemble de l'œuvre. Le visiteur est étourdi par tant de beauté ; la tête lui tourne. Une ivresse où se mêlent étonnement et exaltation l'oblige à s'asseoir. Le temps s'est arrêté, ils sont tous là, réunis dans une fresque magnifique née du talent d'un peintre roman épris d'art byzantin. Les visages sont figés, et pourtant ces personnages bibliques à l'allure hiératique semblent fouiller au plus profond de son intimité, dérangeant l'insouciance programmée de ses vacances estivales. Le vacancier devine que l'abside entière était recouverte de peintures, celles de la voûte en berceau sont les mieux conservées. Là, c'est le Christ glorieux dans une mandorle rouge, assis sur un arc-en-ciel, la main droite levée, qui annonce le Jugement dernier. En dessous,

Intimement enfouie dans la roche,
l'église de Vals s'extirpe massivement du poudingue.

deux groupes de trois hommes ailés ont résisté à l'effacement. On reconnaît saint Michel en habit d'apparat, menaçant de sa lance le dragon rampant à ses pieds ; sur sa tête triomphe le taureau ailé de saint Luc. Les deux archanges sont ici dans leur fonction d'avocat ; un chérubin richement ailé manie deux encensoirs. Plus au sud, à la gauche du Père, deux anges entourent un séraphin.

Le cortège des apôtres occupe la travée centrale. Il retrouve le regard puissant de saint Pierre, le premier apparu. De la main gauche, il porte les clés du paradis ; saint André présente une croix de sa main droite et bénit les pécheurs de sa main gauche. Les autres, que le promeneur profane ne reconnaît pas, élèvent dans leur main gauche le livre de la Vérité.

Il fallait bien une Annonciation dans ce sanctuaire dédié à la Vierge. Sur la travée, près du chevet, se détachent les lettres bien visibles : « *Missus est angelus Gabriel ad Mariam virginem.* » Gabriel annonce à Marie sa divine gestation et, dans un geste d'acceptation, elle présente ses mains. Mélange subtil de merveilleux et d'histoire, un ange survole la scène en s'inclinant profondément. L'intention de capter les esprits moyenâgeux des villageois est omniprésente.

La scène de la Nativité est peut-être la plus émouvante. Deux sages-femmes baignent l'enfant Jésus dans une cuve. Juste au-dessus, Marie, allongée dans un lit aux draps parés de médaillons, tend sa main vers l'enfant. Le tableau est charmant.

Ici et là, quelques inscriptions, un pan de manteau et une main émergent du fond des temps sur les murs de pierre. Un visage demeurant inconnu trouble le visiteur qui l'observe. De l'Adoration des mages ne reste que la tête de la Vierge, l'étoile en forme de marguerite et Balthazar, orphelin des deux autres depuis le percement d'une fenêtre vers le XIVe ou le XVe siècle... Soudain, un remarquable visage du Christ, l'air triste et sévère, interrompt la méditation. La puissance de l'image exalte l'imaginaire ; le style est différent et semble accréditer la thèse de plusieurs mains qui se seraient succédé du XIe au XIIIe siècle. L'estivant s'étonne de l'absence du bleu et du vert, tandis que le noir, le rouge, le gris, le jaune et le blanc sont largement employés par les artistes. La lecture de documents édités par les Amis de Vals lui enseignera que ce sont là des preuves de l'ancienneté de l'œuvre. Il apprendra aussi que c'est l'abbé Durand qui, autorisé par les Beaux-Arts, a décapé les murs noyés par plusieurs couches de plâtre en 1954, avant que les fresques soient magnifiquement restaurées par Jean-Marc Stouffs en 2006.

Le curé de Vals a reconnu dans ces peintures l'influence de la Catalogne espagnole, et plus précisément du Maître, artiste anonyme espagnol, qui a transposé l'iconographie byzantine sur les murs de l'église San Quirce à Pedret, vers le milieu du XIIe siècle.

Voilà plus de deux heures que le promeneur solitaire est sous le charme de tous les saints, quand un groupe volubile l'arrache à sa contemplation.

Il sait déjà qu'en grimpant les quelques marches qui jouxtent l'abside, l'enchantement va continuer.

La beauté des fresques de l'église de Vals émerveille le promeneur. Saint Pierre et saint André occupent la travée centrale.

L'étrange nef

Tout ici est insolite. La nef semble sortie du poudingue, mais les roches servent toujours d'appui à l'élévation de l'édifice dont on devine l'histoire chaotique. Il reconnaît le même procédé de construction utilisé dans la « crypte », quand de façon inattendue les pierres cassées au marteau laissent place à un enduit lisse de grès jaune. Que s'est-il passé qui aurait occasionné une telle restauration ? Incendie ? Affaissement ?

L'imagination vagabonde devine, aux restes de génoise sur le mur méridional et à quelques traces des rampants du toit sur le mur oriental, qu'autrefois, une toiture basse recouvrait cette nef. Des transformations sont visibles, réalisées au cours des siècles. Plusieurs styles se confondent. La guerre cathare, celle

de Cent Ans, un nouvel incendie plus grave au XVIe siècle jusqu'à cette fin du XIXe siècle où une marquise fit surélever les murs ont refaçonné de façon inégale cette nef qualifiée de supérieure, éclairée grâce à la générosité de ladite marquise par deux vitraux représentant saint Loup et saint Georges.
Le site n'en finit pas de surprendre le visiteur curieux qui découvre avec émotion quelques mots gravés sur un « panonceau de bois, au crayon de charpentier » : « Et sait lui-même qui a fait sète voute. » La digne fierté de cet artisan de Vals, heureux de son travail réussi, le trouble et l'interpelle sur les dérives impatientes et marchandes de ce XXIe siècle débutant.

La tour : clocher ou donjon ?

Au fond de la nef, il suffit au promeneur de monter quelques marches d'un escalier en bois pour un nouvel enchantement. La perfection du plein cintre, la pureté des deux ouvertures typiques et la petite abside semi-circulaire voûtée en cul-de-four font de cette nouvelle chapelle un bijou de l'art roman dédié à saint Michel, selon une ancienne tradition chrétienne qui confiait à ce saint la protection des églises mariales. Isolée du reste de l'édifice à l'origine, elle fait désormais partie intégrante de la tour massive qui domine le village. Tour quadrangulaire, aux grès jaunes et rouges, construite au Moyen Âge pour protéger les habitants des incursions des routiers, ces bandits à la réputation redoutable qui opéraient pendant la guerre de Cent Ans. Tour devenue clocher qui « se dresse comme la vigie avant d'un navire en route vers la mer du Sud », rappelant aux croyants leur devoir de prière et invitant le flâneur à grimper encore quelques marches pour accéder à la terrasse suspendue au flanc de la colline du Rahus. Le touriste est alors assommé par la beauté à couper le souffle du panorama : des Pyrénées, à la fois si proches et si lointaines, aux méandres de l'Hers, son regard embrasse maintenant le village ramassé autour de la place et se pose sur le site encore bien énigmatique du Rahus, tout en bas de l'église.

Les fouilles n'ont pas encore délivré tous les secrets des cabanes carolingiennes ni du temple gaulois, et l'homme mélancolique s'imagine archéologue pour recueillir les confidences des vestiges témoins d'un passé encore bien discret pour les savants passionnés par ce site, un des plus anciens de la belle Ariège et certainement le plus mystérieux.

Accoudé au créneau, le touriste s'oublie dans une douce rêverie, imprégné par la vie intense qui s'échappe de chaque pierre depuis plus de mille ans. Tragédies, fêtes, larmes de sang et larmes de joie sont intimement liées en fragments d'infinies sensations qui transpirent de ce lieu mémoire. S'impose à lui la nécessaire humilité face à la force séculaire de l'édifice. Son esprit vagabond remonte le temps, celui du paganisme et du religieux ; il est compagnon maçon, charpentier, peintre, chevalier amoureux d'une énigmatique marquise qui ressemble étrangement à cette femme dont le doux souvenir le hante et qu'il n'a pas su aimer…

Le silence le réveille de sa torpeur ; il jette un coup d'œil au clocheton surmonté d'une croix, d'une girouette et d'une étoile en fer forgé : la facture est de toute évidence plus moderne.

Voyageur à l'envers, il descend les marches, s'attarde encore sur le beau visage du Christ de Vals, se laisse envoûter par le regard fascinant de saint Pierre, s'enfonce à nouveau dans les entrailles de la montagne.

Il est alors temps d'ouvrir la lourde porte de chêne avec un dernier regard vers l'intérieur, pour s'assurer qu'aucun chat ne perturbera la nuit des maîtres des lieux qu'il imagine reprenant, à chaque coucher de soleil, l'entière possession de l'étrange église.

Les fouilles n'ont pas encore livré tous leurs secrets… Ici, des cabanes carolingiennes.

L’alchimie des lieux

«Le miracle de l’alchimie correspond à la nature la plus fondamentale de l’homme, celle de concilier d’une façon vivante et absolue avec tout ce qui est.»

Marie-Madeleine Davy

Nicolas Flamel et la pierre philosophale

«Le vrai trésor de l’homme est la verte jeunesse. Le reste de nos ans ne sont que des hivers.»

Pierre de Ronsard

L’ALCHIMIE, considérée comme une «science farfelue» par les scientifiques du XIXe siècle, obéit à la volonté de l’homme de découvrir l’élixir de la jeunesse éternelle (le liquide) et de transformer les métaux les plus communs en or (le solide), grâce à la pierre philosophale. Vieux rêve de l’homme que celui de «maîtriser et de transformer la matière», finalement appliqué en France au XXe siècle par les savants travaillant sur le nucléaire et les accélérateurs de particules.

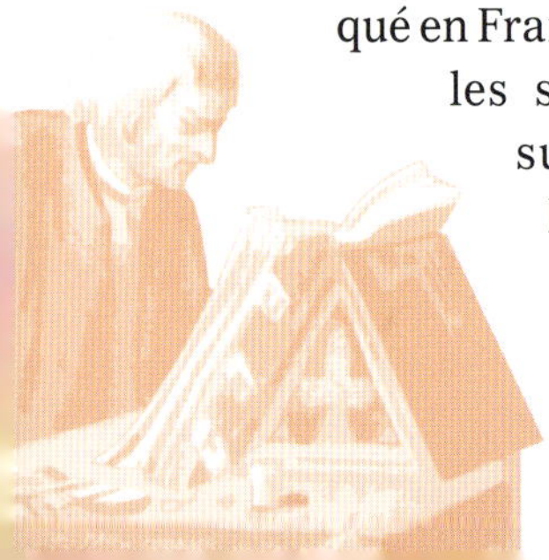

D’étranges cabinets

Au XIIe siècle, les échanges culturels entre chrétiens d’Occident et musulmans sont nombreux, les premiers empruntant au monde arabe ses connaissances dans des domaines aussi variés que la médecine, l’astronomie, les mathématiques et l’alchimie, dont le savoir lui a été transmis depuis l’Antiquité.

Cet héritage de savoirs connaît un véritablement engouement en Europe dans les siècles suivants. D’étranges laboratoires se créent dans des arrière-boutiques ou au sein de certains châteaux, comme à

À partir des informations obtenues auprès d'un savant juif, Nicolas Flamel écrivit un ouvrage sur l'alchimie. Ici, la page 2 du bréviaire.

Terre-Neuve (Vendée), à Dampierre-sur-Boutonne (Charente-Maritime) ou à Cénevières (Lot) qui présente encore un cabinet d'alchimie. Dans ces lieux clandestins, utilisant des grimoires, des textes souvent cryptés et réservés aux initiés, ainsi que divers ustensiles mystérieux (cornues, creusets, four...), d'étranges personnages que l'imagination populaire apparente à des magiciens ou à des sorciers s'initient aux lois et aux principes alchimiques grâce auxquels ils parviendront à la réalisation du Grand Œuvre.

Si la plupart des recherches n'aboutirent pas, la science doit quand même à l'alchimie de notables avancées. Ainsi, c'est en travaillant à la distillation que Raymond Lulle, au XIVe siècle, découvre l'acide nitrique et l'acétone, et Paracelse l'homéopathie.

La grande transmutation

Cette quête, Nicolas Flamel y consacrera également toute sa vie. Né vers 1330 de parents d'origine modeste, il acquiert les principaux rudiments de l'instruction (lire et écrire le français et le latin), qui lui permettent de s'installer comme écrivain public, avant d'acheter une charge de libraire et d'écrivain-juré fort lucrative en un temps où l'imprimerie n'existe pas encore et où l'analphabétisme touche la plus grande partie de la population, toutes classes sociales confondues.

Sa passion pour l'alchimie commence par un songe : un ange lui serait apparu portant dans ses mains un ouvrage extraordinaire renfermant un secret prodigieux qu'il n'eut pas le temps de relever. Sauf que quelque

Sur cette illustration anonyme parue vers 1910, Nicolas Flamel s'initie à l'alchimie pour rechercher la pierre philosophale.

temps plus tard, en 1357, un homme se présente dans sa librairie, porteur d'un volume relié en cuir, intitulé *Le Livre d'Abraham le juif*, similaire à celui entrevu, qu'il se dépêche d'acheter pour deux florins.

Débute alors pour Nicolas Flamel et son épouse Pernelle un long travail de décryptage de textes hermétiques contenus sur vingt et un feuillets. Durant vingt ans, ni l'un ni l'autre, en dépit d'un travail acharné qu'ils concilient avec la tenue de leur boutique, n'arriveront à les déchiffrer.

En 1378, le destin, qui n'a pas été avare avec Nicolas Flamel depuis sa naissance, met sur sa route qui le mène à Saint-Jacques-de-Compostelle, haut lieu de pèlerinage chrétien, un vieux juif converti, maître Canches, auquel il confie une copie de quelques passages du manuscrit. Interpellé, le vieux docteur s'enthousiasme à sa lecture, y voyant un livre consacré à la kabbale. Aussi accepte-t-il d'accompagner les époux Flamel jusqu'à Paris, où il aura tout loisir de le décrypter. Nicolas Flamel pense enfin toucher au but suprême de sa vie mais, aux environs d'Orléans, son vieux maître décède, ne lui laissant que des clefs d'interprétation du texte, suffisantes toutefois pour permettre à l'alchimiste de progresser et de tenter diverses expériences. Quatre années supplémentaires lui seront nécessaires pour parvenir, le 17 janvier 1382, à transmuter le mercure en argent :

« La première fois que je fis la projection, ce fust sur du mercure, dont j'en convertis demy-livre ou environ en pur argent, meilleur que celuy de la minière, comme j'ay essayé et faict plusieurs fois. »

Trois mois plus tard, le 25 avril, à 5 heures du soir, il découvre la pierre philosophale : « Je fis la projection avec de la pierre rouge sur semblable quantité de mercure, en présence encore de Pernelle seule, en la même maison, que je transmuay véritablement en quasi autant de pur or, meilleur très certainement que l'or commun plus doux et plus ployable... »

Le mystère de sa fortune

Nicolas Flamel est parvenu à ses fins, mais il ne laissera rien sur sa méthode de fabrication, ouvrant la porte à toutes les supputations. A-t-il véritablement trouvé la pierre philosophale, ou bien n'est-il qu'un affabulateur ? Une seule chose est sûre : le libraire, au début du XVe siècle, est devenu très riche, n'hésitant pas à œuvrer pour financer les associations charitables et construire des hôpitaux et des chapelles. Il a laissé prise à la rumeur populaire sur sa fortune, bien qu'il soit toujours resté discret dans sa vie quotidienne. Insuffisamment toutefois pour éviter qu'après sa mort, intervenue le 22 mars 1417, sa maison et sa tombe ne soient pillées par tous ceux qui croyaient y trouver la fameuse pierre. Aujourd'hui encore, le 51 de la rue de Montmorency reste un des hauts lieux de l'ésotérisme parisien. Une plaque rappelle le souvenir de cet homme et de son épouse, qui se consacrèrent à l'accueil des pauvres et des souffrants. Peut-être fut-ce là le Grand Œuvre de l'homme de se consacrer à son prochain !

À Paris, la maison de Nicolas Flamel, transformée en taverne, attise encore la grande curiosité de ceux qui s'intéressent à l'alchimie.

Étrange alchimie au Plessis-Bourré

« Quand nous avons de grands trésors sous les yeux, nous ne nous en apercevons jamais. Et sais-tu pourquoi ? Parce que les hommes ne croient pas aux trésors. »

Paulo Coelho

LE PLESSIS-BOURRÉ appartient à ces châteaux de l'Anjou qui font la transition entre la période médiévale et la Renaissance artistique, mêlant système défensif et résidence d'agrément. Une partie de son histoire est intimement liée à Jean Bourré et au mystère qui entoure le superbe plafond de la salle des gardes, sur lequel se sont penchés les alchimistes qui y décèlent un langage secret encore jamais percé.

En un temps où les intrigues deviennent presque une règle de jeu à la cour royale, Jean Bourré fait de sa fidélité à Louis XI un tremplin qui l'amène à devenir à la fois le confident du roi et son grand argentier. Extrêmement riche au point de penser que sa fortune dépasse largement les émoluments de sa charge – ce qui laisse place à bien des hypothèses –, Jean Bourré est aussi un grand bâtisseur de châteaux, dont celui du Plessis-Bourré, acheté en 1465 et achevé en 1473.

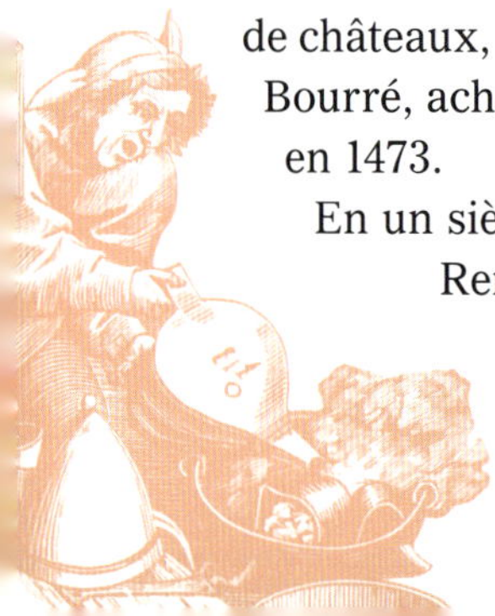

En un siècle où l'homme de la Renaissance vise à comprendre le monde qui l'entoure en s'écartant des dogmes religieux et en cherchant dans l'humanisme une nouvelle façon de vivre, mais aussi de s'exprimer, il n'est guère étonnant que Jean Bourré, fin lettré et passionné d'art et d'architecture, se soit épris d'alchimie, recherchant la pierre philosophale et l'élixir de longue vie. D'aucuns d'ailleurs expliquent son immense fortune et son rôle de pourvoyeur de fonds du roi Louis XI par la découverte qu'il aurait faite de transformer n'importe quel métal en or. Si tel était le cas, son secret se trouve-t-il dans les fresques étranges composant les six somptueux caissons du plafond de la salle des gardes du château du Plessis-Bourré, destiné à être un jour révélé à un initié ?

Peut-être, bien que tous les chercheurs y aient perdu leur latin en s'ingéniant à trouver la clef de ce langage codé qui, en seize panneaux parfois hardis, déroulerait les différentes étapes de la fabrication de la pierre philosophale.

Le combat entre le dragon ailé (le mercure) et le lion (le soufre) ne serait que le prétexte à dissoudre ces deux métaux dans un seul corps, de même que le phénix, lequel renaît de ses cendres, symbolise la résurrection, à l'image de la pierre.

Les huit autres panneaux correspondent chacun à un bestiaire allégorique (rats, louves, pies...) chargé de développer un conte moral en un temps où le pouvoir n'en fait guère preuve.

De ce livre d'images conçu pour interroger, nul n'a encore pu en découvrir le message. Mais la valeur d'un trésor, selon Suzanne Martel, ne réside-t-il pas dans son secret ? Le Grand Œuvre est peut-être à ce prix : celui de l'espérance éternelle.

Ce cabinet d'alchimiste, d'après un tableau de Breughel le Vieux, devait ressembler à celui du château du Plessis-Bourré, connu pour être un des hauts lieux de l'alchimie.

L'or disparu du château de Gisors

« La valeur d'un trésor réside dans son secret. »

Suzanne Martel

GISORS. Le lieu, à lui seul, fait rêver les chercheurs de trésors, ainsi que les férus d'ésotérisme et d'histoire des templiers. Comme à Rennes-le-Château (Aude), on a cherché, on a cru trouver, et on s'est souvent égaré dans des hypothèses fumeuses, sans toutefois jamais abandonner. Puisqu'un trésor caché reste, par évidence, à découvrir.

C'est le raisonnement que dut se faire le journaliste Gérard de Sède quand, publiant son ouvrage *Les Templiers sont parmi nous*, en 1962, il lança cette chasse au trésor qui dure encore. Mais revenons au commencement car, à Gisors, l'histoire ne débute pas avec cette publication.

Simple motte castrale au XIe siècle, surmontée d'un donjon en bois, Gisors devient, un siècle plus tard, une forteresse composée d'une enceinte basse et d'un donjon en pierre. Jusqu'au milieu du XVe siècle, le château passera tantôt entre les mains des Anglais, tantôt entre celles de la couronne de France, qui finira par l'acquérir en 1590.

Situé près de Rouen, Gisors se compose d'un donjon octogonal de quatre étages, reposant sur une éminence de vingt mètres de hauteur, cerclée d'une enceinte haute de dix mètres qui protège le donjon, le tout étant entouré d'un large fossé. Diverses constructions ont été édifiées ensuite, notamment une tour dite « du prisonnier », sorte de petit donjon entouré de son propre système de défense.

Quel trésor Roger Lhomoy a-t-il mis au jour ?

Quand l'histoire du château rejoint celle des templiers ! Deux années durant, de 1158 à 1160, l'ordre en assure la garde. Mais, ironie du sort, c'est dans un de ses cachots que leur grand chef, Jacques de Molay, sera incarcéré en 1314 avant d'être exécuté, suite à la décision de Philippe le Bel de dissoudre l'ordre et de s'emparer de ses biens. Une trace indélébile qui contribuera, dès le XIXe siècle, à asseoir la présence d'un trésor enfoui sous le château, amplifiée par l'imagination populaire colportant rumeurs et légendes sur ce lieu.

Apparaît alors Roger Lhomoy. Nourri à la source des veillées du village, cet enfant du pays se met en tête, dans les années 1940, de se lancer à la découverte du trésor que les templiers auraient évacué de Paris la veille de leurs arrestations, le 12 octobre 1307, à destination d'un lieu secret où il n'arrivera jamais.

Le trésor des templiers se trouve-t-il sous le donjon ? C'est ce que croient de nombreux chercheurs de trésors, aujourd'hui encore… (D. R.)

Pour ce faire, Roger Lhomoy se fait embaucher comme gardien du lieu par la municipalité, alors propriétaire du château : le voici chargé d'en assurer l'entretien et l'accueil en journée. Aussitôt la nuit venue, libre de ses mouvements, le gardien se transforme en chercheur de trésor. Il fouille, recherche le moindre souterrain ou entrée de cave, creuse sans relâche pour finir par découvrir, à la fin des années 1940, l'entrée d'un puits bouché depuis plusieurs décennies. Parvenu à trente mètres de profondeur, au péril de sa vie – il a déjà été victime de l'écroulement d'une paroi qui lui a coûté une fracture de la jambe –, le gardien tombe sur un mur, lequel, une fois dégagé et ouvert, donne sur une vaste salle où, déclarera-t-il plus tard, se trouve la découverte de toute une vie :

« Ce que j'ai vu à ce moment-là, je ne l'oublierai jamais, car c'était un spectacle fantastique. Je suis dans une chapelle romane en pierre de Louveciennes, longue de trente mètres, large de neuf, haute d'environ quatre mètres cinquante à la clef de voûte. Tout de suite à ma gauche, près du trou par lequel je suis passé, il y a un autel, en pierre lui aussi, ainsi que son tabernacle ; à ma droite, tout le reste du bâtiment. Sur les murs, à mi-hauteur, soutenues par des corbeaux de pierre, les statues du Christ et des douze apôtres, grandeur nature. Le long des murs, posés sur le sol, des sarcophages de pierre de deux mètres de long et de soixante centimètres de large : il y en a dix-neuf. Et dans la nef, ce qu'éclaire ma lumière est incroyable : trente coffres en métal précieux, rangés par colonnes de dix. Et le mot coffre est insuffisant : c'est plutôt d'armoires couchées qu'il faudrait parler, d'armoires dont chacune mesure deux mètres vingt de long, un mètre quatre-vingts de haut, un mètre soixante de large. »

Entre occultisme et secret d'État

Que s'est-il véritablement passé ce jour-là ? Roger Lhomoy a-t-il vraiment découvert un trésor ou, affabulateur, a-t-il inventé cette découverte de toutes pièces ? Car la suite est loin

Dernier grand maître des templiers, Jacques de Molay fut arrêté le 13 octobre 1307, et exécuté le 18 mars 1314.

de combler ses espérances. À défaut de garder son secret pour lui, il se précipite à la mairie pour révéler sa trouvaille : enfin, la légende est devenue réalité ! Mais la délégation municipale qui se rend sur les lieux ne daigne pas pénétrer à l'intérieur de l'excavation par crainte de ne pas en ressortir vivante, tant les conditions de sécurité sont rudimentaires. Seul un ancien officier du génie s'y aventure sans parvenir au but, révélant toutefois que des pierres lancées dans la cavité ont provoqué une « résonance ».

Pour le maire de Gisors, qui considère Roger Lhomoy comme un excentrique, nul n'est besoin de pratiquer des recherches supplémentaires qui ne feraient que créer de l'agitation autour de l'éventuel trésor du château. Aussi fait-il reboucher l'entrée de la cavité afin que personne ne s'y aventure. Quant au gardien, ce sera en vain qu'il alertera les autorités départementales pour faire reconnaître sa découverte et poursuivre les recherches. Le temps passe quand, en 1962, il raconte au journaliste Gérard de Sède son extraordinaire découverte et la fin de non-recevoir des autorités.

Jouant sur la trilogie « légendes templières, trésor mystérieux et intrigues », la presse nationale relaie l'information. Comme à Rennes-le-Château, Gisors devient le centre attractif des chercheurs de tout poil. Et comme personne ne trouve rien, chacun y voit la main secrète d'un complot visant à cacher ce trésor.

L'affaire remonte même jusqu'au gouvernement. Interpellé, André Malraux, alors ministre de la Culture, donne son accord pour effectuer des fouilles officielles. Des soldats du génie débarquent à Gisors et creusent autour du puits jusqu'à vingt-neuf mètres de profondeur. De chapelle souterraine point ! Et de trésor encore moins !

Ces nouveaux épisodes finiront de jeter Gisors et son trésor dans les extrapolations de l'occultisme et du secret d'État, avant d'aboutir, en fin de compte, à une impasse marquée par le décès de Roger Lhomoy, emportant son secret six siècles après celui de la disparition du trésor des templiers.

Avant d'être brûlé, Jacques de Molay fut enfermé au château de Gisors. De là découle l'idée que le château pourrait cacher le trésor des templiers…

Tragédies

Tiffauges : le château de l'homme maudit

« Remarquez que les temps les plus superstitieux ont toujours été ceux des plus horribles crimes. »

Voltaire

IL EST des êtres humains qui fascinent tout autant qu'ils consternent et inspirent la terreur et qui sollicitent notre bonne conscience toujours encline à chasser nos vieux démons. À ce titre, Gilles de Rais est l'archétype du personnage à double facette : homme séculier et homme invisible, lumière et ombre auxquelles la tradition populaire a ajouté sa part de légende pour finir de nourrir son histoire.

Il y a bien du héros en Gilles de Rais, maréchal de France sans peur et sans reproche – n'est-il pas l'arrière-petit-neveu de Du Guesclin – et compagnon d'armes de Jeanne d'Arc, mais aussi une part cachée, à la fois diabolique et mystique, d'un homme assoiffé de sang afin d'assouvir ses pulsions sexuelles et sa quête de la pierre philosophale.

« Nous, Jean de Malestroit, évêque de Nantes, et frère Jean Blouyn, bachelier en texte sacré, vice-inquisiteur siégeant en tribunal ; étant consultés et nous assistant deux évêques, docteurs en jurisprudence et en texte sacré.

« Ouïes les dépositions des témoins produits par nous, fidèlement examinés et leurs paroles exactement transcrites ; ouïe la confession spontanée faite devant nous ;

« Te déclarons, toi, Gilles de Rais, présent en justice devant nous, hérétique, apostat, coupable d'horribles invocations des démons, de meurtres d'enfants et de crimes odieux ;

« Prononçons la sentence d'excommunication et te disons, comme tel, devoir être puni par les peines du droit séculier, salutairement corrigé, comme le veulent les canons.

« Fait en présence des notaires soussignés de Pierre de L'Hospital, président de Bretagne, et autres honorables et nobles hommes, en grande cour

supérieure siégeant en tribunal au château de Nantes, pour justice être rendue, le mardi 25 octobre 1440, à 3 heures du matin. »

Tels sont les termes du tribunal ecclésiastique ayant eu à juger Gilles de Rais. Quelques heures plus tard, le tribunal séculier le condamnait « à être pendu et brûlé. L'exécution aura lieu demain entre 11 heures et midi. J'admoneste le condamné à crier merci à Dieu. »

De combien de meurtres d'enfants Gilles de Rais fut-il coupable ? La question appartient au mythe d'un homme à l'histoire très controversée.

Ce que fit le maréchal maudit en demandant à la cour la faveur d'être exécuté en même temps que ses deux complices, Henriet et Poitou, « afin de les conforter et avertir de leur salut et de leur montrer exemple de bien mourir. S'il en était autrement, exposa le maréchal, et que mesdits serviteurs ne me vissent mourir, ils pourraient choir en désespérance et imaginer que je demeurerais impuni tandis qu'ils subiraient la peine que j'ai méritée plus qu'eux. Accordez-moi cette grâce, messire, de mourir avec eux et j'espère, bien que je sois cause de leurs méfaits et de leur punition, être semblablement cause de leur repentir et de leur salvation en la Jérusalem céleste. »

Sous l'armure du vaillant chevalier se cachait un monstre assoiffé de sang… (D. R.)

La puissance et la folie

Mais comment avait-on pu arriver à une telle déchéance humaine et permettre à ces crimes une aussi longue impunité ? Au début du XVe siècle, Gilles de Rais appartient, par ses origines, aux familles les plus influentes du royaume : les Montmorency, les Laval et les Craon. Ses immenses domaines lui fournissent d'importants revenus qui lui permettent de mener grand train, tant sur ses terres que durant la guerre de Cent Ans où sa force et son courage forcent l'admiration, au point qu'il est nommé maréchal de France en 1429, à l'âge de vingt-cinq ans.

Protecteur de la Pucelle bien que l'histoire officielle reste obscure sur cette relation, Gilles de Rais ne peut supporter sa déchéance de la cour après l'échec du siège de Paris. Lui qui n'avait eu de cesse de combattre se retire alors sur ses terres et dans ses châteaux forts : Tiffauges, Machecoul, Champtocé et Pouzauges, pour le plus grand malheur des populations qui, durant trois ans, côtoieront non plus un chevalier mais un monstre.

Pour justifier ses actes criminels, Gilles de Rais évoquera devant ses juges une enfance difficile auprès de son grand-père, durant laquelle « il avait pour son plaisir et toute sa volonté fait tout le mal qu'il pouvait… La cause en est à la mauvaise direction que j'ai reçue dans ma jeunesse. J'allais, les rênes sur le cou, au gré de tous mes désirs, et je m'adonnais sans retenue au mal. Ô vous, pères et mères, je vous en prie, instruisez vos enfants dans les bonnes doctrines dès leur enfance et leur jeunesse, et menez-les avec soin dans le sentier de la vertu. »

La guerre venue, sa personnalité tourmentée s'était assagie. Mais le retour à la vie oisive dans ses forteresses maudites contribua à faire résonner dans sa tête de terribles pensées.

Habitué à la magnificence, Gilles de Rais s'entoure désormais d'une garde impressionnante de deux cents hommes superbement armés, d'une maison ecclésiastique et d'une maîtrise composée de jeunes gens. Un train de vie beaucoup trop élevé qui l'amène à la ruine, en dépit de sa fortune. Il doit alors trouver de nouveaux revenus. L'alchimie est en ce temps-là très à la mode. Pour obtenir l'or tant désiré, le maître des lieux s'entoure d'un jeune moine défroqué à la réputation sulfureuse, François Prelati, dont il finit par s'éprendre.

Se déroulent alors dans la crypte romane de la chapelle Saint-Vincent, à Tiffauges, messes noires et prières sataniques, pour obtenir la pierre philosophale. Entouré de ses complices Gilles de Sillé ; du jeune Poitou, considéré comme l'un de ses amants ; d'Eustache Blanchet, son homme à tout faire ; d'Henriet, le serviteur fidèle, et de sa vieille servante Perrine, Gilles de Rais n'écoute plus que Prelati invoquant les puissances infernales :

« Je vous conjure Barron, Oriens, Belial, Belzébuth, par le père et le fils et le Saint-Esprit, par la Vierge Marie et tous les saints, d'apparaître ici en notre présence afin de vous entretenir avec nous et de faire notre volonté. »

Gilles de Rais, par Féron (1834). La fierté d'un maréchal de France, ami de Jeanne d'Arc. (D. R.)

Rien ne se passe durant ces séances. Mais fasciné par l'alchimiste diabolique qui l'incite à persévérer, le maréchal de Rais sombre peu à peu dans la folie meurtrière. Comme l'écrira Georges Bataille, « dans ce décor de forteresse et de tombe, le déclin de Gilles de Rais a l'aspect d'une hallucination théâtrale ».
Parallèlement à la recherche de la fortune se dresse celle de son infortune.

L'homme qui n'a jamais su aimer

Si l'enfant n'a jamais été aimé, l'homme adulte ne sera guère plus aimant, du moins avec les femmes, qui ne l'ont jamais vraiment satisfait. Revenu dans son fief, ses désirs charnels s'orientent de plus en plus vers les jeunes garçons, accompagnés de crimes rituels qui l'amènent à la jouissance suprême puis aux pires remords une fois l'acte consommé.

Les disparitions, si elles ne passent pas inaperçues aux yeux des parents, ne font guère l'objet d'enquêtes. Car quelle importance revêt la vie d'un enfant en ces temps de guerre et de famine ? Encore moins quand il s'agit d'un seigneur tout-puissant auquel il serait fait affront de le désigner comme coupable.

La rumeur fait pourtant son chemin. En effet, il n'échappe à personne, au fur et à mesure que les rapts s'amplifient, que de drôles de choses se déroulent au château de Tiffauges. Ne parle-t-on pas d'un homme tout de noir vêtu qui enlèverait les enfants errant sur le domaine ou venant demander l'aumône ? Ni d'une vieille femme, Perrine, plus ou moins sorcière, attirant avec de la brioche les gamins affamés avant de les ficeler et de les emporter dans son ballot vers le château ? À voix basse, on raconte que les salles basses du donjon seraient devenues des lieux de débauche et de meurtres destinés à assouvir les pulsions sexuelles du maître, et que la grande cheminée du château servirait de lieu de crémation pour les petits corps privés de vie afin de les faire disparaître à jamais.

C'est du moins, une fois les langues déliées et la peur des représailles passée, ce que révéleront les témoignages des parents, résumés dans les minutes de son procès :

« Il est dit que ledit Gilles de Rais a parfois commis ses plaisirs avec lesdits garçons et filles avant de les blesser ; d'autres fois, il les sodomisait après les avoir accrochés ou avant d'autres blessures ; d'autres fois encore, après leur avoir tranché la gorge, il se masturbait sur les veines du cou ou de la gorge, et sur le sang giclant ; d'autres fois encore, il les violait alors qu'ils étaient dans la langueur de la mort à condition qu'il y ait encore quelque chaleur dans leurs corps. »

Le procès ecclésiastique mentionne alors cent quarante victimes et le procès civil, plus de deux cents.

Les aveux de Gilles de Rais

Les crimes auraient pu se perpétuer longtemps si Gilles de Rais, se croyant intouchable, n'avait pas commis l'irréparable. Le 15 mai 1440, à la tête de soixante soudards, il viole le sanctuaire de l'église de Saint-Étienne-de-Mer-Morte, bafouant les saintes lois de l'Église, en entrant armé dans une chapelle pour y prendre en otage le prêtre qui y dit l'office.

Pour le duc de Bretagne, déjà alerté par la rumeur sur les exactions qui se commettraient à Tiffauges, c'en est trop : le 24 août, ordre est donné au frère du duc de s'emparer du château de Machecoul, où se sont réfugiés le maréchal et ses complices.

Arrêté, Gilles de Rais est conduit à Nantes dans l'attente de son procès, accompagné de Poitou, Eustache Blanchet et Prelati. D'autres suivront. Ses différents châteaux sont fouillés. Jules Michelet raconte qu'« on trouva dans la cour de Champtocé une pleine tonne d'ossements calcinés, des os d'enfants en tel nombre qu'on présuma

Longtemps protégé par ses titres et la peur qu'il inspirait aux paysans, Gilles de Rais fut enfin arrêté après avoir profané l'église de Saint-Étienne-de-Mer-Morte.

Les crimes de Gilles de Rais ont fait l'objet de nombreuses illustrations. Ici, *L'Histoire de France*, de Michelet.

qu'il pouvait y en avoir une quarantaine. On en trouva également dans les latrines du château de la Suze, dans d'autres lieux, partout où il avait passé. Partout il fallait qu'il tuât… »

Le 19 septembre 1440, débutent les débats du procès. Sûr de lui et de sa position, Gilles de Rais conteste d'abord toutes les accusations, avant de passer aux aveux quand ses complices se mettent à parler et que le tribunal ecclésiastique le menace d'excommunication. Très croyant, le maréchal ne peut supporter une telle condamnation. Il évoque alors tout à la fois ses crimes, ses orgies et les invocations au démon, faisant amende honorable et demandant le pardon aux familles des enfants disparus :

« Gardez-vous donc, pères de famille, d'élever vos enfants dans les délicatesses de la vie et les douceurs funestes de l'oisiveté, car des excès de la table et de l'habitude de ne rien faire naissent les plus grands maux. L'oisiveté, les mets délicats, l'usage fréquent des vins capiteux sont les trois causes de mes fautes et de mes crimes. Et vous, parents et amis des enfants que j'ai si cruellement mis à mort, vous, qui que vous soyez, contre qui j'ai péché et à qui j'ai pu nuire, présents ou absents, en quelque lieu que vous soyez, je vous en prie à genoux et avec larmes, accordez-moi, ah ! donnez-moi votre pardon et le secours de vos prières ! »

Un mythe controversé

Le 26 octobre 1440, une foule énorme, déjà fort nombreuse durant le procès, se presse tout autour des trois gibets à la silhouette lugubre. Le maréchal et ses deux complices, Henriet Griart et Corrillaud, dit Poitou, entourés de nombreux gens d'armes, ne cessent d'invoquer la grâce du ciel et le pardon des hommes sur le parcours qui les mène à la mort, chantant le *De profundis* et récitant des prières. Gilles de Rais est le premier à monter sur l'escabeau et à se laisser passer la corde au cou. La mort l'attend, mais il ne la redoute pas, à l'image de tous ses combats livrés. Le bûcher flambe déjà quand le bourreau, d'un geste vif, fait basculer l'escabeau, provoquant le balancement du corps de Gilles de Rais. Justice est faite !

Après avoir subi l'épreuve du feu, son corps point encore calciné est relevé par six femmes de haute lignée qui se chargent de le nettoyer avant de le déposer dans le cercueil qui sera placé dans l'église Notre-Dame des Carmes, non sans que quelques personnes ne se soient arraché quelques morceaux de son cadavre. Un tombeau qui sera saccagé sous la Révolution, subissant une dernière fois la vengeance populaire.

L'histoire de Gilles de Rais se termine dans les flammes d'un brasier qu'il avait contribué à allumer. Il restait à écrire sa légende, pour faire du personnage un mythe controversé à défaut d'un héros. Charles Perrault en sera le meilleur illustrateur. Gilles de Rais et Barbe-Bleue ne feront désormais plus qu'un dans la mémoire populaire. Reste à savoir qui du téméraire chevalier ou de l'avaleur d'enfants est vraiment passé à la postérité ?

Le château de Tiffauges, lieu de débauche et de meurtres, où Gilles de Rais assouvissait ses mauvais penchants…

Coup de folie à Hautefaye

« On pardonne les crimes individuels,
mais non la participation à un crime collectif. »

Marcel Proust

AU CHÂTEAU de Bretanges, sur la commune de Beaussac, Amédée de Monéys sentait se diluer dans son corps les ultimes instants que la vie lui accordait. Des gouttes de sueur perlaient sur son front et pourtant, il se sentait glacé, comme si la mort avait déjà envahi son être. La mort ! Elle était tellement présente depuis des années... Il l'avait tellement appelée de ses vœux, comme si vivre était devenu une injustice. Ou plutôt survivre à la mémoire d'une tragédie ineffaçable qui l'avait éloigné de l'humain pour se réfugier dans la détresse des souvenirs et l'incompréhension d'un acte considéré à la fois comme inadmissible et incompréhensible.

Un jour comme tous les autres, ou presque

Ce 16 août 1870 aurait pu être un jour d'été simple et joyeux, dans l'ordre des choses et du labeur quotidien. À Paris, comme à Périgueux ou à Hautefaye, pourquoi en aurait-il été autrement ? Certes, dans la campagne périgourdine, le temps sec persistant avait cramé les champs, ne laissant que des pelures jaunâtres sur des sols craquelés. Certes, dans cette contrée fondamentalement bonapartiste et antinobiliaire, la déclaration de guerre à l'Allemagne avait soulevé les cœurs et attisé la rancœur contre les adversaires du régime, d'autant plus que les premiers combats n'incitaient guère à une victoire rapide. Quelques incidents avaient déjà émaillé la région. Des légitimistes, notamment, avaient été pris à partie par des paysans sourcilleux vis-à-vis de toute critique envers l'Empereur. Assurément, les temps étaient difficiles, mais que diable ! dans les campagnes, le travail effaçait bien souvent les souffrances, et hommes et femmes avaient perdu l'habitude de se plaindre.

Ce jour-là, la vie aurait dû posséder le goût de la veille et de l'avant-veille, à Hautefaye comme ailleurs, pour Alain de Monéys et François Chambort, anonymes parmi la foule qui converge vers ce hameau d'une dizaine de maisons où se tient la grande foire estivale. Anonymes parmi ce drame encore imperceptible qui fera d'eux la victime héroïque et le bourreau principal d'une folie collective qu'aucun être présent ce jour-là, à Hautefaye, n'aurait pu imaginer. Reliquat de cette violence paysanne qui agitait autrefois les campagnes en proie à la rumeur et au désespoir de leur condition sociale.

La sécheresse des cœurs

La défaite contre la Prusse, lors de la guerre de 1870, provoqua la folie meurtrière des habitants de la région de Hautefaye et la proclamation de la République ; ici, devant l'Hôtel de Ville de Paris.

Comment la mémoire toujours vive d'Amédée de Monéys, malgré les années écoulées, aurait-elle pu effacer l'ultime vision de ce fils parti avec la sérénité de celui qui se sait aimé et qu'une tourmente soudaine allait emporter en un nuage de cendres bientôt dispersé ? Un beau garçon que cet Alain, la trentaine à peine entamée, qui compensait un déficit physique dû à une légère claudication par une extrême générosité ayant incité ses concitoyens à le porter au poste de premier adjoint de la mairie de Beaussac. Une fonction mise à profit pour faire avancer son projet d'assainir les marais de la Nizonne et de fournir ainsi aux agriculteurs de nouvelles terres à cultiver. Aussi, sa chevauchée vers Hautefaye, ce 16 août, ressemble-t-elle à une tournée d'amitié. Sous un soleil qui tape fort et rend les gosiers secs, Alain de Monéys chevauchait vers Hautefaye sans aucune appréhension. Sur son passage, les chapeaux se levaient et les salutations s'entrecroisaient jusqu'au champ de foire bondé de bêtes et d'hommes parlant fort. La journée, en dépit des événements, allait être belle. Près de sept cents personnes avaient afflué vers ce hameau d'une quarantaine d'âmes.

Bien des années s'étaient écoulées, mais Amédée de Monéys les maudissait tous, ces hommes et ces femmes. Ceux qui avaient assisté à la mise à mort n'avaient rien dit et avaient laissé faire par lâcheté et cruauté passive tout autant que les meneurs dont les noms résonnaient jusqu'à le rendre fou : François Chambort, un Charentais de Pouvrière, maréchal-ferrant et fort en gueule ; Léonard, dit « Piarrouty », chiffonnier à Nontronneau, âgé de cinquante-trois ans ; Pierre Buisson ; les frères Étienne et Jean Campot, agriculteurs à Mainzac, et François Mazière, l'unique habitant de Hautefaye qui, en rentrant chez lui, avait clamé haut et fort qu'il ne regrettait rien. Et tous les autres qui avaient participé à ce carnaval tragique où le peuple fait payer son désespoir à un bouc émissaire. Jusqu'aux enfants qui, comme Thibault Limay ou Pierre Delage, se crurent des adultes alors qu'ils n'imitaient que des monstres.

Alain de Monéys ne se doutait pas, en se rendant à la foire d'Hautefaye, qu'il serait la victime expiatoire de la folie patriotique des hommes. (Coll. Sylvain Larue.)

Un petit nombre s'était interposé, il le savait, au péril de leur vie, devant cette foule à la dérive, mue par la haine, rompant la digue de la simple colère pour la plus frénétique barbarie. L'abbé Victor Saint-Pasteur était de ceux-là, protégeant d'abord la victime, avant de faire diversion en offrant à boire à la foule jusqu'à plus soif ; Pascal, le fidèle domestique du château ; Philippe Dubois, le scieur de long, et Georges Mathieu, l'artisan de Beaussac. Que Dieu leur rende grâce pour leur courage et leur bonté.

La curée

La litanie du crime était parvenue à Amédée de Monéys par maints témoignages, déformés et amplifiés par la rumeur et l'excitation de l'instant cruel durant lequel son fils avait été martyrisé puis achevé telle une bête. Il avait tout entendu et tout supporté : son fils ferré comme un cheval de trait, son fils énucléé, son fils grillé comme un cochon, la graisse de ses chairs coulant sur la mie tendre d'un pain dévoré...

Longtemps, il avait conservé l'article du *Nontronnais* daté du 20 août 1870, relatant l'affaire. Il l'avait lu et relu pour essayer de comprendre l'incompréhensible, pour chasser ce doute cruel qu'il ne peut plus exister d'humanité après une telle folie.

«Le 16 de ce mois, jour de foire à Hautefaye, un crime atroce qui nous rapporte d'emblée à la jacquerie du Moyen Âge a été commis dans cette localité située à environ douze kilomètres de Nontron. Voici les faits : M. Camille de Maillard, fils du maire de Beaussac et propriétaire des environs, communiquait à quelques personnes, au milieu du champ de foire, les dépêches publiées par les journaux, relatives à la bataille de Reischoffen, où nous avions été obligés de nous replier.

La bataille de Reichshoffen, qui s'est déroulée le 6 août 1870, fut rendue célèbre par la charge des cuirassiers français contre l'armée prussienne. (Coll. Philippe Grandcoing.)

« “Ce n’est pas vrai, dit une voix, vous ne lisez pas ce qu’il y a. Les Français ne reculent jamais. Vous n’êtes qu’un Prussien !”

« Monsieur de Maillard voulut donner quelques explications, mais inutilement ; on l’entoure, on le bouscule, on s’apprête à lui faire un mauvais parti lorsque, heureusement, quelques-uns de ses métayers parviennent à le dégager, et il s’enfuit précipitamment pour se soustraire au mauvais traitement qu’on lui préparait.

« Cinq minutes ne s’étaient pas écoulées qu’un grand tumulte s’élève au champ de foire : c’étaient les mêmes forcenés qui, voyant M. de Maillard leur échapper, avaient porté leur fureur sur M. de Monéys fils, que son caractère, sa situation de famille et ses opinions politiques devaient cependant sauvegarder. Après lui avoir fait crier : “Vive l’Empereur ! À bas la Prusse !”, et cela au milieu des injures et des vociférations d’une foule abrutie, on le frappe de coups de bâton, on le roue de coups, et on le traîne dans les ruelles du village l’espace de six cents mètres.

« Le maire de la localité et quelques personnes s’étant interposées, on parvient à l’arracher des mains de ces cannibales, et on le dépose dans une étable à porcs, mais dans quel état ! Les vêtements lacérés, n’ayant qu’un reste de pantalon, les favoris arrachés et une plaie béante derrière l’oreille.

« Tout était-il donc fini ? Non, cette foule tout à l’heure ivre de vin était maintenant ivre de sang. Elle redemande sa victime, on écarte les gens qui gardaient la porte, on pénètre dans ce misérable refuge, et puis qui par un bras, qui par une jambe, on traîne de nouveau ce malheureux jeune homme sur le champ de foire. Mais l’œuvre n’était pas tout à fait accomplie. Le corps que l’on martyrisait ainsi depuis plus de deux heures donnait encore des signes de vie. Alors, qu’imagine-t-on : on le dépose dans une mare asséchée, on accumule sur lui des fagots et de la paille, et oui, il s’est trouvé des êtres à figure humaine qui ont mis le feu !

« Et pendant que la victime cherchait instinctivement à repousser les atteintes de la flamme qui lui calcinait les membres, la foule hurlait autour de cet autodafé. Un instant après, M. de Monéys, tout à l’heure plein de force, de santé, chéri de sa famille, affectionné de tous ceux qui le connaissaient, n’était plus qu’un cadavre à moitié carbonisé. »

La vieillesse venue, Amédée de Monéys avait fini par brûler cette coupure dans la cheminée, comme pour se préparer au long voyage qui le ramènerait vers son fils. Il désirait le revoir sain et sauf, lavé de toutes ses plaies, tel qu’il l’avait vu la dernière fois, chevauchant son alezan pour se rendre à la foire. Son épouse Madeleine n’avait pu supporter pareil cauchemar. Elle s’était éteinte de chagrin quelques semaines après le drame, terrassée par la douleur.

Le chemin de croix

Il avait fallu plusieurs jours pour que le domestique Pascal puisse relater en détail à Amédée de Monéys le chemin de croix de son fils, jusqu’à entendre l’abominable : la tranquillité apparente

Le curé de Hautefaye tenta de détourner la foule devenue folle en l'invitant à boire dans son église. (Coll. Philippe Grandcoing.)

du village, la prise de bec entre un vieux soldat de l'Empire et le jeune Camille de Maillard à propos des récentes défaites, la fuite de ce dernier à travers champs, le retournement de l'opinion cherchant à se venger de cette fuite, la haine qui se répand sur son fils, victime d'un vertige le vouant aux gémonies. Son fils, un Prussien ? Fallait-il qu'ils soient tous devenus aveugles et inconscients !

La branche cassée d'un cerisier le sauva de la pendaison. Peut-être aurait-il mieux valu d'ailleurs qu'elle tienne, cette branche, la souffrance de son fils en aurait été abrégée.

La porte de la maison du maire, restée close à l'appel de la vie. Maudit sois-tu, Bernard Mathieu, d'avoir voulu protéger ta vaisselle aux dépens de celui qui t'implorait. Ta déchéance du poste de maire ne sera rien quand, au Jugement dernier, ta lâcheté aura à répondre de ce crime.

L'atelier du maréchal-ferrant, lieu de l'atrocité poussée à son paroxysme. Peut-on imaginer pareille cruauté que de ferrer un homme comme un cheval de trait ?

La bergerie, lieu de répit et d'espoir vite retombé quand la prise de conscience de la gravité de la situation ne peut lutter contre l'inconscience qui emporte la foule.

Et puis la grand-rue, lieu du défoulement populaire, agitée de rumeur, de délire, de sang... L'auberge où le sang de la vigne inonde les cerveaux

La foule en furie, ivre de sang, alla jusqu'à ferrer les pieds de la victime avant de brûler son corps. (Coll. Philippe Grandcoing.)

et les abrutit au point de se réjouir à la vue du sang d'un homme s'écoulant de ses plaies béantes...
Le pré asséché pour effacer toute trace de vie. Réduire en cendres ce corps qui n'est plus un corps mais de la charpie. Immolation sans remords parce qu'une foule déchaînée doit aller jusqu'au bout de son acte de folie. Peut-être jusqu'au cannibalisme.
Amédée de Monéys en avait suffisamment entendu. Il lui restait encore un brin de compassion pour croire que ses compatriotes ne s'étaient pas réduits à l'état d'animal.

Le procès de la honte et de l'incompréhension

Hautefaye n'était qu'un village désert quand, le lendemain du drame, dès potron-minet, les autorités judiciaires investirent la place. Tandis que le médecin du canton examinait le cadavre carbonisé de la victime, transféré depuis la veille dans l'église, les gendarmes ramenaient sur le lieu du crime, l'un après l'autre, les présumés coupables, désignés par ceux qui avaient tenté de sauver Alain de Monéys. Quant au maire de Hautefaye, il fut destitué sur-le-champ pour ne pas avoir fait preuve d'autorité dans sa fonction.

Une telle affaire exigea du procureur puis du juge qu'ils évaluent le degré d'atrocité et de participation de chacun pour éviter d'encombrer la prison de Périgueux et de diluer le procès à venir à travers une litanie de confessions qui profiterait immanquablement aux principaux acteurs du drame.

Humanité et esprit de vengeance se confondaient dans les pensées d'Amédée de Monéys quand, le 11 décembre, s'ouvrit le procès des vingt et un accusés du crime de Hautefaye. Une foule immense avait envahi le prétoire, hostile et atterrée par l'horreur du drame. Durant les trois jours d'audience, il fut perceptible qu'il s'agissait d'un procès hors norme ; qu'à côté des interrogatoires des accusés et des témoignages, se profilait l'ombre de tous ceux qui, de près ou de loin, avaient participé à ce naufrage collectif ou n'avaient rien tenté pour en arrêter le cours.

Les quatre principaux accusés se réfugièrent dans l'incompréhension de leur acte et dans l'excitation qui avait prévalu sur la sagesse pour accomplir cette infamie. Chacun mit en avant la bonté de la victime et l'aveuglement à la faire passer pour un Prussien. Des mots de pardon fleurirent alors dans leur bouche redevenue humaine.

Le réquisitoire du procureur fut très dur et sans concession. Quant aux plaidoiries, elles mirent en avant l'absence de précédent judiciaire chez ces hommes pris dans le terrible engrenage d'une foule incontrôlable qui s'autopropulse par la haine pour assouvir sa vengeance et expurger tous ses maux.

La sentence tomba à 7 heures du soir, le 13 décembre 1870. François Chambort, Pierre Buisson, François Léonard et François Mazière étaient condamnés à la peine de mort ; Jean Campot, aux travaux forcés à perpétuité ; son frère Étienne, à huit ans de travaux forcés. Les peines s'échelonnaient ensuite entre un an de prison et six ans de travaux forcés. Thibault Limay, dit « Thiabassou », âgé de quatorze ans, devait rester en maison de correction jusqu'à sa majorité, et Pierre Delage était acquitté, les jurés estimant qu'âgé de cinq ans, il avait agi sans discernement.

L'exécution

En pleine déroute militaire et tandis que le gouvernement provisoire s'était replié sur Bordeaux, les avocats des trois condamnés tentèrent d'obtenir la grâce de leurs clients, mettant en avant l'égarement ponctuel de ces hommes :

« Le crime de Hautefaye, en effet, en dehors de sa matérialité même, n'est pas à ce point reprochable aux condamnés. Il est le crime de la foule, dans une heure d'ivresse, avec son ignorance, sa superstition, ses fanatismes, les excitations qui procèdent du bruit et du nombre... »

La réponse du garde des Sceaux Adolphe Crémieux fut sans ambiguïté :

« Considérant qu'après cette condamnation, le ministère public a su s'assurer, soit par la déclaration des jurés, soit par l'entremise du préfet et du

Le 16 août 1870, le champ de foire de Hautefaye, au cœur du Périgord, se transforma en champ d'exécution pour Alain de Monéys, livré à la vindicte de la foule. (Coll. Philippe Grandcoing.)

maire de Périgueux, que le verdict avait été délibéré avec maturité et rendu à l'unanimité, et que l'opinion publique le ratifiait. Considérant qu'à son vif regret, il n'a su découvrir de circonstances atténuantes en faveur des quatre condamnés. Estime qu'il a lieu de laisser à la justice son libre cours, et rejette les demandes en grâce formulées au nom des condamnés. »

Entre temps, le 25 novembre 1870, un décret avait supprimé les exécuteurs départementaux au profit d'un exécuteur national et de cinq adjoints, désormais basés à Paris. Mais la capitale étant au bord du chaos, cette mesure avait été repoussée pour la circonstance. L'ancien exécuteur de Bordeaux, Charles-Henri Desmoret, assisté par trois adjoints, fut chargé de l'exécution, chose rarissime, mais ô combien symbolique, sur le lieu même du crime.

Le 5 février, après une dernière tentative la veille pour obtenir un sursis, les quatre condamnés furent extraits de la prison de Périgueux. Il était 8 heures du soir. Escortés de gendarmes à cheval, un long trajet les attendait jusqu'à Hautefaye où ils parvinrent au petit matin du 6.

Deux cents soldats stationnaient déjà sur place pour veiller à la sécurité.

Enfermés à proximité du lieu de l'exécution, les hommes attendirent que leur heure soit arrivée. Dehors, une centaine de curieux était venu assister à l'expiation de leur crime. La tête de Piarrouty fut la première à rouler dans la sciure. Il était 8 h 25. Cinq minutes plus tard, ses trois compagnons de l'échafaud rendaient grâce à leur tour. Justice avait été rendue. Le chagrin d'Amédée de Monéys, lui, ne s'effacerait qu'au crépuscule d'une vie lynchée par ce crime.

Pardonnez-leur si vous pouvez !

Amédée de Monéys a depuis longtemps fui ce monde. Hautefaye n'a pas été rayé de la carte, comme le demandait un sous-préfet de la Dordogne au gouvernement, parce qu'on n'efface jamais la honte en faisant table rase du passé. Seul le temps permet d'atténuer les douleurs et les rancœurs. Ne pas pardonner, mais croire à la réconciliation des hommes, pour que l'incroyable ne se produise plus. Un siècle s'est écoulé quand les familles se réunirent à Hautefaye pour célébrer une messe anniversaire. Il faudrait encore plusieurs générations pour que le nom de ce petit village, d'une centaine d'âmes aujourd'hui, ne soit plus associé à la tourmente de haine qui s'abattit sur un homme sans défense, le 16 août 1870, et qu'on laissa mourir non comme une « logique du comportement de la foule », mais par une extrême lâcheté à ne pas s'interposer, à affronter la mort pour sauver une vie. Parce que nous sommes tous autant capables du meilleur que du pire...

Le palais de Justice de Périgueux, où furent jugés les coupables du meurtre d'Alain de Monéys. Quatre condamnations à mort furent prononcées avant d'être exécutées.

Deuxième partie

Destins extraordinaires

IL N'EXISTE rien de commun, a priori, entre des exploratrices suiveuses de nuageuses et des torturées de Dieu qui n'ont d'autre vision que leur foi ; ni entre des brigands que la *vox populi* encensa après leurs fins tragiques et ces éponymes qui ont su enchanter nos papilles. Rien, si ce n'est d'avoir laissé une trace dans l'histoire de France.

Pour certains, ce fut à leur corps défendant, tels le docteur Guillotin ou le préfet Poubelle. Pour d'autres, leur célébrité n'est due qu'au hasard. Il en est ainsi de la tarte Tatin, de la sauce Béchamel et des savoureuses madeleines…

Pour tous, ce fut la volonté d'avancer sur le chemin tracé par l'esprit, ou par Dieu. C'est à ce titre, précisément, que leur destin est extraordinaire, car nombreux sont ceux qui y ont accès ; plus rares, en revanche, sont ceux qui parviennent au bout de leur désir.

Le marquis de Pontcallec, ou l'échec d'une conjuration

« Il est mort, chers pauvres, celui qui vous nourrissait, qui vous vêtissait, qui vous soutenait. »

Extrait de *Marv Pontkalleg*

APRÈS un long règne personnel de cinquante-quatre ans, Louis XIV meurt en 1715, laissant la France lourdement endettée au sortir de nombreux conflits qui ont vidé les caisses du royaume. Une régence est instaurée du fait de la minorité de Louis XV, qui durera jusqu'en 1723. À sa tête, Philippe d'Orléans, neveu du roi défunt. Les premières années marquent une rupture avec l'absolutisme mais rapidement, dès 1718, le Régent revient à des pratiques absolutistes qui soulèvent la colère des parlements.

L'impôt qui met le feu aux poudres

En Bretagne, la situation est complexe. Voté en 1532 par le parlement siégeant à Rennes, l'édit d'Union a permis le rattachement de cette province à la couronne avec, à la clef, privilèges, exemptions, franchises et libertés accordés à perpétuité et sur lesquels les Bretons n'ont pas l'intention de transiger. À l'image du royaume, la Bretagne s'est largement endettée pour financer les fastes du Roi-Soleil et les guerres qui ont ruiné le pays (25 millions de livres). La colère gronde au sein du peuple, marquée trente ans plus tôt par la révolte des Bonnets Rouges (1675). On comprend donc que toute nouvelle levée d'impôts serait fort mal accueillie. C'est pourtant ce qui se produit quand Philippe d'Orléans demande plus de 9 millions de livres aux États de Bretagne. De quoi mettre le feu aux poudres ! Le 15 décembre 1717, à Dinan, les États refusent de payer le « don gratuit », une somme de 2 millions de livres que réclame l'intendant Feydeau de Brou. Ce refus fait suite à un brûlot sur la situation économique catastrophique

de la Bretagne rédigé à Londres par un nobliau, Talhouët de Bonamour.
Le gouverneur de la province, le maréchal de Montesquiou, cousin du fameux d'Artagnan, arrivé à Rennes en 1715, est exécré par la noblesse bretonne qui lui reproche son attitude hautaine et ses accointances avec le trésorier des États, Michau de Montaran. Jouant l'épreuve de force, il provoque la dissolution immédiate des États et décide de lever l'impôt exigé !
La réaction ne se fait pas attendre : l'assemblée des trois États, seule autorisée à lever des impôts, s'oppose à cette mesure autoritaire et envoie des émissaires au Régent pour réclamer des pouvoirs administratifs plus étendus ainsi que la maîtrise de son budget. Montesquiou, qui n'est pas homme à se laisser impressionner par de petits nobliaux bretons, répond par l'envoi de régiments supplémentaires en Bretagne, afin de mater toute tentative de révolte. Une provocation pour cette province jalouse de ses droits.
Le 6 juin 1718, à Dinan, les États se réunissent bien une nouvelle fois à la demande de Philippe d'Orléans, désireux de calmer les tensions. En vain ! Si le don gratuit est voté après avoir été revu à la baisse, les parlementaires contestent les droits d'entrée sur le vin et l'eau-de-vie qui bafouent les clauses de l'édit d'Union de 1532. Suite à l'exil obligé de plusieurs parlementaires, le 12 septembre 1718, une soixantaine de gentilshommes bretons publient, quelques jours plus tard, un acte d'union pour la défense des libertés de Bretagne, sous la plume de Le Moyne du Talhouët. Son but : soutenir les droits des États de Bretagne et les privilèges des nobles bretons.

Portrait de Philippe duc d'Orléans jeune, dit « le Régent ».

Estimant que « les Bretons sont insolents pour peu qu'on mollisse avec eux mais [qu']ils sont souples comme un gant quand ils trouvent une autorité ferme qui veut être obéie », de Montesquiou réagit en les faisant chasser de la ville. La rupture est alors définitivement consommée entre la régence et le parlement de Bretagne.

Les mois suivants, cet acte d'union obtient la signature de cinq cents membres de la petite noblesse bretonne. Parmi eux, le marquis de Pontcallec, qui deviendra par la suite la figure emblématique de ce mouvement de contestation aux objectifs peu précis, si ce n'est qu'il défend en premier lieu les privilèges et les intérêts de la petite noblesse bretonne.

Un personnage controversé

Situés entre Guéméné-sur-Scorff et Le Faouët, dans le Morbihan, le château de Pontcallec et ses terres attenantes appartiennent au Guer depuis la fin du XVIe siècle. Après dix ans passés dans les armées royales, Clément Chrysogone de Guer est âgé de quarante ans au moment des événements qui secouent la Bretagne. Ce gentilhomme traîne derrière lui une mauvaise réputation bien éloignée de la légende qui en fera, plus tard, un héros dévoué à la cause de ses sujets. Chasseur invétéré, fraudeur à l'occasion – trafic de tabac – et grand jouisseur, il se révèle dur et violent à l'égard de ses paysans exploités sans vergogne et de ses vassaux qui évitent de le fréquenter. L'archétype, en fait, du nobliau jaloux de ses privilèges, des fastes de la Cour et de l'enrichissement de la bourgeoisie marchande. Peut-on voir dans ce portrait la marginalité d'un soulèvement dans lequel paysans et bourgeois bretons ne se reconnaissent pas et au sein duquel seuls une vingtaine de petits nobles terriens prennent une part active ? Ce qui fit dire à de Montesquiou qu'il était urgent de ne rien faire.

En attendant, ce début de conjuration a attiré l'attention des opposants au Régent, notamment celle du duc du Maine, fils de Louis XIV et de la Montespan, qui enrage, depuis l'arrêt du parlement d'août 1717, d'avoir été dépossédé de ses droits de succession ainsi que de sa charge à l'éducation du jeune Louis XV. Poussé par son épouse, petite-fille du Grand Condé, le duc du Maine entre en contact avec l'ambassadeur d'Espagne en France, Cellamare, dans le but de faire transférer la régence au roi Philippe V, petit-fils de Louis XIV. Qu'une conjuration se dessine en Bretagne est une aubaine pour un éventuel soulèvement. Aussi des contacts sont-ils établis avec les conjurés bretons, divisés sur leur éventuelle participation à cette conspiration qui échappe à leur revendication première.

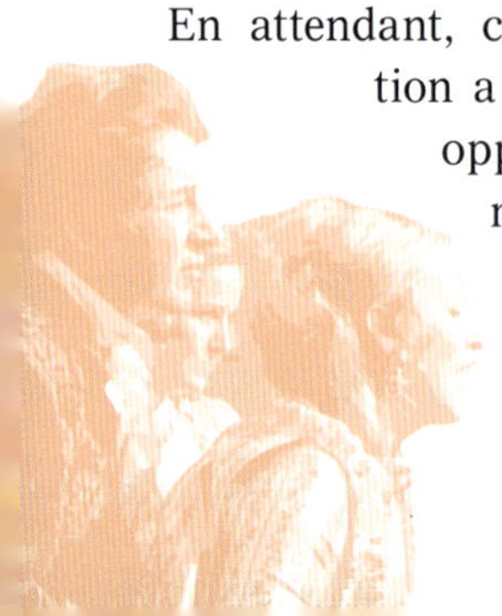

Coup de théâtre : le 29 décembre, le duc et la duchesse du Maine sont arrêtés, ainsi que plusieurs de leurs complices. La conspiration de Cellamare a échoué.

Un complot voué à l'échec

En Bretagne, les conjurés se réunissent en mars 1719 au château de Pontcallec, puis en avril, à Lanvaux. L'idée de prendre contact avec la couronne espagnole est rejetée par la majorité des hobereaux – dont le marquis de Pontcallec – qui y voient une trahison à l'égard de la France. Cependant, tandis que de nombreuses émeutes de la faim, dues à l'augmentation du prix des grains, se propagent durant l'été, Hervieu de Mellac, sur ordre de l'un des chefs des conjurés, M. de Lambilly, part secrètement à Madrid pour proposer au roi de France la régence de la Bretagne en échange de son aide. L'idée est de permettre le débarquement de six mille soldats

La Régence de Philippe d'Orléans, ici sous les traits de Philippe Noiret, eut à faire face à la révolte du parlement de Bretagne, menée par le marquis de Pontcallec.

espagnols sur la côte bretonne, et de lever une armée composée de paysans recrutés par les conjurés.
À ce stade, conscient de son erreur, le gouverneur de Montesquiou décide de réagir. Quinze mille soldats investissent Rennes en septembre 1719. Arrêté et poussé à parler, un bourgeois nantais finit par tout dévoiler du complot. Dès lors, sentant la menace d'un futur débarquement espagnol, la machine répressive s'emballe. Il s'agit de tuer dans l'œuf la résistance bretonne. Le 22 septembre, au château du Pouldu, il s'en faut de peu que les conjurés présents tombent entre les mains de De Montesquiou. Réfugiés au château de Pontcallec et protégés par un petit

nombre de paysans armés de quelques pétoires et de fourches, ils espèrent en l'arrivée des Espagnols, jugée imminente. L'attente reste vaine et le 28 septembre, menacés d'être pris, le marquis de Pontcallec et ses amis s'enfuient du château.

Pourchassés, les conjurés n'ont plus qu'à s'en remettre à Philippe V. Celui-ci, tenant sa promesse, a bien envoyé trois frégates qui accostent les unes après les autres à Rhuys, fin octobre 1719. Mais que peuvent faire deux mille soldats – irlandais pour la plupart – face à quinze mille hommes ? L'échec est patent. Dans la précipitation, les soldats rembarquent ou se mutinent. Certains conjurés les suivent en exil.

Pour ceux qui restent, les voici désormais seuls face à l'ordre royal. La répression peut commencer. Ni la paysannerie ni la classe bourgeoise ne lèveront l'étendard de la révolte pour les soutenir.

Le 28 décembre 1718, le marquis de Pontcallec, trahi par son ami Chémendy, sénéchal du Faouët, est arrêté au presbytère de Lingnol. Trois autres des principaux chefs – Du Couëdic, Montlouis et Le Moyne du Talhouët – se constituent prisonniers, le 10 janvier 1720.

Alors que le Régent se montre fort conciliant avec le duc, la duchesse du Maine et les membres de la conspiration de Cellamare, libérés dans l'année 1720, il fait preuve d'intransigeance vis-à-vis d'une conjuration pourtant mal préparée et loin d'avoir mis en péril l'autorité royale.

Un jugement disproportionné

Soixante-dix prisonniers sont mis en jugement devant une cour spéciale présidée par un Savoyard, Castanes, au mépris d'un traité qui exige que les accusés soient déférés devant leurs pairs du parlement de Bretagne – un risque que le Régent ne veut pas courir. Seize conjurés sont finalement jugés par contumace ; sept autres sont présentés devant leurs juges : le marquis de Pontcallec, Coué de Salarun, Le Moyne du Talhouët, du Couëdic, Coargan et Hire de Keranguen.

Le 26 mars 1720, le verdict tombe. Pour le peuple, qui en appelle à la clémence royale, les quatre condamnations à mort – Pontcallec, Montlouis, Le Moyne du Talhouët et Du Couëdic – et les seize par contumace sont jugées disproportionnées. D'où la sympathie populaire qui étayera par la suite la légende du marquis de Pontcallec et de ses amis. Mais à l'instant présent de leur condamnation, ils ne sont que les boucs émissaires d'une conjuration où se mêlent, sans en connaître les véritables liens, volonté de protéger leurs privilèges et complot d'État visant à évincer le Régent.

Quoi qu'il en soit, le jour même de l'annonce du verdict, les quatre condamnés à mort sont emmenés place du

Dans *Que la fête commence*, Bertrand Tavernier met en scène un marquis de Pontcallec jouisseur, sous les traits de Jean-Pierre Marielle.

Bouffay à Nantes, dans l'après-midi, pour y subir la sentence, ainsi que l'historien Saint-Simon, qui ne portait pas le duc du Maine dans son cœur, le raconte :

« Les sieurs de Pontcallec, de Talhouët, Montlouis et Couëdic, capitaine des dragons y eurent la tête coupée. Il y en eut seize autres que l'on ne tenoit pas qui l'eurent en même temps en effigie... Les prisonniers avoient avoué la conspiration et les mesures prises pour livrer les ports de la Bretagne à la France, et y en recevoir les troupes, marcher en armes en France [...] le tout juridiquement avoué et prouvé. On les avoit éblouis de les remettre, comme au temps de leur duchesse héritière Anne, et de trouver la plupart de la noblesse de France prête à se joindre à eux pour la réformation du royaume sous l'autorité du roi d'France, représenté en France par le duc du Maine. »

Le marquis de Pontcallec entrait dans la légende. Du moins dans celle que l'on voulut bien lui dresser. Figure controversée entre la vérité historique ressortant de l'analyse des documents d'archives, la légende forgée sur son nom par les complaintes, les chants traditionnels repris par le petit peuple et aujourd'hui empruntée par ceux qui se font les chantres de l'indépendance ou de l'autonomie bretonne. À plus forte raison depuis que le groupe Tri Yann et Gilles Servat chantent les exploits du marquis de « Pontkalek » en même temps que le cinéaste Bertrand Tavernier présente dans son film, *Que la fête commence*, le marquis sous les traits d'un personnage jouisseur et roublard, en un mot sympathique et sans compromis : « Si beau, si gai, si plein de cœur », comme il est écrit dans la chanson *Marv Pontkalleg, La Mort de Pontcallec*, tirée du *Barzaz Breiz*.

Chœur de brigands

Cartouche, ou la vie sans issue

«Il y a trois mois, ce n'était qu'un voleur ;
c'est à présent un conquérant.»

Voltaire

ARNAULT de Bouëx planta son regard dans les yeux fiévreux de sa proie. Pour la première fois depuis le début de l'interrogatoire, le conseiller au Parlement sentit que l'homme dont parlait le Tout-Paris vacillait sur ses fondations. D'un simple hochement de tête, il signifia à l'exécuteur de poursuivre son œuvre de destruction. Arrimé sur sa sellette par une corde qui emprisonnait ses cuisses, le roi des voleurs ne broncha pas. En avait-il la force, lui, le chef des cartouchiens, adulé par le petit peuple de la capitale ? Combien de temps pourrait-il encore tenir face à son tortionnaire dont la vengeance semblait sans limites ?

Depuis son arrestation, le 6 janvier 1721, son visage d'ange s'était dilué dans les stigmates de la douleur. Mais les supplices endurés n'avaient eu raison ni de son courage ni de son silence. La raison tenait à son absence de peur. Ce sentiment qui vous fait faillir et avouer, jamais il ne l'avait éprouvé. Mieux encore, il l'avait défié durant toute sa courte vie. Arnault de Bouëx et l'exécuteur en chef l'auraient-ils sans cesse torturé jusqu'à la mort qu'il continuerait à nier être Cartouche... le prince des voleurs... le roi de Paris... le fils de la nuit... Un dernier pied de nez à tous ceux qui l'avaient banni de la société. Sans autre issue que la camarde !

L'assesseur du bourreau passa ses bras noueux sous les aisselles de l'accusé, resserrant sa prise pour éviter tout mouvement brusque. Le souffle coupé par la pression exercée sur sa poitrine, Cartouche se sentit défaillir. Quand le maillet brandi par le bourreau enfonça le premier coin entre les carcans de bois qui cerclaient les jambes déjà broyées du brigand, un jet de sang épais et poisseux jaillit de sa bouche. Sept autres coups de boutoir suivirent. Un torrent de douleurs remonta par vagues jusqu'à sa tête brûlante, au bord de l'explosion. Quand le bourreau délesta Cartouche de ses brodequins, la chair de ses membres inférieurs ne ressemblait plus qu'à une infâme charpie.

« Vas-tu dire ton nom ? siffla enfin Arnault de Bouëx. Ceux de tes complices ? Allons, parle ! Avoue tes crimes ! Dieu t'en tiendra compte. »
La réponse de Cartouche se perdit dans un gémissement incompréhensible.

Quand il reprit connaissance, il était allongé dans sa cellule, les fers mis aux pieds, aux mains et au cou pour empêcher toute tentative d'évasion. La vermine l'avait envahi, et les rats pullulaient autour de lui, prêts à venir lui grignoter les pieds. Cartouche savait son combat perdu d'avance. Bien qu'il eût toujours proclamé son innocence, évoquant une méprise avec le bandit Cartouche, les juges avaient déjà pris leur décision de l'envoyer à la roue. Seul un fol espoir prorogeait sa volonté de tout nier : ses lieutenants et ses hommes avaient promis de le libérer de la Conciergerie, où il serait transféré avant l'exécution, ou sur le parcours le conduisant vers l'échafaud, place de Grève. Cette seule idée lui redonnait courage. Alors, reprenant confiance, il se laissait aller aux confidences intérieures, parcourant le chemin de sa vie, du fond de son corps sanctuaire.

L'appel de la liberté

Un jour de 1693, Louis Dominique était venu au monde sous le règne du Roi-Soleil. Son père, Jean Garthauszien, d'origine allemande, tenait une boutique de tonnelier rue du Pont-aux-Choux, dans le quartier de la Courtille, à deux pas de Belleville. Sa mère, Catherine Lamarre, était une Parisienne bon teint qui choyait son premier rejeton pendant que son mari dressait à longueur de journée les futailles. En dépit des difficultés du temps par la faute de la guerre de la ligue d'Augsbourg, les Garthauszien vivaient convenablement du fruit de leur travail, ne s'accordant que le repos dominical pour répit. L'occasion, pour le père, d'aller vider quelques chopines dans les nombreuses auberges du quartier avant de regagner le foyer, passablement éméché, où le vin mauvais l'incitait à battre son épouse.
De son ancien métier de soldat, Jean Garthauszien avait conservé une discipline stricte et un sens de la probité auxquels il était hors de question de déroger. Louis Dominique, l'aîné des enfants, devait donner l'exemple. Estimant qu'étudier ne lui ferait pas de mal, son père l'envoya sur les bancs du collège Louis-le-Grand, où il côtoya un temps l'élève François Marie Arouet, plus connu sous le nom de Voltaire.
Son renvoi pour chapardage augurait une carrière qui n'avait pas encore pris son envol. Le père Garthauszien se dit alors que si son mouflet ne voulait pas taquiner le verbe et les chiffres, il ne lui restait plus qu'à tenir la doloire, le riflardet, et à cercler les tonneaux. En le prenant sous sa coupe, le père

Considéré comme un brigand au grand cœur, le personnage de Cartouche a souvent été repris par l'imagerie populaire.

Cartouche, qui avait fini par franciser son nom, tiendrait son garnement à l'œil. Il ferait beau voir qu'il s'encanaille ! Quelques coups de fouet bien sentis le feraient revenir à la raison. Mais essayez de redresser un arbre déjà bien tordu !

Si l'apprenti tonnelier respectait à la lettre son travail, il éprouvait à la fois des besoins d'évasion et une propension à fréquenter les mauvais garçons du quartier. Une avant-scène de la délinquance qui n'allait plus le quitter. Encore novice dans l'exercice du vol à la tire, Louis Dominique apprit vite à ses dépens que dans ce métier, on peut rapidement passer de la lumière à l'ombre. Averti par la police que son galapiat de fils venait de se faire prendre la main dans le sac, Cartouche père se dit qu'un séjour en maison de correction permettrait à son rejeton d'expurger ses mauvais penchants. Quand le jour fut venu, Louis Dominique eut juste le temps de prendre la poudre d'escampette avant de voir les portes se refermer sur lui.

Le voilà dès lors, âgé de onze ans, errant dans une ville dont il ne connaît rien. Sans domicile fixe, sans argent, mais humant le vent de la liberté. Un bien imprescriptible pour ce gamin au visage d'ange. Durant plusieurs mois, au contact d'une famille de bohémiens, il apprend comment couper bourses, tabatières, boîtes à mouches ou gardes d'épée. Un butin qu'il revend dans les cabarets ou à quelques receleurs. Surveillée par la police, la petite bande décide alors de s'exiler un temps vers Rouen. Cartouche y tombera malade et devra à son oncle d'être soigné, avant de décider, sur ses conseils, de revenir dans le giron familial.

Une vie d'honnête homme pour le prix de sa liberté ? Louis Dominique tente bien, au début, de s'en convaincre. Mais l'austère atelier de son père l'étouffe. La rue le fascine toujours plus. Et puis, il y a Françoise, lingère le jour et prostituée la nuit, dont il s'entiche au point de quitter définitivement le domicile familial. Rien n'est trop beau pour elle : Louis Dominique la couvre de cadeaux dont on se doute bien qu'ils ne sont pas payés comptant. Ainsi, son terrain de chasse s'agrandit. Fin observateur et prudent, ne laissant rien au hasard et profitant de son physique de gamin, Cartouche gagne en expérience. Sa fréquentation des tripots lui permet aussi de se faire la main aux cartes. Parfois, quand sa bourse se vide, il consent à travailler honnêtement : comme laquais chez le marquis de Saint-Abre, en tant qu'informateur pour la police – un comble ! –, ou comme recruteur pour l'armée. Mais chassez le naturel, il revient au galop ! Cartouche a trop goûté à l'argent facile pour vivre de maigres émoluments. Un temps, il s'acoquine avec un certain Galichon, expert dans l'art de couper les gardes d'épée. Pour peu de temps, car le malandrin se fait cueillir par la police, et Cartouche se retrouve seul.

Un brigand fanfaron mais autoritaire

Le 1er septembre 1715, Louis Dominique a vingt-deux ans quand la mort, comme un grand soulagement, vient prendre le Roi-Soleil à ses sujets. L'héritier du trône, Louis, duc d'Anjou, est encore trop jeune pour régner à la suite de son arrière-grand-père. Une régence se met en place avec à sa tête Philippe d'Orléans, premier prince du sang, qui obtient les pleins pouvoirs en dépit des dispositions testamentaires de Louis XIV pour les limiter strictement.

De 1719 à 1721, date de la prise du pouvoir par Louis XV, le gouvernement de régence vit en guerre contre l'Espagne et essaie d'éponger la dette colossale laissée par le défunt roi, tentative qui se soldera par l'effondrement du système Law, basé sur la prépondérance du papier-monnaie sur la monnaie métallique. Des richesses établies sur la spéculation se bâtissent en quelques jours, avant de s'effondrer tout aussi vite quand le banquier écossais émet de trop grandes quantités de billets, provoquant la panique chez les agioteurs. À la richesse et au luxe étalés en plein Paris par ceux qui avaient déserté Versailles pour se rapprocher du Palais-Royal, où vit le Régent, s'ajoute une vie de débauche et de libertinage dont le plus fidèle adepte n'est autre que l'abbé Dubois, ministre des Affaires étrangères puis Premier ministre du régime. De quoi faire jaser le petit peuple et donner des idées à ceux qui estiment logique de récupérer une part de ce qui aurait dû leur revenir.

Si Louis Dominique, durant six années, pille sans vergogne les riches aristocrates et les nobles nantis de privilèges, il le fait toujours selon le principe qu'il ne fait que prendre aux riches pour venger la misère du peuple. Cette misère qui aurait pu être la sienne s'il n'avait pas emprunté la voie du brigandage.

Agissant d'abord en solitaire, Cartouche rejoint bientôt une de ces bandes qui foisonnent dans la capitale, repaire de soldats démobilisés et désœuvrés prompts à manier le couteau, de gamins des rues laissés-pour-compte, de saute-ruisseaux et de filles de joie ravies de trouver un protecteur. Une sorte de cour des Miracles qui fréquente les auberges et les tripots de ce Paris canaille au sein duquel navigue en eaux troubles une multitude de mouchards. Rapidement et à la suite de plusieurs exploits qui font l'admiration de ses frères

Le prince des voleurs, incarné ici par Jean-Paul Belmondo, défia l'autorité royale de 1715 à 1721, avant d'être arrêté et exécuté.

> Cartouche avait su s'entourer d'une véritable cour des miracles ; des hommes et des femmes qui lui étaient dévoués. C'est pourtant l'un d'eux qui le trahit.

d'armes, Cartouche en prend la tête. Car l'homme, en plus de son don à détrousser le plus prudent des bourgeois, sait, à l'occasion, faire preuve de zèle et de bravoure. Ainsi évite-t-il le suicide d'un marchand ruiné en délestant ses créanciers de l'argent depuis peu recouvré. Un autre jour, alors que la police le serre de près, il fanfaronne devant l'huissier chargé de clamer sur la place publique son ordre d'arrestation, avant de relever sa redingote lestée de plusieurs pistolets. Pris de panique, l'huissier et les gardes françaises s'enfuient sans demander leur reste, sous le sourire railleur du brigand.

Cette image de Cartouche ne doit pas faire oublier l'autorité qu'il pouvait avoir sur ses hommes et la crainte qu'il pouvait inspirer si l'un ou l'autre s'avisait de ne pas suivre ses ordres ou de frayer d'un peu trop près avec la police du royaume. Intelligent, Cartouche avait construit une véritable armée, avec ses soldats, ses indicateurs, dont certains avaient pu s'introduire jusqu'au cœur même du pouvoir – ce qui fait dire que Cartouche aurait pu être manipulé par le pouvoir –, et ses receleurs. Parmi cette escouade, les femmes n'étaient pas en reste, car qui mieux qu'elles

pouvaient servir d'appâts ou transporter sans trop se faire remarquer le butin de leurs larcins ?

L'étau se resserre

Les exploits des cartouchiens ne laissent pas les autorités sans réaction. Les mouchards sont sommés de livrer des informations. Une récompense est promise à toute personne fournissant des renseignements à la justice, et des pièges sont tendus, mais Cartouche a plus d'un tour dans son sac et parvient à se glisser à chaque fois entre les mailles du filet. Dans les moments difficiles, il réussit à se cacher grâce à la complicité de son réseau. Il sait aussi pouvoir compter sur Marie-Antoinette Néron, la seule de ses conquêtes qu'il épousera.

Forte de près de deux mille hommes, la bande ne se contente plus de petits larcins. Entre Paris et Versailles circulent les plus beaux carrosses du royaume. Cartouche comprend qu'il y a là matière à bien se remplir les poches. Dès lors, cette route deviendra la moins sûre du territoire, au point que les autorités finiront par l'éclairer pour la sécuriser. En attendant, les cartouchiens sont insaisissables. Cartouche, en même temps qu'il devient l'ennemi public numéro un, s'enrichit. Tant dans les tavernes que dans les salons bourgeois, son nom est cité avec respect et crainte. N'a-t-il pas dérobé, au nez et à la barbe de la police, 1 300 000 livres d'actions rue Quincampoix, centre des agioteurs de tous bords ?

Mais plus que tout autre, en dépit de son aura, Cartouche sait que sa liberté ne tient qu'à un fil, et qu'à force de tirer le diable par la queue, il finira bien par se faire prendre. Sa vie de brigand est une spirale qu'il ne peut arrêter. Lui, si prudent d'ordinaire, en vient même à prendre des risques inconsidérés qui mettent en péril l'existence même de la bande. Comme si sa puissance acquise exigeait de lui d'aller toujours plus loin, toujours plus haut, grisé par la gloire.

Ne parvenant pas à prendre Cartouche la main dans le sac, la police du Régent utilise le renseignement et la délation comme clés de voûte de son système répressif. Pour avoir la tête, il faut d'abord abattre les membres inférieurs et supérieurs. Aux premiers acolytes tombés succèdent des dénonciations. Ses contacts, notamment les aubergistes chez lesquels il sait pouvoir trouver refuge, commencent à prendre peur. Certains même lui refusent le gîte et le couvert, par crainte d'être arrêtés et reconnus comme complices.

L'étau se resserre autour de Louis Dominique. Hier au faîte de sa gloire, il est obligé de se terrer de plus en plus, changeant chaque jour de domicile, ne faisant plus confiance à personne. Un à un, ses principaux lieutenants finissent par tomber. Ses propres frères sont arrêtés. Des langues se délient. Il est arrêté une première fois, mais parvient à se faire la belle. Cartouche sait que ses jours sont comptés. Or, par panache et par fierté, il refuse l'idée de fuir à l'étranger.

Sûres d'avoir fait le vide autour du brigand, les autorités, le 19 juillet 1721, appelle la population à coopérer, moyennant une belle récompense. Un appât auquel l'un de ses compères, un certain Gruthus, ne reste pas insensible.

Ennemi public numéro un de la Régence, Cartouche, arrêté une première fois, parvient à s'évader grâce à de multiples complicités.

Le 14 octobre, Cartouche tombe une seconde fois : ce sera la dernière. La justice tient son homme, elle ne le lâchera plus.

Enfermé dans une cage, enchaîné, rongé par la vermine, le roi de Paris devient vite un objet de curiosité. Nobles, aristocrates, gens de lettres et du peuple se pressent au Châtelet pour le voir, lui parler, recueillir ses mémoires afin d'en écrire pièces et poèmes. Des heures qui ne lui font pas oublier les interrogatoires menés par Arnault de Bouëx et les longues séances de torture. Car Louis Dominique nie tout en bloc, jusqu'à faire semblant de ne pas reconnaître sa mère, autorisée à venir le visiter. Cartouche, en effet, croit en la promesse de ses hommes de le libérer le jour de son exécution. Car la sentence ne fait aucun doute. Le Régent, qui l'a visité, considérant plus l'homme que ses actes délictueux, ne lui a pas caché son impossibilité de lui venir en aide.

Le 31 octobre, il est transféré sous bonne garde à la Conciergerie. Le procès se déroule à La Tournelle. Fin novembre, le verdict tombe, sans surprise : la roue pour lui et cinq de ses lieutenants.

L'exécution

28 novembre 1721. Une pluie fine et glaciale tombe sur la capitale. La veille, pour la dernière fois, le greffier a demandé à Cartouche s'il n'avait rien à déclarer. En vain. Il a dû écouter la lecture de l'arrêt de mort sur le parvis de la Conciergerie en présence

Cartouche avait constitué une bande de près de deux mille hommes qui écumait la capitale et lui fournissait tous les renseignements.

d'une foule immense. L'heure de l'exécution est désormais venue. Juché sur une charrette, le brigand scrute la foule qui s'est agglutinée sur le parcours menant à la place de Grève où l'attendent le bourreau et ses aides. À tout moment, il espère voir ses amis fendre la foule et le libérer. Sans doute cherche-t-il aussi le visage d'Antoinette Néron, son épouse. Alors que l'échafaud se profile au bout de la rue, désemparé par la promesse non tenue, il demande au greffier qu'on l'emmène devant ses juges pour une ultime déclaration : « Oui, je suis Cartouche ! s'écrie-t-il à la cantonade ; et je suis prêt à vous livrer des noms, beaucoup de noms. »

Gagné par la rancœur et la vengeance, lui qui n'avait pas donné un seul nom et n'avait rien avoué de ses vols et de ses crimes jusqu'à nier son identité et celle de sa propre mère, va tout lâcher à ses juges. Dix-huit heures seront nécessaires pour noter toutes ses révélations, depuis ses premiers larcins jusqu'à ses derniers exploits. Il n'omettra rien, et surtout pas les noms de ceux qu'il estimait l'avoir trahi.

Voulut-il gagner du temps, ou Cartouche crut-il que ses révélations lui permettraient de surseoir à l'exécution ? Quoi qu'il en soit, au petit matin du 29 novembre, Cartouche est ramené sur la place de Grève, où la foule se presse plus nombreuse encore que la veille, et placé sur la croix de Saint-André. Le bourreau, par huit fois, abat sa barre de fer sur le corps du bandit. Pas un mot, pas une plainte ne sort de sa bouche d'où gicle son sang. Comme ultime grâce de ses juges, l'exécuteur l'étrangle, lui évitant une trop longue expiration sur la roue.

Cartouche restera exposé sur place durant quatre jours, son corps exsangue livré aux intempéries hivernales et à la curiosité morbide de passants venant le toucher ou s'emparer d'un morceau de ses vêtements. Puis son corps est remis à l'hôpital Saint-Côme, en vue d'être autopsié et disséqué. Dès lors, Cartouche pouvait entrer dans l'imagerie et la littérature populaire, entre histoire et légende.

Le 28 novembre 1721, Cartouche est exécuté place de Grève, à Paris.
Jusqu'au bout, il crut que ses hommes viendraient le délivrer.

Gaspard de Besse, brigand d'esprit et de cœur

« Si l'on condamnait Gaspard
On verrait sans nul retard,
La révolte qui s'apprête
Se dresser de toutes parts…
Rendez-nous notre Gaspard ! »

Chant populaire anonyme attribué à Jean Lecor

DANS la plaine de Cuges-les-Pins, entre Aubagne et Toulon et au sud du massif de la Sainte-Baume, d'étranges individus, détecteur de métaux en main, arpentent les lieux à la recherche d'un trésor de guerre caché là depuis plus de deux siècles. Histoire vraie ou légende ? Si la découverte d'une petite bourse remplie de pièces d'or, il y a quelques années, autorise tous les espoirs, ces recherches démontrent surtout combien reste vivace, dans la mémoire collective, l'histoire du plus respecté des brigands qu'ait connu l'Ancien Régime. Car au panthéon du brigandage français, Gaspard de Besse tient une place à part, tant par son côté messianique à prendre en compte les malheurs des pauvres gens en leur redistribuant une partie du butin volé que par des idées pré-révolutionnaires nourries des textes des Lumières, remettant en cause les privilèges des nobles et du clergé, à la différence de Cartouche et de Mandrin dont les valeurs humaines et sociales restent plus opaques.

Si Gaspard partage avec eux la galanterie, la provocation et le côté justicier, il s'en éloigne encore par son caractère non violent, faisant de sa devise : « Effrayez, mais ne tuez jamais », une règle du brigandage, renforçant son prestige jusqu'au sein même d'une partie de la noblesse qui admirait son éloquence et ses bons principes.

Ajoutons à sa personnalité un soin tout particulier porté à sa mise, un physique d'ange qui bouleverse le cœur des femmes, une fin dramatique, et l'on comprend que la popularité de Gaspard de Besse s'est perpétuée jusqu'à nous comme étant celui qui n'a jamais dérogé à ses idées de justice et de liberté. À ce titre, il représente, dans notre inconscient, le mythe de l'homme libérateur, sans peur et sans reproche, qui hante notre mémoire et sommeille quelque part en nous.

Les ferments d'une éducation libertaire et humaniste

Une telle destinée repose sur un terreau fécondé par les aléas de la vie qui n'ont guère épargné les jeunes années de Gaspard Bouis – car tel est son vrai nom. Il perd successivement son père et sa mère : le premier, piétiné par ses chevaux de trait alors qu'il n'a que dix-huit mois ; la seconde, terrassée par la maladie au sortir de son enfance. Par chance, à Besse-sur-Issole, le clan Bouis est uni et prend en charge le gamin. Deux personnages marquent son adolescence : son parrain, adepte du braconnage et de la contrebande, auprès duquel Gaspard apprend la richesse de la liberté et les moyens de gruger les autorités, et le curé Barban, qui sert de contrepoids à cette éducation libertaire. Très vite, l'ecclésiastique, qui discerne en Gaspard une robuste intelligence, lui inculque des principes de charité et d'humanisme, avec pour objectif d'en faire un bon missionnaire de Dieu. Plus tard, propulsé dans le monde des adultes mais sans soutane, Gaspard mettra en pratique ce qu'il a récolté de ce double enseignement.

Son parcours, qui sillonne les gorges d'Ollioules, le massif des Maures et celui de l'Esterel – autant de cachettes pour se dissimuler et de guet-apens

Draguignan (Var) : vue générale.

Voleur gentleman, Gaspard de Besse n'utilisait son arme que contraint et forcé.

propices à dévaliser les collecteurs d'impôts et les agents de l'administration royale –, est jalonné d'une série d'actions qui assoient sa réputation de brigand au grand cœur, « dépouillant les riches pour satisfaire les pauvres ». D'où sa popularité et la protection que lui assuraient les populations de ces régions, peu enclines à collaborer avec les autorités du régime.

Fin tacticien, Gaspard de Besse ne laisse rien au hasard. Il observe les mouvements des gendarmes, se renseigne sur les heures de passage des calèches et des pataches qui transportent de riches commerçants, des gabelous ou quelques nobles en voyage, utilise des indicateurs qui ne manquent pas de lui fournir les informations les plus précieuses avant de décider de l'heure et du lieu de l'embuscade. Une telle stratégie lui permet à la fois d'avoir la confiance de sa troupe et d'éviter tout dérapage susceptible de se transformer en affrontement. Ainsi, ses soldats sont-ils appelés à ne pas faire usage de leurs armes et à ne pas maltraiter leurs victimes. Une seule fois, l'un de ses hommes voulut transgresser cette règle. Il reçut une décharge dans la tête qui le laissa pour mort. Enfin, quand l'étau se resserre autour de lui, Gaspard, en chef avisé, prend du recul et se fait oublier en dispersant ses hommes, attendant des jours meilleurs.

L'étoffe du héros

La *vox populi*, souvent embellie, se fait largement l'écho de ses exploits, déclenchant l'admiration des petites

gens qui voient en lui le reflet de leur colère face à l'injustice et à l'oppression. Trois sont plus remarquables tant par l'audace que par la réussite et la réputation qui en découlent.
Tout commence quand, écumant les auberges et les tripots de Toulon, une jeune femme, Claire Augias, lui confie son désespoir de voir son mari condamné aux galères pour le vol de deux livres et demie de sel aux sauniers. Tout autant révolté par cette sentence démesurée que charmé par les attributs de la belle, Gaspard de Besse lui promet de combler son attente. Ni une ni deux : le brigand se renseigne sur le bagne et soudoie le fossoyeur pour que le jour venu, le mari et un compagnon de cellule se glissent sur le tombereau, au milieu des morts de la veille. Sortis incognito du bagne, ils rejoignent le brigand et s'enrôlent dans sa troupe.
Un autre jour, une chaîne de forçats est repérée sur la route de Marseille. Gaspard, après avoir obtenu tous les renseignements nécessaires, les intercepte puis les libère après s'être acquis la complicité de la majorité des dragons. Aux uns et aux autres, médusés par son audace, il propose de rejoindre son armée, n'hésitant jamais à leur délivrer un message d'espoir et de justice sociale : « La justice est depuis longtemps tarifiée et vendue ; on sait d'avance ce que le gain d'un procès doit coûter à qui le gagne ; et les plaideurs, au lieu de bonnes raisons, ont pris l'habitude de porter de l'or à leurs juges. » Les récalcitrants, eux, sont conviés à déguerpir, privés de leurs armes et d'une partie de leur uniforme.
Mais le plus authentique exploit de la bande demeure son irruption, en juin 1780, lors d'une fête donnée au château de Fontblanche, au milieu d'un parterre de nobles et de privilégiés qui ne l'attendaient pas en un tel lieu. Risques mesurés pour qui connaît la prudence de Gaspard de Besse, mais d'une audace folle quand on sait que toute la bonne société provençale se trouve ce soir-là chez les sœurs Amélie et Sophie de Garnier. Personne, au demeurant, ne songe un seul instant que le brigand et sa bande sont capables de s'introduire au cœur même de la fête. Un véritable affront qui ne manquerait pas de ridiculiser les autorités. C'est pourtant ce qui se passe quand Gaspard surgit en habit de soirée, précédé de ses deux fidèles lieutenants, Augias et Bouilly, chargés de le couvrir en cas de danger, au milieu d'une salle tétanisée de surprise et d'effroi devant un tel outrage fait à son rang.
Outre l'effet produit, il s'agit, pour le brigand qu'est devenu Gaspard aux yeux des autorités, de dénoncer devant ce parterre de notables les calomnies propagées sur son compte, obligeant bien des convives, ce soir-là, à baisser les yeux en signe de culpabilité. Les femmes, de leur côté, passé un moment de frayeur, ont vite choisi entre ce beau jeune homme au charisme impressionnant dont le culot ne semble pas avoir de bornes et leurs époux tremblant devant le brigand le plus recherché de la Provence. Galant et démontrant un savoir-vivre provocateur, Gaspard se fendra même d'une danse avec la propriétaire des lieux. Puis, satisfait de son coup d'éclat,

il quitte la place pour chevaucher avec sa troupe en direction de leur quartier général, dans les gorges d'Ollioules, laissant les invités cois ou admiratifs.

Un brigand de charme

Beau garçon, usant de son charme et d'une tenue vestimentaire qui le fait ressembler plus à un gentilhomme qu'à un gueux, Gaspard de Besse sait jouer de la flamme qui brûle dans le cœur des femmes à sa vue. Entre histoire et légende, trois d'entre elles gagneront ses faveurs, sans jamais lui voler son indépendance.

Ses premiers ébats amoureux ont pour cadre l'auberge de Claire Augias, femme du galérien libéré par Gaspard, qui lui restera d'une grande fidélité en dépit de l'attitude volage de son amant. Vient ensuite l'énigmatique Marie de Saint-Sevran, veuve d'un colonel des hussards qu'il a dépouillé avant de succomber aux charmes de la belle, et qui répondra à sa bravoure en le cachant dans son château du Camp-du-Castellet. Un intermède de quelques semaines, le temps de laisser les autorités s'épuiser à le rechercher, profitant du calme des lieux et de la tendresse que la belle Marie lui accorde.

Mais Gaspard aime trop la liberté pour s'enchaîner durablement à l'une de ses conquêtes, au risque de s'y brûler les doigts. Ce sera le cas avec la sauvage Clarisse, yeux de braise et corps brûlant de désir, à laquelle Gaspard offre d'abord son aide pour récupérer l'argent ramassé par un percepteur d'impôt avant de l'emporter dans un torrent de plaisir. Relation passionnée mais brève que la donzelle est incapable de supporter. Rongée par la jalousie, elle finira par le trahir, révélant aux autorités le lieu où se cache Gaspard.

La trahison de Clarisse

Longtemps impuissantes devant cette bande et son chef qui leur filent entre les doigts, les autorités de la région sont bientôt mises en demeure par le pouvoir royal de faire cesser les agissements de ces brigands qui ne reculent devant rien. Un nouveau gouverneur, Fauris de Saint-Vincens, est nommé. Fort de son expérience, Fauris sait qu'il n'y a rien à attendre d'une collaboration de la population et qu'il est inutile de se lancer dans une répression qui ne ferait qu'accentuer le mécontentement. D'emblée, il estime donc qu'il est urgent d'attendre, comptant dès lors sur une erreur du brigand ou sur une dénonciation pour lui mettre la main au collet. Aussi lance-t-il à travers toute la Provence des mouchards et des indicateurs sommés de récolter le moindre renseignement pouvant le mettre sur sa piste.

Sa première arrestation intervient en juin 1779, sur une trahison de l'impétueuse Clarisse. En quelques heures, gendarmes et dragons investissent les lieux autour de l'auberge des Adrets avant de tomber, au petit matin, sur Gaspard et ses lieutenants. Transférés par prudence à Draguignan afin d'éviter tout soulèvement populaire, les brigands sont enfermés à la prison de l'Observatoire.

À l'annonce de leur arrestation, un vent de surprise puis d'indignation souffle sur toute la Provence. Mais

Beau garçon, Gaspard de Besse enflammait le cœur de toutes les femmes qu'il rencontrait.

Gaspard n'est pas homme à se laisser envahir par la détresse. Aussitôt, il échafaude un plan d'évasion.

Fin connaisseur de l'âme humaine, et comptant sur son aura, Gaspard sait que le meilleur moyen pour se faire la belle est de soudoyer en monnaies sonnantes et trébuchantes ses geôliers que des salaires de misère n'incitent guère à faire du zèle.

Un soir où le geôlier en chef a sciemment oublié de fermer leurs cellules, Gaspard, Augias et Bouilly se font la belle. Un immense soulagement pour le peuple, mais une honte pour le pouvoir royal, quand bien même les trois hommes se verront condamnés, par contumace, « à la roue et à 3 livres d'amende pour vol dans une auberge, arrestation de voyageurs à main armée, évasion de la prison de Draguignan par le moyen d'un complot suivi de violence ».

Pour Fauris de Saint-Vincens, sermonné à Paris, le temps n'est plus à la tergiversation. Si Gaspard de Besse a gagné la première partie, il est prêt à relever le défi, dût-il le poursuivre jusqu'en enfer. Le gouverneur relance donc ses indicateurs et ses mouchards, ordonnant aux forces de l'ordre d'arrêter les poursuites qui n'auraient eu pour seule conséquence que de voir les brigands se terrer en attendant des jours meilleurs.

L'imprévisible hasard

Fauris n'aura guère à patienter. Par le plus grand des hasards – en dépit de toutes les précautions prises par les brigands –, un mouchard du nom de Roubion reconnaît un jour en Jacques Bouilly un ancien compagnon de chaîne. Sans remords, il le dénonce au commissaire général Hyacinthe de Possel. La roue vient de tourner à l'avantage du gouverneur. C'est alors un jeu d'enfant pour le commissaire, en suivant les faits et gestes du plus fidèle lieutenant de Gaspard, de remonter la piste jusqu'à celui-ci, réfugié à La Valette-du-Var, dans l'auberge de sa maîtresse Claire Augias.

Le 23 octobre 1780 sonne comme le dernier jour de liberté pour lui et ses hommes. Jacques Bouilly et Joseph Augias sont cueillis à l'aube, à peine réveillés. Leur chef, qui a passé la nuit dehors, n'a pas le temps de se rendre compte du guet-apens et se rend sans opposer de résistance. Transféré le lendemain sous bonne escorte de Toulon vers Aix-en-Provence, Gaspard comprend cette fois qu'il n'aura pas une seconde chance pour s'évader. Les semaines et les mois s'écoulent. Convaincu de la justesse de sa cause et sans doute des petits cailloux qu'il a semés dans l'esprit du peuple pour une meilleure justice, il s'abandonne à la lecture, prépare son procès et sa mort, qu'il sait certaine. Encore n'a-t-il pas à subir l'épreuve de la question, à la différence de ses deux lieutenants qui finiront, vaincus par la douleur, par donner seize de leurs complices.

Un procès-fleuve pour un verdict sans surprise

L'enquête et l'instruction nécessiteront une année entière avant que le jugement, dont l'issue ne fait aucun doute, soit prononcé. Gaspard et sa bande ne relevant d'aucun crime, seule l'infraction pour vol est retenue contre eux. Des témoins de tous bords, venus à la barre, exprimeront leur sympathie pour les accusés, qui ne nient aucun des faits qui leur sont reprochés. Au contraire, Gaspard de Besse ne manque jamais de rappeler aux juges et au public les raisons qui l'ont poussé à devenir un hors-la-loi, à désobéir et à se révolter contre l'ordre établi. En vain.

La première sentence, le 27 septembre 1781, confirmée par la Chambre du conseil, les condamne pour crimes et vols sur le grand chemin, avec armes, « à être livrés à l'exécuteur de la haute justice pour être par lui-même menés, tête et pieds nus, en chemise, la corde au cou, tenant un flambeau de cire jaune ardent allumé dans les mains, par tous les lieux et les carrefours de cette ville d'Aix, accoutumés et notamment devant la porte principale de l'église Saint-Sauveur, pour y faire amende honorable et demander pardon à Dieu, au roy et à la justice et, ce fait, être conduits sur l'échafaud dressé à la place du Boulevard pour y avoir les bras, les jambes, les cuisses et les reins rompus et être ensuite exposés sur une roue, la face tournée vers le ciel, pour y expirer et y rester jusqu'à ce que mort s'ensuive, et qu'ensuite leur tête sera séparée de leur corps et portée par ledit exécuteur sur les grands chemins ».

À l'annonce des trois condamnations à mort, des soulèvements populaires éclatent à Aix-en-Provence et dans plusieurs localités provençales. Mais il est trop tard. Le 25 octobre 1781, vers 10 heures du matin, les trois hommes subissent la sentence sans broncher, absorbant la douleur pour ne pas la répandre en cris de terreur ainsi que le narre la complainte de Gaspard :

« Arrivant à la Madeleine,
Et bien que la place fût pleine,
Ses pas restaient fiers et égaux,
Bien qu'il marchât à l'échafaud.
Il était fier comme Artaban.
Ce qui bouleversa les gens
Fut quand il mit genoux à terre
Pour faire, tout comme
un pauvre hère,

Amende honorable à justice,
À Dieu, au roi. Dans son supplice,
Pareil aux empereurs romains
À qui la mort donne la main,
Il eut cœur ferme et âme altière. »

Au milieu de la foule, Claire Augias et Marie de Saint-Servan sont là pour capter l'ultime regard, le dernier souffle de l'homme qu'elles ont le plus aimé, roué vif à vingt-quatre ans.
De la tête de Gaspard, exposée au bois des Taillades, on fera un masque mortuaire que la ville d'Aix conservera jusqu'en 1860.

Le temps ne fera pas litière de sa mémoire. À titre posthume, le peuple, pour lequel il s'était battu et avait donné sa vie, taillera dans ses multiples exploits le costume du héros.

Gaspard de Besse
est roué vif, à Aix,
le 25 octobre 1781.

Alexandre Jacob, le vrai Arsène Lupin

« Le droit de vivre ne se mendie pas,
il se prend. »

Alexandre Jacob

Du petit mousse au monte-en-l'air

Lassé d'attendre le grand soir, pétri d'idéaux que les socialistes parlementaires baptisent « utopies », Alexandre Jacob, né dans une famille modeste à Marseille, décide, alors qu'il n'a que seize ans et une carrière de mousse compromise par des ennuis de santé, de consacrer sa vie à combattre l'injustice en brandissant le drapeau noir des anarchistes. Arrêté une première fois alors qu'il s'essaie à la fabrication d'explosifs lors d'un voyage de Félix Faure dans le Midi, il choisit, à sa sortie de prison, la voie de l'illégalité pacifiste : « Puisque les bombes font peur au peuple, volons les bourgeois et redistribuons aux pauvres. »
Son premier gros coup est rocambolesque. L'homme est intelligent et rusé comme un renard. Le 31 mars 1899, avec son père Joseph et deux amis, Louis Maurel, anarchiste, et Arthur Roques, il se fait passer pour un commissaire de police venu vérifier les comptes du mont-de-piété marseillais suite à une plainte à propos d'une montre volée. Les prétendus policiers examinent les objets de valeur déposés et décident de tout saisir. Le commissionnaire, M. Gil, se laisse docilement embarquer pendant que les hommes de Jacob s'emparent tranquillement du butin ! La ville va rire « jusqu'aux larmes, et la France avec elle », publie Alexis Danan dans le magazine *Voilà*, se gaussant du fonctionnaire trop crédule qui laisse filer sans le moindre soupçon 400 000 francs, et se retrouve bête comme une oie devant le palais de Justice où le procureur est censé le recevoir !
Arrêté à Toulon le 3 juillet suivant, Jacob simule une crise de démence pour échapper à la prison. Il se dit victime d'hallucinations et se retrouve interné à l'asile Mont-Perrin d'Aix. Il est plus facile de s'évader d'un hôpital que d'une geôle, notre anarchiste a de la suite dans les idées ! Grâce à la complicité d'un surveillant et à l'aide de ses parents toujours prêts à le soutenir, il tente la belle par les toits.

Dans un contexte d'agitation syndicale et politique consécutives aux lois « scélérates » briguant la liberté individuelle, l'anarchiste Sante Caserio assassine d'un coup de poignard le président Sadi Carnot en 1894.

Il est près d'atteindre son but quand un gardien accourt, averti par le bruit de la vitre du hublot qu'il a bien fallu casser. Très vif d'esprit, Alexandre demande à haute voix : « Envoyez-moi le revolver... Merci, je le tiens ! » Apeuré, l'homme n'ose plus intervenir, et Alexandre peut s'enfuir à l'aide d'une corde à nœuds sans avoir jamais eu d'arme à la main, vous l'aurez compris !

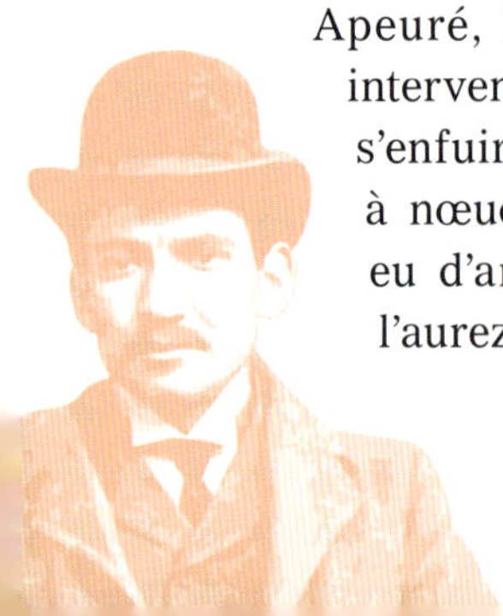

Anarchiste et *gentleman* cambrioleur

Le voilà libre, à Sète, où il se réfugie chez Ernest Saurel, qui fut ami avec Santo Géronimo Caserio, le célèbre anarchiste exécuté le 16 août 1894 pour avoir poignardé le président Carnot le 24 juin précédent. Il prend un malin plaisir à brouiller les pistes, se moquant insolemment des pandores qui sont à ses trousses. Son signalement est largement diffusé : dangereux anarchiste, vingt ans, un mètre soixante-sept, cheveux bruns coupés court, arcades sourcilières développées, pavillons des oreilles développés et écartés, teint presque olivâtre, barbe naissante. C'est dans cette « île singulière » – surnom donné à Sète par Paul Valéry, l'enfant du pays – qu'il organise plus sérieusement ses « activités », le plus souvent nocturnes. Il s'entoure d'une bonne bande, « les travailleurs de la nuit », et multiplie les cambriolages au bénéfice de la cause anarchiste, mais aussi des camarades dans le besoin et de leurs familles quand certains sont envoyés au bagne. Une déontologie sévère les guide dans le choix de leurs victimes : « On ne vole que les parasites, les patrons, les juges, les militaires, le clergé, jamais les professions utiles, architectes, médecins, artistes... » On ne tue pas « sauf pour protéger sa vie et sa liberté, et uniquement des policiers » !

Astucieux en diable, le voilà propriétaire d'une quincaillerie pour avoir à sa disposition tout le matériel du parfait cambrioleur ! Il devient maître dans l'art du déguisement, expert dans le crochetage des coffres, mais sa trouvaille la plus inventive est certainement « le coup du parapluie » :

un trou dans le plancher de l'appartement du dessus, un parapluie fermé glissé dans le trou, ensuite ouvert par un système de ficelles, pour récupérer les gravats et éviter le bruit de leur chute, et il ne lui reste plus qu'à se glisser à l'intérieur de l'appartement. Le procédé ingénieux sera repris dans le film de Jules Dassin, *Du rififi chez les hommes.*

Grand prince des monte-en-l'air, il laisse 10 000 francs-or à une marquise qu'il était venu dévaliser en s'apercevant qu'elle était criblée de dettes. On trouve toujours après son passage une carte signée « Attila », avec parfois des petits mots à l'humour acéré : « Dieu des voleurs recherche les voleurs de ceux qui en ont volé d'autres. »

Roi de la cambriole, prince des escrocs, lieutenant des gueux, Alexandre Jacob possède en prime une qualité rare dans ce milieu : « il a la classe », comme en témoigne le billet laissé chez Pierre Loti, alors qu'il croyait dépouiller un capitaine de frégate : « Ayant pénétré chez vous par erreur, je ne saurais rien prendre à qui vit de sa plume. Tout travail mérite salaire. Attila. P.-S. : Ci-joint 10 francs pour la vitre brisée et le volet endommagé. » Quelle grandeur d'âme !

On ne peut s'empêcher de penser au héros créé en 1905 par Maurice Leblanc, le *gentleman* cambrioleur Arsène Lupin. Pourtant, l'auteur s'est toujours défendu d'avoir pris le célèbre anarchiste comme modèle.

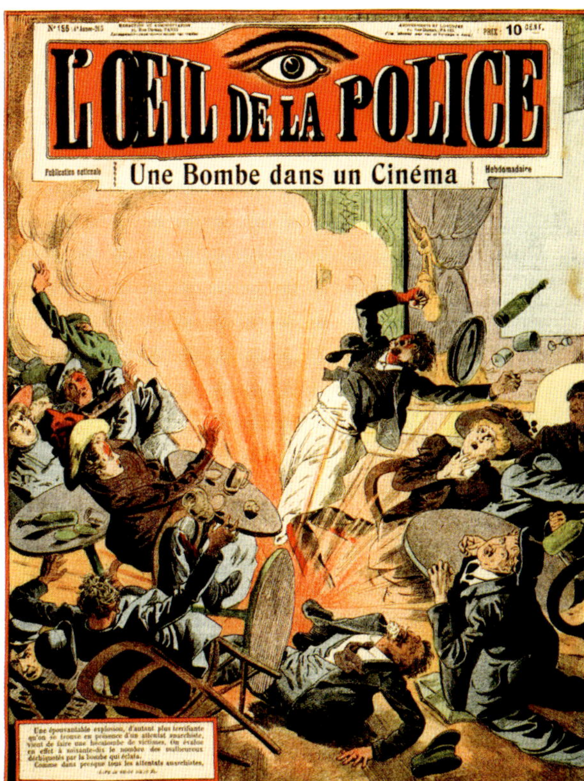

Un attentat anarchiste de la Belle Époque fait la une de l'hebdomadaire réactionnaire à sensation *L'Œil de la Police.*

De la cour d'assises aux îles du Salut...

Quelques centaines de cambriolages plus tard, lors d'un casse qui tourne mal, un policier est abattu, et Jacob est jugé à Amiens. Procès sous haute surveillance, la ville est en état de siège. Belle occasion pour l'anarchiste qui profite de cette tribune inespérée pour affirmer sa foi avec un talent impressionnant :

« Messieurs, vous appelez un homme "voleur" et "bandit", vous appliquez contre lui les rigueurs de la loi sans vous demander s'il pouvait être autre chose. A-t-on jamais vu un rentier se faire cambrioleur ? J'avoue ne pas en connaître. Mais moi qui ne suis ni rentier ni propriétaire, qui ne suis qu'un homme ne possédant que ses bras et son cerveau pour assurer sa conservation, il m'a fallu tenir une autre conduite. La société ne m'accordait que trois moyens d'existence : le travail, la mendicité, le vol. Le travail, loin de me répugner, me plaît, l'homme ne peut même pas se passer de travailler ; ses muscles et son cerveau possèdent une somme d'énergie à dépenser. Ce qui m'a répugné, c'est suer sang et eau pour l'aumône d'un salaire, c'est créer des richesses dont j'aurais été frustré. En un mot, il m'a répugné de me livrer à la prostitution du travail. La mendicité, c'est l'avilissement, la négation de toute dignité. Tout homme a droit au banquet de la vie. Le droit de vivre ne se mendie pas, il se prend.

« Le vol, c'est la restitution, la reprise de possession. Plutôt que d'être cloîtré dans une usine, comme dans un bagne, plutôt que de mendier ce à quoi j'avais droit, j'ai préféré m'insurger et combattre pied à pied mes ennemis en faisant la guerre aux riches, en attaquant leurs biens. Certes, je conçois que vous auriez préféré que je me soumisse à vos lois ; qu'ouvrier docile et avachi, j'eusse créé des richesses en échange d'un salaire dérisoire et que le corps usé et le cerveau abêti, je m'en fusse crever au coin d'une rue. Alors vous ne m'appelleriez pas "bandit cynique", mais "honnête ouvrier". Usant de la flatterie, vous m'auriez même accordé la médaille du travail. Les prêtres promettent un paradis à leurs dupes ; vous, vous êtes moins abstraits, vous leur offrez un chiffon de papier.

« Je vous remercie beaucoup de tant de bonté, de tant de gratitude, messieurs. Je préfère être un cynique conscient de mes droits qu'un automate, qu'une cariatide.

« Dès que j'eus possession de ma conscience, je me livrai au vol sans aucun scrupule. Je ne coupe pas dans votre prétendue morale, qui prône le respect de la propriété comme une vertu, alors qu'en réalité il n'y a de pires voleurs que les propriétaires. Estimez-vous heureux, messieurs, que ce préjugé ait pris racine dans le peuple, car c'est là votre meilleur gendarme. Connaissant l'impuissance de la loi, de la force pour mieux dire, vous en avez fait le plus solide de vos protecteurs. Mais prenez-y garde : tout n'a qu'un temps. Tout ce qui est construit, édifié par la ruse et la force, la ruse et la force peuvent le démolir. »

Ses déclarations militantes sont publiées *in extenso* dans *Germinal*,

Alexandre Jacob, ici avec Albert Londres.
Le reportage de ce dernier sur le pénitencier de Guyane obligera le gouvernement à en fermer les portes.

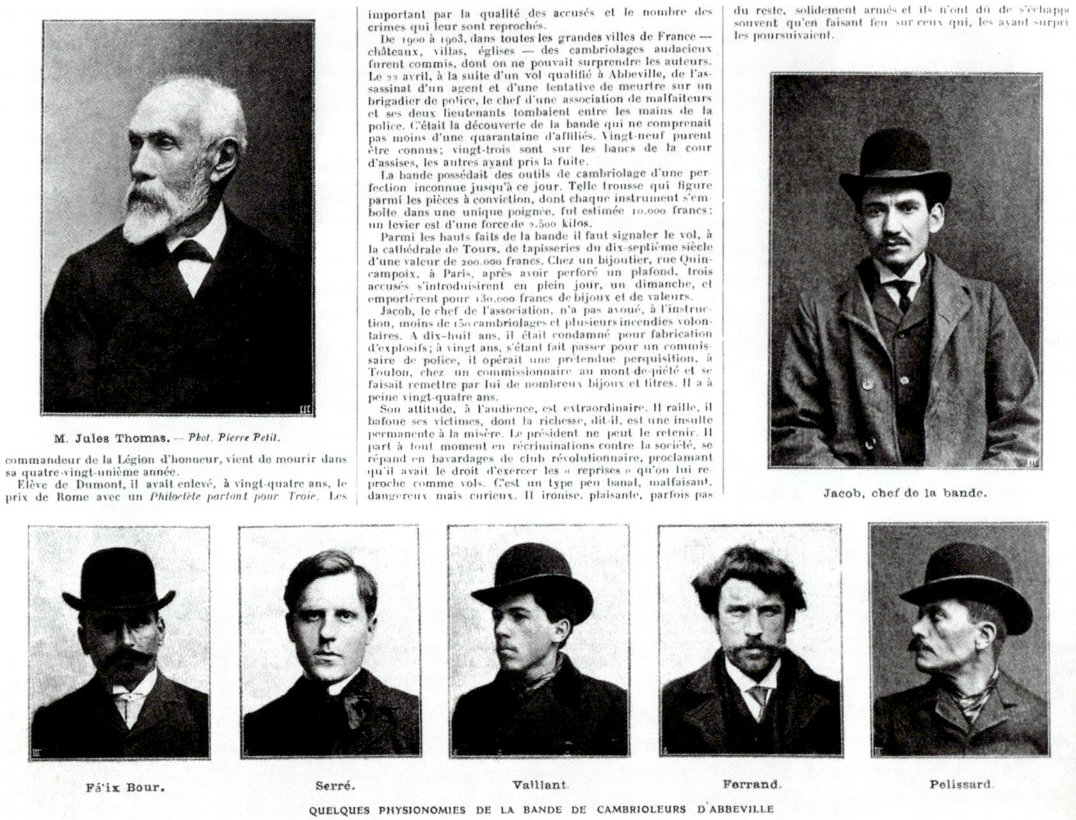

M. Jules Thomas. — *Phot. Pierre Petit.*

commandeur de la Légion d'honneur, vient de mourir dans sa quatre-vingt-unième année.

Elève de Dumont, il avait enlevé, à vingt-quatre ans, le prix de Rome avec un *Philoctète partant pour Troie*. Les

important par la qualité des accusés et le nombre des crimes qui leur sont reprochés.

De 1900 à 1903, dans toutes les grandes villes de France — châteaux, villas, églises — des cambriolages audacieux furent commis, dont on ne pouvait surprendre les auteurs. Le 22 avril, à la suite d'un vol qualifié à Abbeville, de l'assassinat d'un agent et d'une tentative de meurtre sur un brigadier de police, le chef d'une association de malfaiteurs et ses deux lieutenants tombaient entre les mains de la police. C'était la découverte de la bande qui ne comprenait pas moins d'une quarantaine d'affiliés. Vingt-neuf purent être connus; vingt-trois sont sur les bancs de la cour d'assises, les autres ayant pris la fuite.

La bande possédait des outils de cambriolage d'une perfection inconnue jusqu'à ce jour. Telle trousse qui figure parmi les pièces à conviction, dont chaque instrument s'emboîte dans une unique poignée, fut estimée 10.000 francs; un levier est d'une force de 2.500 kilos.

Parmi les hauts faits de la bande il faut signaler le vol, à la cathédrale de Tours, de tapisseries du dix-septième siècle d'une valeur de 200.000 francs. Chez un bijoutier, rue Quincampoix, à Paris, après avoir perforé un plafond, trois accusés s'introduisirent en plein jour, un dimanche, et emportèrent pour 130.000 francs de bijoux et de valeurs.

Jacob, le chef de l'association, n'a pas avoué, à l'instruction, moins de 150 cambriolages et plusieurs incendies volontaires. A dix-huit ans, il était condamné pour fabrication d'explosifs; à vingt ans, s'étant fait passer pour un commissaire de police, il opérait une prétendue perquisition, à Toulon, chez un commissionnaire au mont-de-piété et se faisait remettre par lui de nombreux bijoux et titres. Il a à peine vingt-quatre ans.

Son attitude, à l'audience, est extraordinaire. Il raille, il bafoue ses victimes, dont la richesse, dit-il, est une insulte permanente à la misère. Le président ne peut le retenir. Il part à tout moment en récriminations contre la société, se répand en bavardages de club révolutionnaire, proclamant qu'il avait le droit d'exercer les « reprises » qu'on lui reproche comme vols. C'est un type peu banal, malfaisant, dangereux mais curieux. Il ironise, plaisante, parfois pas

du reste, solidement armés et ils n'ont dû de s'échapper souvent qu'en faisant feu sur ceux qui, les ayant surpris les poursuivaient.

Jacob, chef de la bande.

Fé'ix Bour. — Serré. — Vaillant. — Ferrand. — Pelissard.

QUELQUES PHYSIONOMIES DE LA BANDE DE CAMBRIOLEURS D'ABBEVILLE

La bande à Jacob, lors du procès d'Amiens.

hebdomadaire libertaire créé à Amiens en 1904.

En lui accordant les circonstances atténuantes, les jurés le sauvent de la guillotine, mais la Cour le condamne aux travaux forcés à perpétuité. Dix-sept fois, il s'échappera du bagne de la «terre de grande punition» ; dix-sept fois, il sera repris jusqu'à sa libération anticipée du 30 décembre 1927, obtenue grâce à Albert Londres, dont le reportage sur le pénitencier de Guyane – dénonçant les conditions de vie inhumaines des forçats – aura un tel retentissement que le gouvernement se verra dans l'obligation d'en fermer les portes.

Libre dans sa vie, libre dans sa mort

Il se fait commerçant ambulant et change de prénom. Alexandre devient Marius, plus court et surtout moins cher à inscrire sur le barnum ! Anarchiste jusqu'à sa dernière heure, il mettra sa verve et son talent au service de la cause des républicains espagnols, des objecteurs de conscience, des Indiens guaranis du Brésil… Alexandre Jacob ne se résignera jamais même si, brisé par ses années de bagne, ses activités se font plus «paisibles». Il trouve dans la lecture un épanouissement culturel avant de décider d'être libre et responsable de sa mort. À soixante-quinze ans, il choisit d'en finir et le 28 août 1954, il s'injecte, ainsi qu'à son chien préféré, une dose mortelle de morphine. Avant de tirer sa révérence, il griffonne quelques mots : « Linge lessivé, rincé, mais pas repassé. J'ai la cosse. Excusez. Vous trouverez deux litres de rosé à côté de la paneterie. À votre santé. »

Son suicide libertaire n'a pas grand écho dans la presse. À peine quelques lignes dans *Le Libertaire* à la rubrique nécrologie : « Notre camarade Alexandre Jacob est mort. » Le magazine *Noir et Blanc* titre : « Le modèle d'Arsène Lupin vient de mourir », et *Le Canard enchaîné* est la seule feuille nationale à annoncer la mort de celui que Jean Maitron qualifiera, en 1972, de « dernier des grands voleurs anarchistes ».

Alexandre Jacob, devenu le « cambrioleur honnête », ne s'est jamais enrichi du produit de ses vols. Il s'en servait comme d'une arme contre les puissants, vivant toujours chichement et librement.

Article du magazine *Voilà* consacré à Alexandre Jacob qui est devenu, après son retour du bagne, un honorable forain, tel un Jean Valjean des temps modernes que n'aurait pas désavoué le grand Hugo.

Jean Valjean 1935

On va célébrer – à l'occasion du cinquantième anniversaire de sa mort – la mémoire de Victor Hugo. Le puissant romancier qui, dans les " Misérables ", créa l'inoubliable figure de Jean Valjean, eût entre tous aimé l'hommage de " VOILA " proposant à la sympathie de ses lecteurs trois portraits de forçats régénérés, dûs à la plume aigüe et sensible de l'auteur de " Cayenne " : Alexis Danan.

Alexandre Jacob, anarchiste et partisan de la reprise individuelle passa vingt-cinq années de sa vie à casser des cailloux sur les routes torrides de la Guyane.

La Maison Marius, lingerie, confection, bonneterie en tous genres, Alexandre Jacob propriétaire, est une honorable maison de commerce

On ne pense plus aujourd'hui, devant une bonne bouteille d'Anjou, aux souffrances d'autrefois sur les bords du Maroni.

Il a choisi sa mort en homme libre, lui qui écrivait le 17 août 1954 à son ami Guy Denizeau : « Je préfère mourir en bonne santé » en « faisant la nique à toutes ces infirmités qui guettent la vieillesse. Elles sont là, ces salopes, prêtes à me dévorer. Bien peu pour moi. J'ai vécu, je puis mourir. »

En conclusion, je vous livre un extrait d'une lettre ouverte à Georges Arnaud, Montpelliérain auteur du célèbre roman *Le Salaire de la peur*, publiée dans le magazine *Défense de l'homme* d'avril 1954 :
« Nous sommes tous des délinquants en puissance. Et cette appréciation ne comporte aucun sens péjoratif. Ce n'est pas un jugement mais une simple constatation. La criminalité et la délinquance sont la règle, et la parfaite honnêteté une très rare exception. En fait, il ne peut pas en être autrement. Cela découle de la structure sociale. Dans une société comme la nôtre, axée sur le vol et dont le profit, le gain, la soif de richesses et du pouvoir, de même que l'insécurité du simple besoin sont le moteur, il est fatal que la fraude, le vol et le crime soient à l'honneur ! Pas vu : pas pris. Pas vu : honnête. Pris : criminel. Mais ce criminel, un millième de seconde avant son arrestation, était un honnête homme. C'est la découverte de sa maladresse qui a changé son étiquette de moralité. C'est cependant toujours le même homme ! »

Maurice Leblanc a toujours nié s'être inspiré d'Alexandre Jacob pour son gentleman cambrioleur. Son roman *L'Agence Barnett et Cie* a été mis en scène en 1937 sous le titre *Arsène Lupin détective.*

L'empreinte de leurs noms

«À quoi reconnaît-on un personnage réussi ?
Quand son nom propre devient un nom commun.»

Frédéric Beigbeder

Magie des mots aux mystérieuses origines ; mots que l'on croit bien de chez nous et qui nous viennent souvent de très loin ; mots anciens, mots tout neufs, mots savants, mots gourmands, gros mots et mots tendres... Mots ingrats ayant connu la gloire grâce à de généreux donateurs tombés dans la fosse inique de l'oubli.

On appelle «éponymes» ou «antonomases», selon la rhétorique, ces inconnus qui ont donné leur nom propre à des objets, des inventions ou des mets qui nous sont familiers. Par un enchantement spécifique à la langue française, leur nom propre est devenu commun, les précipitant dans l'anonymat. Qui se souvient de Louis de Béchameil, d'Eugène Poubelle ou d'Alexis Godillot ?

Les éponymes gourmands, ou quand hommes et femmes deviennent délices !

Le mystère de la sauce blanche : Louis de Béchameil, marquis de Nointel (1630-1703)

«Quatre pleines assiettes de soupes diverses, un faisan entier, une perdrix, une grande assiette de salade, deux grandes tranches de jambon, du mouton au jus d'ail et une assiette de pâtisseries»... Petite collation ordinaire du soir servie à Son Altesse Sérénissime Louis XIV, découragé par l'imagination par trop obtuse de ses maîtres queux. C'est alors qu'un riche marquis entre en scène...

Louis de Béchameil, courtisan avisé mais visiblement peu attiré par le métier de la finance où excellent tous les membres de sa famille, se rend utile auprès du roi en le conseillant habilement sur les achats de la Couronne en matière d'art, tout en s'octroyant un substantiel bénéfice à chaque transaction. Le roi n'est pas dupe, mais le futé marquis sait se faire pardonner en lui mitonnant avec talent de bons petits plats accompagnés de sauces riches et onctueuses qui ravissent le palais royal. Notre maître saucier finit par acheter la charge de maître d'hôtel du roi Louis le Quatorzième, lequel est très certainement habité par un de ces vers que l'on dit solitaire, ce qui explique sa boulimie légendaire et son penchant démesuré pour la bonne chère.

Outre le fait d'être parasité par un vulgaire lombric ou autre oxyure, le Quatorzième est sujet à de violents maux de dents. En vérité, sa dentition est largement pourrie, rendant la mastication d'autant plus pénible que l'orgueilleux s'efforce de cacher à ses courtisanes sa difficulté à ingérer les soupes chargées en morceaux de viande. Le marquis maître coq a l'idée géniale de faire un roux avec du jus de viande et un peu de farine. La nouvelle sauce, baptisée « béchameil », enchante Son Altesse par son velouté, sa saveur incomparable, et sa finesse surtout. Le lait et la crème fraîche remplaceront le jus de viande ou le fumet de poisson bien plus tard, mais pour l'heure, c'est une vraie révolution ! Une révolution culinaire s'entend, dont la paternité est contestée par les empêcheurs de mitonner en rond que sont les historiens.

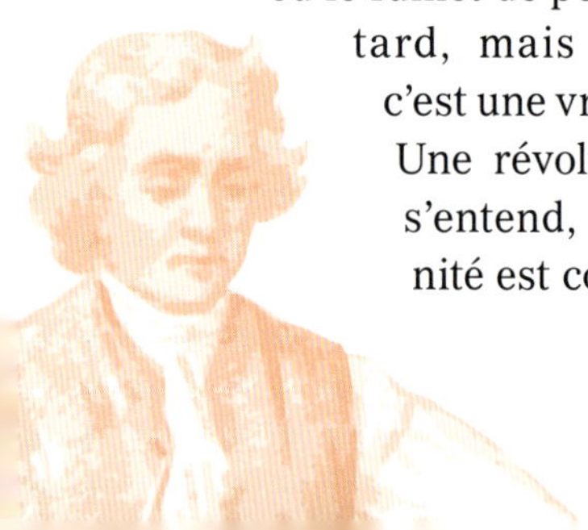

Louis de Béchameil, marquis de Nointel, n'aurait fait qu'améliorer une sauce mise au point des années auparavant par François-Pierre de La Varenne, cuisinier du marquis d'Uxelles. On attribue au vieux duc d'Escars le jaloux persiflage : « Est-il heureux, ce petit Béchameil ! J'avais fait servir des émincés de blancs de volaille à la crème plus de vingt ans avant qu'il fût au monde, et voyez ! Pourtant je n'ai jamais eu le bonheur de pouvoir donner mon nom à la plus petite sauce ! »

Alors, nos endives sont-elles « à la Béchameil », ou « à la Varenne » ? Si mystère il y a, il faut avouer que la première appellation, qui a perdu son « i » dans la saucière, est bien plus savoureuse à nos oreilles.

Pour une fleur de parmentière : Antoine-Augustin Parmentier (1737-1813)

Dans les jardins du roi, Antoine-Augustin Parmentier savoure son plaisir. Non seulement Sa Majesté Louis XVI vient d'accepter le bouquet de tiges fleuries qu'il a osé lui offrir, défiant l'étiquette sévère de la cour, mais voilà qu'il en décore sa boutonnière puis, s'approchant de Marie-Antoinette, glisse une fleur de parmentière dans sa perruque poudrée.

Bientôt trente ans que cet apothicaire né à Montdidier essaie de persuader le peuple parisien des bienfaits de ce légume qu'il a découvert lors de sa détention dans les prisons de Hanovre pendant la guerre de Sept Ans.

Antoine Parmentier présente un plan de pomme de terre à sa Majesté Louis XVI. La légende veut que le roi ait glissé une fleur de parmentière dans la perruque poudrée de Marie-Antoinette…

Dès sa libération, il est nommé apothicaire-major de l'hôtel royal des Invalides et, à ce titre, il participe à un concours lancé par l'académie de Besançon ayant pour thème : « Quels sont les végétaux qui pourraient être substitués en cas de disette à ceux que l'on emploie communément, et quelle en devrait être la préparation ? » Le sujet le passionne. Pendant sa captivité, il a été abondamment nourri par une bouillie de tubercules appelés « pommes de terre », et à aucun moment il n'a ressenti de malaises, de difficultés de digestion ou de troubles intestinaux. Les soldats eux-mêmes en ont copieusement mangé sans jamais se plaindre de douleurs ni de dysenterie. Parmentier est convaincu que ce tubercule est la solution aux épisodes de famine.

Son traité impressionne l'Académie des sciences, des belles-lettres et des arts, mais le Parlement en interdit la culture, ce légume inconnu étant fortement soupçonné de véhiculer la lèpre ! S'ensuit une lutte acharnée entre scientifiques et politiques, trop souvent enclins à entretenir les peurs des masses populaires. L'apothicaire continue à cultiver les précieux tubercules dans des jardins appartenant à des religieuses. Les bonnes sœurs, persuadées que tout ce qui

Antoine Parmentier pensif devant le précieux tubercule qu'il a su imposer aux Français...

pousse sous terre est nécessairement une tentation du diable, se plaignent au roi de la présence de cet apothicaire obstiné sur leurs propriétés et obtiennent que son poste soit supprimé. Le sabre et le goupillon unis contre lui, Parmentier ne s'avoue pas vaincu. Autour de vingt plats à base de pomme de terre, dont un fameux hachis, il invite à sa table Benjamin Franklin et Antoine Lavoisier. Conquis, les deux sommités scientifiques seront les premiers ambassadeurs de la pomme de terre et du « hachis Parmentier ». Mais le bon peuple boude encore...

Parmentier a alors recours à une ruse qui aura le mérite d'imposer définitivement la culture de la « parmentière ». Il fait planter cinquante-quatre arpents – environ deux hectares – de champs de pommes de terre sur un champ de manœuvre militaire, dans la plaine des Sablons à Neuilly-sur-Seine. Les soldats du roi sont réquisitionnés pour garder le champ du lever au coucher du soleil. La population s'inquiète de ce trésor qu'on veut lui cacher et, profitant de la nuit tombée, une escouade de malandrins dérobe les précieux tubercules, assurant ainsi leur succès populaire, d'abord timide. Il faudra attendre le milieu du XIXe siècle pour que la pomme de terre devienne la base de l'alimentation des Français.

Louis XVI s'enorgueillit de présenter à sa table gratins, potées et autres accompagnements à base de ce nouveau légume qui est du dernier chic,

et autorise le classement du tubercule dans les plantes utiles du jardin d'essai de Rambouillet. La Commune, quelques années plus tard et quelques têtes en moins, sauvera les Parisiens de la famine, en 1795, grâce aux pommes de terre plantées dans les jardins des Tuileries. Pour notre modeste pharmacien, qui a gardé la tête sur les épaules, c'est la consécration même si, contrairement à la légende, il n'est pour rien dans l'introduction de la truffe de terre en Europe, cultivée depuis des temps immémoriaux en Amérique méridionale et ramenée du Pérou par les Espagnols.

Si Parmentier est parvenu à la postérité grâce à son fameux hachis, savez-vous qu'il a imposé la vaccination de la variole, alors responsable de milliers de morts, avec l'appui du général Bonaparte et d'un autre éponyme tristement célèbre, le docteur Guillotin ?

Parmentier veillant à la bonne culture de la pomme de terre.

Le roi, la soubrette et les petits gâteaux : Madeleine Paulmier (1755-?)

«Elle envoya chercher un de ces gâteaux courts et dodus appelés “Petites Madeleines” qui semblent avoir été moulés dans la valve rainurée d’une coquille de Saint-Jacques...» Immortalisée par Marcel Proust, la madeleine appelle à la nostalgie de l’enfance, à ses goûters d’hiver quand s’ouvrait la boîte en bois protégeant le moelleux de ces biscuits délicats à la saveur incomparable. Le romancier affirmait que ces savoureux coquillages étaient nés à Illiers-Combray, petit village d’Eure-et-Loire, berceau de sa famille et de ses premiers émois. Une jeune fille au doux prénom de Madeleine offrait aux pèlerins, sur la place de la bourgade de Saint-Jacques, un gâteau en forme de coquille, comme celle cousue sur leurs capes.

Une autre version accrédite la thèse d’une appétissante Madeleine faisant commerce de petits gâteaux dans les jardins du Palais-Royal, sous le Consulat. Les passants en gibus, séduits par sa jolie personne, ne résistaient pas à ses appels répétés : «C’est la belle Madeleine, qui vend des gâteaux tout chauds !» Les gâteaux tout chauds auraient alors pris le nom de la belle.

«Les rêves d’un gourmand», paru dans l’Almanach des gourmands 1804-1812.

C'est au cours d'un dîner offert par le roi de Pologne Stanislas Leszczynski, en exil en son château de Commercy, que les savoureux gâteaux en forme de coquillage font une entrée remarquée dans le monde, sous le nom de la servante « Madeleine »...

Écrivain et gastronome français du XVIIIe siècle, Grimod de La Reynière nous livre une nouvelle version confirmée par Alexandre Dumas. En 1755, Stanislas Leszcynski, ancien roi de Pologne et heureux père de la belle Marie, épouse de Son Altesse Louis XV, donne un fastueux dîner en son château de Commercy où il vit en exil. Stanislas sait recevoir ; ses hôtes font honneur aux nombreux plats, ignorant tout du drame atroce qui se joue en cuisine : le marmiton préposé à la pâtisserie vient de rendre son tablier après une violente dispute avec son chef et, honteux sacrilège ! a jeté aux cochons feuilletés, tartes, chocolats et autres mignardises avant de quitter les lieux !

Averti, le maître de céans est accablé. Sa réputation ne peut souffrir une telle déconvenue. Le ciel est pris à témoin, les saints s'émeuvent de la tragédie et, dans la minute qui suit, la timorée soubrette de la marquise Perrotin de Barmond propose timidement de sauver le dîner en concoctant la recette d'un dessert léguée par feu sa grand-mère.

Les invités, habitués aux « turqueries » en vogue, sont surpris par ces gourmandises en forme de coquillage, à la belle couleur jaune doré et au parfum suave de fleur d'oranger.

À la première bouchée, ils sont conquis. La pâte moelleuse fondant dans les bouches consacre à jamais la réputation de leur hôte lequel, reconnaissant, baptise ces petites merveilles du prénom de la servante dévouée : « Madeleine ».

Introduites par la reine, les madeleines vont conquérir Versailles et, de château en château, leur saveur va enchanter les papilles des aristocrates avant de se populariser, assurant à Commercy une renommée internationale. Ingratitude des gourmands qui ont oublié Madeleine Paulmier qui sauva le roi Stanislas du déshonneur un certain soir d'été 1755, et continue d'exciter notre gourmandise.

Monsieur Grimod de La Reynière, gastronome français du XVIIIe siècle, nous livra le secret des madeleines...

Marie Brizard, un zeste d'histoire dans une bouteille de légende

Fille d'un tonnelier de Bordeaux, Marie Brizard dut à sa charité de pouvoir obtenir une recette qui fit sa fortune et celle de ses descendants.

Marie Brizard ! Un nom qui fait saliver les papilles depuis des générations, au point d'être devenu une marque de fabrique, un emblème de notre patrimoine national gastronomique, tant par son secret de fabrication que par l'histoire de cette femme qui a réussi à se faire un nom grâce à la célèbre bouteille de cette liqueur doucereuse.

«La Marie Brizard», comme on se plaît à nommer cette boisson, est l'association d'une femme, d'un homme et d'une recette – vieille de deux cent cinquante-quatre ans, excusez du peu ! – jamais dévoilée.

Au départ vit à Bordeaux, au siècle des Lumières, contemporain de l'illustre Montesquieu, un modeste tonnelier, à l'occasion bouilleur de cru, Pierre Brizard. Une double profession où la concurrence est vive, mais un travail de bon rapport. Du merrain qui arrive par la Dordogne et le Lot, transporté par les gabarres, Pierre Brizard fabrique des tonneaux pour les viticulteurs du Bordelais. Des relations maritimes que la ville portuaire entretient avec les colonies françaises d'Amérique parviennent plantes aromatiques et agrumes qu'une quarantaine de fabricants transforment en liqueur. Sans oublier les nombreux marins qui accostent à Bordeaux, le gosier bien en pente après des jours de mer et qui ne lésinent guère sur la chopine pour le rincer, dussent-ils abandonner aux comptoirs des tavernes une large partie de leur pécule.

Alors, comme bien souvent, tout commence par une belle histoire mâtinée d'un brin de légende car, dans le cas présent, les archives sont peu loquaces et n'interdisent rien à notre imagination souvent fertile.

Une histoire d'amour ? Que nenni ! En 1755, à quarante et un ans, Marie Brizard ne court plus le guilledou depuis belle lurette. Mais la fille du tonnelier a le cœur sur la main. Aussi, quand, par un soir de bruine, sur le port de Bordeaux, elle manque trébucher sur un corps étendu à même le sol, un court instant de peur passé, elle ne prend pas ses jambes à son cou, comme l'auraient fait bon nombre de ses congénères. C'est que les marins ont souvent le vin mauvais et qu'un rien, foi de marin, peut les faire chavirer dans des rixes où le couteau assume sa charge criminelle. De fait, l'homme qui gît à ses pieds est dans un fichu état. Sa peau d'ébène laisse penser que le gaillard est originaire des lointaines Antilles ou des côtes africaines. Sur ses jambes, ses bras, le sang s'est coagulé sur de vilaines blessures qui ont laissé dériver des filets de sang sur la fange du chemin. Un soupçon de respiration agite encore sa poitrine quand Marie Brizard décide, avec l'aide d'un passant, de le faire transporter chez elle pour lui prodiguer les premiers soins. Le médecin, rapidement appelé à son chevet, est réservé quant à l'état de son pâtient.

Jour après jour, pourtant, la brave Marie se tient à son chevet et lui dispense des soins attentifs. De moribond, le marin antillais devient convalescent, puis finit par se remettre sur pied. Bientôt, il est l'heure de répondre à l'appel de l'océan et des vents qui le ramèneraient vers son port d'attache. Un marin en bonne santé est un marin qui boit ! Pour finir de reprendre des forces, il a concocté quelques recettes de sa composition aux mélanges délicats, frais et savoureux qui sentent bon les épices et les plantes aromatiques.

On se doute bien que le père Brizard, fin connaisseur en la matière, ne reste pas insensible à ces parfums et à cette liqueur qui lui ravissent le palais comme jamais. Dès lors, on peut imaginer que notre marin rétabli eut la délicatesse de remercier sa bienfaitrice en lui léguant la recette, le bougre ne se figurant pas qu'il fournissait à la famille Brizard l'or de sa future renommée.

Un tel trésor aurait pu rester confiné dans le secret d'un tiroir de famille ou dans le cadre d'une consommation intime. Surtout lorsque l'on sait qu'en ce temps-là, à Bordeaux, sévissent une quarantaine de fabricants de liqueurs cherchant non pas la pierre philosophale, mais la liqueur enchanteresse propre à garantir leur fortune.

Si Marie Brizard a le cœur sur la main – de fait, le destin le lui rendra bien –, elle fourmille aussi d'idées. Le père Brizard n'étant plus de la première jeunesse, elle se tourne tout

La célèbre marque d'anisette a su se diversifier et créer de nouveaux produits, comme les sirops Sport ou le concentré Pulco.

naturellement vers son neveu, Paul-Alexandre Brizard, marié à une fille de son frère Martial. Elle lui soumet la création d'une entreprise d'anisette à partir de la recette offerte par le marin et précieusement cachée dans le coffre-fort de sa maison.

Depuis, la société Marie Brizard a levé un pan du voile, insuffisamment toutefois pour percer le mystère de sa fabrication et de son goût unique : anis vert et coriandre d'Andalousie, girofle de Madagascar, iris du Maroc, vanille de Ceylan, orange et citron d'Espagne, eau et sucre. Des importations en provenance de tous les continents parvenaient sans problèmes au port de Bordeaux jusqu'à l'entrepôt de Marie Brizard. Personne n'en sait plus !

Dès lors, et au fil des décennies, le petit atelier artisanal devient une véritable entreprise, tandis que ses concurrents bordelais disparaissent les uns après les autres. Si la liqueur désaltérante et rafraîchissante coule dans les gosiers de la noblesse versaillaise et vogue même au-delà de l'océan Atlantique, elle subit un contre coup au moment de la Révolution française, quand les produits indispensables à sa fabrication n'arrivent plus dans le port bordelais à cause du blocus imposé par les puissances hostiles à la France. Mais Marie Brizard n'est déjà plus de ce monde, laissant à ses descendants le secret d'une recette.

L'entreprise Marie-Brizard perdura jusqu'en 1999, avant d'être rachetée par un fonds d'investissement.

Passé cette période troublée, l'entreprise ne fera que progresser, comptant sur la réputation de sa liqueur, sa capacité à se diversifier et à trouver de nouveaux marchés tels le Brésil et l'Espagne, qui deviendront les premiers pays consommateurs de Marie Brizard, une usine s'installant même à San Sebastián à la fin du XIXe siècle. Au temps où la publicité vante encore les mérites des digestifs, la Marie Brizard sait conquérir de nouvelles clientèles, vantant «ses vertus hygiéniques, toniques et désaltérantes» par quelques slogans bien ciblés : «Un cadeau venu du blizzard» ; «Marie Brizard *on ice*...» Car, de fait, on prend plaisir à la déguster à l'ombre d'un parasol, laissant fondre légèrement les glaçons avant que la liqueur glacée envahisse le palais d'une sublime douceur.

Autre marque de fabrique : la forme de sa bouteille et de son étiquette, élaborée en 1948. Cette évolution de la marque, qui s'adaptera à chaque époque en créant de nouveaux produits ou en se diversifiant – champagne, anis Berger, concentré Pulco ou sirops Sport... –, tient au fait que l'entreprise est restée deux cent quarante ans entre les mains de la même famille. Un conseil de l'entreprise spécifiait d'ailleurs, le 27 décembre 1879 : «Le droit sur la maison Marie Brizard est de tout temps expressément réservé aux héritiers directs du sang Roger.» Un droit qui perdurera jusqu'en 1999, date à laquelle l'entreprise Marie Brizard, déchirée par des rivalités familiales, passe entre les mains d'un fonds d'investissement londonien – Duke Street Capital – qui la cède en 2006 au groupe Belvédère. Le siège de la société quitte alors les murs de la rue Fondaudège à Bordeaux pour Ivry, au sortir d'une crise et d'un plan social drastique.

Une page se tournait, laissant derrière elle trois siècles d'histoire et un nom qui enchante encore les palais.

Le marchand de plaisir : sieur Papillot, maître confiseur (1790-?)

« Chenapan ! Gredin ! Hors de ma vue ! » Saisissant l'apprenti indélicat par les oreilles pour le jeter à la rue, maître Papillot, confiseur réputé, ne sait pas encore qu'il vient de réaliser une juteuse action commerciale.

N'est pas apprenti qui veut chez Papillot. Il faut être un peu magicien pour doser les mélanges et un brin artiste pour satisfaire aux plaisirs des yeux ; il faut être doté d'un nez délicat sachant apprécier les arômes subtils et d'un palais averti aux goûts les plus raffinés. Le geste doit être sûr et la vaillance à toute épreuve. Outre ces qualités indispensables, Papillot exige de ses employés une honnêteté rigoureuse. La confiserie comptant parmi les professions honorables, on ne saurait y tolérer des aigrefins et autres margoulins de bas étage.

La praline, autre gourmandise, fut inventée au XVIIe siècle. L'officier de bouche du duc de Choiseul – comte de Plessis-Praslin – avait fait tomber une amande dans le sucre fondu par mégarde…

« De toutes les passions, la seule vraiment respectable me paraît être la gourmandise », écrivait Guy de Maupassant.

La boutique, située rue du Bât-d'Argent, dans le quartier des Terreaux, est prospère ; ses chocolats enchantent les papilles de la bonne société lyonnaise. En bon patron, maître Papillot terrorise scrupuleusement ses apprentis pour garantir la bonne réputation de l'échoppe, ainsi que des recettes conséquentes.
Depuis plusieurs jours, il observe un grand bêta qui, quotidiennement, subtilise quelques confiseries pour les offrir, de l'air le plus stupide qui soit, à une jolie gourmande, laquelle croque sans vergogne dans l'objet du délit. L'œil avisé du commerçant est intrigué par un détail insolite. La belle semble satisfaire au plaisir des yeux avant de goûter le chocolat.
Après que le joli cœur impudent eut été renvoyé, l'examen des douceurs rendues par la demoiselle lui livre la clé du mystère et... de la fortune ! Le séducteur en herbe griffonnait quelques mots d'amour sur le papier enroulant le bonbon, mots maladroits, certes, mais le procédé est génial !

« Marchand de plaisir », sieur Papillot n'en est pas moins homme d'affaires et, dès le lendemain, chocolats et pâtes de fruits sont mis à la vente enveloppés dans des histoires drôles ou des rébus assurant une hausse vertigineuse des ventes. Et c'est ainsi que les douceurs de Papillot sont devenues « papillotes » et hissées au rang de « reines des gourmandises ».

Il se murmure que l'histoire ne serait qu'une fable et maître Papillot une légende inventée par un confiseur lyonnais désireux de donner à ses confiseries une légitimité historique. Quoi qu'il en soit, le nom est bien joli qui évoque la forme gracieuse des papillons pour ces friandises intimement liées à nos Noëls d'enfance.
« Voilà du papillon le destin enchanté ! Il ressemble au désir qui jamais ne se pose. » (Alphonse de Lamartine.)

Variations solognotes autour d'une tarte : les sœurs Tatin Stéphanie (1838-1917) et Caroline (1847-1911)

Les maîtres queux connaissent bien ce « coup de feu » qui précède l'arrivée de la clientèle, mélange de tension et de crainte que les artistes appellent le trac. Tout doit être parfait, plus le temps de gâter la sauce, de tomber la salière dans le plat, ou d'oublier le faisan au four.

Stéphanie, « droite, franche, d'égale humeur en toute circonstance », s'active, véritable fée des fourneaux. La voilà qui goûte une sauce, vérifie l'assaisonnement des petits légumes qui accompagneront gibiers à poil et à plumes, ajoute un peu de crème par ici, un soupçon de muscade par là. Chaque jour, il faut inventer pour surprendre, régaler et asseoir la réputation déjà florissante de l'hôtel Tatin. Sa sœur Caroline accueille la clientèle. Son charme et sa bienveillance lui ont valu le surnom de « petite impératrice de Sologne ». Clin d'œil au Prince-Président, futur Napoléon III, qui acheta voilà cinquante ans le château de Saint-Maurice, fierté de Lamotte-Beuvron. Belle époque pour cette bourgade que ce milieu du XIXe siècle qui a vu arriver le cheval à vapeur suivi de près par le futur empereur. Jean Tatin, homme avisé, ne s'y est pas trompé. Il a su développer son affaire en face de la gare. À sa mort, ses filles ont repris le flambeau avec une efficacité et un professionnalisme jamais pris en défaut. Jamais ?

Hôtel hérité par les sœurs Tatin, où elles « inventèrent » la fameuse tarte Tatin… (Coll. particulière.)

Carte gastronomique de la France, dressée en 1933 par Curnonsky, gastronome, humoriste et critique.

Un fumet appétissant s'échappe des cuisines, subtil mélange sucré-salé de rôtis, de venaison et de pommes chaudes. La salle sera encore trop petite pour accueillir les chasseurs exigeants, fins gourmets et souvent impatients. Pourtant, comme à l'habitude, tout sera parfait. Une délicieuse odeur de caramel efface les autres, chatouillant avec insistance les narines de Stéphanie. Sensation très agréable qui, soudain, se transforme en cauchemar : l'aînée des Tatin réalise qu'elle a tout simplement enfourné sa traditionnelle tarte aux pommes en oubliant la pâte. Hébétée, elle regarde cet étrange dessert qui ne ressemble à aucun autre. Les pommes sont presque cuites, le temps presse… Son bon sens et son imagination lui soufflent alors une idée géniale. Avec délicatesse, elle abaisse la pâte, couvre les fruits et enfourne le tout. Le résultat n'est pas très présentable mais, renversé sur un plat, les couleurs caramélisées des pommes sont du plus bel effet, et le parfum chaud des fruits invite à la gourmandise.

Quand ce dessert original arrive sur les tables, on s'extasie, on félicite, et on en redemande ! Les louanges sur l'audace inventive des deux sœurs ne tarissent pas. Stéphanie essaiera bien d'expliquer que cette étrange pâtisserie n'est due qu'à son étourderie, rien n'y fait ! la légende de la « tarte Tatin » est née avec des variantes, notamment celle qui assure que Caroline aurait fait tomber la tarte en la sortant du four, et l'aurait présentée sens dessus dessous aux chasseurs alléchés, avec le succès que l'on sait.

Distraction habile ou maladresse, « la tarte des demoiselles Tatin » fait saliver les gourmets de la Sologne et de la Champagne berrichonne réunies, jusqu'à ce que Curnonsky, élu prince des gastronomes, la présente à Paris en 1926. Le succès est immédiat. La consécration est totale quand la spécialité lamottoise apparaît sur la carte de Maxim's, mythique restaurant de la rue Royale. Elle obtient alors sa réputation gastronomique mondiale.

Gourmands de France et d'ailleurs, ripailleurs et becqueteurs de tous bords, laissez-vous inviter par les Lichonneux – confrérie solognote de puristes créée pour défendre, promouvoir et protéger la vraie recette de la tarte Tatin ! –, en biaude bleue, foulard rouge et chapeau noir : ils vous régaleront avec l'authentique tarte Tatin des demoiselles éponymes, en pourfendant les scandaleuses imitations aux origines douteuses et aux recettes apocryphes.

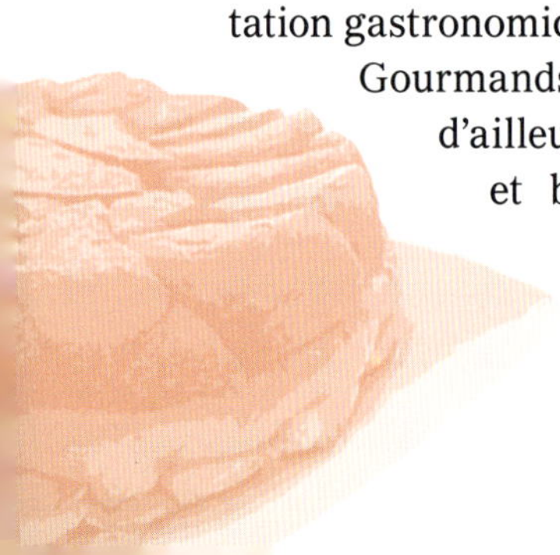

La mère Poulard, ou comment l'omelette devint un mythe

Au cœur du mont Saint-Michel se trouve, au milieu des hordes de touristes qui envahissent dès le petit matin la beauté solitaire de l'un des monuments les plus visités de France, une vénérable institution qui fait partie de notre patrimoine gastronomique : le restaurant de la mère Poulard. Une enseigne authentique et indispensable pour qui veut accorder à ses papilles quelques instants de bonheur inégalés en dégustant la spécialité maison : la fameuse omelette de la mère Poulard, héritage culinaire d'une femme qui sut lier sa destinée à la renaissance touristique et spirituelle de la célèbre abbaye.

En 1872, au tout début de la IIIe République, le mont Saint-Michel, en ruines après un demi-siècle de services pénitentiaires, est seulement occupé par quelques missionnaires affectés à son entretien, mais sans grandes ressources face à l'immensité de la tâche pour le rénover. Quant aux visiteurs, ils ne se pressent guère dans la baie, et les rares qui s'y aventurent n'ont qu'à se lamenter devant l'état de délabrement de ce qui était, au Moyen Âge, l'une des merveilles de l'Occident chrétien.

Le mont aurait pu finir de s'enliser dans les sables qui ne cessent de s'accumuler autour de son promontoire si l'État n'avait pas décidé de prendre la mesure de la valeur de ce site afin, dans un premier temps, de le préserver d'une disparition qui paraissait inéluctable. Tâche au demeurant gigantesque qui fut confié à l'architecte en chef des monuments historiques, Édouard Corroyer, comme le fut, en son temps, l'écrivain Prosper Mérimée, sauveur de plusieurs monuments dont l'abbaye de Conques (Aveyron).

Le mont Saint-Michel, merveille de l'Occident chrétien.

C'est en se mariant avec un gaillard du pays, Victor Poulard, qu'Annette Boutiaut s'établit au Mont-Saint-Michel, où elle reprit l'auberge qui portera bientôt son nom.

Un tel travail requiert de nombreuses visites et des séjours prolongés pour l'architecte qui, délaissant Paris, emmène avec lui son épouse, sa fille et sa servante Annette Boutiaut, une solide Nivernaise âgée de vingt et un ans. Si la fonction de la jeune femme ne lui laisse guère de loisirs et encore moins le temps de batifoler dans les fêtes de la région, elle réussit tout de même à s'éprendre d'un gaillard du pays, Victor Poulard, fils aîné du boulanger du coin. L'idylle, comme le veut la tradition de ce temps, se mue en mariage le 14 janvier 1873, à Paris, avant que le couple décide de revenir au pays tenir l'auberge de Saint-Michel *La Tête-d'Or*, située dans la Grande-Rue qui monte en pente raide vers l'abbaye.

Faut-il que les deux jeunes mariés aient la foi pour tenir une auberge dans un lieu privé de détenus depuis 1865, ainsi que de touristes amateurs de patrimoine ou de pèlerins qui avaient depuis longtemps abandonné ce site au profit d'autres sanctuaires en vogue – Lourdes, notamment. Avantage bien modeste : la concurrence n'est pas celle que le mont connaîtra plus tard. Seules deux modestes auberges rivalisent entre elles, ce qui n'est pas pour faire peur

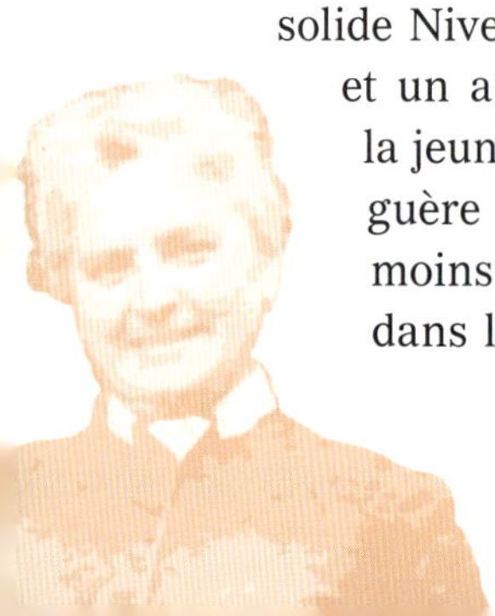

à nos deux tourtereaux qui mettent la main à la pâte et ne lésinent pas sur le travail pour acquérir une clientèle peu nombreuse mais fidèle.

La restauration du mont Saint-Michel conjuguée au renouveau des pèlerinages à la fin du XIXe siècle et à la publicité amicale que leur prodigue l'ancien patron d'Annette auprès des milieux intellectuels profitent à la réputation de leur commerce.

Il existe au mont Saint-Michel une tradition qui n'a pas pris une ride et qui obéit à la configuration des lieux. Le voyageur qui s'aventure dans la baie pour visiter le monument est aussitôt happé, sorti du débarcadère, par des rabatteurs – les goglus – employés par les auberges et les hôtels. L'abbé Couillard raconte qu'« à grand renfort de cris, d'appels, de protestations, de renchérissements, on se partageait les voyageurs ahuris, empoignés, tiraillés, finalement résignés et amusés. Le visiteur se laissait conduire docilement à l'auberge qui avait l'heur de posséder les rabatteurs les plus audacieux ou les plus persuasifs. »

L'auberge et l'hôtel de la mère Poulard restent l'indispensable passage pour qui désire grimper vers l'abbaye et atteindre le ciel…

Nul doute que ceux employés par Annette Poulard et son époux ne sont pas les moins efficaces. Encore faut-il convenablement les recevoir et leur donner à manger pour leur

comptant. Aux rabatteurs s'ajoutent les servantes de l'hôtel, chargées de surveiller à la longue-vue le nombre de clients qui finiraient par arriver, inégal en fonction des jours, des marées et des saisons. Aussi, faut-il pour nourrir tout ce petit monde un plat peu onéreux, préparé au dernier moment, et dont la quantité à résorber la faim des voyageurs doit aussi s'acquitter de la qualité gustative. Là se trouve l'idée géniale de la mère Poulard ! Les œufs ne manquent pas et, en un tour de main, une omelette onctueuse se découvre dans l'assiette comme un soleil qui illumine l'odorat et les papilles. Et si la première ne suffisait pas à apaiser la faim, une seconde glissait, baveuse à souhait, dans la même écuelle.

L'omelette de la mère Poulard fait rapidement recette. Les gourmets ne manquent pas de réserver leur table. « Mère Poulard, mais quel est donc votre secret ? » interrogeaient les curieux. « Mon secret, répondait-elle avec ironie : je prends les œufs et les bats tels quels. Pas de crème fraîche, ah, ça non ! Ce qui est vrai, c'est que nous avions toujours le meilleur beurre du pays et toujours très frais. Nous n'y regardions pas. Nous en mettions dans la poêle un bon morceau que nous ne laissions pas roussir. Surtout, nous nous gardions de trop cuire. »

À chacun, dès lors, de supputer sur le secret de fabrication, y ajoutant son grain de sel et les prétentions à le découvrir.

Fraîcheur des produits et quantités nécessaires : il fallait y penser ! Bien éloignée de la légende qui s'établit au fil du temps. Et pour ceux qui n'étaient pas suffisamment rassasiés, il restait à avaler côtelettes de pré-salé, pommes sautées au beurre, poulets rôtis, salade et desserts, avant de se laisser entraîner par les guides à visiter le mont que la brave Mme Poulard met à leur disposition, aiguisant, du reste, leur appétit, le soir venu, quand sur la table glissaient pots-au-feu, bœufs bouillis, poissons, rouelles de veau à la casserole, gigots rôtis, salade et dessert. Rien que ça !
Personne ne s'étonnera qu'à la suite des premiers voyageurs intrépides se pressèrent à la table de l'auberge artistes et hôtes illustres, tels le roi des Belges Léopold II, ou le Tigre Georges Clemenceau. L'établissement n'a pourtant rien de luxueux. Longtemps, les clients s'éclaireront à la lanterne, et l'usage de l'eau sera restreint, aucune source n'existant sur le mont.
La réussite de l'hôtel-restaurant de la mère Poulard ne manque pas de faire des envieux, bien sûr, et excite la concurrence, dont celle du frère de Victor Poulard, Alphonse, qui reprendra le premier établissement, le baptisant « *À la renommée de l'omelette soufflée* », tandis que le couple Poulard s'installe près de la porte du Roy sous l'enseigne *À la renommée de l'omelette*. Mais déjà, le nom de

la mère Poulard est devenu l'unique référence.
Vient le temps de la retraite, en 1906. Le couple Poulard s'installe dans une villa, en haut du village, au doux nom de « L'Hermitage ». Le père disparaît le premier, le 10 octobre 1924, à l'âge de soixante-seize ans. Sa femme le suit sept ans plus tard, le 7 mai 1931. Nous reste l'omelette, éternellement associée à son nom, au point que son auberge est l'indispensable passage pour qui désire grimper vers l'abbaye et atteindre peut-être le ciel. Aussi, laissons la conclusion à la mère Poulard, d'une grande et éloquente modestie : « Ce que je voudrais dire, c'est qu'une petite fille partie de rien a pu faire ce que j'ai fait en restant honnête et digne. » Preuve que l'on peut faire des omelettes sans casser des œufs !

Au Mont-Saint-Michel, nul ne peut ignorer l'enseigne de la mère Poulard et sa fameuse omelette souvent copiée, jamais égalée.

Autres éponymes un peu moins appétissants…

Comment raccourcir sans douleur : Joseph-Ignace Guillotin (1738-1814)

Guillotin serait l'inventeur de la guillotine ? Il aurait lui-même été « raccourci » dans ces temps de grande terreur ? Beaucoup de conditionnels, mais peu d'authenticité… Drôle de patronyme, Guillotin ! On en ferait presque le héros d'une chanson enfantine. Compère Guillotin-tin-tin vaut bien compère Guilleri ! Sauf que l'histoire a définitivement accroché son nom aux infâmes bois de justice, lui qui était un fervent pourfendeur de la peine de mort et ne demandait qu'un peu plus de justice et d'humanité dans l'application des peines.

C'était en des temps troublés où l'exécution de la peine capitale était adaptée au rang social du condamné. L'épée bien tranchante coupait un noble en deux sans que l'aristocrate ait le temps d'attraper un torticolis. La hache, plus ou moins bien affûtée selon leur fortune, décapitait les roturiers tandis que pour les manants, la chose devenait plus hasardeuse : le bourreau ne prenait pas la peine d'aiguiser sa

Joseph Guillotin, qui espérait l'abolition de la peine de mort, était écœuré par tout le sang versé et l'engouement du peuple parisien pour cette nouvelle attraction sanglante.

Joseph-Ignace Guillotin, médecin et député du tiers-état, propose, en souci d'équité, en octobre 1789, que la « décapitation fût le seul supplice adopté et qu'on cherchât une machine qui pût être substituée à la main du bourreau... »

lame pour si peu, et on assistait alors à une effroyable boucherie. Quant aux voleurs, ils étaient roués ou, avec un peu de chance, pendus.

Dans un souci d'équité et surtout avec l'ambition secrète que le procédé accélérerait l'abolition de la peine de mort, Joseph Guillotin, médecin et député du tiers-état, propose un projet de réforme du droit pénal en octobre 1789, dont le premier article dispose que « les délits de même genre seront punis par les mêmes genres de peines, quels que soient le rang et l'état du coupable ». Il demande en décembre que « la décapitation fût le seul supplice adopté et qu'on cherchât une machine qui pût être substituée à la main du bourreau. Dans tous les cas où la loi prononcera la peine de mort contre un accusé, le supplice sera le même. Le criminel sera décapité ; il le sera par l'effet d'un simple mécanisme. » Et, emporté par son enthousiasme, il ajoute : « Messieurs, en effet, avec ma machine, je vous fais sauter la tête en un clin d'œil, et vous ne souffrez pas. La mécanique tombe comme la foudre, la tête vole, le sang jaillit, l'homme n'est plus ! »

La machine, loin d'avoir été inventée par notre député humaniste, existe depuis des lustres. Dès le XIIe siècle, on pratique la décollation à l'aide d'une mécanique en Italie, en Allemagne et en Hollande. Il suffit d'adapter à l'outil vieillot des techniques plus modernes. Quitte à tuer, que l'exécution se déroule avec charité !

Joseph Guillotin fait appel à son confrère, le docteur Antoine Louis, secrétaire de l'Académie de chirurgie et de médecine de Sa Majesté, qui met au point dès 1792 le « rasoir national ». Les deux savants ne se doutent pas qu'en simplifiant le mécanisme de la sinistre machine, ils vont accélérer du même coup son utilisation. Pendant la Terreur, le couperet tombe près de quarante-cinq mille fois. Le bourreau Henri Sanson, appliquant avant l'heure le « travailler plus pour gagner plus », est obligé à des cadences infernales et déclare fièrement :

« J'expédie mes cinq douzaines à l'heure ! » Joseph Guillotin, écœuré par tout ce sang versé, est atterré par l'engouement malsain du peuple parisien qui assiste avec ferveur aux exécutions.

La machine à décapiter devient « la Louison », en référence au docteur Louis. D'autres surnoms suivront : « la Mirabelle », par rapprochement avec Mirabeau ; « la cravate à Capet », après l'exécution du roi ; « le Monte-à-regret » ; « la bascule à Charlot », clin d'œil à Charles-Henri Sanson, premier bourreau à l'utiliser. Les escrocs la nomment « la Veuve », et les exécuteurs « la Bécane ». Et bien d'autres encore, mais *il fallait bien trancher.* Finalement, c'est « la guillotine » qui a fini par s'imposer, au grand dam du docteur éclairé qui en éprouva, jusqu'à son dernier jour, une immense tristesse.

Contrairement à une légende tenace, Joseph Guillotin n'est pas « raccourci ». Il meurt dans son lit à soixante-seize ans.

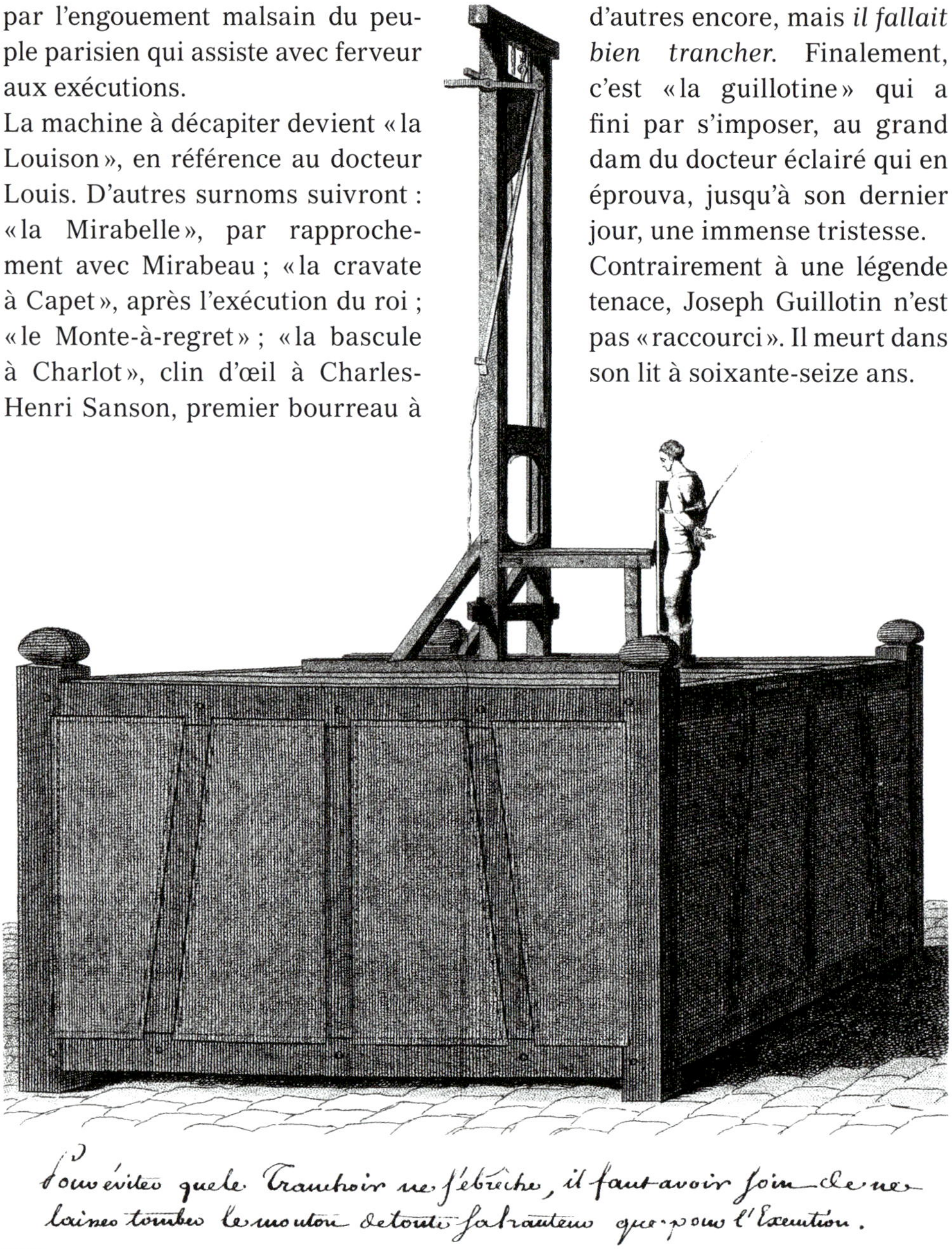

La machine à décapiter, améliorée en 1792 par le docteur Antoine Louis. (Coll. archives départementales de l'Hérault.)

Un préfet écolo : Eugène Poubelle (1831-1907)

Vêtus de hardes, les chiffonniers de Paris brandissent leurs crocs méchamment, et dégueulent leur colère contre ce nouveau préfet qui, après les fantaisies immobilières d'Haussmann, a décidé à son tour de les affamer. La hotte sur le dos, fiers comme des seigneurs, ils avancent, le regard noir et le vin hargneux. Que serait Paris sans ce peuple déguenillé qui, nuit et jour, ramasse et recycle toutes les saletés jetées dans les caniveaux ? Mégots, chiffons, papiers, bouts de ficelle, ferrailles se revendront à petit prix aux miséreux. Leur crochet au bout des doigts, ils fouillent, récupèrent trognons, épluchures et os qui seront transformés en colle par une curieuse alchimie. Les excréments de chiens liés avec des jaunes d'œuf et de la farine feront merveille, convertis en pommade pour assouplir les cuirs qui ganteront les belles dames...

Derrière la confrérie des chiffonniers, plus humbles mais tout autant vindicatifs, suivent les balayeurs. Des gueux coiffés d'un chapeau de toile cirée sur lequel l'administration a apposé une plaque de cuivre symbole de leur appartenance à la ville, plus moral que le fer rouge, mais signe de dépendance totale à ce maigre salaire qui les préserve de la faim et leur permet de s'approprier ce que les chiffonniers ont oublié ou dédaigné. Les balais sont levés, dérisoires étendards brandis par de larges mains aux gants de fortune. Les visages haineux trahissent la peur d'avoir moins encore demain que le si peu d'aujourd'hui.

Plus gaillardes mais non moins criardes, les dames concierges se sont mêlées aux mécontents, de loin, pour ne pas se confondre avec ces loqueteux de bas étage. Elles représentent l'aristocratie des mécontents, des sacrifiés sur l'autel de la modernité.

Car c'est bien pour le sacro-saint confort des bourgeois que le préfet Poubelle veut priver les premiers de travail et accroître celui des dernières. La presse dénonce l'excès de zèle du fonctionnaire, les députés s'émeuvent devant la mobilisation populaire, mais c'est sans compter sur l'opiniâtreté d'Eugène Poubelle qui ne supporte plus la saleté repoussante des rues de la capitale, véritables cloaques puants, sources d'épidémies et de maladies infectieuses en tout genre.

« La plus belle barbe blonde de la République » : Eugène Poubelle, le préfet écolo.

LA PRESSE ILLUSTRÉE

17e Année, No 830. — Dimanche 24 Février 1884. BUREAUX : 13, QUAI VOLTAIRE, PARIS	LE No : 10 CENT.	ABONNEMENTS, PARIS ET DÉPARTEMENTS : Six Mois : 3 fr. 50. — Un An : 6 fr.

LES ORDURES DE PARIS. — Nouvel arrêté du Préfet de police. — Le tombereau. — La boite aux ordures.
(Dessin de M. de Haenen. — Voir les détails, page 7.)

« Les premiers éboueurs de Paris », les boîtes à ordure, qui ne s'appellent pas encore « poubelles », sont vidées dans un tombereau tiré par des chevaux.

Le 24 novembre 1883, « le dépôt et l'enlèvement des résidus du ménage » est réglementé avec précision. « Ceux-ci devront être obligatoirement disposés dans des "boîtes à ordures", récipients métalliques en fer galvanisé avec plus tardivement un couvercle, aux dimensions et poids codifiés. » Un tri sélectif est même institué pour les débris de verre et de porcelaine.
Le succès est total malgré les détracteurs qui, pour se venger, baptisent les boîtes à ordures du nom accusateur de « poubelles »...

Eugène Poubelle, surnommé « la plus belle barbe blonde de la République », n'aura pas connu une gloire à la hauteur de sa conception éclairée sur l'hygiène urbaine. Visionnaire, écolo avant l'heure, le préfet de Paris est enfoui avec des tonnes d'illustres inconnus dans la poubelle du temps.
Poubelle devient nom commun dès 1890, date à laquelle il fait son entrée controversée dans le *Larousse*, accompagné par les sarcasmes de quelques journalistes qui ne lui prêtent aucun avenir...

Caricature du préfet Poubelle : les journaux de l'époque ne donnent aucun avenir à la loi imposant la collecte des ordures.

Le roi de la godasse : Alexis Godillot (1816-1893)

« Là-haut sur la colline,
il y a un moulin.
Là-haut sur la colline,
il y a un moulin.
Le meunier sur sa porte
voit Rosette de loin.
Le meunier sur sa porte
voit Rosette de loin.
Les godillots sont lourds
dans l'sac,
Les godillots sont lourds,
Les godillots sont lourds
dans l'sac,
Les godillots sont lourds.
Bonjour, jeune bergère,
Où vas-tu si matin ?
Je viens, maître Jean-
Pierre,
Vous apporter mon
grain. »

« Les godillots sont lourds », affirment la chanson populaire, mais comme ils sont beaux quand Van Gogh les croque, à la fois boueux et éculés, dans ce tableau si émouvant dans lequel se devinent la fatigue du paysan qui les a portés, la dureté du travail et sa noblesse. Ces godillots-là ont une existence : celle du laboureur qui, sillon après sillon, arrache sa maigre subsistance à la terre.

« Le godillot » a aussi sa propre histoire, l'histoire de son inventeur, Alexis Godillot, le « paire » de la chaussure. Bonapartiste convaincu ajouté à un sens aigu des affaires, voilà deux qualités qui sont indispensables quand on veut faire fortune par ces temps troublés où l'empereur offre des fêtes splendides au Tout-Paris pendant que les soldats français servent de chair à canon dans des pays lointains. Godillot occupera les deux fronts !

Catalogue des fournisseurs de l'armée de 1859 : coiffure, équipements et armes.

Le voilà organisateur officiel des fêtes de l'empereur. Grâce à lui, les réceptions sont livrées « clés en main » ; les voyages sont rigoureusement planifiés ; les villes traversées sont illuminées, les villages décorés. Grand précurseur de la communication, Godillot cultive sa ressemblance avec Napoléon III et sait se rendre indispensable. Plus lucrative est l'activité de fournisseur officiel de l'armée à laquelle il livre selles de chevaux, tentes, chaussures... Cent mille soldats seront équipés de pied en cap par l'entreprise Godillot pendant la guerre de Crimée. « C'est le pied », les nouvelles godasses de l'armée ! Pour la première fois, le pied gauche n'est pas le jumeau du pied droit. Alexis Godillot a l'idée géniale de différencier l'un de l'autre. Fini de se mélanger les pieds. On ne saurait tolérer que le soldat parte du pied gauche, et c'est d'un pied ferme qu'il défend désormais l'honneur de la France. L'ami bidasse a enfin trouvé chaussure à son pied. Toujours sur le pied de guerre, il ne tarit pas de louanges sur ce Godillot-là, grâce à qui il ne craint plus de revenir au pays comme un va-nu-pieds.

Alexis,
le père du godillot...

Godillot installe ses usines à Saint-Ouen, et devient un puissant industriel à la tête de trois mille ouvriers. Sa dévotion à l'empereur lui vaut d'être nommé maire de la ville qu'il dirige jusqu'à la défaite de Sedan.

Croquenots, godasses et brodequins ne peuvent s'enorgueillir d'avoir été noms propres avant de devenir communs, leur pedigree est plus modeste que celui de leurs célèbres cousins qui ont eu l'honneur d'équiper les valeureux soldats de France jusqu'à la Seconde Guerre mondiale.

Alexis Godillot finit ses jours en 1893 au soleil de Hyères où, de bonne source, on affirme qu'il aurait inventé les palmes... Nous restent les godillots qui sont désormais synonymes de vieilles chaussures, mais aussi curieusement employés dans un sens péjoratif pour désigner les membres d'un parti politique trop obséquieux suivant aveuglément la ligne directrice, des lécheurs de pieds et autres cireurs de pompes...

Les torturées de Dieu

« Une ignorance profonde, une crédulité sans bornes,
une tête très faible, une imagination emportée :
voilà les matériaux avec lesquels se font les dévots,
les zélés, les fanatiques et les saints. »

Jean Meslier
(prêtre ardennais, athée et anticlérical du XVIIe siècle)

LE MYSTÈRE qui auréole la vie de ces femmes hautement mystiques est analysé différemment par les scientifiques et les religieux, l'objectivité étant périlleuse tant les liens entre la raison et la croyance sont subtils et complexes. Ne vient-on pas d'apprendre que le pape Jean-Paul II, à la fin de sa vie, se mortifiait en se flagellant ?
Jusqu'à l'avènement de la psychiatrie, l'Église seule décidait de l'origine des troubles psychiques de ses paroissiens qui émanaient soit du diable soit du bon Dieu, la conduite thérapeutique s'adaptant en fonction de la genèse décrétée du mal.
De nos jours encore, bien des sujets en proie à des délires mystiques sont d'abord soignés par des guérisseurs ou autres exorcistes, avant d'intégrer un hôpital psychiatrique. Mais n'est-ce pas déjà faire preuve de partialité que de parler de « troubles psychiques » et de « délires » ?
La vie de ces trois femmes s'apparente-t-elle à un phénomène hystérique ou à une authentique croyance religieuse capable de transcender l'être humain dans des potentialités extraordinaires ? À vous d'en juger...

Marguerite-Marie Alacoque : une mystique déconcertante

« Il faut mourir ou vaincre ! »

Marguerite-Marie Alacoque

« Ô MON DIEU, je vous consacre ma pureté et vous fais vœu de perpétuelle chasteté ! »
La petite Marguerite a cinq ans quand elle prononce ce premier vœu. La précocité d'un tel propos aurait de quoi faire sourire s'il n'émanait pas de la très sainte Marguerite-Marie Alacoque, qui consacra sa vie au culte du Sacré-Cœur de Jésus, malgré l'hostilité de son entourage qui la soupçonne de commerce avec le diable.

Une enfance mystique

Marguerite naît en 1647 à Verosvres, grosse bourgade dans les monts du Charolais, cinquième enfant d'une famille aisée qui en comptera sept. Elle pense certainement que les enfants naissent dans les roses lorsqu'elle prononce son vœu de chasteté. Elle vit alors chez sa noble marraine au château de Corcheval, suite au décès de sa sœur cadette. L'enfant est d'une nature solitaire. À l'heure des jeux et des divertissements, elle se réfugie dans les bois et prie avec ferveur. On la retrouve les genoux blessés, baisant la terre en invoquant la Vierge Marie.

La mort de son père, notaire royal, alors qu'elle n'a que huit ans va précipiter sa piété religieuse. Pensionnaire au couvent des clarisses à Charolles, elle étonne les sœurs par sa grande dévotion. Aussi, à dix ans, prend-elle secrètement la décision de se consacrer entièrement à Dieu. Commence alors son engouement morbide pour la mortification. Elle pratique dès lors des pénitences sévères sur son corps frêle, n'hésitant pas à se flageller jusqu'au sang et à se priver de nourriture, établissant ainsi une relation privilégiée

Apparition à Marguerite-Marie, visitandine à Paray-le-Monial

Jésus montre son cœur à Marguerite Alacoque et lui rappelle son amour pour l'humanité.

avec Jésus-Christ : « Je me sentais une faim insatiable des humiliations et mortifications. »

Une maladie étrange oblige sa mère à la retirer du couvent : « Je fus environ quatre ans sans pouvoir marcher, les os me perçaient la peau de tous côtés. » La mort rôde autour du lit de la fillette. Aucun remède ne la soulage des douleurs violentes qui brisent ses membres. Elle fait alors un vœu pieux, promettant à la Vierge Marie de lui consacrer sa vie si elle guérit. De façon inexpliquée, dans les jours qui suivent, Marguerite retrouve la santé. Toute sa vie, la « miraculée » gardera une piété très forte pour la mère de Dieu qui lui apparaîtra à plusieurs reprises, quelquefois pour la réprimander : « Je m'étonne, ma fille, que tu me serves si négligemment », lui reproche-t-elle un jour où l'enfant avait osé réciter le rosaire assise !

Une adolescence torturée

Marguerite est guérie, choyée par ses frères et sa mère, mais une autre épreuve douloureuse l'attend : cette dernière est atteinte d'un mal mystérieux. Sa tête gonfle, et son mal paraît incurable. Une fois encore, Marguerite se réfugie dans une prière ardente.

Quand elle revient près de sa mère, un abcès purulent vient de percer, faisant fuir tout l'entourage. Malgré sa nature sensible, la jeune fille s'approche, nettoie la plaie, panse les chairs tuméfiées. En quelques heures, la malade est sauvée.

La famille semble frappée par le mauvais sort. Elle a seize ans quand un de ses frères meurt ; deux ans plus tard le second décède. Marguerite doute alors de sa vocation. Elle porte joliment ses dix-huit ans et devine dans le regard des jeunes gens de l'admiration et du désir. Une furieuse envie d'insouciance et de faire la fête l'attire après toutes ces épreuves difficiles. « Satan me disait continuellement : "Pauvre misérable ! Que penses-tu faire en voulant être religieuse ? Tu te vas rendre la risée de tout le monde." »

L'appel du bon Dieu aura raison de ses tentations et, malgré les virulentes protestations de sa famille, elle entre au couvent de la Visitation de Paray-le-Monial, où Jésus-Christ l'accueille par un : « C'est ici où je te veux ! »

Une novice coprophage

Marguerite, devenue Marie-Marguerite, doit une partie de sa notoriété à son dévouement excessif auprès des malades. Elle est surprise à baiser les plaies purulentes, les escarres suintantes et les ulcères infectés. Une rumeur insensée se propage : oui, on l'a vue manger un vomissement et se remplir

Châsse où reposent les reliques de la sainte, à Paray-le-Monial.

la bouche d'excréments. Médisance de religieuses agacées par le comportement trop charitable de cette novice qui «joue à la sainte»? Cela est probable, d'autant que Marguerite leur a révélé que le Christ lui avait demandé d'être la victime expiatoire de leurs imperfections ! Mais pour qui se prend-elle ? La supérieure trouve aussi qu'elle en fait trop. Les flagellations jusqu'au sang ne sont pas dans l'esprit de l'ordre, et on lui demande de rentrer dans les rangs. Marguerite n'en a cure, accepte les humiliations, courbe l'échine devant les travaux les plus rebutants et reçoit les apparitions du Christ comme autant d'encouragements. Sa nourriture est de plus en plus frugale. Pour se punir du plaisir coupable que lui procure un verre d'eau, elle décide de se désaltérer avec de l'eau de vaisselle ou de lessive. La supérieure la réprimande en vain. Elle scarifie sa poitrine ; la douleur étant trop supportable, là voilà qui brûle la plaie à la bougie jusqu'à l'infection des chairs, atteignant ainsi d'intenses souffrances.

«L'on crut que j'étais possédée ou obsédée, et l'on me jetait force eau bénite dessus, avec des signes de croix, avec d'autres prières pour chasser le malin esprit... car le diable me livrait de furieux assauts, et mille fois j'aurais succombé si je n'avais senti une puissance extraordinaire qui me soutenait et combattait pour moi.»

Dans son infinie bonté, le Seigneur lui donne des gages de son infini amour en lui offrant une grande douleur sur le côté : «Et pour marque que la grande grâce que je viens de te faire n'est point une imagination, et qu'elle est le fondement de toutes celles que j'ai encore à te faire, quoique j'aie refermé la plaie de ton côté, la douleur t'en restera pour toujours ; et si, jusqu'à présent, tu n'as pris que le nom de mon esclave, je te donne celui de la disciple bien-aimée de mon sacré cœur.»

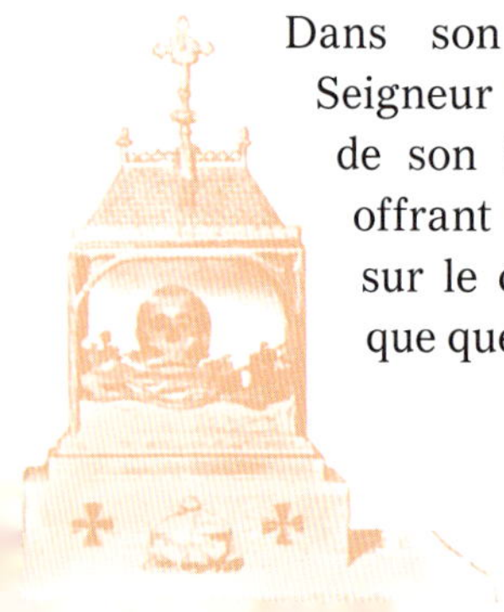

Toute douleur est un présent de Dieu, toute douleur lui est précieuse et l'aide à transcender l'amour du cœur de Jésus qui l'accompagne, «tout éclatant de gloire, avec ses cinq plaies, brillantes comme cinq soleils».

L'apôtre du Sacré-Cœur

Désormais, Marguerite va se consacrer au culte du Sacré-Cœur. Le Christ lui a personnellement confié : «Regarde ce cœur qui a tant aimé le monde et que les hommes n'ont pas aimé en retour. Par toi, mon cœur divin désire répandre son amour partout sur la terre.» Malgré la résistance de quelques religieuses, elle instaure la pratique de l'heure sainte, qui consiste à prier, étendue par terre, le visage au sol de 11 heures du soir jusqu'à minuit le premier jeudi de chaque mois. Le culte se répand rapidement dans les autres maisons de la Visitation, la réputation de sœur Marguerite-Marie dépasse les murs du couvent, des demandes pour sa reconnaissance arrivent même au Vatican : «Je mourrai maintenant contente, puisque le Sacré-Cœur de mon Sauveur commence à être connu.»

Épuisée par les privations et les mortifications qu'elle impose à son corps depuis de si nombreuses années, Marguerite s'éteint le 17 octobre 1690.

«Ma mère, je n'ai plus besoin que de Dieu seul, et de m'abîmer dans le cœur de Jésus-Christ.» À peine eut-elle prononcé ces mots qu'elle rendit son âme en chuchotant une dernière fois le saint nom de Jésus. Une auréole surnaturelle semblait déjà l'entourer quand on lui ferma les yeux.

Une sainte controversée

Hystérique, extravagante, cardiolâtre, idolâtre, les opposants à la béatification de la religieuse visitandine ne manquent pas d'adjectifs ! L'évêque de Pistoie, farouchement opposé à la dévotion du Sacré-Cœur qu'il déclare inutile, explique aux fidèles que «la vraie dévotion est aussi éloignée d'un superstitieux fétichisme que d'un licencieux saducéisme». Voulant ridiculiser l'adoration du cœur de Jésus, Renaud, curé de Vaux, demande avec causticité «s'il ne serait pas convenable d'établir des fêtes de la sacrée glande et du sacré cerveau»...

Pierre Lanfrey, sénateur de la IIIe République, dénonce «les rêveries d'une pauvre idiote, visiblement atteinte de nymphomanie».
Le pape Clément XIV s'oppose lui aussi à la «superstition» du Sacré-Cœur, mais après sa mort prématurée, le culte prend une nouvelle extension. Paray-le-Monial devient un lieu de pèlerinage important, et l'Assemblée nationale demande la construction d'une église du Cœur de Jésus à Montmartre.
La déconcertante sœur Marguerite-Marie a réussi sa mission divine. Elle est canonisée par Benoît XV le 13 mai 1920, plus de deux siècles après sa mort. Ses restes reposent sous l'autel de la chapelle de Paray-le-Monial, où des pèlerins du monde entier viennent lui rendre grâce.

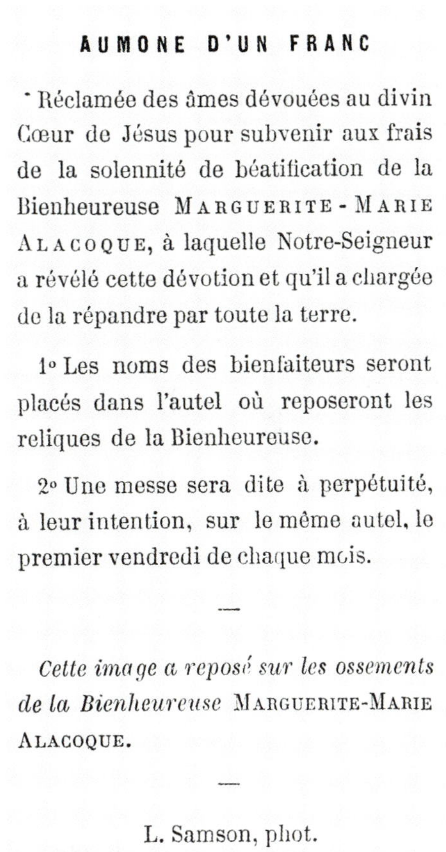
AUMONE D'UN FRANC

Réclamée des âmes dévouées au divin Cœur de Jésus pour subvenir aux frais de la solennité de béatification de la Bienheureuse MARGUERITE-MARIE ALACOQUE, à laquelle Notre-Seigneur a révélé cette dévotion et qu'il a chargée de la répandre par toute la terre.

1° Les noms des bienfaiteurs seront placés dans l'autel où reposeront les reliques de la Bienheureuse.

2° Une messe sera dite à perpétuité, à leur intention, sur le même autel, le premier vendredi de chaque mois.

—

Cette image a reposé sur les ossements de la Bienheureuse MARGUERITE-MARIE ALACOQUE.

—

L. Samson, phot.

Appel de fonds pour couvrir les frais de béatification de Marguerite Alacoque qui interviendra en 1864. Elle sera canonisée en 1920.

Marthe Robin, « la Croix et la joie »

« Je ne puis croire qu'à de l'invraisemblable. »

Jean Guitton (ami de Marthe Robin)

UNE FEMME gît dans le noir le plus complet d'une humble chambre. Son corps n'est que souffrance ; le visage est blême, les traits crispés ; le corps est recroquevillé, les jambes pliées ramenées sous le torse. Les yeux du visiteur s'habituent à l'obscurité, saisissant la pleine intensité du supplice : une femme d'une maigreur cadavérique geint. Quelques gouttes de sang perlent sur son front, injectent ses yeux révulsés, salissent les draps. La vision est insoutenable. La mort guette. Et il en est ainsi tous les vendredis.

Cette femme, malgré tout joyeuse et paisible, a été un des personnages les plus influents de la France religieuse du XXe siècle.

L'enfance ordinaire

Les Robin exploitent une petite ferme à Châteuneuf-de-Galaure, dans la Drôme des collines. Le travail est dur, toute la famille s'échine pour arracher à cette terre avare une maigre subsistance. La naissance de ce sixième enfant en 1902, une cinquième fille, n'y changera rien, vie réglée au rythme des saisons, des bons étés et des mauvais hivers, à la grâce de Dieu.

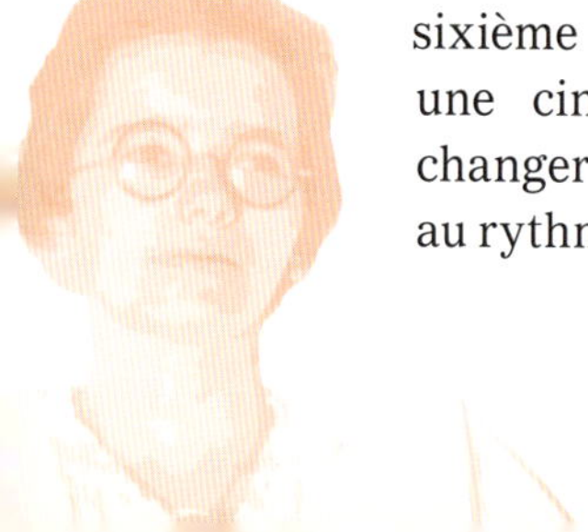

Mais Dieu ou le destin en a décidé autrement. Marthe n'a qu'un an quand la fièvre typhoïde menace de l'emporter. Sa sœur Clémence en mourra. Toute l'enfance de Marthe sera marquée par des périodes de grande fatigue suivies de périodes de rémission, sans que le caractère joyeux de la petite n'en soit affecté. Volontiers espiègle et serviable, Marthe participe à la vie du village, aide aux travaux domestiques malgré sa fragilité et apporte ses rires d'enfant aux malades du voisinage. Gaieté et prières car, contrairement à ses parents peu versés dans les bondieuseries, Marthe témoigne d'une grande piété, rend grâce au Seigneur pour la beauté de la nature, passe de longs moments en méditation : « J'ai toujours aimé le bon Dieu, comme petite fille, j'ai toujours énormément prié dans ma vie... »

Ses longues périodes de maladie lui interdisent de passer le certificat d'études et, comme les petites paysannes de son âge dans ce début du XXe siècle, elle se rend utile. Sa constitution fragile lui interdisant les gros travaux, elle se consacre aux travaux d'aiguille. Enfance banale, vie simple

De santé extrêmement fragile, Marthe Robin se réfugie dans la prière et la méditation. (Photo Bernard Peyrous.)

d'une gamine ordinaire, sauf que son impossibilité à participer aux besognes de la ferme est mal vécue par son père et son frère Henri, qui voient en elle une bouche vaine nécessitant beaucoup de soins maternels, autant de temps que sa mère ne passe pas dans les champs. Le père se lamente : « Qu'est-ce que j'ai fait pour avoir une fille pareille ? »

Adolescence brisée

Le 1er décembre 1918, Marthe est obligée de s'aliter. Elle sent ses forces l'abandonner. Ses maux de tête deviennent insupportables jusqu'à l'évanouissement, jusqu'au coma qui va durer quatre jours. Sa famille la croit perdue, les docteurs, impuissants à établir un diagnostic, évoquent une récidive de la typhoïde, une tumeur cérébrale. Elle n'a que seize ans, sa vie bascule dans une longue lutte contre la douleur. Ses yeux la font terriblement souffrir, elle ne supporte plus le moindre rayon de lumière, ses jambes s'ankylosent. Quelques périodes de rémission lui donnent espoir et elle prie, se réfugiant dans une vie spirituelle intense. Elle souffre terriblement : « Tu me plongerais dans ta lessive bouillante, je ne souffrirais pas davantage », dit-elle alors. On la soulage plutôt mal que bien avec de l'aspirine. En juillet 1919, la maladie s'aggrave encore : contractures musculaires, troubles du sommeil, troubles digestifs, troubles de la vue.

Quelques jours après ses vingt ans, une grande lumière inonde la chambre qu'elle partage avec sa sœur Alice. Celle-ci, effrayée, demande à Marthe : « Tu as vu ? – Oui, j'ai vu la Vierge Marie. »

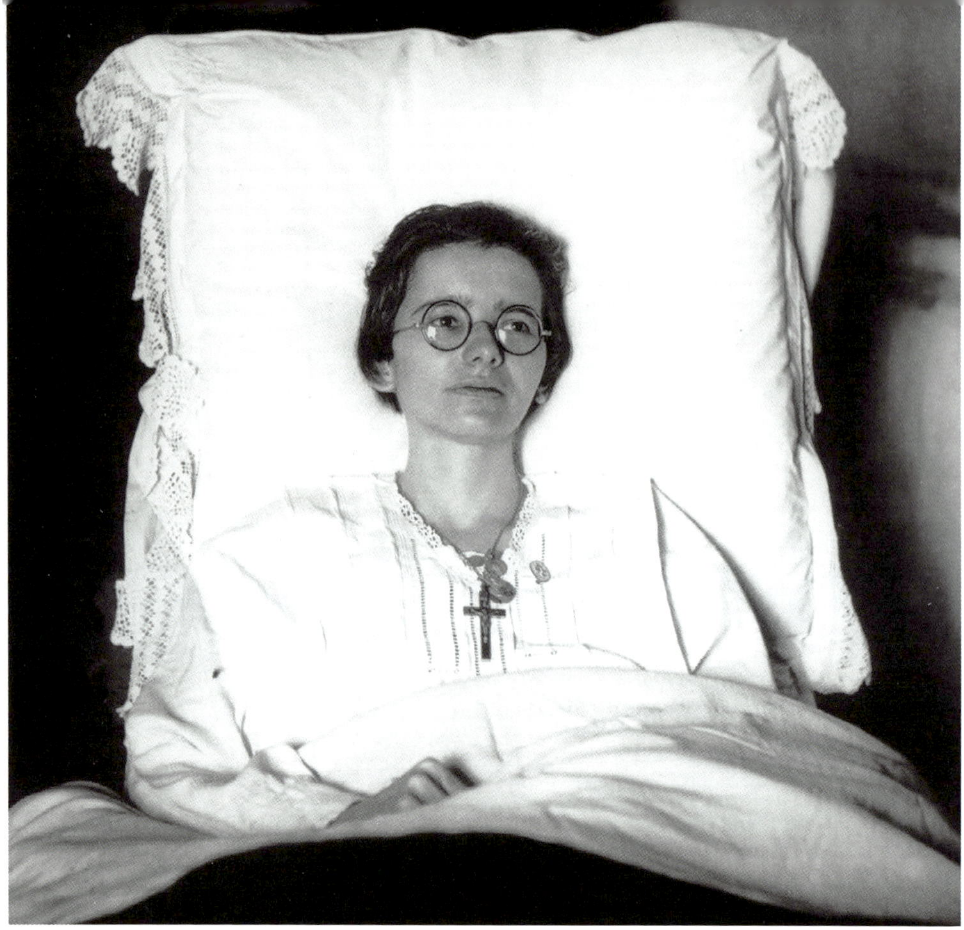

Dans son lit de douleur, Marthe, chaque semaine, revit la passion du Christ. (Photo Bernard Peyrous.)

D'autres visions, sur lesquelles elle restera discrète, suivront. Tout en elle est souffrance, et cette souffrance, elle l'offre à Dieu : « Je me remets à vous sans réserve et sans détour. »

Pendant dix années, les crises se succèdent, de plus en plus violentes et de plus en plus douloureuses. Elle est totalement recluse dans sa chambre jusqu'à la paralysie totale des jambes au printemps 1928.

La Passion selon Marthe

Ce 3 décembre 1928, deux prêtres capucins lui rendent visite. Ils la rassurent, l'aident à donner un sens à ses souffrances, soulagent ses angoisses. Apaisée, elle se confesse et demande l'Eucharistie. Elle sait désormais que sa vie spirituelle va s'épanouir non plus à côté de sa maladie, mais dans la maladie : « Après des années d'angoisse, après bien des épreuves physiques et morales, j'ai osé, j'ai choisi le Christ. »

La nuit même, le Sauveur lui apparaît. Dès lors, sa spiritualité se centre sur la Passion. Elle abandonne tout son être à Dieu, lui offre son corps de misère et s'identifie à lui jusqu'à revivre la crucifixion dans sa chair, chaque vendredi. Sa mère est terrorisée par les draps et son linge tachés de sang. Son père, angoissé face à ces manifestations divines, s'écrie : « Et pourtant, elle n'a rien fait de mal ! » Dès le jeudi soir, elle est en proie à des phénomènes étranges, elle s'agite comme si elle recevait des coups, on la retrouve avec des contusions, des dents cassées, alors qu'elle est complètement prisonnière de son corps roide. « Elle se tenait aux portes de l'enfer pour que l'enfer soit vide », écrit Jean Guitton (1901-1981), membre de l'Académie française, ami personnel de Paul VI. Son combat avec les forces du mal se termine le vendredi avec l'apparition des stigmates de la Passion du Christ. Son corps supplicié se recroqueville, ses mains et ses pieds saignent, les nombreux visiteurs sont bouleversés par ce « corps blême, étendu et saignant ».

Le « mystère Marthe Robin » inquiète, passionne, suscite des vocations religieuses. On parle de miracle, d'autant que depuis 1930, Marthe refuse de s'alimenter, n'acceptant que l'hostie une fois par semaine. Ses proches lui humectent les lèvres pour éviter leur dessèchement et assistent impuissants à son agonie.

Pendant cinquante ans, Marthe vivra sans manger ni boire, plongée dans un profond mysticisme. Pourtant, la grâce de Dieu lui donne la force de créer une petite école de filles en 1934 avec l'aide de l'abbé Faure, responsable de la paroisse de Chateauneuf ; sept élèves seulement la première année, vingt-quatre deux ans plus tard. Une école de garçons suivra en 1953, puis une école professionnelle.

La mission de Marthe

Résolument tournée vers les autres malgré ses souffrances et son isolement, elle confie en 1936 au père Finet, prêtre lyonnais, son désir de construire un Foyer de la Charité à Châteauneuf-de-Galaure, et lui demande son aide. L'abbé est conquis par la foi de cette femme grabataire et aveugle. Il accepte la mission confiée. Les Foyers de la Charité vont essaimer dans plus de quarante pays, et soixante seront créés de son vivant. Marthe est au centre de ces projets : « Rien n'échappait au regard de son cœur, tout l'intéressait. » Marthe, prisonnière de son corps, insuffle une extraordinaire énergie pour que chaque foyer soit accueillant, beau et surtout fidèle à la culture du pays où il est implanté.
Bruits étranges, objets qui volent, sensations bizarres accompagnent certaines inaugurations : les témoins y voient une attaque de « l'Adversaire ». De nombreux témoins relateront les mystérieux événements, convaincus d'une manifestation diabolique ; d'autres parlent d'hallucinations collectives.
Dans sa chambre de misère, Marthe écoute, réconforte et conseille ; plus de cent mille personnes seront accueillies, dont une soixantaine d'évêques, des cardinaux, des milliers de prêtres et de nombreux intellectuels, qui reconnaissaient son « intelligence lumineuse ».
Bernard Peyrous nous livre son témoignage dans le fascicule « Découvrir Marthe Robin » :
« Les visiteurs arrivaient donc dans une maison à l'ancienne mode. On

avait simplement ajouté une partie sur l'arrière, où se trouvait la chambre de Marthe. Ils étaient accueillis directement dans la cuisine. Ils s'asseyaient sur des chaises de paille, et ils attendaient qu'on les invite à entrer chez Marthe. Pendant ce temps, la vie de la ferme continuait, on entendait les animaux, on faisait la cuisine devant eux. C'était très simple. Ce qui était intéressant c'était la tête des gens avant et après avoir vu Marthe. Parfois, ceux qui attendaient avaient un air tendu, parfois inquiet, douloureux. Quand ils sortaient de l'entretien, même bref, ils étaient en général transformés. Leur visage était souriant, détendu. Il s'était passé quelque chose pour eux... L'entretien se terminait par une prière, en général un *Je vous salue*, à moins que Marthe ne donne le choix de la prière à la personne qui la visitait. On se retrouvait enfin à l'extérieur, dans la lumière : on se sentait léger, illuminé sans le mériter, on ne pouvait que prier et rendre grâce. »

Le mystère reste entier

L'état de santé de Marthe n'en finit pas de se dégrader. La déchéance est totale. Elle confie à son entourage que sainte Thérèse lui a interdit de mourir, « la coquine », ajoute-t-elle... Pourtant, le 6 février 1981, à soixante-dix-neuf ans, Marthe rend son âme à Dieu.

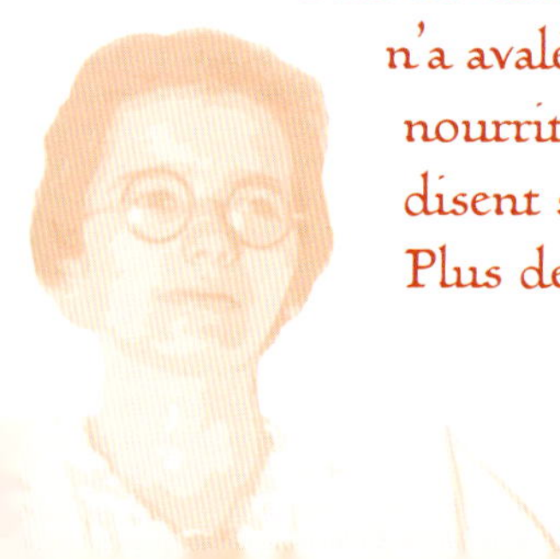

Plus de cinquante ans qu'elle
n'a avalé aucune
nourriture terrestre,
disent ses proches.
Plus de cinquante ans
qu'elle revit chaque semaine
les affres de la crucifixion ;
plus de cinquante ans qu'elle
reçoit sans relâche une foule
de visiteurs et les écoute.
Ils seront des milliers
de fidèles à l'accompagner
en sa dernière demeure.

Si la notoriété de Marthe était grande, rares étaient les personnes qui la connaissaient vraiment. Très discrète, elle ne parlait jamais d'elle. Âme profondément mystérieuse faite à la fois de souffrance et de paix, de solitude et de générosité, d'ombre et de lumière. La Passion qu'elle a vécue si douloureusement dans son corps ne doit pas occulter son extraordinaire capacité à soulager les peines de ses visiteurs, à les inonder de sa foi jusqu'à susciter de nombreuses vocations.
Les démarches en vue de sa béatification ont commencé en 1986. Plus de dix-sept mille pages rédigées lors de la commission d'enquête ont été transmises à Rome, en 1996. La décision finale n'a pas été prise à ce jour. Les saint Thomas sceptiques y voient la démonstration évidente de l'embarras de l'Église ; les convaincus, au contraire, sont persuadés que les longues années de ce procès aboutiront à la béatification de Marthe, la suppliciée de Dieu.

Claire Ferchaud, la nouvelle Jeanne d'Arc et son petit roi

«Non ! Satan aura beau faire, jamais la France ne lui appartiendra.»

Claire Ferchaud

«RAYMOND, Raymond ! Pourquoi me persécutes-tu ?» Une bergère vendéenne de vingt ans, agenouillée dans sa chambre, écoute cette voix qui lui parle depuis de longs mois. Raymond ? Un amoureux qui lui aurait tourné la tête au point de lui faire perdre la raison ? Incroyable mais vrai, Raymond n'est autre que Raymond Poincaré, dixième président de la République française, et cette voix mystérieuse est celle du Christ.

Une vocation précoce

Du plus loin que vont ses souvenirs, Claire a toujours senti l'ombre de son «petit roi», son ange gardien d'une incroyable beauté, qui ne la quitte jamais. Longtemps, elle a cru que cette présence était visible de tous, ne comprenant pas leur indifférence. Plus tard, elle a su, elle a compris l'incroyable évidence : son prince est le Christ ; le fils de Dieu est son compagnon de route. C'est lui qui lui a appris à marcher, lui qui guide chacun de ses pas et lui baise le front quand elle a un chagrin. Ils ne se quitteront jamais. Ses frères et sœurs s'inquiètent de ses périodes de mutisme suivies de grandes colères quand ils refusent de «dire bonjour à Jésus». Très vite, ils se désintéressent de cette petite sœur si différente. Au village de Loublande, on murmure que la quatrième des Ferchaud est un peu étrange, mais il est vrai que le père, Jean-Baptiste, bigot invétéré, récite des *Ave Maria* à longueur de journée ; rien d'étonnant donc à ce que sa gamine marmonne en continu des prières, ignorant totalement son entourage.

Alors que les autres petites filles jouent à la maman ou à la maîtresse, Claire, un foulard sur la tête, se déguise en religieuse, s'aménage des cachettes dans les genêts pour prier quand tout à coup elle s'excite et court partout en hurlant : «Je veux souffrir ! Donnez-moi de la souffrance…» Curieuse attitude pour une petite fille de huit ans. Est-elle influencée par la sainte histoire de Marie-Marguerite Alacoque dont on attend la canonisation ? A-t-elle des hallucinations qui traduiraient un certain trouble mental ? L'humble « petite pâquerette des champs », comme elle aime se surnommer, est-elle véritablement l'élue de Dieu ?

La nouvelle Jeanne d'Arc

Claire grandit dans cette atmosphère mystique du catholicisme le plus conservateur. Les jours s'écoulent entre prières et longues conversations avec son roi d'amour, de plus en plus isolée dans son délire religieux. Sa grande timidité ne l'empêche pas, en 1906, d'affronter les soldats venus profaner l'église, suite à la loi de séparation de l'Église et de l'État qui impose un inventaire des biens. Elle est pathétique, la cadette des Ferchaud, les bras en croix, barrant le chemin aux militaires qui l'ignorent poliment.

Claire a vingt ans en 1916. La France est sous le choc de Verdun. La guerre s'éternise, l'armée allemande poursuit son inexorable progression ; les soldats vivent l'enfer dans les tranchées.

Le Christ lui confie alors la mission de bouter les Allemands hors de France. La nouvelle dépasse vite les bocages de Loublande, faisant naître un formidable espoir parmi les fidèles qui voient en la pieuse bergère une nouvelle Jeanne d'Arc.

La ressemblance s'impose quand, le 1er janvier 1917, la jeune Claire envoie au président Poincaré une longue lettre :

« Monsieur le Président,

« Une humble fille du Poitou vient de recevoir du Ciel une mission qui fait frémir sa nature bien timide, mais qui, en but du salut de notre cher pays, ne peut reculer devant aucun sacrifice. J'ai donc l'honneur de m'adresser au chef premier de la nation française...

« Jésus veut sauver la France et les Alliés, et c'est par vous, monsieur le Président, que le Ciel veut agir, si vous êtes docile à la voix divine.

« Il y a des siècles déjà, le Sacré-Cœur avait dit à sainte Marguerite-Marie : "Je désire que mon cœur soit peint sur le drapeau national, et je les rendrai victorieux de tous leurs ennemis." Dieu semble avoir dit ces paroles pour nos temps actuels. L'heure est arrivée où son cœur doit régner malgré tous les obstacles... Il m'a semblé voir Dieu vous adressant ces paroles : "Raymond, Raymond ! Pourquoi me persécutes-tu ?" À cette voix, vous avez tressailli ; puis la grâce étant plus forte que vos passions, vous êtes tombé à genoux, l'âme angoissée, et vous avez dit : "Seigneur, que voulez-vous que je fasse ?"

« Monsieur, voici les paroles sacrées que j'ai entendues de la bouche même de Notre-Seigneur : "Va dire au chef qui gouverne la France de se rendre à la basilique du Sacré-Cœur de Montmartre avec les rois des nations alliées. Là, solennellement, les drapeaux de chaque nation seront bénits, puis le président devra épingler l'image de mon cœur sur chacun des étendards présents. Ensuite, M. Poincaré et tous les rois alliés à la tête de leur pays ordonneront officiellement que le Sacré-Cœur soit peint sur tous les drapeaux de chaque régiment français et allié. Tous les soldats devront être recouverts de cet insigne de salut.”

« En peu de jours, le Sacré-Cœur nous rendra victorieux... Voici les ordres de Dieu. Si vous refusez d'accomplir les lois divines, dans peu de temps, vous serez renversé de votre place. Monsieur le Président, vous êtes perdu si vous persistez dans les erreurs qui empoisonnent votre vie. Ah ! je frémis ! Pauvre France ! D'elle, nous n'aurons plus que le souvenir.

« Claire de Jésus-Crucifié. »

Loublande devient vite un lieu de pèlerinage. La ferme des Ferchaud est prise d'assaut par des milliers de fidèles venus en charrette, à vélo ou à pied, souvent de très loin. La dévotion atteint son paroxysme quand on apprend que par la médiation d'un député conservateur de Vendée, Claire a obtenu une audience avec le président.

L'image du Sacré-Cœur est diffusée à des millions d'exemplaires, la France est inondée, les soldats croupissant dans les tranchées placent la sainte reproduction près du cœur, espérant une protection divine. Devant une telle ferveur, une circulaire du ministère de la Guerre, datée du 6 août 1917, contresignée par Pétain, interdit l'exhibition de l'image et établit l'obligation d'observer une stricte neutralité religieuse, opposant ainsi les défenseurs de la laïcité républicaine et

« Raymond ! Raymond ! Pourquoi me persécutes-tu ? » C'est au président de la République Raymond Poincaré que la jeune Claire adresse ses prières. Il la recevra à l'Élysée le 21 mars 1917.

les cléricaux qui rappellent que la « France est la fille aînée de l'Église ». Le débat sur l'identité religieuse de la France fait rage dans les milieux avertis, l'armée française est en complète déconfiture et, dans ce contexte épineux, la modeste bergère vendéenne est reçue à l'Élysée par Raymond Poincaré pour le convaincre de bouter l'ennemi hors de France.

L'entrevue restera sans suite, mais la pugnacité de Claire est sans limites. Tous les généraux de France recevront une lettre dans laquelle elle demande ardemment aux « braves petits soldats de déployer le drapeau du Sacré-Cœur malgré les défenses formelles ». « Je leur promets la victoire… »

Lettres restées sans effet.

Les mois passent, l'armistice du 11 novembre 1918 met fin à la Grande Guerre, et Claire commence à devenir encombrante.

Claire de Jésus-Crucifié

L'archevêque de Paris s'émeut de la fièvre épistolaire de cette Vendéenne et, appuyé par le Vatican, obtient la mutation de l'évêque de Poitiers qui l'encourage et la soutient.

Ce camouflet ne suffit pas pour décourager notre nouvelle Jeanne d'Arc. La France est gouvernée par un mécréant ; la franc-maçonnerie, trop influente, conduit le pays à sa perte : il est grand temps de se retirer pour accomplir une nouvelle mission.

Encore soutenue par les autorités religieuses locales et la ferveur de toute une région, elle crée une congrégation de « vierges réparatrices » composée de six jeunes filles unies dans la prière pour expier les outrages faits à Dieu, et réparer les dommages causés aux hommes par le péché. La cause est noble. Pourtant, le Vatican juge la communauté dissidente et la condamne par décret en 1920. Les brimades tendant à calmer l'ardeur de la trop mystique Claire se multiplient. « On » lui conseille de quitter le voile qu'elle arbore illégitimement, de remplacer le grand Christ qui orne sa poitrine par un plus modeste, et de veiller à un peu plus de discrétion dans la démonstration ostentatoire de ses convictions.

Seule contre tous, Claire, autoproclamée « Claire de Jésus-Crucifié », accepte les vexations avec la même humilité que Marie-Marguerite Alacoque acceptait les souffrances. Désireuse toutefois de reconquérir la confiance de l'Église, Claire demande une audience à Benoît XV qui consent à la recevoir. La veille de son départ pour Rome, elle apprend le décès du souverain pontife.

Ignorant alors ses détracteurs, elle continue à pourfendre les francs-maçons, les communistes, les juifs, et à entretenir des liens étroits avec son amour-roi, dans l'adoration du Sacré-Cœur, toujours en marge de l'Église. Claire Ferchaud, la messagère du Christ, s'éteint le 29 janvier 1972 à Loublande, laissant libre cours à de nombreuses polémiques. Certains glorifient l'incroyable pureté de son message relatif au drapeau du Sacré-Cœur et à la messe perpétuelle que défend la branche intégriste de l'Église ; d'autres voient en elle une manipulatrice, à la fois gourou et mystificatrice.

Elle reste le symbole des rapports difficiles entre l'Église et la République laïque après que le catholicisme eut été pendant des siècles la religion d'État, le roi de France étant le représentant de Dieu.

On lui avait conseillé de quitter le voile et de remplacer le grand Christ qui ornait sa poitrine par un autre, plus modeste…

Les chercheuses de nuages

Le fabuleux destin de Jeanne Barret

« Ces frêles machines-là renferment quelques fois des âmes bien fortes. »

Diderot, supplément au *Voyage de Bougainville*.

« JEANNE braqua ses yeux sur le vaisseau jusqu'à s'user le regard... Là-bas, sur le gris glauque de la mer et du ciel, son long désir de songe avait pris la réalité d'un beau jouet de bois. Exaltée, fascinée, elle se sentait comme doit se sentir l'oisillon qui vient enfin de réussir à se percher sur le bord de son nid et contemple, le temps d'un dernier rêve et d'une dernière peur, l'immense aventure sans fond dans laquelle il va se laisser tomber. Soudain... » (Fanny Deschamps, *La Bougainvillée : Le Jardin du roi.*)

La grande expédition

Un destin incroyable pour cette paysanne morvandelle née en 1727, une pauvre fille très tôt orpheline qui n'aurait jamais dû quitter le village de La Comelle si, par une de ses facéties dont elle a le secret, l'histoire n'en avait pas décidé autrement.

C'est un temps où les rois rêvent de contrées lointaines, de riches comptoirs pour asseoir leur toute-puissance et remplir les coffres du royaume ; c'est un temps où des savants s'imaginent pouvoir sillonner les océans pour observer et collecter des spécimens de plantes indispensables à leurs recherches. L'aventure est périlleuse, les cartes imprécises ; les maladies exotiques déciment les équipages, les accrochages avec les « sauvages » sont fréquents, mais la soif de connaissances nouvelles insufflée par les philosophes des Lumières emporte les plus téméraires dans des projets grandioses.

Bougainville, capitaine des vaisseaux du roi, accepte la première expédition officielle, « commandant sa frégate *La Boudeuse* et sa flûte *L'Étoile*, par ordre et au nom de Sa Majesté très chrétienne Louis XV ». Il embarque Philibert Commerson, célèbre médecin naturaliste, et son valet sur *L'Étoile*, alors que lui s'installe sur *La Boudeuse*.

Ayenene !

« *Ayenene ! Ayenene !* » À ces cris, le marin ainsi interpellé s'arrête net. L'homme est petit, ses yeux apeurés fouillent la foule, espérant trouver du secours, mais la rumeur s'amplifie : « *Ayenene ! Ayenene !* » Les sauvages de la Nouvelle Cithère – ou Cythère, premier nom donné à Tahiti – s'agglutinent en gesticulant autour de *L'Étoile*. « *Ayenene !* »

Un an déjà que le bâtiment est parti de Rochefort avec pas moins de cent vingt hommes, des bœufs, des moutons, des tonneaux d'eau douce et des tonnes de matériels. Un an pendant lequel Jean Baré a trimé comme un bagnard sur cette flûte, sous la protection de son maître, le médecin du roi Philibert Commerson, botaniste de renom.

Louis-Antoine de Bougainville, explorateur, nommé capitaine de frégate par Louis XV, quitte Nantes le 15 novembre 1766 pour un voyage autour du monde, accompagné d'un dessinateur, d'un naturaliste et d'un astrologue.

À chaque escale, il a suivi son maître, porté le matériel, trié, classé les herbes et les plantes, méticuleux, infatigable. Jean est dur à la tâche, rien ne le rebute, courageux dans les coups de vent, résistant aux fortes températures, dévoué corps et âme à son illustre maître. Taiseux, il ne se mêle pas à l'équipage, les grivoiseries le font fuir et, sitôt la nuit venue, il rejoint la chambre de son maître pour mieux le servir.

« *Ayenene !* » Le scandale est imminent. Les sauvages s'approchent et entreprennent de le déshabiller. Non par méchanceté ou par vice, seulement en signe de bienvenue. « *Ayenene !* », « c'est une fille », en langage local, et une fille doit être honorée dès qu'elle pose les pieds sur les plages dorées de ce pays enchanteur où les sentiments même de jalousie et de propriété n'existent pas, où les hommes et les femmes s'abandonnent à leur sensualité naturelle sans être affectés par la morale hypocrite qui plombe le vieux continent. La légende veut que les « bons sauvages » aient été attirés par l'odeur de femme qui s'échappait du linge de ce matelot à l'allure différente. Quoi qu'il en soit, c'est avec difficulté que quelques marins de *L'Étoile* le tirent de ce mauvais pas en repoussant ces sauvages trop entreprenants.

Jeanne Barret, première femme à faire le tour du monde. Elle embarque habillée en homme en qualité de valet de Commerson sur la flûte *L'Étoile*.

Sur le bateau, les langues vont bon train, les regards se font inquisiteurs. L'affaire est grave, d'autant plus qu'une ordonnance royale du 15 avril 1689 interdit aux femmes d'embarquer à bord. Jean dit « Bonnefoy » serait donc la catin de ce brutal de Commerson ? Est-il possible que depuis un an qu'ils voyagent ensemble, personne n'ait découvert la supercherie ? Le naturaliste se défend, jure ses grands dieux qu'il a été abusé, que son valet femme s'est présenté à lui à Rochefort travesti en homme et que jusqu'à ce jour, il ignorait la tromperie. La vérité est toute autre...

Le mystérieux valet et la bougainvillée

Jeanne, car il s'agit bien de Jeanne, est entrée à son service à Toulon-sur-Arroux en 1762. Elle avait alors vingt-deux ans, était orpheline et sans le sou. Elle devient la gouvernante de son fils. Commerson a trente-cinq ans et vient de perdre sa femme. Pour éviter le scandale que provoquerait dans ce petit village bourguignon la vue du ventre arrondi de la jeune paysanne, Philibert déménage à Paris avec maîtresse et enfant. Jeanne perd son bébé

à la naissance, mais reste au service de son maître et amant.
Quand Commerson accepte d'accompagner Bougainville dans son voyage autour du monde, Jeanne la paysanne devenue sa compagne, son assistante et sa «bête de somme» lui est indispensable. Il la présente comme son valet, Jean Baré, «gagé et nourri par le roy». Jeanne s'habille en homme, bande sa poitrine et effectue toutes les tâches dévolues aux hommes : «il travaillait comme un nègre», écrira le chirurgien-major de *L'Étoile*. «Tout annonçait en lui un hombre féminin, une petite taille, courte et grosse, de large fesse, une écarure de proportion précédente, une poitrine élevée, une petite teste ronde, un visage garni de rousseur, une voix tendre et claire, une adroite dextérité et délicatesse qui ne pouvaient être que de son sexe faisaient le portrait d'une fille assez laide et mal faite.» Jean Baré, dit «Bonnefoy», entreprend donc ce long voyage, dissimulant son identité, protégeant ainsi son amant qui risque de perdre dans l'aventure sa réputation et son statut de médecin du roi. Fidèle assistant, il sera au côté de son maître quand celui-ci découvrira les hortensias et au Brésil, le célèbre arbuste que Commerson baptisera «bougainvillée», en hommage au capitaine de l'expédition.

L'amant de Jeanne - le célèbre médecin naturaliste Philibert de Commerson - s'incline devant la reine de Suède.

Lors d'une halte à l'île Bourou (îles Molluques) Jean Baré, alias Jeanne Barret, assiste à la danse guerrière des Alfouriens.

L'exil

Les soupçons ont sans doute effleuré quelques marins mais, par peur de représailles de l'impétueux médecin, ils n'en feront pas état. Comment imaginer dans la promiscuité d'une flûte que jamais Jeanne ne se soit fait surprendre dans ses besoins naturels ? Que jamais les lessives du linge féminin n'aient interpellé quelques-uns de ces hommes grossiers, privés de femmes pendant de longs mois et à l'affût des rumeurs ?

Monsieur de Bougainville, averti de l'affaire, ne veut pas croire que l'éminent botaniste ait eu connaissance de la mystification, et ne tarit pas d'éloges sur Jeanne : « Depuis quelque temps, il courait un bruit dans les deux navires que le domestique de M. de Commerson, nommé Baré, était une femme. Sa structure, le son de sa voix, son menton sans barbe, son attention scrupuleuse à ne jamais changer de linge, ni faire ses nécessités devant qui que ce fût, plusieurs autres indices avaient fait naître et accréditaient le soupçon. Cependant, comment reconnaître une femme dans cet infatigable Baré, botaniste déjà fort exercé, que nous avions vu suivre son maître dans toutes ses herborisations, au milieu des neiges et sur les monts glacés du détroit

de Magellan, et porter même dans ces marches pénibles les provisions de bouche, les armes et les cahiers de plantes avec un courage et une force qui lui avaient mérité du naturaliste le surnom de bête de somme ? [...] Quand je fus à bord de *L'Étoile*, Baré, les yeux baignés de larmes, m'avoua qu'elle était une fille : elle me dit qu'à Rochefort, elle avait trompé son maître en se présentant à lui sous des habits d'homme au moment même de son embarquement ; qu'elle avait déjà servi, comme laquais, un Genevois à Paris ; que, née en Bourgogne et orpheline, la perte d'un procès l'avait réduite dans la misère et lui avait fait prendre le parti de déguiser son sexe ; qu'au reste, elle savait, en s'embarquant, qu'il s'agissait de faire le tour du monde et que ce voyage avait piqué sa curiosité. Elle sera la première, et je lui dois la justice qu'elle s'est toujours conduite à bord avec la plus scrupuleuse sagesse. Elle n'est ni laide ni jolie, et n'a pas plus de vingt-six ou vingt-sept ans. »

Jérôme Lalande, l'un des plus grands astronomes français du XVIIIe siècle, défend lui aussi son ami Commerson en écrivant qu'il « a souffert qu'une fille le suivît déguisée en homme, pour faire le tour du monde avec lui ».

Jeanne protégera son amant contre vents et marées, et Bougainville sera tolérant face à cette situation rocambolesque. Alors que les deux amis s'exposent à une punition sévère, il se contente de les débarquer dans l'île de

Page de titre de l'ouvrage d'Antoine de Bougainville, *Voyage autour du monde de la frégate La Boudeuse*, édition de 1771.

VOYAGE
AUTOUR DU MONDE,
PAR LA FRÉGATE DU ROI
LA BOUDEUSE,
ET
LA FLÛTE L'ÉTOILE;
EN 1766, 1767, 1768 & 1769.

A PARIS,
Chez SAILLANT & NYON, Libraires, rue S. Jean-de-Beauvais.
De l'Imprimerie de LE BRETON, premier Imprimeur ordinaire du ROI.

M. DCC. LXXI.
AVEC APPROBATION ET PRIVILEGE DU ROI.

France (l'île Maurice). À la même époque, de Kerguelen sera jugé bien plus sévèrement : l'embarquement clandestin de Louise Seguin, âgée de quatorze ans, lui vaudra, au terme d'un conseil de guerre, six ans de forteresse et la radiation de l'état des officiers du roi.
Pendant quatre ans, le couple de botanistes herborise les moindres recoins des îles Mascareignes – ancienne appellation de l'archipel de l'océan Indien formé de La Réunion et de l'île Maurice – et contribue largement à la création du jardin de Pamplemousses qui devint le premier jardin botanique tropical du monde. Ils récolteront mille cinq cent soixante-quatorze espèces de plantes. Ingratitude ou prudence, Commerson laisse Jeanne à Port-Louis, alors qu'il part à Madagascar. Jeanne, qui le servira jusqu'à sa mort en 1773, ne voyagera plus avec lui, son rôle se réduisant à la classification et à la mise en ordre des collections.

Le retour en France

Plus personne ne se soucie du devenir de Jeanne Barret au décès de son maître. Pour survivre, elle ouvre un cabinet-billard à Port-Louis. Jeanne, la première femme à franchir le détroit de Magellan, qui a affronté les océans avec le plus grand courage, découvert les terres australes à travers un périple de soixante mille kilomètres, se retrouve en Madelon derrière un comptoir pour autochtones avinés.

Les autorités ne lui feront aucun cadeau en la verbalisant fortement pour avoir servi de l'alcool le dimanche, enivrant les fidèles à l'heure de la messe !

Jeanne choisit alors de se marier avec Jean Dubernat, un Périgourdin, soldat du régiment royal Comtal. Cette union va lui permettre de revenir en France et de recevoir la part d'héritage légué par Commerson, ainsi qu'une pension allouée par le roi de France.
L'histoire, cette grande oublieuse, n'a pas retenu grand-chose de ses années passées en Périgord. Le grand mystère de cette paysanne pas très jolie, herborisant au bout du monde pour le compte de Louis le « Bien-Aimé », roi de France et de Navarre, connaîtra une popularité nouvelle quelque deux siècles après sa mort grâce à la légendaire Bougainvillée, héroïne du roman historique de Fanny Deschamps.
La chanson de Jeanne a traversé les âges, mais mousses et moussaillons qui s'époumonent sur les ponts savent-ils que la belle fille de la chanson n'était qu'une pauvre orpheline bourguignonne « ni laide ni jolie », capable de braver tous les interdits pour satisfaire son désir de voyage ?

« Chantons pour passer le temps
Les amours charmants
d'une belle fille.
Chantons, pour passer le temps
Les amours charmants
d'une fille de quinze ans.
Aussitôt que son amant l'eut prise,
Aussitôt elle changea de mise
Et prit l'habit d'un matelot
Et vint s'engager à bord d'un navire
Et prit l'habit d'un matelot
Et vint s'embarquer à bord d'un vaisseau. »

Costumes des habitants d'Amboine, petite île montagneuse indonésienne que découvre l'expédition de Louis-Antoine de Bougainville.

Une Toulousaine en Susiane : Jane Dieulafoy

« Quant à la science, c'est une chose très dangereuse pour les femmes. On ne connaît presque pas de femmes savantes qui n'aient été ou malheureuses ou ridicules par la science. [...] Les femmes qui veulent faire les hommes ne sont que des singes ; or c'est vouloir faire l'homme que de vouloir être savante. »

Joseph de Maistre

L'HISTOIRE est injuste qui ne retient de Jane Dieulafoy que son costume d'homme qui défraya la chronique mondaine à la fin du XIXe siècle. Pourtant, Jane Magre, née en 1851, n'a rien d'une rebelle ni d'une provocatrice. Fille intelligente élevée dans la plus pure tradition catholique par une famille de la haute bourgeoisie commerçante toulousaine, elle grandit sans la moindre velléité d'indépendance. Sa mère devine très vite les facultés intellectuelles de sa dernière fille et l'envoie dans un couvent à Auteuil, où elle excelle aussi bien dans l'apprentissage du latin et du grec que dans celui des langues vivantes. Petite fille bien sage, elle étonne les sœurs par ses dispositions pour le dessin et la peinture, qualités qui lui seront salutaires tout au long de sa carrière. Destinée à faire un beau mariage, de beaux enfants, et à devenir une parfaite maîtresse de maison, la charmante Jane ne réalisera que la première partie de ce projet dévolue à toutes les jeunes filles de bonne famille de sa génération.

La famille Magre devient une famille matriarcale après le décès du père et du fils aîné, mort accidentellement. Les ambitions de la mère pour ce fils se reportent-elles sur sa cinquième et dernière fille, la plus intelligente ? Jane se sent-elle investie d'une mission qui ajoute à ses qualités le courage, l'amour du risque, la ténacité et d'autres valeurs typiquement masculines à cette époque ? Jane, qui se sent si peu attirée par les vertus domestiques, rêve d'ailleurs ; et cet ailleurs, elle le devine possible lors de sa première rencontre avec le séduisant Marcel.

Jane et Marcel

Marcel est l'alter ego de Jane. Toulousain lui aussi, issu du même milieu social, ils sont tous deux très attachés à leur mère suite au décès de leur père ; ils ont le même attrait pour les contrées lointaines, le même désir

de découvrir, de comprendre, la même fascination pour l'Orient.
Jane ne pouvait qu'aimer ce bel ingénieur de sept ans son aîné, auréolé de son diplôme de polytechnicien, rencontré à son premier bal. Il revient d'Algérie, et il est vite séduit par cette curieuse jeune fille blonde aux yeux malicieux qui, à peine sortie du couvent, ne le lâche pas et l'abreuve de questions sur son périple. Très vite, les deux jeunes gens comprennent qu'ils sont faits l'un pour l'autre. Jane sait que Marcel ne la cantonnera pas dans le rôle étriqué de bourgeoise qu'elle redoute. Avec lui, une vie d'aventures

Pour pouvoir participer aux campagnes de l'armée de Loire avec son mari, Jane se déguise en franc-tireur, portant pour la première fois l'habit d'homme qui consacrera sa légende de « la dame qui s'habillait en homme ».

« Le masjed Djouma de Chiraz », photographié par Jane.

et de partage se dessine. Elle ne sera pas déçue.

Jane, soldat de la République

Quelques mois seulement après les noces, le 2 septembre 1870, la France capitule devant l'armée prussienne à Sedan. Napoléon III est prisonnier, Gambetta proclame la république et organise depuis Tours l'armée de la Loire. Marcel n'hésite pas. Il s'engage dans le génie et est nommé capitaine des troupes du camp de Nevers.

Son caractère intrépide, son goût pour l'aventure et son entière détermination à ne pas quitter son mari n'offrent à Jane qu'une seule alternative : elle aussi rejoindra le front de Loire. Une difficulté de taille semble s'opposer à son engagement. L'armée est résolument misogyne et n'admet pas de femmes dans ses rangs, hormis les cantinières ! Qu'à cela ne tienne ! Jane se déguise en franc-tireur, portant pour la première fois l'habit d'homme qui consacrera sa légende de « la dame qui s'habillait en homme ». Jane ne veut pas être un soldat d'opérette, elle

accompagne son mari dans les missions les plus périlleuses, campe dans la neige et le froid. Dans ce combat inégal contre l'armée prussienne plus puissante, la jeune Toulousaine fait preuve d'une bravoure remarquée par le général qui commande le camp.
Humilié par la capitulation du 27 octobre 1870, le couple Dieulafoy regagne Toulouse où Marcel, affecté à la voirie de la ville rose par les Ponts et Chaussées, restaure, agrandit, rénove, jusqu'à ce que l'appel de l'Orient se fasse irrésistible.

Le grand départ

Pendant une dizaine d'années, Jane et Marcel forment un couple conventionnel. On peut imaginer que Jane revêt les habits de dame et qu'elle se consacre à l'aménagement de leur appartement au 63 de la rue Alsace-Lorraine. Mais il est sûr que leur passion pour les voyages aura raison de leur confort de vie.
En 1881, c'est le grand départ. Jane a résolument adopté le pantalon, chaussé les brodequins et coupé ses cheveux blonds. En route pour la Perse ! La voilà enthousiasmée par l'Acropole, exaltée face à la Corne d'or à Istanbul et frigorifiée dans la traversée du Caucase. Les Dieulafoy ne sont pas protégés par un ordre de mission gouvernemental, et leur voyage prend l'allure d'une expédition à haut risque. Plus de six mille kilomètres à cheval avant d'arriver en Susiane. Jane affronte les routes impraticables, résiste au froid persistant de la nuit, à la chaleur accablante du jour, supporte la fièvre, s'habitue aux scorpions, aux poux, menace les bandits de grands chemins. Complètement libérée de sa condition de femme, son endurance est admirable. Une force incroyable se dégage de ce petit bout de femme qui passe pour un éphèbe, un petit bout de femme capable de chevaucher pendant dix-sept heures pour traverser les défilés de Madérè Soleïman, prenant l'initiative de transporter son mari malade à bord d'une charrette jusqu'à Téhéran, traversant cent cinquante kilomètres de routes défoncées dans une contrée inconnue. Marcel est en proie à des souffrances intolérables et à une forte fièvre, la quinine est impuissante à le soulager ; l'esprit d'initiative et le courage de Jane lui sauveront la vie.
Si les conditions de vie sont extrêmes, le paysage est enchanteur. Un paradis terrestre peuplé d'hommes corrompus vivant dans des villages en ruine, aux rues sales couvertes d'immondices. La décadence persane tourmente le jeune couple qui doit sans cesse s'adapter pour survivre.

Rendez-vous manqué avec Suse

Rien ne leur aura été épargné durant ce long voyage. Déjà quatre mille kilomètres parcourus, souvent à la limite de l'épuisement. Aux conditions matérielles déplorables s'ajoute l'animosité des « vrais croyants » envers ces deux chrétiens « fils de chiens » ! Le fanatisme d'une partie de la population leur donne souvent le sentiment d'être sur une poudrière.
L'arrivée à Suse est décevante. Une pluie continue transforme les ruelles en égouts pestilentiels, le chef religieux leur interdit l'accès au tombeau

du prophète Daniel. Jane est épuisée, une fièvre constante lui provoque des tremblements continus ; le rendez-vous avec Suse la promise, Suse la belle, est manqué, les jours de pluie succèdent aux jours de pluie. Jane repère toutefois le chemin d'accès à la citadelle détruite par Alexandre. Ne restent de l'ancien palais construit avec des briques crues que des débris formant des tumulus en proie aux mauvaises herbes. La pluie persistante interdit tous travaux. Jane et Marcel décident de revenir en France se reposer et surtout préparer le retour car plus que jamais, ils veulent réaliser leur rêve : arracher à l'oubli la citadelle et les palais achéménides.

Retour à Suse

Cette fois, c'est investi d'une mission officielle que le couple Dieulafoy repart en décembre 1884. Ils ont l'appui du président de la République Jules Grévy, de son ministre Jules Ferry, et le soutien inconditionnel de Louis de Ronchaud, fondateur de l'École du Louvre. Un mois et demi plus tard, ils arrivent en Susiane où ils sont accueillis par les autorités. Une fois encore, ils devront faire face à l'hostilité des chefs religieux qui rend difficile le recrutement des ouvriers. La pluie, toujours présente en ce début d'année, et l'afflux des pèlerins hostiles aux intrus en avril ajoutent à la pénibilité des fouilles. Jane fait preuve d'une grande diplomatie en se liant avec les femmes auxquelles elle prodigue soins et conseils. Progressivement, la confiance s'installe entre les ouvriers et les Français et, ensemble, ils font bloc pour décourager les pilleurs de la nuit qui tentent de subtiliser les objets trouvés pour les revendre à prix d'or aux musées européens.

« Des taureaux, des lions et des immortels... »

La toute première découverte, dite « des taureaux », est capitale pour le moral en baisse des archéologues. Des fragments des chapiteaux coiffant les trente-six colonnes de la salle d'audience du palais de Darius Ier sont retrouvés en assez grand nombre pour permettre la reconstitution d'un exemplaire. Il s'agit de taureaux bicéphales, étonnant tant par leur démesure que par le matériau utilisé. La brique traditionnelle a été remplacée par un calcaire noir veiné de gris « au grain très fin », qui donne au monstre une majesté particulière : « Voici le ventre couvert de poils frisés, les lourds genoux de la bête ; un collier orné de marguerites et d'une fleur de lotus en guise de pendeloque entoure le cou. La base, le fût, le chapiteau atteignaient vingt-deux mètres de hauteur. »

Le 25 mars suivant, des faïences sont déterrées dans la première cour du palais. Jane est en proie à une vive émotion en devinant sur les carreaux trouvés « la corne striée d'un animal de grande taille et une patte pourvue de griffes » ; un peu plus loin, elle s'extasie devant « les palmettes qui rappellent un ornement grec bien connu, puis une nouvelle ligne de denticules bleus et verts surmontés d'un double filet vert et jaune ».

La découverte est immense, mais avant que nous puissions contempler

Le couple Dieulafoy découvre, dans les fouilles de Suse, la magnifique frise des Lions, actuellement exposée au musée du Louvre.

« Le Khoda Khane » de la masjed Djouma de Chiraz : fouilles du couple Dieulafoy.

ce trésor de l'iconographie perse au musée du Louvre, Jane doit l'extraire morceau par morceau, avec la peur au ventre de voir s'effriter les pièces de ce puzzle magnifique. « Le cœur bat la chamade tant que le bloc reconstitué ne s'étale pas dans la corbeille. Chaque bloc, brisé quelquefois en sept ou huit fragments, est dégagé avec la pointe du couteau, dessiné sur un papier quadrillé, déposé dans une corbeille au fond de laquelle on jette un numéro d'ordre. »

Travail minutieux et long qui se poursuit alors que le mois d'avril annonce le retour de la chaleur et des insectes : « Les mouches vivent en légions si nombreuses que casques et habits semblent couverts d'une carapace de jais noir ; les moustiques sont armés d'aiguillons si acérés qu'ils percent les habits après avoir traversé la toile des pliants et ne laissent pas à leurs victimes le loisir de s'asseoir. » Les aliments pourrissent en quelques heures, les ouvriers sont en proie à des crises de dysenterie et s'évanouissent dans les tranchées.

La frise des lions, placée en évidence dans la première cour du palais, est une déclaration de la puissance royale, incarnée par le lion, roi des animaux : « Leur aspect est menaçant : la gueule s'ouvre sur des crocs acérés, les babines retroussées entraînent un plissement des muscles entourant l'œil, le mufle est gonflé. Non encore en action, ils avancent de profil, d'une

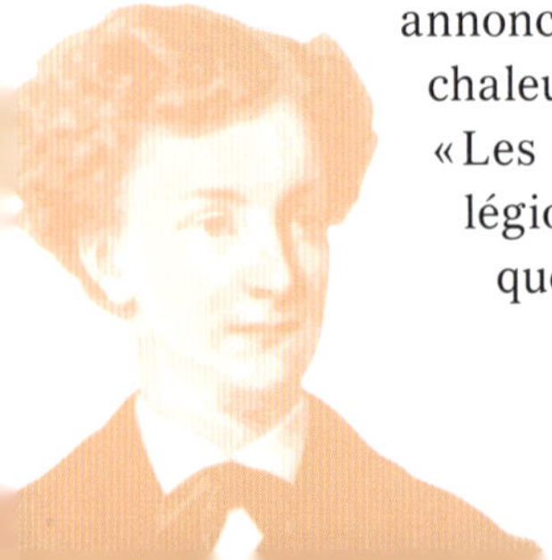

marche mesurée et calme, parmi des éléments végétaux symbolisant l'équilibre de la nature sur laquelle veillent ces félins. »

Pêcheur arabe du golfe Persique, en Iran, illustrant le journal des fouilles de Jane.

Frise des immortels

La fouille de la frise aux lions se poursuit en décembre 1885, après que Jane et Marcel eurent retrouvé un peu de forces lors d'un nouveau séjour en France. Les nouvelles recherches offrent encore à Jane des bonheurs qui la bouleversent. Un matin, un ouvrier lui présente « un bloc de faïence blanche comme neige ; sur une de ses tranches apparaît en haut-relief une demi-sphère d'un bel émail jaune semée d'étoiles bleues, vertes et blanches, comprises dans un cloisonné... C'est un chef-d'œuvre de céramique. »

Après une nuit sans sommeil, Jane devine sur le bout de carrelage une « épaule d'un être humain revêtu d'une robe aux splendides couleurs ». Comme pour la frise aux lions, patiemment, la colossale frise des immortels, ou frise des archers, est arrachée morceau par morceau à la terre et au mortier,

pour former une des plus belles pièces du département des Antiquités orientales du Louvre. Il faudra deux cents caisses pour ranger les deux célèbres frises.
Vingt tonnes de matériel accumulé pendant les saisons de fouilles doivent traverser marécages, déserts, fleuves et mers qui séparent la Perse de la France, avec des moyens de transport de fortune. On imagine la difficulté d'une telle entreprise et, encore une fois, la ténacité et la résistance de Jane et de Marcel. L'expédition, composée de quatre charrettes, de trente mulets et de quarante-trois chameaux, traverse le désert avant d'embarquer sur un bateau loué pour descendre le fleuve Karoun, toujours avec autant de souffrances décrites par Jane : « On doit haler les bateaux ou avancer à la gaffe quand la végétation des rives devient buissonneuse. Aucun abri contre un soleil intolérable. »
Jane la douce, Jane l'érudite, Jane n'est plus que l'ombre d'elle-même.

Une Toulousaine à Paris

Dès son retour, le couple devient la coqueluche des salons parisiens. Jane surprend toujours par son refus de porter jupons et dentelles. Elle a définitivement adopté une tenue masculine sobre, pantalon de coton écru qui sied à ravir à son corps mince, chemise blanche avec pour seule fanfreluche un cordon noir noué autour du cou. Sa coupe de cheveux annonce la mode des « garçonnes » lancée quelque quarante ans plus tard par Coco Chanel, mais la comparaison s'arrête là. Jane, si elle affiche une silhouette androgyne, ne sera jamais une féministe convaincue. La liberté sexuelle que revendiquent les émancipées ne la concerne pas. Son apparence masculine s'inscrit dans la continuité de ses choix, non dans la démarche d'un militantisme féministe. Jane, que l'on ne peut taxer d'esprit étriqué, reste pourtant très conservatrice et bourgeoise dans ses positions. Interviewée en 1905 pour un magazine de mode, elle déclare être farouchement opposée au divorce, « source de tous les maux » : « Le divorce est contre la femme, l'annihile, la déclasse, lui enlève son prestige, son honneur ; je suis l'ennemie du divorce. » Élevée dans la tradition catholique, Jane croit fortement à la famille comme pilier de la société et voit dans l'émancipation de la femme son malheur.

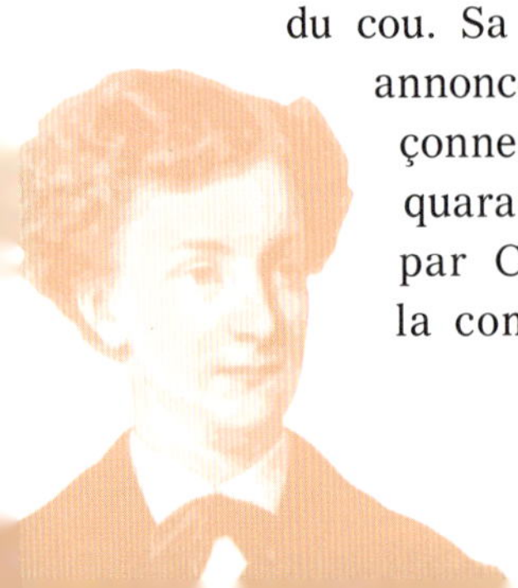

Pour l'heure, son retour à Paris est auréolé de gloire. Le jour même de l'inauguration des salles Dieulafoy au Louvre, elle est décorée de la Légion d'honneur. Les journaux s'arrachent les récits de leur expédition ; les lecteurs sont friands d'orientalisme et découvrent une nouvelle facette du talent de Jane : l'art de la plume.

Ambiguïté de cette femme issue de la bourgeoisie provinciale classique qui affirme sa différence dans les salons en se déguisant scandaleusement en homme. Mystère de cette femme qui refuse à ses semblables le droit au divorce et revendique son droit au travail. Elle s'impose désormais comme écrivaine, rejoignant George Sand, Séverine et Colette, au grand dam des auteurs reconnus tel Émile Faguet, qui s'insurge contre ces «femmes-hommes» et les supplie «de rester femmes et de ne devenir ni avocats, ni médecins, ni hommes de lettres». La postérité a oublié le nom de ce fâcheux et a heureusement retenu celui des auteures de *La Mare au diable* ou *des Claudine*. De par son attitude résolument moderne, Jane apporte à la condition féminine la légitimation du droit au travail et la reconnaissance des capacités intellectuelles des femmes jusqu'ici vouées aux travaux domestiques, au plaisir des hommes et à la maternité. Son conservatisme lui refuse d'encourager le mouvement de libération de la femme, mais sa position dans le monde des sciences et des lettres contribue aux changements des mentalités largement machistes.

Son amitié sincère avec Pierre Loti illustre sa liberté de pensée. L'écrivain, qui cache sa souffrance existentielle derrière des tenues excentriques, fait scandale. Il porte des talons hauts, cache ses mains de gants couverts de bagues, se maquille

L'intrépide Jane tient en joue huit nomades belliqueux : « J'ai quatorze balles à votre disposition, allez chercher six de vos amis ! »

outrageusement, se teint les cheveux. Pourtant, malgré son conservatisme, malgré la désapprobation de la bonne société, Jane lui voue un attachement sans faille. Curieux couple qui hante les salons parisiens, Jane en tenue d'homme, et Pierre usant de coquetteries féminines. Mais les deux êtres ont en commun le plaisir d'écrire, l'amour des voyages, et partagent la même fascination pour la Perse. Jane n'a cure des réflexions outragées qui raillent leur entente. Dans sa fidélité à l'ami, Jane affirme sa profonde indépendance d'esprit et sa grandeur d'âme.

Le salon Dieulafoy, dans leur domicile de la rue Chardin, est un des plus prisés du Tout-Paris. On y rencontre le poète José Maria de Heredia, Anatole France et le musicien Camille Saint-Saëns. Ce dernier propose à Jane d'adapter son roman *Parysatis* en drame lyrique. Elle est enchantée. Jane aime le théâtre et se souvient de sa grande émotion en découvrant *Thaïs* à la Comédie lyrique, très certainement interprétée par une toute jeune artiste à la voix prometteuse, Mlle Myrial, de son vrai nom Alexandra David... Ironie des destins parallèles qui s'entrecroisent : deux femmes hors du commun, pareillement amoureuses d'aventures.

La première de *Parysatis*, jouée devant dix mille personnes aux arènes de Béziers, est un immense succès. La pièce est reprise au théâtre du Châtelet et à l'Opéra de Paris.

Il semble que tout réussisse à Jane Dieulafoy ; toutefois, le regret profond de n'avoir pu continuer les fouilles à Suse la hante... L'enthousiasme que soulevait la découverte du moindre fragment de faïence a depuis longtemps supplanté le souvenir des souffrances physiques et des dangers encourus. Un autre continuera le travail entrepris. La blessure que suscita la nomination de Jacques de Morgan à la tête de la délégation archéologique française en Perse ne se refermera jamais, malgré les nombreux voyages en Espagne et la dernière mission au Maroc.

Derniers voyages

Passionné par l'art ibérique, le couple Dieulafoy s'échappe régulièrement en Espagne, visitant avidement églises et palais. Jane ramènera dans ses valises deux « guides anachroniques » : « Aragon et Valence » et « Castille et Andalousie ». En 1907, les Parisiens découvrent avec intérêt une autre corde à son arc : au théâtre du Siècle d'or, elle donne avec talent cinq conférences agrémentées de projection de photos prises lors de ses voyages.

En 1914, le monde est en ébullition. Marcel, soutenu par Jane, demande à reprendre du service. Il est affecté au Maroc où, sans l'ombre d'une hésitation, son épouse le suit. L'accueil du général Lyautey est glacial à la vue de Mme Dieulafoy, et il est facile de comprendre que la gent féminine n'a rien à faire dans cet univers réservé aux seuls hommes.

Encore une fois, Jane saura se faire apprécier en partageant avec son mari les fouilles de la mosquée d'Hassâm, la plus importante du monde musulman, qui retrouvera une partie de sa splendeur.

Constatant l'état sanitaire catastrophique de la population, elle se met au service du dispensaire, lui consacrant tous ses après-midi. Contre toute attente, elle obtient du général Lyautey la construction d'une nouvelle salle de soins mieux équipée.
Mais Jane a dépassé la soixantaine, ses forces faiblissent. Un séjour dans la propriété familiale de Pompertuzat lui laisse l'illusion éphémère d'un rétablissement. De retour au Maroc, elle s'aperçoit qu'il n'en est rien. Le couple doit revenir définitivement en France. Jane a le cœur serré, elle sait que la route est finie.

Le visage creusé par la douleur, amaigrie par la maladie, Jane, le 25 mai 1916 abandonne le combat. Au prêtre qui lui donne les derniers sacrements, elle murmure : « Mon père, je fais le sacrifice de la vie, mais je supplie Dieu d'accorder la victoire à nos armes. »
Marcel, qui n'a jamais accepté cette séparation, s'éteint à son tour en février 1920, et rejoint sa compagne de toujours au cimetière toulousain de Terre Cabade.

Caricature illustrant *L'Assiette au beurre*, en 1905, pour un numéro intitulé : « Ceux de Toulouse ».

MONSIEUR et MADAME DIEULAFOY (Monsieur Dieulafoy est à gauche)
— *Essayez de dire onze fois de suite : « Les fouilles de madame Dieulafoy sont curieuses. »*

Alexandra David-Néel, « la femme aux semelles de vent »

« Choisissez une étoile, ne la quittez pas des yeux.
Elle vous fera avancer loin, sans fatigue et sans peine. »

Alexandra David-Néel

ON NE RESSORT pas indemne de la plongée dans les livres d'Alexandra. La « Lampe de sagesse » allume à jamais une petite lueur encourageant toutes les curiosités et les audaces. Bien après avoir tourné la dernière page, l'âme garde l'empreinte de cette grande dame à la vitalité exceptionnelle, qui fut successivement enfant rebelle, anarchiste érudite, cantatrice talentueuse, bouddhiste reconnue, orientaliste notoire, journaliste, écrivaine et surtout une grande exploratrice.

L'impossible Nini

Gros orage sur Saint-Mandé en cette nuit du 24 octobre 1868. La très catholique Alexandrine David met au monde la très indépendante Alexandra, qui deviendra une des plus grandes aventurières des XIXe et XXe siècles, alors que rien ne la vouait à ce destin hors du commun. Son père, Louis David, passionné de politique et franc-maçon, n'est pas attentif à cette fillette qui ressemble si peu aux autres : fugueuse dès son plus jeune âge et intelligente en diable ; mais est-ce vraiment une qualité utile pour une fille ? Ses parents espéraient un garçon après quatorze ans d'union stérile, et ils renoncent vite à comprendre cette drôle d'enfant, qu'ils surnomment « Nini » et qui préfère les arbres aux filles de son âge ; les arbres et les livres.

Quand, à l'école, les élèves en sont à déchiffrer péniblement l'alphabet, Alexandra dévore allègrement tous les romans d'aventures, se passionne pour Jules Verne, rêve de partir encore plus loin, dans cette Asie qui, déjà, l'appelle de tous ses sens.

Personne ne comprend cette gamine indocile, et surtout pas sa mère qui s'enfonce dans l'ennui tandis que l'esprit de sa fille voyage librement.

Grâce à un atlas reçu en cadeau le jour de ses six ans, la petite suit le cours du Yang-Tsé et compare l'immensité de ces terres lointaines à l'exiguïté de la Belgique où elle vit désormais et où elle étouffe. Son père s'étonne de son goût si précoce pour toutes ces chinoiseries : « Ma fille a la peau blanche, mais son âme est jaune. »

Fugues

De couvent en couvent, la voilà adolescente et toujours aussi indomptable. La jeune fille déteste cette famille à l'esprit étroit qui l'emprisonne, et pleure amèrement en regardant les trains en partance depuis la gare de Bruxelles. Les voyages sont synonymes de liberté. L'école et la maison lui deviennent intolérables ; alors elle va partir ! Première fugue hors des frontières : elle n'a pas quinze ans en cette fin de XIXe siècle où il est insensé de voyager seule pour une femme ; alors pour une jeune fille, c'est pure folie ! Les David sont en vacances au bord de la mer du Nord. À pied, Alexandra va parcourir la côte belge, et de la Hollande s'embarquer pour l'Angleterre. On ne saura rien de l'angoisse des parents, on ne saura rien des journées de la demoiselle au pays de la reine Victoria, sauf ces quelques mots écrits bien des années plus tard : « Je ne rentrai qu'après avoir épuisé le contenu de ma bourse de fillette. » Pour ses parents, Alexandra a un « grain » ; elle est asociale, et c'est avec anxiété qu'ils s'interrogent sur son avenir. Sans surprise, ils subissent une nouvelle fugue, plus longue, plus invraisemblable, plus fascinante encore pour cette jeune fille de dix-sept ans. Sans valise mais un livre à la main, elle prend le train pour la Suisse. Pour gagner l'Italie, elle traverse le col du Saint-Gothard à pied. Après avoir visité les lacs italiens, elle envoie un télégramme à sa mère : « Venez me chercher, suis sans argent. »

Alexandra l'anarchiste

Alexandrine caresse l'espoir insensé de caser sa fantasque mais néanmoins ravissante fille lors de sa présentation à la cour de Belgique, à l'occasion de ses dix-huit ans. Peine perdue, les prétendants boutonneux qui tournent autour d'elle ne l'intéressent pas. Elle affiche son dédain pour la gent masculine : « l'homme sent le fauve. » On la retrouvera, à la fin du bal, endormie dans le parc, serrant dans ses bras un chaton perdu. L'image sans doute fort émouvante n'attendrira pas sa mère qui retournera avec ferveur à ses bondieuseries, persuadée que sa fille est une douloureuse épreuve envoyée par le ciel.

Non, elle ne veut pas de mari, pas d'enfants, pas de maison à tenir. Sa liberté de penser et son intelligence vive s'accordent merveilleusement avec les idées anarchistes d'un ami de son père : Élisée Reclus. Cet écrivain et géographe à l'esprit indépendant séduit notre jeune extravagante, qui se plonge dans la littérature anarchiste avec enthousiasme et rejette en bloc toutes les idées et tous les préjugés qui ont nourri son éducation : religion, armée, société, tout y passe. La place est nette pour quitter enfin le giron familial.

À Londres, elle est enfin seule. Sa fringale de connaissances la transforme en rat de bibliothèque. En quelques mois, elle apprend parfaitement l'anglais, s'initie à l'ésotérisme, à la théosophie, à l'occultisme et, surtout, dévore les traités de raja-yoga – forme de très haut niveau du yoga –, dont les traductions sont encore en cours. Qu'à cela ne tienne, rien ne fait peur à l'intrépide Alexandra : elle apprendra le sanskrit ! Alors elle quitte Londres pour Paris, afin de suivre les cours de professeurs réputés. Là, l'audacieuse Alexandra connaît l'étourdissement de la vie de bohême, suivie de périodes de doute voire de déprime, pendant lesquelles elle songe à entrer au carmel, toujours excessive dans sa soudaine humilité, comme dans son ravissement suite à une visite au musée Guimet, qui lui redonne goût aux études. Pour mieux appréhender le bouddhisme, elle se lance dans une étude approfondie du milieu philosophique dans lequel il a pris naissance, ainsi que de toutes les autres doctrines indiennes. Perfectionniste, elle ne veut rien laisser au hasard. Un projet mûrit dans sa tête de voyageuse : elle doit aller en Inde, l'appel de l'Asie devient irrésistible.

Elle a vingt-trois ans quand elle embarque à Marseille. On imagine les risques inhérents à un tel voyage en 1891 pour une jeune fille seule. Pour elle, il s'agit d'un pèlerinage mystique qui débute par la visite de Ceylan, l'île aux lumières féeriques...

La voilà en Inde. Pendant plus d'un an, elle s'imprègne de la culture des sages et des ascètes. Les salons cossus de la bourgeoisie anglaise ne l'intéressent pas, pas plus que l'Inde des maharadjahs. Elle s'enrichit de ses rencontres avec le *sâdhu* (maître de la méditation), les gourous et un lama. Elle s'initie au déchiffrage des mantras et se nourrit des enseignements qui vont la conduire vers de nouveaux horizons.

Désormais, sa voie est toute tracée : elle ira au Népal, au cœur de l'Himalaya. La fascination pour le pays natal du Bouddha est impérieuse mais pour le moment, elle n'a plus un sou en poche et doit revenir en Europe.

Retour prestigieux. Elle décroche la Légion d'honneur, écrit dans l'hebdomadaire *L'Étoile socialiste*, avec pour compagnons de plume Jean Jaurès, Aristide Bruant et Louise Michel.

Alexandra, artiste lyrique

Sans oublier l'écriture ni ses recherches sur le bouddhisme, Alexandra se lance dans la chanson. L'écriture n'a jamais nourri son homme, et même si Alexandra s'est habituée à de frugaux repas, elle a besoin d'argent pour ses livres et ses voyages. Dotée d'une belle voix de soprano, elle part, sous le pseudonyme de « Mlle Myrial », à la conquête des salons bruxellois. De Bruxelles à Paris, elle cumule les succès en interprétant *La Traviata*, *Faust*, *Mireille* et autres grands classiques de cette fin de siècle.

Toujours très professionnelle, elle apprend l'italien avec une facilité déconcertante. Elle est si belle dans son costume de scène de *Thaïs* cousu de perles d'or, ses longs cheveux tombant en cascade sur sa taille de guêpe. Les inimitiés et les jalousies ne tardent pas envers cette cantatrice intello si différente de ces actrices frivoles et libérées qui lui donnent la réplique. L'atmosphère devient irrespirable quand elle décroche une tournée en Indochine. Déjà, sur le bateau transformé en « maison de plaisirs » tandis que les amours du jour succèdent aux passions voluptueuses de la nuit, Alexandra poursuit en solitaire l'étude du sanskrit, laissant pantois ses soupirants et dédaignant les filles de la troupe. Les livres sont sa protection, son refuge face à la gent masculine qu'elle abhorre. Ne déclarera-t-elle pas plus tard à son mari : « Chéri, comme vous seriez parfaitement beau sans cette chose entre les jambes ! » Beau sujet pour les psychanalystes...

Elle accepte un engagement à l'opéra d'Athènes, enchaîne avec l'Espagne puis Tunis en 1900, où elle fait une improbable rencontre avec Philippe Néel, qui deviendra un tendre époux.

Alexandra et Philippe

Philippe est un don Juan amoureux fou des femmes. Le genre d'hommes dont Alexandra s'est toujours méfiée. Féministe dans l'âme, elle affiche invariablement un mépris hautain pour les bellâtres qui la courtisent. Elle succombe, pourtant, quand il l'invite dans sa garçonnière, un voilier, *L'Hirondelle*, où tant d'autres ont cédé aux charmes de cet homme distingué, intelligent, beau et célibataire. Ingénieur en chef des chemins de fer, il est chargé de la construction de la ligne reliant l'Algérie à la Tunisie. Aucun des deux ne croit à cette liaison impossible. Pourtant, Alexandra, l'intellectuelle, et Philippe, l'homme sensuel aux nombreuses maîtresses, vont, après quatre années de séparation et de retrouvailles, se marier le 4 août 1904. Alexandra a cédé à cet « intellectuel esthète qui peut, écrit-elle, au milieu des moments des plus grossiers entraînements de la bête, garder un clair sourire ».

Drôle d'épouse qui ne rentrera jamais dans le cadre imposé par ses nouveaux devoirs de femme d'ingénieur. Si elle a définitivement abandonné sa carrière d'artiste lyrique, c'est pour mieux se consacrer à ses « chères études ».

Elle multiplie les voyages, on la retrouve dans les conférences et dans les congrès. Sa vie de couple se conjugue au rythme des départs et des retrouvailles, qui ne sont pas toujours à la hauteur de ce qu'attend Philippe Néel.

Dès 1911, les dissensions conjugales ont raison de ce couple invraisemblable. Alexandra renonce au devoir conjugal. Philippe prend une maîtresse attitrée, mais le couple ne divorcera jamais, et une amitié solide s'installera entre eux, Philippe devenant ainsi « le meilleur des maris ».

La vraie vie

« Pour Alexandra, la vie commence à quarante-trois ans, la vraie vie, celle qu'elle a toujours voulu mener de voyages et d'études. » (*Le Lumineux Destin d'Alexandra David-Néel*, Jean Chalon.) Libérée du désir de plaire, la belle a changé. Une quinzaine de kilos alourdissent sa taille, mais seul

Merveilleux jardin de Norbulingka, dans la résidence d'été du dalaï-lama.

l'esprit est important. Elle travaille comme une forcenée, écrit à tout vent : dans *L'Aurore*, *L'Humanité*, *La Petite République* ; elle enseigne le modernisme bouddhiste à l'université de Bruxelles, donne des conférences à la Sorbonne, rédige son fameux essai du *Féminisme rationnel* dans lequel elle exhorte les femmes à se libérer du joug de l'homme : « Restez vierges. Restez seules, restez libres et fières. » Programme auquel elle ne dérogera pas, tout en restant très proche de Philippe, officiellement toujours son époux, mais devenu son confident et son ami jusqu'à la mort.

Le grand départ

Le 9 août 1911, elle embarque et fait une première halte à Ceylan où elle est accueillie avec emphase et chaleur. Les réceptions officielles se succèdent en l'honneur de ce bout de femme, célèbre orientaliste capable de parler le pali, de lire et de traduire les textes sacrés. En extase, elle fait ses offrandes à l'arbre sacré, l'Arbre Bô, au pied

duquel le Bouddha a reçu son illumination.
Arrivée en Inde avec toujours la même recherche d'authenticité, le même appétit de rencontres et d'échanges avec les érudits et les brahmanes, elle savoure les moindres instants et continue d'écrire son ressenti qui nous apparaît plus d'un siècle plus tard d'une incroyable modernité : « L'esprit du bouddhisme est essentiellement socialiste. L'accumulation du capital entre les mains d'un petit nombre ne peut avoir aucune justification morale. »
Mais déjà, Alexandra rêve d'autres voyages, plus lointains. Elle a hâte de quitter l'Inde sale de Calcutta, l'Inde guindée des Anglais qui dirigent le pays, l'Inde intellectuelle des universités où elle est reçue comme une reine. Une idée folle la taraude : Lhassa.
« L'aventure est l'unique raison d'être de ma vie. » L'aventure commence donc quand elle quitte Darjeeling, station estivale à la mode, pour le Sikkim, petit État perdu dans l'Himalaya, où elle est reçue par le fils du maharadjah Sidkéong Tulkou, dont elle devient la protégée. Un événement extraordinaire va alimenter les gazettes et les conversations des villages les plus isolés de la région, alors que se déroule dans les eaux glacées de Terre-Neuve le naufrage du *Titanic* : la dame blanche a rencontré le « pape jaune » !

Heureuse Alexandra qui, le 15 avril 1912, est la première Européenne à rencontrer le dalaï-lama en exil à Kalimpong. Vêtue de la robe ocre des « renonçants » adoptée à Calcutta, elle fait cadeau de l'écharpe blanche, selon le rituel qu'elle a appris scrupuleusement. Elle est subjuguée par ce treizième dalaï-lama avec qui elle converse le plus simplement du monde, maudissant sa méconnaissance du tibétain qui l'oblige à utiliser un interprète. Cette lacune sera vite comblée et, rapidement, elle sera capable de s'exprimer avec la plus grande facilité dans la langue de Sa Sainteté.

Le prince Sidkéong la chaperonne. Ensemble, ils visitent les monastères, rencontrent les sages qui dispensent la philosophie de ce bouddhisme primitif que défend Alexandra. À force de méditation, elle est désormais capable de rentrer en *samadhi* – concentration ou focalisation de l'esprit – quand elle écoute le Gomchen de Lachen, un homme aux pouvoirs supranormaux qui énonce la pensée maîtresse : « Trouver tout en soi. »
Un court séjour à Calcutta et, déjà, les jambes fourmillent : c'est le départ pour le Népal. Alexandra n'a peur de rien et possède une facilité d'adaptation hors du commun, capable de grimper jusqu'à cinq mille mètres d'altitude, de faire fuir un tigre par la force de sa pensée, ou de s'allonger sur une planche à clous. Elle ne dort que quelques heures, étudie, lit, marche. Elle est inépuisable que ce soit sous la chaleur étouffante de l'Inde ou le froid glacial des sommets himalayens. La seule concession qu'elle accorde à sa

vie spartiate est sa toilette du matin. Dans tous ses déplacements, elle fait suivre son tub en zinc et se lave soigneusement dans les lieux les plus improbables, dans les situations les plus critiques, quitte à faire fondre de la neige pour alimenter son bain.

Yongden

Le monde gronde en mai 1914, mais les préoccupations d'Alexandra sont d'une autre nature. Elle approche de ses quarante-six ans et a des problèmes d'intendance. Comment choisir un boy qui sache à la fois faire la cuisine, laver le linge, qui accepte de voyager dans des conditions précaires et qui soit doté d'un caractère facile en prime ? La perle s'appelle Yongden ! Le garçon, originaire du Sikkim, a tout pour plaire à Alexandra. Il sait tout faire, sourit copieusement et, surtout, annonce dès le premier contact : « Je veux voyager. » Il sera comblé au-delà de ses espérances !

Il a quatorze ans quand il entre au service de la dame blanche et restera avec elle jusqu'à sa propre mort, traversant montagnes et mers avec une confiance aveugle en sa « deuxième mère ». Alexandra est conquise par ce garçon qui a abandonné famille et pays pour la suivre. Elle finira par l'adopter.

Tous les deux se retirent dans une caverne, « la maison de la grande paix », située entre quatre mille et cinq mille mètres d'altitude. Ils vont y rester presque deux ans, avec pour voisin le Gomchen, cet homme « surnaturel » rencontré à Lachen.

Alexandra multiplie les initiations lamaïques. La même qui triomphait dans *La Traviata* en robe de perles se retrouve perdue dans les rochers difficilement accessibles de l'Himalaya, écoutant au pied de la lettre l'enseignement bouddhiste : « Il [le lama] me demanda de m'en aller dans un endroit désert, de m'y baigner dans une rivière glaciale, puis, sans m'essuyer ni me vêtir, de passer la nuit immobile en méditation. C'était au début de l'hiver, l'altitude de l'endroit devait approcher de trois mille mètres. Je ressentis une immense fierté de ne pas m'être enrhumée. »

Incroyable Alexandra devenue « Lampe de sagesse », son nom de baptême tibétain.

Alexandra, « Lampe de sagesse »

Des fourmillements dans la tête et dans les jambes annoncent la fin de l'épisode caverne. Il est grand temps de quitter « la maison de la grande paix » et de reprendre la route. Quelques excursions dans le Tibet avant une menace d'expulsion pour avoir franchi la frontière sans autorisation ni passeport, un petit tour en Birmanie et une halte au Japon. Rien de très extraordinaire pour Alexandra qui continue son périple, toujours accompagnée de son fidèle Yongden : le Japon, la Corée dans des conditions de vie toujours très ascétiques, jusqu'à ce que la nostalgie ressurgisse dans cette âme vagabonde follement éprise des montagnes tibétaines.

Après une traversée épique de la Chine, et échappant à la peste, la voilà perdue en pleine guerre civile.

Après avoir revêtu les somptueux costumes de théâtre,
Alexandra porte, en 1929, l'habit d'ermite tibétain.

Merveilleux jardin de Norbulingka, dans la résidence d'été du dalaï-lama.

Les combats rendent les routes impraticables, des têtes coupées ornent les fenêtres des maisons, des explosions les menacent à tout moment, mais Alexandra et Yongden avancent pour enfin se poser au monastère de Kum-Bum. Plus de deux mille cinq cents kilomètres parcourus dans des conditions extrêmes depuis Pékin.

« Le grand projet »

Pendant trois ans, elle va traverser la Chine, affrontant des conditions de vie toujours extrêmes et les mille dangers qu'offrent ces terres inconnues. De ses années d'actrice, elle a gardé le goût du travestissement, ce qui lui permettra d'avancer inlassablement, mais lui vaudra une de ses plus belles peurs ! Déguisée en Khandoma, sorte de fée promeneuse à travers l'espace, elle attire l'appétit de trois yogis anthropophages qui voudraient bien la transformer en ragoût, car il est bien connu que manger de la fée donne des pouvoirs surnaturels. L'intervention inopinée d'une fermière lui sauvera la vie ! Pendant trois années, la faim, la soif, le froid et la saleté s'ajoutent aux dangers de la situation politique, mais Alexandra avance, envoûtée par son grand projet : Lhassa.

La figure enduite de suie pour ressembler à une vraie Tibétaine, il lui faudra encore de longs mois pour atteindre la cité interdite. Toujours accompagnée du fidèle et précieux Yongden, surnommé « l'Océan de la

compassion », qu'elle présente comme son fils, Alexandra est la première Européenne à traverser le Tibet toujours interdit aux étrangers. Elle sera la première à pénétrer dans Lhassa.

Une tempête de sable accueille nos héros. Qu'importe : « Nous sommes à Lhassa, victoire aux dieux, les démons sont vaincus », s'exclame Lampe de sagesse qui en oublierait presque la prudence dans son enthousiasme. Heureusement, Yongden veille...

L'agence Havas publie le 24 janvier 1925 : « On annonce qu'une Française, Mme Alexandra David-Néel, qui quitta la France en 1911 pour l'Inde, est parvenue à entrer dans Lhassa, ville interdite aux étrangers. » Il aura fallu quatorze ans d'errance pour répondre à l'impérieux appel du Tibet. Tant d'années de privations et de souffrances, mais aussi de rencontres exceptionnelles pour découvrir dans la ville des marchés regorgeant de « pacotilles hideuses importées de l'Inde ou du Japon », des monastères qui n'offrent rien de particulier : « Je suis rassasiée de visites aux lamaseries ; j'en ai tant vu... »

Alexandra : le retour

Treize longues années que notre aventurière voyage semelles au vent dans des conditions précaires ; de longues années pendant lesquelles elle ne rêvait que de son entrée au Tibet. Comme une gamine capricieuse qui a enfin son jouet, elle est déçue et décide de revenir au pays.

Son arrivée au Havre en mai 1924 est somptueuse. Elle savoure les honneurs. À Paris, elle est assaillie par une nuée de reporters et de photographes, on la couvre de hautes distinctions, de médailles. Il est du plus grand chic d'inviter dans son salon cette presque vieille voyageuse toujours coiffée de son bonnet de velours noir, accompagnée de son fidèle Yongden, petit homme trapu qui parle en tibétain et entonne soudainement des mélopées donnant le frisson à toutes ces belles dames. Le Tibet devient à la mode et l'orientalisme, un sujet de conversation très prisé.

Invitée au prestigieux Collège de France, Alexandra est ovationnée avant même de commencer sa conférence.

Au bout d'un an, la grande voyageuse est fatiguée des fastes et des réceptions dans la France entière. Elle n'aspire qu'à une chose : se poser et écrire.

« Samten-Dzong » : la maison de la paix

C'est au cœur des Basses-Alpes, à Digne-les-Bains, qu'Alexandra aura le coup de foudre pour une propriété « admirablement située » sur la route de Nice, dans un « pays très joli ». Elle s'invente décoratrice et fera de sa nouvelle maison un musée abritant les trésors ramenés de ses voyages. Elle devient architecte et fait construire une tour d'inspiration tibétaine qui étonne les Dignois, mais force l'admiration des journalistes vantant dans les journaux parisiens la réussite de Samten-Dzong, « grandiose synthèse entre l'Orient et l'Occident ».

L'aménagement terminé, Alexandra va consacrer plus de quinze heures par jour à l'écriture. Elle ne veut pas perdre une minute et « produit » ouvrage sur ouvrage, n'affichant jamais la moindre fatigue. Pour toujours rester au-devant de la scène, elle va créer l'événement. À soixante-huit ans, Alexandra annonce son départ imminent pour la Chine.

Retour à Pékin

« Pékin est alors un véritable centre intellectuel. » La voilà tout près des combats de la guerre sino-japonaise. Les Chinois résistent, Philippe s'inquiète, et elle lui écrit inlassablement. On se bat dans toute la Chine, mais elle reprend la route au milieu des soldats, dans la gadoue, les pluies ayant démoli les routes. À bord d'une charrette qui se renverse, elle frôle la mort et se répète : « Douleur, douleur tu n'es qu'un mot », et elle continue, des ecchymoses sur tout le corps et une plaie béante à la tête ! Faisant fi des voleurs, des déserteurs et des réfugiés, elle marche, infatigable, franchit les cols enneigés et arrive dans l'ancienne ville tibétaine devenue chinoise : Tatsienlou. Pendant six années, elle reprend ses études, écrit, médite et se promène. Ce sera à Tatsienlou qu'elle apprendra la mort de Philippe en février 1941 : « J'ai perdu le meilleur des maris, et mon seul ami », avoue-t-elle alors à Yongden. Drôle de couple qui ne se retrouvait que dans cet échange de lettres tout au long des voyages d'Alexandra : trente années de correspondance, trente années pendant lesquelles ils se sont inventé une amitié amoureuse épistolaire très particulière, l'ingénieur toujours très respectueux, très protecteur pour cette femme fantasque hors du commun, et l'intellectuelle s'inquiétant de la santé de son mari : « N'oublie pas de mettre ton écharpe », lui recommande-t-elle affectueusement, alors même qu'elle brave les tempêtes himalayennes. Leur entente était parfaite avec des milliers de kilomètres les séparant.

« Notre-Dame du Tibet »

Alexandra et Yongden fuient les massacres, la famine et toutes les horreurs de la guerre, et arrivent en Inde en 1946. La succession de son mari l'oblige à revenir en France, mais elle est trop jeune pour se reposer. À soixante-dix-huit ans, la voilà repartie pour un tour d'Europe où elle donne de nombreuses conférences et multiplie les interviews pour les plus grands journaux qui la surnomment « Notre-Dame du Tibet ».

Alexandra souffre d'arthrose ; de douloureux rhumatismes rendent ses déplacements difficiles. Il faut rentrer surtout qu'il lui reste tant de livres

Sorcier magicien noir revetu d'un tablier fait en ossements humains sculptes. Photographie in *Mystiques et magiciens du Thibet*, par Alexandra David-Néel, en 1929.

à écrire, tant de lettres auxquelles répondre, tant de projets. Elle a quatre-vingt-deux ans quand elle se réfugie à Samten Dzong. Cinq livres en trois ans attireront sur Digne une nuée de journalistes et d'intellectuels curieux de rencontrer cette grande dame, la première Européenne à être entrée dans Lhassa, exploit que ne manquent pas de rappeler les reporters.

Souvent, Alexandra a été qualifiée de femme sans cœur, incapable de la moindre émotion. Elle-même avouait volontiers son égoïsme. Pourtant, le 7 octobre 1955, la mort subite de Yongden la plonge dans un immense désarroi. L'Océan de la compassion, océan de patience qui, depuis quarante années, partage les aventures de sa mère adoptive et supporte sans sourciller les rebuffades et les remontrances pas toujours méritées, succombe à une crise aiguë d'urémie. Alexandra, terrassée par la douleur, pleure comme jamais elle n'a pleuré.

« La Tortue »

Quatre ans plus tard, elle fera la dernière rencontre importante de sa vie. Alexandra prend à son service une jeune femme de vingt-neuf ans, autre perle rare, Marie-Madeleine Peyronnet qui, en toute franchise, avoue cinquante ans plus tard : « Si on m'avait dit ce qui m'attendait, je serais partie immédiatement. » Alexandra lui promet le paradis : « Vous n'aurez rien à faire. » Maison de rêve, des domestiques pour l'intendance de la maison, Marie-Madeleine, subjuguée par la personnalité de la vieille dame, envoûtée par la lumière qui se dégage de tout son être et par son érudition, sait déjà qu'elle est condamnée à rester.

L'état de grâce ne durera que quelques heures. En un tour de main, la jeune femme deviendra, au gré des humeurs de sa patronne, cameriste, cuisinière, femme de ménage, infirmière, couturière, jardinière et secrétaire. Alexandra, maintenant impotente, est toujours un bourreau de travail malgré ses quatre-vingt-onze ans. « La Tortue », surnom donné à Marie-Madeleine, se dévoue corps et âme à celle qu'elle admire par-dessus tout, et tant pis si Lampe de sagesse se révèle despotique.

> À cent ans, des projets plein la tête, l'incroyable Alexandra demande le renouvellement de son passeport pour un petit voyage... qu'elle envisage de faire en 4CV ! Digne-Berlin-Varsovie-Moscou-Vladivostok-New York : « À ce voyage, je ne vois qu'une seule difficulté. Il faut qu'on me descende au rez-de-chaussée et qu'on m'introduise dans l'auto. Une fois installée, il n'y a qu'à rouler, c'est tout simple. »

Alexandra ne quittera pas Digne, mais ses facultés intellectuelles toujours en éveil, elle commande à une librairie parisienne une cinquantaine de livres : Teilhard de Chardin, Kierkegaard, Hegel, Proudhon, Schopenhauer et bien d'autres ouvrages philosophiques qu'elle veut étudier, analyser, comprendre. Jusqu'au dix-huitième jour avant son dernier voyage, elle consacrera l'essentiel de son temps à ses « chères études ».

Le 8 septembre 1969, Alexandra rend son dernier soupir. Marie-Madeleine, qui ne la quitte pas depuis plusieurs jours, note : « Minuit, respiration de plus en plus courte. 3 h 15 du matin : dernier soupir. »

Quelques années plus tard, Marie-Madeleine jette dans le Gange les cendres de son « Étoile », la même qui confiait à ses visiteurs : « Choisissez une étoile, ne la quittez pas des yeux. Elle vous fera avancer loin, sans fatigue et sans peine. »

Photographie d'Alexandra David-Néel, prise vers 1945.
Presque octogénaire la femme aux semelles de vent
va pourtant encore voyager, apprendre et écrire
pendant plus de vingt ans...

Marthe Oulié, l'archéologie et l'aventure

L'HISTOIRE a oublié son nom. Dure loi du temps qui efface les actes d'une femme qui, avec quelques amies, attirèrent sur elles les regards curieux et étonnés des scientifiques et des journalistes, fascinés par leur intelligence et l'intrépidité de leurs projets.

Marthe Oulié naît en 1901 à Montbazens (Aveyron), au hameau de la Grave, où son père exerce son talent de médecin. Dès sa prime jeunesse, le besoin d'évasion la titille qui la voit chevaucher à travers la campagne jusqu'aux mines de Decazeville. Mais hors de l'esprit vagabond, l'élève est douée. Paris l'accueille pour suivre des études classiques avant de la voir s'orienter vers l'archéologie qui restera toujours sa matière de prédilection. Cursus brillant puisqu'elle atteint, à vingt-quatre ans, le plus haut degré universitaire, devenant la plus jeune archéologue de France.

Un éternel besoin d'émancipation

Mais Marthe Oulié ne se contente pas de lire et d'étudier. Elle veut voyager, aller au contact des civilisations, s'émanciper aussi. Déjà, son esprit est feu et passion. Larguant toujours les amarres, ses ports d'attache ne lui serviront que d'étapes pour mieux repartir.

« Il y a moins de deux ans (1923), écrit-elle dans une interview au *Journal de l'Aveyron* (16 juin 1926), je n'étais ni archéologue ni marin, mais seulement une étudiante issue de la Sorbonne et de l'École d'histoire de l'art du Louvre. J'avais seulement devant moi la volonté de réaliser en compagnie de ma condisciple, Mlle de Saussure, le rêve de notre enfance : un voyage en Grèce. Nous avions étudié tout spécialement la langue et l'art de la Grèce ancienne et, d'autre part, nous désirions ardemment errer sur ces flots que parcourut Ulysse.

« Hermine de Saussure avait déjà éprouvé la solidité de son minuscule yacht *Perlette* l'année précédente, en l'aménageant pour l'habitation et en tentant une traversée assez risquée, des îles d'Hyères à la Corse. Nous nous serions embarquées à Marseille sur *Perlette* si elle n'avait pas été retenue en Suisse quelques mois.

« Quant à moi, présentée par mes professeurs d'archéologie à l'École française d'archéologie d'Athènes, j'avais été invitée sur ma demande à assister aux fouilles pratiquées dans l'est de la Crête. J'y partis donc seule, sans presque rien savoir de la langue grecque moderne, à bord d'un petit vapeur grec, le *Patris*, pour Athènes, en septembre 1923. [...]

« Quelques heures plus tard, un autre petit vapeur plus encombré d'animaux

que de passagers humains m'emportait à travers le bleu mirage des îles Cyclades vers la Crête, dont les hautes montagnes s'aperçoivent de très loin. On débarquait à Candie, ville turque, ville d'aspect africain […]. De là, un mulet chargé de ma personne et de mon bagage, précédé de son muletier, m'emportait vers Mallia, le site des fouilles encore mystérieux pour moi…

Marthe Oulié, d'origine aveyronnaise, fut la plus jeune archéologue de France dans les années 1920.

« Cette ville préhellénique, capitale de l'est de la Crête, s'étendait sur plusieurs kilomètres. Jamais encore les archéologues ne s'y étaient attaqués. J'arrivai donc sur le site du palais de Chrysolokos à la fin de la campagne de fouilles de 1923, toute néophyte, mais néophyte bien enthousiaste et décidée à apprendre le côté pratique du beau métier de Mme Dieulafoy ! En trois semaines,

Marthe Oulié, dite Patchoum, en compagnie de ses amies Ella Maillart, dite Kini, Hermine de Saussure, dite Miette, Yvonne de Saussure et Mariel Jean-Brunhes, dite Riel, voguent sur le voilier *Bonita*, en direction de la Crète, pour effectuer des fouilles archéologiques.

je m'habituai à surveiller un chantier d'ouvriers indigènes, à guider leurs pioches, à débarrasser les vases de leur gangue de terre, à relever des estampages, à rédiger le carnet de fouilles.

« L'automne venu, je regagnai Athènes en compagnie des membres de l'École française pour y rejoindre Mlle Hermine de Saussure et y attendre

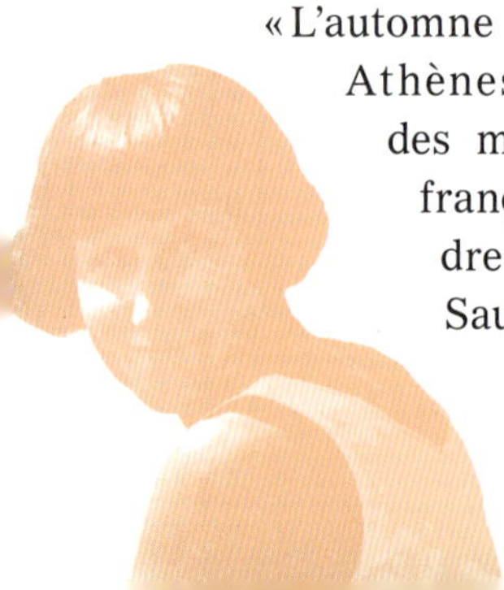

en visitant les environs, l'arrivée de *Perlette* que l'on débarqua un mois plus tard au Pirée, toute souillée de poussière de charbon en même temps qu'un petit canot dessiné par sa propriétaire.

« *Perlette* fit aussitôt la curiosité de la population, et cette curiosité s'étendit à nous deux, l'unique équipage, quand on nous vit gréer le bateau sans accepter aucune aide si ce n'était pour remplacer le mât. *Perlette*, sous sa voile de cape, s'achemina bientôt entre nos mains vers un petit port plus tranquille de la baie de Phalère, Kartella. »

Cette aventure maritime, Marthe Oulíée la raconta dans un ouvrage, *La Croisière de Perlette*, démontrant un vrai talent d'écrivain, à l'image de Pierre Loti qu'elle admirait. De même que Marthe Oulié est reconnue pour être une excellente oratrice dont les cercles archéologiques et nautiques se disputent la présence.

Quatre femmes et un bateau

L'année suivante, notre navigatrice, désormais bien loin de sa terre natale, conçoit l'idée originale d'armer un yacht et d'entreprendre en compagnie d'Ella Maillart, une sportive accomplie, et des sœurs Hermine et Yvonne de Saussure, une randonnée nautique en Méditerranée orientale qu'elle décrit dans son livre *Quand j'étais matelot*.

« On commençait à perdre l'espoir de trouver l'objet désiré. Enfin, à la mi-juin 1925, des amis annoncèrent à l'équipage dispersé aux quatre coins de l'Europe que l'on avait trouvé un petit yacht de treize tonneaux, d'origine bretonne mais familiarisé avec la côte provençale, le *Bonita*, qui ferait l'affaire. Il y avait son âge, cinquante et un ans, plus que les années du

Belle et indépendante, Marthe Oulié écrivit plusieurs livres sur ses voyages et les pays qu'elle traversa.

capitaine et du second réunis. Mais il ne fallait plus attendre. Le ban et l'arrière-ban furent convoqués : Mlles Oulié, Hermine de Saussure, vieux loups de mer, Yvonne de Saussure, directrice de l'École d'art dramatique de Genève, et Ella Maillart, qui représenta la Suisse aux épreuves nautiques des Jeux olympiques de 1924 à Paris.

« On se répartit la besogne : Hermine de Saussure fut capitaine ; Mlle Maillart, second ; Mlle Oulié, mécanicien. Les machines de son département consistaient en poêle, moulin à café, pompe... L'équipage commença d'armer le 1er juillet à Marseille, et en partit le 12. Et ce fut la Corse, la Sardaigne, un nouveau périple de deux mille miles marin (mille sept cents pour la *Perlette*). »

Nos quatre amazones de l'onde amère connurent la tempête, la fatigue épuisante, l'accident de la mâture et de la voilure, compensés par la beauté des paysages et la découverte de lieux inconnus.

« Deux ans de mer Égée, à l'aventure : nous allions d'une île à l'autre ; nous sommes restées davantage en Crète, où nous faisions des fouilles. [...] Un soir, nous avons déterré des lampes qui avaient quatre mille ans. Nous avons fait de petites mèches, nous les avons allumées. Alors Ella Maillart s'est mise à pleurer. »

L'aventure et l'écriture

Voyages, découvertes archéologiques, ouvrages et conférences à travers la France, Marthe Oulié accomplit ses désirs tout en devenant une célébrité dans le milieu scientifique. Ainsi, en 1926, à l'âge de vingt-cinq ans, est-elle reçue docteur ès lettres après avoir soutenu brillamment sa thèse sur le cosmopolitisme du prince de Ligne, d'origine belge mais attaché à la France, dont il aimait l'esprit et la littérature.

Cependant, ce sera sur un autre terrain que cette jeune femme indépendante, aux boucles blondes, aux yeux clairs, au teint pastel et au sourire s'attardant sur son visage, décidera de s'aventurer. En 1930, elle participe au rallye auto à travers le Sahara (sept mille kilomètres), à l'occasion des fêtes du centenaire de l'Algérie, dont elle tirera un nouvel ouvrage, *Bidon 5*, couronné du prix littéraire du Touring club de France.

La même année, elle prépare un livre sur Charcot dont elle fait la connaissance à la Sorbonne, lors d'une conférence. Le scientifique était venu à elle et lui avait demandé :

« Quel âge avez-vous ?

– C'est une question bien indiscrète, commandant !

– Enfin, avez-vous trente ans ? insista-t-il.

– Pas encore, commandant.

– C'est dommage. Je voulais vous donner le Mérite maritime. »

La conversation s'arrêta sur cet espoir, ce qui n'empêcha pas Charcot d'appuyer sa demande en faveur de la navigatrice, qui finit par l'obtenir.

Si l'été la voit séjourner en France, à Sceaux, près du château de la duchesse du Maine, l'hiver l'emporte loin de l'Hexagone, à destination de l'Égypte, du Soudan, du Sahara et des Antilles, qu'elle découvre en 1933, nous laissant un nouvel ouvrage : *Les Antilles, filles de France.*

Pour soigner une santé chancelante et fuyant sans doute aussi l'occupation allemande, Marthe Oulié s'établit à Cannes, où elle décéde en octobre 1941. Depuis, l'oubli a fait son œuvre...

Marthe Oulié participa à plusieurs campagnes de fouilles dans l'île de Crète, avant de tenir de multiples conférences en France.

Troisième partie

Les grandes catastrophes

À L'IMAGE des guerres et des révolutions, les grandes catastrophes rythment le temps et jalonnent l'histoire.

Aux causes naturelles – l'eau qui déborde, la terre qui vibre, le feu qui ravage – s'ajoute la responsabilité humaine, tel l'incendie du Bazar de la Charité, ou encore l'effondrement du barrage de Malpasset.

Ruines, images de désolation, désarroi des populations touchées, victimes… la litanie des grandes catastrophes, venues nous surprendre dans notre quotidien et marquant ainsi les mémoires à jamais, est longue.

L'effondrement mystérieux du mont Granier (24 novembre 1248)

« Il déplace les montagnes à leur insu
et les renverse dans sa colère. »

Livre de Job

LA SISMOLOGIE moderne, en expliquant scientifiquement l'origine des tremblements de terre, a peu à peu expulsé les superstitions ancestrales qui terrorisaient les hommes, persuadés d'avoir provoqué la colère de Dieu par leur piété insuffisante. Toutefois, si on les comprend mieux, il est toujours aussi difficile de prévoir les mouvements tectoniques, la soudaineté et l'ampleur du tragique séisme d'Haïti, ce 12 janvier 2010, nous renvoyant aux limites actuelles de la science, incapable encore de parer à cette éventualité.

La terre, mère nourricière, représente la stabilité, l'attachement aux racines, aux valeurs, et quand elle se met à trembler, l'homme perd toutes ses certitudes…

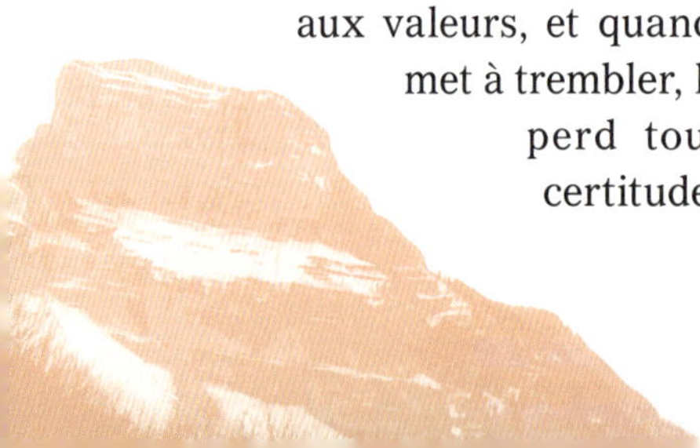

La catastrophe

Au Moyen Âge, le royaume de France est durement éprouvé par les pestes, les famines et les guerres qui laissent la population exsangue. Plus de la moitié des enfants meurent en bas âge, et les vieillards de plus de quarante ans se font rares.

Les catastrophes naturelles ajoutent du malheur aux hommes : cours d'eau qui inondent les villages, tempêtes, tremblements de terre… Le 14 septembre 1219, suite à la rupture du barrage naturel du lac d'Oisans, les eaux envahissent Grenoble, faisant de nombreuses victimes. Dans la même région, le 24 novembre 1248, alors qu'un raz-de-marée dévastateur ravage les côtes anglaises, un cataclysme d'une ampleur jamais égalée anéantit cinq villages savoyards.

Véritable cicatrice béante, la paroi du Granier domine la cluse de Chambéry. (Photo M.-P. Maurin.)

Vers minuit, un fracas dantesque réveille les paysans. La fin du monde ne durera que quelques minutes. L'éclatement apocalyptique d'un pan du mont Granier, situé sur la combe de Savoie, entraîne plusieurs centaines de millions de mètres cubes d'éboulis, qui emportent moulins, fermes et villages.

Plusieurs milliers de personnes sont ensevelies sous des tonnes de calcaire. Les villages de Cognin, Vaurey, Saint-André, Granier et Saint-Péron sont définitivement rayés de la carte ; d'autres sont partiellement détruits ; la chapelle de Murs a disparu. Le glissement infernal s'étale sur sept kilomètres et demi, et s'arrête miraculeusement aux portes de la chapelle de Myans.

La thèse d'un tremblement de terre semble aujourd'hui écartée par les scientifiques. Un tel glissement de terrain n'aurait pu être provoqué que par un séisme d'une amplitude exceptionnelle, et alors toute la Savoie aurait été engloutie par les éboulis. Plus sérieusement, il est admis que suite à d'importantes précipitations, les eaux se seraient infiltrées dans les nombreuses galeries souterraines qu'abrite le Granier, jusqu'à atteindre la couche marneuse de sa base. Déstabilisé par son socle devenu friable, le massif aurait glissé, provoquant la plus grande catastrophe occidentale de l'âge médiéval. Témoin impressionnant de l'ampleur de l'éboulement, le bloc de la Pierre hachée mesure à lui tout seul plus de mille mètres cubes !
La paroi du Granier, qui s'érige en cicatrice béante à presque 2 000 mètres au-dessus de Chambéry, reste encore

Les moines, expulsés du prieuré d'Aspremont, se seraient réfugiés à Myans, sous la protection de la Vierge. (Photo M.-P. Maurin.)

un mystère, et la nuit du 24 novembre 1248 alimente toujours généreusement les légendes savoyardes.

Le châtiment divin

Aucun témoignage direct susceptible de nous éclairer sur les circonstances du drame n'a traversé les siècles. Seuls quelques moines érudits se sont emparés de cette tragédie pour reconquérir les fidèles tentés par l'hérésie en agitant le spectre de la punition divine.

Matthieu Paris, un moine bénédictin anglais, profite de la catastrophe pour jeter l'opprobre sur tout le comté de Savoie, auquel il reproche une trop grande influence dans les affaires du royaume d'Angleterre – Henri III Plantagenêt vient d'épouser Éléonore de Provence, petite-fille du comte de Savoie. L'occasion est trop belle pour affubler les Savoyards de tous les vices et justifier ainsi la colère de Dieu.

« C'était sur les maisons de ces mêmes habitants que la justice divine avait sévi, parce qu'ils exerçaient alors avec indifférence et impudence les activités honteuses de l'usure, tout souillés de l'ignominie de cette soif, et pour que l'apparence de la vertu cachât le vice ; ils ne rougissaient pas de s'appeler insidieusement marchands de deniers ; ils s'inquiétaient peu de commettre des actes de simonie (commerce de biens spirituels), ne craignaient pas de se livrer sans pitié aux vols et rapines [...], ignorant que plus la vengeance divine se fait attendre, plus elle s'exerce avec rigueur. »

La main de Dieu infligeant une pénitence aux mauvais chrétiens à chaque calamité est communément admise au Moyen Âge. Le peuple est superstitieux. Il est facile pour les prédicateurs de remettre les brebis égarées dans le droit chemin avec des sermons moralisateurs, en les menaçant de terribles châtiments si leur conduite n'est pas exemplaire.

L'inquisiteur dominicain Étienne de Bourbon assure dans ses sermons que l'ire céleste, en cette fatale nuit de novembre, était dirigée contre le conseiller du comte de Savoie, Bonivard, lequel avait chassé le jour même les moines du prieuré de Saint-André pour agrandir ses propriétés déjà nombreuses au pied du Granier.

« Peu d'heures avant la catastrophe, les moines du prieuré d'Aspremont, au pied du Granier, avaient été chassés de chez eux par le sire Bonivard, seigneur de l'endroit. Ne sachant où aller, les pauvres religieux prirent le chemin de Myans, et se réfugièrent dans la chapelle où ils arrosaient le pavé de chaudes larmes et remplissaient l'air de soupirs, recommandant leur fortune aux mérites de la Vierge Glorieuse, et non sans effets, car le soir du même jour, le temps serein, calme et la lune bien claire, en un instant, par le ministère des diables furent causés grêle, tempêtes et tremblements de terre si étranges que le sommet du rocher

L'éboulement du mont Granier, en plein cœur du Moyen Âge, sera interprété comme un châtiment de Dieu. (Photo M.-P. Maurin.)

Depuis 1850, la statue en bronze doré de la Vierge couronne l'église de Myans, devenue lieu de pèlerinage. (Photo M.-P. Maurin.)

de ladite montagne tomba en de prodigieux quartiers et s'épancha jusqu'aux talons des pauvres religieux qui étaient en dévotion devant l'image de la Vierge, où ledit abîme s'arrêta tout court sans pouvoir passer plus outre et sans faire de mal auxdits religieux ; lesquels entendaient les derniers démons qui criaient aux premiers : "Passons outre, passons outre !" ; auxquels ceux-ci répondaient : "Nous ne pouvons, car la Brune – c'est-à-dire la noire – nous empêche !" »

Ce récit eut tôt fait de se transformer en légende...

La légende de la Vierge noire

L'arrêt net de la coulée meurtrière à la porte même de la chapelle de Myans ne pouvait qu'embraser les imaginations déjà bien formatées par l'Église. Que les éboulis aient été freinés par les moraines de Seloges n'est pas de nature à détourner les pèlerins qui se prosternent toujours devant la Vierge noire, mère protectrice du sanctuaire de Myans.

Chassés par le méchant Jacques Bonivard, les moines d'Aspremont trouvent refuge dans la petite chapelle de Myans, où ils se mettent à prier avec ferveur au pied de la Vierge. Pendant ce temps, Bonivard fait ripaille avec tous les nobles du comté pour fêter cette honteuse victoire. Le ciel ne peut tolérer pareille infamie. La colère du Tout-Puissant sera terrible. Alors que la nuit est très calme, sur le coup de minuit, le mont Granier se fend dans un craquement épouvantable. En un rien de temps, les fêtards sont écrasés par les rochers poussés par le Malin. Les moines épouvantés par la fin du monde imminente redoublent de dévotion. La montagne dégringole dans une terrible avalanche qui épargne miraculeusement le sanctuaire. Quelques blocs le dépassent, d'autres l'entourent, mais les moines sont sains et saufs.

Un petit verre pour finir

Depuis le début du XIVe siècle, les pentes argilo-calcaires de l'effondrement, appelées abymes de Myans, sont utilisées pour la culture de la vigne. Le vin d'Aspremont, à la robe pâle et lumineuse, réconforte les skieurs du XXIe siècle, qui sont loin de se douter qu'en arrosant copieusement leur tartiflette, ils rendent hommage aux bons moines du prieuré de Saint-André.

Protégé par un voile de brume,
le Granier garde jalousement son mystère.
(Photo M.-P. Maurin.)

La terre de Provence bouge (Lambesc, 11 juin 1909)

NEUF HEURES viennent de sonner à Lambesc. Les gosses s'enfoncent douillettement dans un sommeil innocent. Les femmes ont sorti les chaises sur le devant de la porte. Un ouvrage entre les mains, elles goûtent la douceur de ce soir de juin tandis que les hommes sont au bistrot. Dans ce coin de Provence, entre Marseille et Salon, c'est à la tombée de la nuit que les langues se délient, que de fontaine en fontaine les nouvelles circulent ; que de comptoir en comptoir, on épilogue sur les grandes grèves qui secouent le port de Marseille, sur ce Jean Jaurès, un bourgeois du Tarn, qui défend farouchement les ouvriers et tient tête à Clemenceau.

Entre deux goulées de ce rosé du pays qui est à lui tout seul un concentré de l'art de vivre inimitable de la terre provençale, le ton monte, les esprits s'échauffent quand, soudain, un coup de tonnerre jaillit du ventre de la terre...

Témoignage d'un Lambescain

«Cette date fatale restera à jamais gravée dans ma mémoire ; son seul souvenir fera toujours revivre en moi les heures atroces que nous avons passées et le spectacle navrant d'une population désolée.

«Une vieille habitude veut que je me trouve chaque soir, après le souper, au café Nicolas, située sur la Grand-Rue ; je passe là quelques heures agréables en compagnie de bons amis. Le 11 juin au soir, je me trouvais donc dans cet établissement, causant avec mes amis, loin de me douter qu'une terrible catastrophe nous guettait. Tout à coup, à 9 h 19, très exactement, nous entendîmes une formidable détonation. Nous nous sentions progressivement secoués. On eût dit qu'on pressait fortement sur nos épaules pour nous affaisser. Après ce mouvement de verticalité, un autre beaucoup plus fort de latéralité suivit. Les chaises, tables, verres, carafes sont renversés, une cloison dégringole dans le café, et la lumière s'éteint. Une vive panique s'empare de nous. Nous nous

Le village de Rognes presque entièrement détruit. (*L'Illustration* n° 3460.)

élançons vers la porte ; nous nous bousculons ; nous marchons sur des personnes qui, s'étant heurtées à des chaises, étaient tombées, et nous arrivons enfin sur la terrasse du café.

« Là, un spectacle bien plus navrant nous attendait. Toute une population, surprise par le tremblement de terre que nous venions de subir, courait affolée dans les rues ; ici, c'est une femme serrant dans ses bras son enfant nu et appelant à grands cris son mari ; là, c'est un homme demandant du secours pour retirer son père, sa mère, son frère et ses deux sœurs qui sont sous les décombres dans le quartier du Castellas ; on dut prendre courage et aller sortir des décombres meurtriers les malheureuses victimes... Hommes, femmes, enfants, vieillards, infirmes, quittaient leur demeure, craignant qu'une nouvelle secousse vienne augmenter le nombre des victimes.

« La température ayant sensiblement baissé, de grands feux s'allumèrent, et les flammes qui s'en dégageaient

La rue d'Avignon, à Salon, après le tremblement de terre. (*L'Illustration* n° 3460.)

La troupe enlève un cadavre des ruines du village de Rognes. (*L'Illustration* n° 3460.)

éclairaient des visages empreints de tristesse et de désespoir. Ah ! la terrible nuit ! Les six heures qu'elle dura nous semblèrent des siècles ; nous craignions l'obscurité, et il nous semblait que le jour arrivant, un gai soleil chasserait de notre esprit le cauchemar qui le hantait. Hélas, il n'en fut rien ! Le lendemain, à l'aube, un nouveau spectacle navrant s'offrit à nos yeux, notre pauvre Lambesc nous apparut en ruine ; en rentrant dans nos maisons, nous nous heurtâmes à des tas de plâtras, à des meubles renversés, à des objets que la terrible secousse avait réduits en miettes. Notre pauvre clocher nous apparut fortement ébranlé, notre église toute lézardée, les rues étaient encombrées de matériaux provenant de la chute des murs. À l'usine Barbier, où je me rendis, une cheminée en maçonnerie de vingt-cinq mètres s'était abattue sur le laboratoire qu'elle avait saccagé. Dans le quartier du Castellas, aucune maison n'avait échappé à la terrible catastrophe ; c'était navrant, et je renonce à décrire la douleur que provoqua en moi ce terrible spectacle.

« À 6 heures du matin, je me trouvais sur la place Lazare-Carnot ; un camion descendait au pas sur la Grand-Rue ; un linceul blanc recouvrait les corps des quatre enfants Philip que les décombres avaient engloutis à la ferme de Croigne ; derrière, venait une voiture sur laquelle un homme et une femme sanglotaient ; c'étaient les malheureux parents qui accompagnaient les corps de leurs chérubins qu'on allait déposer à l'hospice, près de leurs frères d'infortune. Le passage de ce camion de la mort, de cette voiture de douleur, nous étreignit et, silencieux, en pleurant, nous nous découvrîmes. »

Le bilan de la catastrophe

Le village de Lambesc, dont le riche passé historique lui a valu l'appellation flatteuse de «Versailles aixois», est totalement détruit. D'autres communes ont été durement éprouvées : Saint-Cannat, Rognes, Puy-Sainte-Réparade, Venelles, Salon, Aix (partie nord), La Barben-Pélissanne. Le bilan est très lourd. En dix secondes, dans un terrible grondement apocalyptique, les murs se sont effondrés, provoquant la mort de quarante-six personnes – plus de la moitié des victimes sont des enfants –, et près de trois cents blessés. Plusieurs milliers de logements sont détruits, des centaines d'autres sérieusement endommagés. Partout, c'est la désolation ! Partout, le même déroulement du drame. Dans chaque maison, les murs tremblent, se fissurent. Les meubles se renversent dans un fracas de vaisselle. Les gens en proie à une vive panique hurlent à chaque mouvement de la terre, à chaque craquement. Des cris de douleur jaillissent des maisons éventrées. La nuit s'empare de ces silhouettes fantasmagoriques fuyant dans la campagne. Et enfin, le silence lourd et angoissant. Les survivants privés de lumière, la peur vissée au ventre, craignant une nouvelle secousse, cherchent un mari, un enfant, une mère, jusqu'au petit matin où, hagards, ils découvrent l'étendue du sinistre...

Ce qui reste d'une maison et de son moblilier à Lambesc. (*L'Illustration* n° 3460.)

« Toute une population, surprise
par le tremblement de terre que
nous venions de subir, courait
affolée dans les rues... »
(*Le Petit Journal*, date 27 juin 1909.)

Le traumatisme est énorme. Le séisme, d'une amplitude de 6,2 sur l'échelle de Richter, est le plus important enregistré en France métropolitaine depuis celui de Roquebillière en 1564 ! La vibration est ressentie dans les départements voisins. Un habitant de Pertuis se rappelle les arbres secoués « comme si des enfants voulaient en faire tomber les fruits ».

L'origine de la secousse est attribuée à une rupture sur la faille de la Trévaresse, chaîne de collines longue de quinze kilomètres entre Lambesc et Venelles, qui aurait entraîné un déplacement vertical important. De nombreuses photos et cartes postales attestent de l'importance des dégâts et nourrissent amèrement la mémoire collective de toute la région alors même que les témoins oculaires ont disparu.

Et si c'était demain ?

Dans les années 1980, la direction du ministère de l'Environnement commande une étude consistant à simuler les conséquences du même séisme, au même endroit, avec le plan d'occupation des sols de 1982. Les conclusions sont alarmantes. Les coûts de reconstruction et de réparation atteindraient 2 540 000 euros ; plus grave serait le bilan humain, puisque le nombre potentiel de blessés est évalué entre mille huit cent cinquante et cinq mille six cent cinquante, et le nombre de morts entre quatre cents et neuf cent soixante-dix.

L'importante croissance économique et démographique de ces trente dernières années laisse craindre un bilan bien plus dramatique si la faille de la Trévaresse, toujours active, venait à se déplacer brutalement.

De nombreuses victimes sont a déplorées ; ici, à l'hôpital de Lambesc. (*L'Illustration* n° 3460.)

Le Sud-Ouest tremble (Arette, 13 août 1967)

LES VILLAGES béarnais blottis au fond de la vallée de Barétous vont vivre une nuit d'horreur, ce dimanche 13 août 1967. Le plus important tremblement de terre depuis un siècle, après celui de Lambesc, va traumatiser le Haut-Béarn en quelques secondes, laissant soixante-deux communes sinistrées et des centaines de sans-abri.

Le séisme d'une amplitude de 5,3 sur l'échelle de Richter a été ressenti dans toute l'Aquitaine et au nord de l'Espagne ; plus incroyable encore, des stations sismologiques situées en Antarctique ont pu l'enregistrer !

Nuit d'épouvante

C'est le week-end le plus long de l'année. Les nombreux touristes ont pu profiter du temps magnifique pour visiter la vallée riche de légendes. La nuit a maintenant enveloppé les sommets tout proches...

Un chien, soudain, hurle à la mort, puis des dizaines d'autres lui répondent ; dans les étables, les vaches s'agitent, piétinent et tirent désespérément sur leur corde ; les hommes dorment, seuls êtres vivants inconscients du danger qui s'annonce dans la coquette bourgade des Pyrénées-Atlantiques d'Arette. La cloche de l'église Saint-Pierre égrène ses onze coups. Ce seront les derniers.

23 h 06. Les murs des chambres se lézardent, les toitures gémissent, les lits valsent, les buffets crachent la vaisselle, arrachant brutalement les Arettois de leur sommeil. Ils ont compris aussitôt : la terre tremble ! Instinctivement, ils cherchent l'interrupteur. Geste dérisoire, le village est dans le noir. Il faut sortir de ce tombeau qu'est devenue la maison. Partout, des cris, des plaintes...

23 h 15. Seconde secousse, plus violente, plus longue. Le sol se dérobe sous les pieds, les vibrations puissantes

Arette. Un grondement terrible, et la maison s'effondra.
(*Détective* n° 1104.)

arrachent portes et fenêtres, soulèvent les toitures, ébranlent tous les édifices. Dans un fracas sinistre, une première maison s'écroule, des dizaines suivent soulevant un nuage compact de poussière. Des façades se lézardent. Les rues s'encombrent de gravats. Pendant huit interminables secondes, Arette vit le pire des cauchemars. Un instinct de survie, venu du fond des âges, pousse les habitants vers la campagne. Dans la nuit noire, on court, on s'appelle, on crie, on hurle sa peur et sa souffrance. Les femmes et les enfants se serrent dans les ravines.

Durant toute la nuit les sauveteurs cherchent des survivants. (*Détective* n° 1104.)

23 h 23. Tout est fini. Un silence implacable enveloppe le village. Chacun s'étonne d'être toujours en vie et s'inquiète pour les autres membres de la famille. Le moment de stupeur passé, très vite on se cherche, on se retrouve, on s'embrasse. Les femmes serrent très fort leurs enfants ; les hommes s'improvisent sauveteurs. Courageux comme le sont les paysans de nos montagnes, ils fouillent les décombres, soulèvent les gravats, aident les plus vieux à s'extirper de leur prison de pierre. Une femme s'inquiète de sa voisine. Personne n'a revu Marie Bergez-Luque, une vieille dame de quatre-vingts ans. Sa maison est éventrée ; son lit vide est resté à l'étage, accroché à des lames du plancher. Un homme retrouve Marie écrasée sous un amas de pierres. Il ne peut plus rien pour elle.

Les miraculés du petit jour témoignent

Au petit matin, les premiers rayons de soleil offrent un paysage de désolation et de ruine aux Arettois. Plus des deux tiers des trois cents maisons se sont écroulées, et les autres présentent des fissures inquiétantes. Le vieux clocher de l'église est coupé en deux, et ce qu'il en reste menace de s'effondrer. Les rues sont couvertes d'éboulis. Le journaliste de *Sud-Ouest* évoque à juste titre un village « bombardé et canonné », et c'est bien l'impression que donne Arette en ce 14 août au matin.

Pourtant, une rumeur incroyable se propage. Le séisme n'aurait provoqué qu'une victime, Marie Bergez-Luque. Le nombre de blessés, une quinzaine, est en lui-même invraisemblable vu l'ampleur des dégâts matériels, et chacun se sent miraculé.

Un couple raconte comment à la seconde secousse, la cheminée s'est abattue sur la toiture qui a cédé, emportant avec elle le mur de soutien. Le lit dans lequel ils dormaient a dégringolé au rez-de-chaussée en se retournant comme une crêpe. Le matelas a ainsi amorti les chutes de pierres, poutres et chevrons, leur assurant la vie sauve !

Une jeune maman témoigne de sa chance inouïe : « Le soir du tremblement de terre, nous dormions, ma fille de sept ans et moi, au premier étage. J'ai été brutalement réveillée par un sourd grondement et, presque aussitôt après, dans l'obscurité totale, j'ai entendu un fracas terrible. Toute la maison s'écroulait. Mon lit a glissé sur le plancher qui s'incurvait. J'ai attrapé ma fille et me suis jetée avec elle au bas du lit, juste au moment où un énorme pan de mur s'abattait sur notre couche ! Une seconde plus tard, nous étions écrasées ! »

Avec une émotion palpable, le maçon fixe, incrédule, à travers le mur éventré, l'armoire située près de son lit qui, incontestablement, lui a sauvé la vie. Celle-ci, dans un équilibre précaire, soutient toujours le toit effondré juste au-dessus de son lit. Si elle avait cédé sous le poids, le brave homme aurait péri écrasé.

Quarante ans après, Jean B. n'a rien oublié de cette nuit cauchemardesque : « J'arrivais tout juste à la fête de Montory. Je venais de garer ma 2CV quand je l'ai sentie bouger fortement comme si quelqu'un la secouait. J'ai ouvert la portière, et malgré la nuit, j'ai vu des maisons toutes proches s'effondrer. J'ai vite redémarré la voiture, et une deuxième secousse très forte s'est alors produite. En quittant Montory, la rue était pleine de gravats. La 2CV m'a peut-être sauvé, c'est comme un 4X4, ça passe partout !

« Sur la route pour rentrer chez moi, les secousses continuaient, je les sentais car j'avais l'impression que le bitume se gondolait sous les roues de la voiture. À Arette, je l'ai laissée sur la place. Impossible d'aller plus loin, l'église était déjà tombée. J'habitais à cinquante mètres de là. Lorsque je suis arrivé à la maison, ma mère, blessée, était étendue par terre ; le docteur la soignait, et une voisine était à ses côtés. Un petit moment après, j'ai été faire le tour de la famille. J'ai croisé les pompiers qui m'ont demandé d'accompagner un blessé jusqu'à la place où étaient leurs véhicules. Dans les rues, tout le monde courait, criait, tout cela dans l'obscurité totale. Un peu plus tard, dans la nuit, nous avons fait des feux dans les coins des rues ; on est resté là. Presque toutes les dix minutes, on sentait la terre trembler encore et encore, on entendait aussi parfois un mur qui s'effondrait. Quand le jour s'est levé, on s'est rendu compte. Si on l'avait vu avant, personne n'aurait osé entrer dans les maisons comme nous l'avons fait dans la nuit, pour chercher des tricots ou de quoi faire du café... Beaucoup de maisons étaient par terre ; elles s'étaient écroulées comme des châteaux de cartes. D'autres avaient de grandes fissures ou un mur en moins. Il y avait des gravats partout... Et puis, tôt dans la matinée, ce qui m'a choqué, c'est une chose inouïe : des voitures, pare-chocs contre pare-chocs, qui arrivaient à Arette. C'étaient des curieux. Très vite, la gendarmerie a alors fermé le village et interdit son accès. »

Une région traumatisée

Arette fut bien l'épicentre du tremblement de terre, mais toute la vallée de Barétous fut secouée, et une partie de la Haute-Soule. Oloron, Aramits, Argelès-Gazost, Mourenx ont vécu dans l'horreur cette nuit tragique.

À Montory, le dimanche soir, c'est la fête. Villageois et estivants guinchent au son de l'orchestre de Roger Desjean. La rue du Milieu est noire de monde, et la nuit est douce quand le cauchemar commence. Les guirlandes s'éteignent. L'obscurité soudaine cause déjà un début de panique. Des craquements sinistres de murs qui s'écroulent ; une cheminée s'effondre sur la bâche qui protège l'orchestre. Les cris redoublent, le sol se dérobe. Finie la danse, finie la musique ! C'est la fin du monde.

Le calme revenu, comme à Arette, on se cherche, on donne les premiers soins aux blessés et ensemble, on se dirige vers les maisons, la peur vissée au plus profond des entrailles. Les rues sont jonchées d'ardoises. Plusieurs bâtisses sont éventrées. Des charpentes disloquées et des pans de murs fragilisés menacent à tout instant de s'écrouler. Hagards, les gens avancent. Peu oseront dormir chez eux. Et si ça recommençait ? « Ça » ne recommencera pas, mais la terre continue à vibrer, comme si le village était maudit, comme si cette nuit cauchemardesque ne devait jamais finir.

Dès l'aube, on apprend qu'Arette est presque entièrement détruit, et le mot miracle est sur toutes les lèvres quand on obtient la certitude qu'aucune victime n'est à déplorer à Montory. Quelques-uns se signent en passant devant l'église, dont l'horloge s'est arrêtée à 23 h 10.

Organisation des secours

Le plan Orsec – plan d'organisation des secours – est mis en place, la première urgence étant d'interdire l'accès des villages en ruine à tous les curieux qui affluent. L'armée et les pompiers sont déjà au travail. Il faut dresser des tentes, souvent dans les jardins des maisons sinistrées, à la demande des habitants qui ne veulent pas s'éloigner. Il faut déblayer, étayer, sortir des maisons tout ce qui peut être utile. La tâche est immense, la solidarité s'organise. Le nombre des sans-abri est impressionnant : onze cents à Arette, près de quatre cents à Montory – les vacanciers sont nombreux dans la verte vallée de Barétous. Les pelleteuses arrachent encore des larmes en détruisant ce qu'il reste des bâtiments les plus menaçants. Les gorges sont nouées quand, après deux heures d'effort, le clocher de l'église Saint-Pierre d'Arête s'écroule dans un nuage de poussière. La cloche tinte une dernière fois, et bien des Arettois ont l'impression de perdre un petit peu de leur âme.

Le 29 août 1973, la nouvelle église est inaugurée. Les vitraux contemporains, œuvre de l'artiste Paul Ambille, abritent le retable et le précieux lutrin datant du XVIe siècle qui ont réchappé au cataclysme. Ce lien symbolique entre le passé et la modernité confirme la détermination des Barétounais, marqués par la tragédie, à se tourner résolument vers l'avenir.

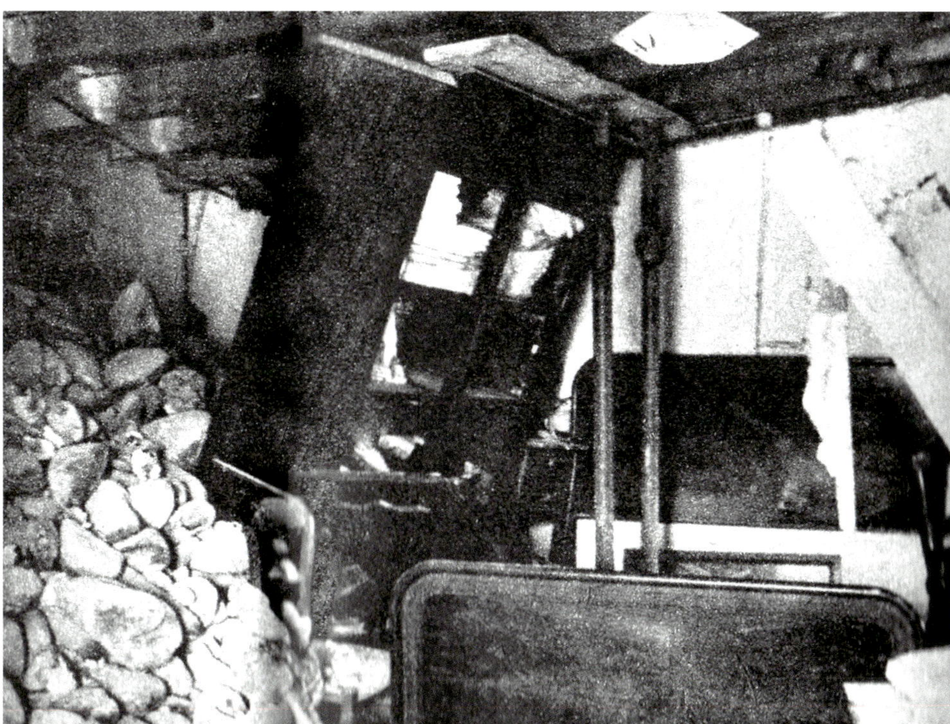

L'armoire du maçon soutient toujours le toit effondré juste au-dessus du lit. (*Détective* n° 1104.)

L'incendie du Bazar de la Charité (4 mai 1897)

« Chaque étincelle est à elle seule toute l'incendie ;
elle le porte, l'augmente, le diffuse. »

Jean Marcel

« Près des Champs-Élysées
Je vois un endroit pas élevé
Qui n'est pas pour la pitié
Mais qui en est approché
Dans un but de charité
Qui n'est pas la vérité
Je vois le feu s'élever
Et les gens hurler
Des chairs grillées
Des corps calcinés
J'en vois comme par pelletées. »

Ces quelques phrases, prononcées emphatiquement par Mlle Couedon, la devineresse que le Tout-Paris s'arrache, jettent un froid dans le très chic salon de Mme de Maillé, qui a eu le bon goût de l'inviter. Quelques comtesses empanachées sortent leurs mouchoirs de dentelle et se tamponnent élégamment les yeux ; des princes toussotent discrètement, une coupe de champagne à la main, pour dissiper le malaise provoqué par la prophétesse ; José Maria de Heredia, poète adulé de ces dames, sauve la situation en émettant quelque réserve : « C'est peut-être impressionnant, mais c'est de la bien mauvaise poésie. » La pauvre sibylle s'empresse alors d'ajouter : « Toutes les personnes présentes aujourd'hui seront épargnées. »

Ces propos fâcheux sont échangés le 21 mars 1897, alors que la très distinguée Mme de Maillé a réuni les plus dignes représentants de l'aristocratie parisienne pour préparer la grande vente caritative prévue début mai, au Bazar de la Charité, rue Jean-Goujon, à deux pas des Champs-Élysées. Il est, en effet, du meilleur ton en cette fin de siècle de s'occuper de « bonnes œuvres catholiques » pour soulager la misère de ces pauvres ouvriers qu'une intelligence étroite conduirait presque

Bazar de la Charité
4 heures un quart ;
la fête bat son plein...
(*L'Illustration* n° 2828.)

à se laisser ensorceler par les discours utopistes de ces mécréants de socialistes qui leur promettent des lendemains qui chantent.

Une si belle fête

Tout est parfait ! Les organisateurs ont invité tout ce que la capitale compte de têtes couronnées, barons et ducs, comtesses, marquises et princesses, vrais et faux aristocrates. Tout ce beau monde rivalisant d'élégance se presse devant les comptoirs où des jeunes filles, issues des plus grandes familles de France, proposent bibelots, vaisselle, jouets et diverses pacotilles, sous l'œil protecteur des dames patronnesses, parmi lesquelles on reconnaît la baronne de Rothschild, la comtesse Aimery de La Rochefoucauld, la comtesse de Biron et la comtesse de Briey. Le décor est magnifique, le comité a acquis une « rue du vieux Paris », fidèle reconstitution des échoppes du Moyen Âge aux noms évocateurs : « À la Tour de Nesle » ; « À la Truie qui file » ; « Au Lion d'or » ; « Au Chat botté »... Le décorateur de l'Opéra s'est surpassé. Les murs en carton goudronné sont tapissés de fleurs et de feuillages. D'un bout à l'autre de la galerie, un immense vélum est tendu, ajoutant à l'ambiance médiévale.

Les visiteurs peuvent découvrir, dans une petite salle, les images animées inventées par les frères Lumière. Pour 50 centimes la séance, ils s'émerveillent de l'entrée d'un train dans une gare et rient à gorges déployées devant l'arroseur arrosé. Le responsable a bien émis quelques réserves, se plaignant du manque de place pour ses appareils, ses tubes d'oxygène et ses bidons d'éther, mais le fâcheux a vite été éconduit.

L'incendie du Bazar de la Charité.

La fête bat son plein. Plus de douze cents personnes sont déjà séduites par ce riche décor et dépensent sans compter en se donnant bonne conscience puisque le bénéfice sera pour les pauvres. On se bouscule pour apercevoir la duchesse d'Alençon, belle-sœur de l'empereur d'Autriche et jeune sœur de « Sissi », qui semble incommodée par la chaleur : « J'étouffe », murmure-t-elle à sa voisine qui lui chuchote à l'oreille : « Si un incendie éclatait, ce serait terrible. » Sans doute a-t-elle à l'esprit le brasier qui a ravagé l'Opéra comique, une dizaine d'années auparavant.

Tout n'est que frivolité, élégance, convenances et mondanités. Dans le local réservé au cinématographe, les

rires fusent. Petits et grands applaudissent, émerveillés par cette nouvelle invention. Il est 4 heures de l'après-midi quand le projectionniste essaie, malgré l'obscurité, d'ajouter de l'éther dans la lampe de projection. Pour éclairer la cabine, son assistant gratte une allumette ; c'est le drame !

Au feu !

Le vélum s'embrase en quelques secondes : « Comme une véritable traînée de poudre, dans un rugissement affolant, le feu embrasait le décor, courait le long des boiseries, dévorant sur son passage ce fouillis gracieux et fragile de tentures, de rubans et de dentelles. »

La panique est totale. Des centaines de personnes tombent à terre dans la bousculade. Elles ne peuvent se relever, piétinées, écrasées par d'autres qui essaient de fuir cet enfer, s'engouffrant dans des portes trop étroites et tombant à leur tour. « Le sauve-qui-peut général s'est transformé en chacun pour soi. » De véritables torches vivantes sortent du hangar et finissent d'agoniser dans la rue en poussant des hurlements de douleur.

Un journaliste épouvanté note : « C'est un spectacle inoubliable dans cet immense cadre de feu formé par l'ensemble du bazar, où tout brûle à la fois, boutiques, cloisons, planchers et façades, des hommes, des femmes, des enfants se tordent, poussant des hurlements de damnés, essayant en vain de trouver une issue, puis flambent à leur tour et retombent au monceau toujours grossissant de cadavres calcinés. »

Cinq minutes après le premier cri d'effroi, tout est consommé. Les pompiers arrivent trop tard pour espérer sauver

Les curieux affluent ; il ne reste plus rien. Il est 6 heures du soir. (*L'Illustration* n° 2828.)

qui que ce soit. Leurs lances ne servent qu'à mettre à nu les corps calcinés dont quelques-uns encore reconnaissables sont emportés par les familles. Les plus nombreux, entièrement carbonisés, sont recouverts d'une bâche et dirigés vers le palais de l'Industrie transformé en dépôt mortuaire. L'odeur de chair brûlée est immonde.

Un cuisinier de l'hôtel du Palais, situé en face du Bazar, sauve une centaine de vies en extirpant des hommes et des femmes par une petite fenêtre. (*L'Illustration* n° 2828.)

Les femmes d'abord… à la mort

Dès le lendemain, la polémique amplifiée par les journaux ajoute au sordide de la catastrophe. Cent vingt-neuf corps sans vie ont été retirés des décombres ; cent vingt-trois sont des femmes ! Ces messieurs si distingués ont sauvé leur peau, écrasant dans leur fuite coupable les dames à qui ils baisaient la main quelques minutes avant le drame. Le courage de la duchesse d'Alençon, qui a répondu aux jeunes filles qui voulaient la protéger : « Partez vite ! Ne vous occupez pas de moi, je partirai la dernière », et qui périt dans les flammes, est opposé à la lâcheté de ces hommes peu scrupuleux.

Le père du très mondain Harry Blount accueille froidement son fils qui est sorti vivant du brasier : « Je préférerais te savoir mort là-bas que te voir vivant ici ! »

Un des organisateurs reçoit une missive du père d'une des victimes : « Je regrette, monsieur, qu'en qualité d'ancien officier de marine, je sois obligé de vous rappeler que le commandant doit quitter son bord le dernier. »

On peut lire dans *Le Journal* un sévère réquisitoire commis par la plume acerbe de l'ardente féministe Séverine : « Parmi ces hommes [ils étaient environ deux cents], on en cite deux qui furent admirables, et jusqu'à dix en tout qui firent leur devoir. Le reste détala, non seulement ne sauvant personne, mais encore se frayant un passage dans la chair féminine, à coups de pied, à coups de poing, à coups de talon, à coups de canne. »

Le Petit Journal, passé maître dans la restitution des faits divers, écrit de son côté : « Le feu a fait mourir, dans des souffrances plus atroces que celles infligées aux victimes du barbare Moyen Âge, des femmes, des jeunes filles, des enfants, pour la plupart titrées, riches, heureuses, réunies là pour faire la charité. Le feu a pris sa proie toute vive et, détail odieux, la mort s'est amusée à dépouiller ses victimes. On a retrouvé nues de chastes jeunes filles, et involontairement, on songeait à la Virginie de Bernardin de Saint-Pierre, qui aime mieux mourir et ne jamais revoir Paul que de se dévêtir et être sauvée... Ignoble mort qui, plus infâme que le bourreau antique, insultait ainsi sa victime ! »

Les jours suivants, gendarmes et soldats cherchent dans la boue noire encore fumante les bijoux et autres objets de valeur pour les rendre aux familles en deuil, tandis que dans la rue, un homme fredonne déjà la complainte du Bazar au son mécanique de son orgue : « Il n'y a plus, quand vient la mort, ni rang ni classe. » Plus tard, une complainte, signée Léo Lelièvre, connaîtra un succès populaire :

« Au nom de la fraternité
Et pour soulager la misère
Au Bazar de la Charité
Se presse une foule princière
Mais tout à coup on crie : "Au feu !"
Alors toutes ces nobles femmes
Apercevant d'énormes flammes
Cherchent à s'enfuir de ce lieu... »

Le lendemain, les gendarmes cherchent les bijoux dans les décombres pour les restituer aux familles des victimes. (*L'Illustration* n° 2828.)

Le métropolitain en feu ! (10 août 1903)

« MES 3 SOUS ! Remboursez-moi mes 3 sous ! » s'énerve un voyageur du train 48 à qui on vient encore de demander de descendre de la voiture à la station Couronnes. Trop, c'est trop !, On lui a déjà fait le coup à Barbès sous prétexte d'un court-circuit. À cette allure-là, il ne sera jamais chez lui avant 8 heures du soir. De quoi lui faire regretter d'avoir pris le métropolitain au lieu du fiacre habituel. D'autres se joignent à lui et demandent à leur tour le remboursement du billet. Une vingtaine a déjà obtenu satisfaction quand un cri affolé retentit : « Sauve qui peut ! »

Pris au piège

Depuis le matin de ce 10 août, rien ne va. Il y a des jours comme ça où Jean, le wattman de la rame 43, accumule les contrariétés. Ce jour-là, ce sont les plombs qui fondent les uns après les autres. Rien de très dangereux, mais ensuite ce sont les compresseurs des deux motrices qui ne fonctionnent plus normalement, jusqu'à ces courts-circuits qui provoquent des débuts d'incendie sous les voitures et qu'il faut éteindre régulièrement. Arrivés à la station Combat, il est 7 h 08 du soir. La situation devient plus sérieuse. On jette des seaux d'eau sur les câbles et les voyageurs sont priés de descendre des trains 44 et 52.

À Ménilmontant, l'incendie reprend de plus belle. À peine ces deux rames, heureusement vides de voyageurs, sont engagées dans la station que deux détonations terrifiantes éclatent en même temps que les motrices s'enflamment, embrasant du même coup les boîtes de coupure de l'éclairage. L'obscurité soudaine étonne les quelques voyageurs qui, sur le quai, n'ont pas encore réalisé la gravité de la situation.

Une fumée noire se propage dans le tunnel pour émerger plus dense encore à l'autre bout, à Couronnes, où justement un train bondé arrive. Les déflagrations et le nuage âcre ne suffisent pas encore à alarmer certains usagers qui s'inquiètent du remboursement de leur ticket.

« La terrible catastrophe du tout nouveau métropolitain. » (Le Petit Journal, 23 août 1903.)

Dehors, des curieux entourent les rescapés hagards, pétrifiés devant la bouche de métro qui continue de cracher une fumée épaisse.

La longue attente

La foule envahit le boulevard de Belleville. Plusieurs casernes de pompiers sont rassemblées devant les gares d'où s'échappe toujours un nuage noir compact que ne dissipent pas les trombes d'eau déversées par les lances. Une descente dans l'abîme n'est pas envisageable tant la chaleur qui s'en dégage est élevée. Les

Soudain, l'atmosphère devient irrespirable. On entend un « sauve qui peut » qui réveille les consciences ; il est environ 7 h 38. Dans une bousculade indescriptible, des centaines de passagers cherchent désespérément la sortie. Des dizaines s'engouffrent à tâtons du mauvais côté du quai, dans un cul-de-sac. Certains trouvent une bouche de sortie et, faisant preuve d'un grand courage, repartent dans le gouffre noir pour sauver des femmes qui gisent à terre, évanouies. Les hurlements s'intensifient pendant quelques minutes encore mais bientôt, l'opacité de la fumée rend impossible toute tentative de nouvelle descente dans l'enfer du tunnel. Déjà, les cris s'estompent.

ingénieurs s'entretiennent avec le préfet Lépine des immenses dégâts matériels. Les wagons tout en bois se sont embrasés comme fétu de paille, mais tous veulent rester optimistes quant au nombre de victimes, peut-être deux ou trois...

Vers 11 heures, le colonel des pompiers en accord avec le préfet Lépine organise une descente par l'escalier des Couronnes. La mission s'avère vite impossible.

À 3 heures du matin, la nouvelle de la découverte de quatre cadavres, à Belleville, jette la consternation sur l'immense foule qui s'agglutine près des bouches du métro et que la garde républicaine à cheval a bien du mal à contenir. Inquiet, le préfet envoie un homme muni d'un casque de scaphandrier explorer le tunnel Couronnes. En vain ! Ce ne sera que vers 5 heures du matin que les pompiers tenteront l'exploration de la station malgré l'excessive chaleur qui les agresse dès la descente des escaliers.

Un lourd bilan

Quelques marches plus bas, à la lueur incertaine des torches, la première équipe découvre des corps enchevêtrés à peu de mètres de la sortie. Il aurait suffi d'une poignée de secondes...
Les pompiers suivent alors la direction de Ménilmontant où un tableau insoutenable les surprend au fond du quai. Ces hommes aguerris ont un mouvement de recul devant un indescriptible amas de cadavres emmêlés. Ils sont une soixantaine, entassés sur quelques mètres carrés, et malgré l'opacité du tunnel, on devine au premier plan un père serrant son enfant dans ses bras.
Une heure plus tard, soixante-dix-sept corps sont remontés, ce qui porte le nombre de victimes à quatre-vingt-quatre, pour la plupart asphyxiées par l'oxyde de carbone.
« Des wagons, il ne reste que les châssis et un fouillis de ferrures tordues ; le revêtement de la voûte est détruit, les rails de la voie sont déformés, les traverses brûlées », peut-on lire dans *L'Illustration*. Pourtant, moins de dix jours plus tard, la ligne 2 est complètement déblayée et redevient opérante. Les Parisiens traumatisés rechignent quelque temps à voyager sous terre, paniquant au moindre ennui technique. Un conseiller municipal ose même dire : « Si les Parisiens doivent faire leur testament chaque fois qu'ils iront prendre le métro, il serait intéressant de le savoir ! »
La mémoire collective est quelquefois inconstante. « Des catastrophes arrivent, puis elles sont arrivées, et on passe à autre chose », remarque Hubert Reeves. Aujourd'hui, ce sont plus de quatre millions et demi d'usagers qui transitent chaque jour sur les deux cents kilomètres du métro parisien, devenu le plus dense du monde. « Il n'y a plus d'aube sans métro », chantera Aragon...

L'Assiette au beurre épingle le métropolitain qui devient le « nécropolitain », façon temple égyptien !

Paris noyé, mais Paris sauvé ! (janvier-février 1910)

« Si un contemplatif se jette à l'eau, il n'essaiera pas de nager, il essaiera d'abord de comprendre l'eau. Et il se noiera. »

Henri Michaux

LE ZOUAVE du pont de l'Alma a manqué se noyer quand il apprit qu'il ne servirait plus de repère pour mesurer le niveau de la Seine, le pont d'Austerlitz lui ayant volé ce droit, mais pas la vedette, sa statue demeurant l'une des plus célèbres qui peuplent la capitale et le moyen le plus populaire pour apprécier les caprices du fleuve. À ce titre, il existe d'ailleurs une échelle des valeurs. Quand le socle disparaît, à 3,20 mètres, l'état d'alerte est donné. Dix centimètres de plus, à hauteur des orteils, et les voies sur berge sont fermées. Un mètre supplémentaire, à hauteur de sa cheville, signale que les plus hautes eaux navigables sont atteintes. Depuis 1856, date de sa mise en place, le zouave s'est couvert de repères chronologiques des crues majeures : 8,62 mètres en 1910 ; 7,32 mètres en 1924 ; 7,12 mètres en 1955 ; 6,18 mètres en 1982 ; et 5,20 mètres en 1999-2000. La crue de 1910 est un record absolu pour le zouave, atteint jusqu'aux épaules, mais pas un record historique pour une crue. Le 27 février 1658, en effet, la Seine s'épancha avec une telle force qu'elle grimpa jusqu'à 8,96 mètres. Le 26 décembre 1740, avec une hauteur de 8,05 mètres, a laissé son empreinte de désarroi face à une telle montée des eaux.

De ces principales crues, aucune comparaison ne peut être tirée tant les conditions sont différentes, sauf qu'elles s'inscrivent avec régularité dans le temps et ce, en dépit des ouvrages humains qui tentent d'en régler les causes avant d'en subir les conséquences.

Une entrée en Seine connue !

À une explication géomorphologique se greffe, à chaque crue, un enchaînement de mauvaises conditions climatiques. Les conditions générales montrent un bassin-versant de la

Au pont de l'Alma, le célèbre zouave enregistra une crue centennale : la Seine atteignit 8,62 mètres. (L'Illustration, 5 février 1910.)

Seine qui présente des pentes faibles, d'où un écoulement très lent des eaux et une durée d'évacuation très longue. Du fait de l'interdépendance des différents systèmes hydrologiques, la crue de 1910 se déroule en deux phases successives, comme deux ondes qui, l'une après l'autre, submergeraient Paris. Mais les conséquences de la crue auraient été d'une moindre ampleur si, additionnée au refoulement des eaux d'égout, elle n'avait trouvé, en empruntant les lignes de voie ferrée Austerlitz-Orsay, Invalides-Les Moulineaux et la Métropolitaine Nord-Sud, un véritable couloir d'inondation qui accéléra l'invasion des quartiers parisiens.

Quant aux conditions climatiques, elles sont détestables en cette période hivernale. De fin décembre à mi-janvier, conjuguée à la fonte des neiges, une pluie fine ne cesse de tomber sur la région parisienne, avant de connaître trois phases plus intenses, notamment entre le 17 et le 20 janvier, qui provoque la montée des cours d'eau et le début de l'inondation de la capitale et de la banlieue à partir du 23 janvier. Paris noyé se transforme alors en cité lacustre pendant une dizaine de jours ; puis il est l'heure de panser ses plaies et de réfléchir aux remèdes possibles, la Seine n'ayant retrouvé son lit qu'à partir du 15 mars.

Une crue centennale

La richesse du fonds photographique sur cet événement – relaté pour son centenaire par deux grandes expositions – montre combien l'inondation de 1910 marqua les esprits, tant par l'adaptation humaine à de nouvelles conditions de vie que par son importance. Les barques circulant dans les rues de Paris, les passerelles en bois supportées par des tréteaux, le système D des habitants pour s'organiser font partie des images fortes de cette inondation, relayée par la presse nationale et internationale qui en fait, durant plusieurs jours, la une de ses quotidiens, certains tirant à plus d'un million d'exemplaires. Sur ces photos et dans les lignes de ces journaux se retrouvent l'âme de cette catastrophe, et surtout la formidable capacité des habitants à s'organiser avant de tirer un bilan, léger en nombre de victimes, mais lourd en dégâts matériels.

L'Illustration, sous la plume d'Henri Lavedan, et en dépit de son imprimerie inondée, véhicule largement l'information :

« 28 janvier. À ma droite, la Seine débordée vient battre à deux cents mètres les maisons du quai Debilly et la manutention militaire. Une barque longe les murailles, avec prudence et comme en rampant... À grand bruit, une pompe à vapeur toute cornante, écarlate et cuivre, débouche de l'avenue de l'Alma. Elle accourt comme le salut, chargée d'une grappe de pompiers qui sautent à terre, tandis que les deux gros chevaux pommelés, impatients, semble-t-il, eux aussi, de faire leur devoir, entrent déjà dans l'eau qu'ils font jaillir jusqu'aux chaînes du timon, et je regarde l'eau, l'eau qui passe... cortège, caravane liquide... dans une espèce de sinistre et formidable triomphe. C'est la Seine, la Seine de Lutèce qui, toute sortie et pour ainsi dire debout et échevelée dans son vieux lit, roule comme dans un char silencieux, au galop horizontal et furibond de ses immenses attelages

Aux détestables conditions climatiques et au refoulement des eaux d'égout s'ajouta le rôle du métropolitain, véritable couloir d'inondation.
(*L'Illustration*, 5 février 1910.)

limoneux qui l'emportent en se ruant vers la mer. Elle a l'air de dire : "Voilà ce que je fais, quand je veux..."
«Et la rue du Bazar de la Charité pleine d'eau ! Quelle pitoyable, terrible et ironique revanche ! Ainsi, l'eau recouvre – trop tard – le terrain où serpentaient les flammes, et où s'entassaient les corps consumés.

Pendant dix jours, Paris se transforma en cité lacustre : rues, avenues, monuments et métro étaient ensevelis sous les eaux de la Seine. (*L'Illustration*, 5 février 1910.)

«À chaque instant, dans cette partie très populeuse du quartier, c'est la même vision, dès qu'on passe devant une rue perpendiculaire au quai d'Orsay : un corridor d'eau entre deux hautes murailles aux fenêtres ouvertes desquelles sont engagés déjà des matelas, des édredons rouges, des couvertures de laine, tandis que des corps aux trois quarts penchés font de loin des gestes d'appel, bras en l'air...

«Esplanade des Invalides. C'est le gâchis, les marais, océan de boue dans lequel s'enfoncent, plongent et roulent les voitures en torrent les unes sur les autres... Le ministère des Affaires étrangères et toutes les maisons qui bordent les rues de Constantine et Fabert baignent dans cet immonde étang.»
Les images fortes se multiplient à foison dans Paris et les villes voisines, qui n'ont pas non plus été épargnées par la crue.

Un lourd bilan matériel

L'accumulation des dégâts paralyse une partie de l'économie de la capitale. La navigation est stoppée dès le 20 janvier ; l'arrêt de la production d'air comprimé

interdit tout fonctionnement des horloges publiques et des ascenseurs ; les usines à gaz sont inondées ; cinq mille cinq cents becs de gaz sont éteints ; les trams ne circulent plus. Trois des six lignes du métro sont inutilisables. L'usine d'incinération ne fonctionnant plus, le préfet de Paris Lépine autorise à jeter, à grand renfort de tombereaux, les ordures à la rivière pour éviter les épidémies, au grand dam des communes en aval. Quatre des dix gares sont inondées au point que soixante-quinze mille chevaux sont réquisitionnés pour assurer le transport.
Un immeuble sur quatre – quatre-vingt mille au total – est inondé à Paris ; cent cinquante mille Parisiens sont sinistrés ; les dégâts sont estimés à 400 millions de francs. Mais au-delà de ces chiffres impressionnants, le bilan humain reste faible : un mort à Paris !
La crue de 1910 a servi de leçon par une prise de conscience des travaux à réaliser pour éviter qu'une telle inondation ne se renouvelle. Hormis le fait reconnu que ce sont les hommes eux-mêmes, par la réalisation de travaux, qui ont ouvert de larges brèches à l'eau, c'est d'abord en amont de la capitale que la prévention se révèle nécessaire en préservant les champs d'inondation afin de permettre à l'eau de s'étaler ; en construisant des barrages-réservoirs comme cela a été réalisé entre 1970 et 1990 ; en mettant en place un système d'alerte des crues efficace. Il est alors temps, dans Paris intra-muros, de rehausser les parapets, de consolider les quais et d'éviter que les eaux pénètrent dans les égouts par la création de vannes anti-retour.
Bien que domestiquée, la Seine, aux muscles de son courant, n'en garde pas moins tout son pouvoir de séduction mais aussi de destruction, tant la vie de l'eau est liée à celle des hommes. À lui d'en respecter le cours ! Car, aujourd'hui, un million de Franciliens auraient les pieds dans l'eau en cas de crue majeure.

Une grande solidarité s'organisa pour secourir les cent cinquante mille Parisiens sinistrés. (*L'Illustration*, 5 février 1910.)

Ce numéro comprend 20 pages au lieu de 16. Il ne contient pas de roman, le tirage du 8e fascicule de l'œuvre de M. Edouard Rod ayant été presque entièrement détruit par l'inondation de nos ateliers.

L'ILLUSTRATION

Prix du Numéro : 75 Centimes. SAMEDI 5 FÉVRIER 1910 *68e Année. — No 3493.*

L'INONDATION. — Un épisode de l'œuvre de la Croix-Rouge.

A l'ancien Grand Séminaire de Saint-Sulpice, les enfants des familles victimes de l'inondation ont retrouvé de jeunes maitresses d'école volontaires qui les instruisent, les soignent et les amusent.

Dessin de PAUL RENOUARD — Voir l'article, page 92.

Les ateliers de L'Illustration étant encore inondés, ce numéro, tiré dans cinq imprimeries différentes, n'a pu être mis en distribution que le samedi 5 février.

L'histoire secrète de la plus grande catastrophe ferroviaire de France (12 décembre 1917)

«Le progrès et la catastrophe sont l'avers et le revers d'une même médaille.»

Hannah Arendt

«JE SUIS responsable de ce convoi ; je ne partirai qu'avec une motrice derrière moi. Ce sont des wagons italiens. Déjà, l'autre mécano m'a signalé que les freins sont bricolés. Je connais la ligne, je ne pars pas !

– Girard, c'est un ordre ! Vous démarrez tout de suite, ou c'est la forteresse ! Compris ?

– C'est de la folie, de la folie… Neuf cents tonnes dans le cul ! Quelle connerie, la guerre !»

Ce court dialogue en gare de Modane, entre l'adjudant Girard, le mécanicien responsable du train Modane-Paris, et le capitaine Fayolle, commandant du trafic, provoque les quolibets des poilus qui, depuis l'aube, sont partis de Bassano (Italie) pour quinze jours de permission au pays.

«Pour sûr qu'on est arrivé en France ! Ça discute déjà les ordres !

– Des balivernes, cette histoire de frein. Tous des planqués aux chemins de fer, il faut qu'ils se fassent mousser !»

La permission de Noël

Deux mois déjà que les soldats se battent sur le front italien quand la bonne nouvelle est tombée : quinze jours de perm à Noël ! Retrouver la famille, des semaines qu'ils en rêvent, ces

jeunes troufions mis à rude épreuve aux pieds des Dolomites. Tous ont une fiancée rêvée ou réelle ; tous ont une mère, certains des enfants qui les attendent. Le 12 décembre au matin, ils s'entassent dans les wagons de bois dans la petite gare de Bassano en chantant pour conjurer le grand froid, accompagnés par quelques gratteurs de mandoline. Ils traversent la plaine de Lombardie, s'arrêtant à chaque petite gare où les nouveaux bidasses sont accueillis avec des cris de joie, en se poussant encore un peu pour faire de la place. Au passage de la frontière, c'est l'allégresse ! Chacun aperçoit le clocher de son village, fût-il à des centaines de kilomètres, sûr que les montagnes sont déjà plus belles. L'air est tellement meilleur qu'on ouvre les fenêtres coulissantes pour en boire de bonnes lampées malgré le froid glacial. Un arrêt imprévu dans le tunnel du Mont-Cenis déclenche l'hilarité : « Pour sûr qu'on a écrasé un Boche ! – Ça s'arrose ! – Putain ! Nos femmes vont nous engueuler si on arrive en retard ! » Les plaisanteries triviales succèdent aux éclats de rire.
« Descendez pas, les gars, un raccord vient de péter, ce sera vite fait ! » Et les gars attendent le nouveau départ qui doit les conduire en gare de Modane en braillant de plus belle. Ils y seront à 9 h 30 du soir.
L'express civil Modane-Paris est en cours de formation. Plus d'une heure d'attente dans cette gare froide et inhospitalière ne décourage pas les poilus qui en ont vu d'autres. Malgré les sages conseils des gendarmes qui les exhortent à ne pas s'éloigner, ils sont des centaines à s'éparpiller dans la nature, à la recherche d'un estaminet ou d'une gentille Savoyarde en manque d'affection.
23 heures. Le départ s'annonce, les esprits sont échauffés, les visages rouges, certains s'inquiètent de l'absence d'un copain. Manquent à l'appel une dizaine de poilus que l'alcool a rendu amnésiques et qui vont rater le train ! « Quels couillons ! » mais le convoi ne les attendra pas. L'altercation entre le cheminot et le colonel les a amusés un moment, mais maintenant ils sont pressés de partir et surtout d'arriver !

Le train de la mort

Sur dix-sept kilomètres, entre Modane et Saint-Michel-de-Maurienne, la pente accuse un dénivelé de trente pour cent. Le règlement est formel : il faut impérativement deux motrices pour pousser et retenir les convois, et la vitesse est limitée à quarante kilomètres-heure. Deux rames supplémentaires ont été ajoutées pour transporter les neuf cent quatre-vingt-deux poilus en perm. Au dernier moment, Girard, le responsable du train, est averti des avaries des freins décelées dans le tunnel du Mont-Cenis. De plus, on lui annonce qu'une seule motrice est disponible, l'autre étant réquisitionnée pour un train de minutions. « C'est de la folie… » murmure-t-il au coup de sifflet du chef de gare.
Dès le départ, la vitesse surprend les poilus les moins éméchés qui rejettent une certaine inquiétude en gueulant : « Bravo, les mécanos, on y sera vite à cette allure ! Vive la France ! »
Aucun ne veut s'inquiéter des gémissements des essieux, des tampons qui se heurtent, de la vitesse qui augmente.

Cent, cent cinquante ? Les paris sont lancés.

Dans sa cabine, Girard sait qu'il est seul à se battre contre la mort, que le combat est inégal. Il serre à fond les freins qui ne répondent plus ; il renverse la vapeur. Les soupapes éclatent, et le train poursuit sa descente infernale.

Dans un fracas effrayant, six premiers wagons déraillent et s'enflamment. Des grenades cachées par les permissionnaires explosent, provoquant des gerbes d'étincelles. Les soldats sortent de leur torpeur et hurlent d'épouvante.

Au pont de la Saussaz, Girard comprend que la partie est finie. La première voiture déraille, l'attelage casse et à un kilomètre de la gare de Saint-Michel-de-Maurienne, toutes les autres voitures s'encastrent les unes dans les autres, s'enchevêtrant dans un bruit de ferraille épouvantable. Aussitôt, les wagons en bois s'embrasent. Une odeur de chair carbonisée inonde la nuit.

C'en est fini des plaisanteries de troupiers. La mort est partout qui déchiquette, arrache, brûle et mutile, emportant toutes les espérances de Noël de ces jeunes braves qui rêvaient de dinde farcie et de draps propres. Un rescapé de cet enfer libère sa mémoire de l'insoutenable tragédie :

« Je ne me souviens de rien : les cris de la descente, les hurlements présents... J'ai perdu connaissance. Combien de temps ? Quelques secondes sans doute. Était-ce un cauchemar ? Mais non, tout cela est bien réel. Où suis-je ? Il fait noir, il fait froid, je me sens serré, prisonnier. C'est une main, une jambe que je ne puis dégager. Partout autour de moi, il y a ces cris affreux.

« Lentement, je comprends, je ne suis pas bloqué sous les débris du wagon, je me rends compte que j'ai la tête en bas et que je suis suspendu par les jambes. Non sans efforts, j'arrive à me rétablir et je peux me dégager, puis dans un état de demi-conscience, je franchis des obstacles, des poutres, des débris de banquettes. Je marche sur des corps dans le noir, je ne sais plus. Je n'ai qu'une idée : fuir, échapper...

« Autour des décombres errent quelques rescapés égarés, abrutis. Ils regardent sans réaction. Je donne une bougie au plus valide, et nous cherchons à nous porter aux endroits où les cris sont les plus distincts. Mais déjà vers la gauche, vers ce qui était la tête du train, de grandes flammes s'élèvent. Remontant la pente, le feu gagne les carcasses en quelques secondes, c'est l'enfer.

« Un mur gigantesque, une muraille dantesque, sert de fond à cette tragédie. Les wagons écrasés, empilés, forment des cages monstrueuses. La clarté des flammes révèle des corps suspendus, mutilés. Au sol, il y a des morts partout sous une couche d'éclats de bois, de ferrailles tordues, de roues fumantes. Ceux que la flamme n'a pas encore atteints regardent avec effroi brûler leurs camarades.

« “Sauvez-moi ! Sauvez-nous !” Nous tentons de dégager des corps, mais presque tous sont coincés et déjà mutilés. Quelques hommes, voyant arriver le feu, s'amputent un pied, une main avec leur couteau de tranchée, et se traînent, sanglants, sur le ballast. Mais la voie entre deux murs est un piège, les blessés ne peuvent sortir sans aide sur trois cents mètres. Le kilomètre 121 n'est qu'une gigantesque tombe.

« “Salauds ! Vous nous laissez crever !” Des hommes, des femmes, des sapeurs-pompiers, quelques soldats sortent de la nuit, ils arrivent en courant de Saint-Michel. À la lueur du brasier, chacun tente de traîner des corps. Les actes d'héroïsme se multiplient, les amputations sauvages continuent. À la hache, pour dégager les blessés. Des cris inhumains montent dans la fumée, au milieu d'une affreuse odeur de chair brûlée. »

« Vous démarrez tout de suite, ou c'est la forteresse » ! Cet ordre stupide et criminel a entraîné la mort de plusieurs centaines de soldats.

Secret militaire

Toute la nuit, hommes et femmes essayent de sauver quelques improbables survivants. Le plus souvent, ils sortent des amas de ferraille des cadavres mutilés qui sont déposés dans la grande salle des machines de l'usine de pâtes Bozon-Verduraz, toute proche de la gare. Cent, deux cents, puis trois cents morts s'entassent dans cette chapelle ardente improvisée. Beaucoup de blessés meurent dans le transport en ambulances vers les hôpitaux de la région, trop brûlés, trop amochés. D'autres meurent de froid, coincés dans l'amas inextricable de ferraille ; d'autres encore, qui avaient survécu aux champs de bataille, sont emportés par l'explosion d'une grenade...

Le jour se lève sur une vision apocalyptique. La carcasse du train fume toujours, des chasseurs alpins aidés par des anonymes au courage exemplaire continuent d'extirper les soldats de l'enchevêtrement des poutres. Quatre cent vingt-trois en seront ainsi retirés ; cent trente-cinq non identifiables sont enterrés dans une fosse commune. Plus de deux cents cinquante mourront dans les quinze jours qui suivirent leur admission à l'hôpital. Si aucun chiffre officiel n'a été donné, on peut évaluer le nombre de soldats morts à cause de l'arrogance d'un officier trop zélé à six cent soixante-quinze.

Le jour se lève sur Modane où une poignée de bidasses, la bouche pâteuse, émerge de leur beuverie nocturne, démoralisés d'avoir raté le train de la perm... « Quelle bande de couillons ! »

Cette catastrophe qui, aujourd'hui encore, reste le plus grave accident ferroviaire de France, a été entourée de la plus grande discrétion. Les journaux ont été priés par les autorités militaires de garder le silence total sur ce drame. Seul *Le Figaro*, quelques jours après le drame, a consacré une vingtaine de lignes à la catastrophe de Saint-Michel-de-Maurienne.

Coupe du tunnel du mont Cenis.

Le crash mystérieux du DC-4 canadien (13 novembre 1950)

« Le silence de la montagne est encore plus beau lorsque les oiseaux se sont tus. »

Taisen Deshimaru

SIMPLE ACCIDENT dû à une erreur de pilotage, ou bien tentative de détournement – laquelle serait la première du genre dans l'histoire de l'aviation ? Le mystère reste entier dans le crash de l'avion canadien qui, le 13 novembre 1950, percuta le mont Obiou, dans le massif du Dévoluy, à la limite de l'Isère et des Hautes-Alpes. Car il est vrai que toute catastrophe intervenue dans des conditions anormales suscite invariablement des questionnements, opposant la version officielle des autorités à des thèses fondées sur des rumeurs et des supputations dont l'écho est le plus souvent amplifié par les médias.

Alors, que s'est-il réellement passé ce soir-là dans le ciel alpin pour en arriver à une telle opposition des versions ?

L'avion ne répond plus

Parti de Rome vers 15 heures en accusant un retard considérable, le DC-4 de la compagnie Curtiss Reid transporte, à destination de Montréal, *via* Paris pour une escale, cinquante-huit passagers, dont plusieurs membres du clergé de retour d'un pèlerinage dans la capitale italienne à l'occasion des cérémonies de béatification de Marguerite Bourgeoys. Jusqu'à Montélimar, après avoir traversé la Méditerranée, l'équipage demeure en contact avec le sol sans jamais rien laisser paraître d'une quelconque inquiétude. L'avion doit alors emprunter le couloir rhodanien avant de survoler Lyon, aux alentours de 17 h 10. Jamais l'appareil n'atteindra son but.

En ce mois de novembre 1950, la neige a déjà recouvert les flancs du mont Obiou. Le froid commence à envelopper cet imposant massif quand les montagnards distinguent, dans la nuit tombante, le bruit inhabituel d'un avion qui les survole à basse altitude.

Quelques minutes s'écoulent avant qu'une formidable explosion ébranle la face nord-ouest de la montagne.

Aussitôt, les secours s'organisent. Des hameaux qui entourent le mont convergent près de deux cents secouristes. Malgré la marche épuisante dans la neige et l'obscurité, la parfaite connaissance des lieux leur permet d'arriver rapidement sur la zone du drame. Il reste peu de chance de retrouver des survivants mais, à l'aide de piques et de pelles, les secouristes sondent la neige à la recherche des corps des malheureux passagers. Quant à l'appareil, il s'est complètement désintégré sous la force de l'impact, projetant à plus de mille mètres des morceaux de sa carcasse. Il faudra plusieurs jours aux secouristes pour rassembler ce qui reste des cadavres disloqués ainsi que les effets personnels à remettre aux familles.

Des questions sans réponse

L'enquête peut alors débuter entre évidences et zones d'ombre, entre version officielle et enquêtes parallèles, chacune se rapportant à des hypothèses à défaut de réponses factuelles, les moyens techniques de l'époque ne permettant pas

Le DC-4 canadien s'écrasa au-dessus du mont Obiou sans laisser de survivants qui auraient pu témoigner.

de connaître le déroulement des faits quelques minutes avant le drame, l'équipage n'ayant plus eu aucun contact radio à partir du survol de Montélimar. Quelle en fut la cause ? Première question qui reste sans réponse ! Les enquêteurs s'intéressent ensuite aux conditions atmosphériques sur zone, ce soir-là. Du mauvais temps et du vent qui soufflent en bourrasques certes, mais dont l'impact se révèle toutefois bien insuffisant pour accréditer la thèse de l'accident. Erreur de pilotage ? Pourquoi pas si l'on considère que l'avion a dévié de sa trajectoire officielle pour, ne naviguant plus à vue mais à l'aide de compas, emprunter non le couloir rhodanien mais la vallée de la Durance ! Cause plus probable, qui sera celle que retiendront les autorités, l'avion aurait souffert d'une avarie technique que les pilotes, bien que confirmés, n'auraient pu résoudre, ceci expliquant leur silence radio. Thèse étayée par la mauvaise réputation de la compagnie canadienne, mais infirmée par le contrôle technique tout à fait normal de l'avion.

D'étranges passagers ?

Là s'arrête l'enquête officielle, qui n'a porté, du moins en apparence, que sur les circonstances de l'accident. Débute alors un scénario à la *Da Vinci Code*. Un professeur québécois, Louis-Edmond Hamelin, s'intéresse à l'affaire, livrant une thèse où se mêlent raison d'État, barbouzes, terroristes et sociétés secrètes. Ce géographe de formation n'a jamais cru à la thèse de l'accident technique. Ce faisant, il s'intéresse aux raisons de ce vol, et plus particulièrement à l'identité des passagers. Ainsi découvre-t-il que l'un d'eux appartient à une organisation anticommuniste, le Mouvement Pro-Russia, proche de l'Église catholique. L'auteur de *L'Obiou, entre Dieu et le diable* se lance alors dans un véritable roman d'espionnage.

D'après lui, en pleine guerre froide, les services soviétiques auraient eu vent de documents secrets transportés dans le DC-4 pour être ensuite utilisés dans la croisade contre les forces du mal par les Américains. Deux espions se seraient infiltrés dans l'avion avec ordre de le détourner vers un pays de l'Est. Ce changement brutal de cap aurait été fatal, soit que l'équipage ait perdu le contrôle de l'avion, soit que les pirates de l'air n'aient pas réussi à s'emparer des commandes. Et d'évoquer, à partir de rumeurs jamais vraiment prouvées, l'enlèvement, dès l'arrivée des secours, du corps de l'un des passagers prestement rapatrié vers l'Italie, des milliers de dollars répandus sur la neige après le crash ainsi que la disparition de pièces secrètes.

Une démonstration qui laisse sceptique tant les zones d'ombre et l'absence de preuves sont manifestes, bien dans la tradition des écrivains à sensation qui transposent un drame dans un environnement mystérieux où planent intérêts et secrets d'État.

À ce jour, la seule vérité se trouve dans le petit cimetière voisin du sanctuaire de Notre-Dame de La Salette, où la Vierge apparut à plusieurs reprises à deux enfants au milieu du XIXe siècle. La plupart des victimes sont enterrées là, à mille sept cent quatre-vingt-sept mètres d'altitude, face au mont Aiguille. La guerre froide s'est réchauffée depuis l'effondrement du bloc soviétique. Restent peut-être dans des archives quelques documents qui permettraient un nouvel éclairage sur cet accident...

Que s'est-il réellement passé sur le vol du DC-4 Rome-Paris ? Accident ou attentat ? Le mystère demeure !

Le barrage maudit : Malpasset le bien nommé (2 décembre 1959)

« De tous les ouvrages construits de main d'homme, les barrages sont les plus meurtriers. »

André Coyne, ingénieur des Ponts et Chaussées

« LE TEMPS s'était remis au beau. Le ciel s'était dégagé. Le vent était tombé. La mer s'était calmée et ne balayait plus la côte que de petites vagues rageuses et impuissantes. La pluie avait cessé. Pendant trois jours et trois nuits, le vent, l'eau du ciel et de la mer s'étaient réunis sur la terre. Pendant trois jours et trois nuits, la mer déchiquetée par la tempête s'était abattue sur la côte en vagues monstrueuses, renversant les digues, coulant les bateaux dans les ports, éventrant les maisons, submergeant les rues de galets, de sable, de boue et de dizaines de centaines de tonnes de détritus, de pierres, d'arbres, de meubles, de voitures, de pneus, qu'elle avait avalés, broyés et qu'elle vomissait. Le vent avait sifflé au ras du sol emportant tout sur son passage. Pendant trois jours et trois nuits, le ciel noir s'était déversé sur la terre, gorgeant les montagnes qui suaient l'eau, la boue, la pierre, inondant les bas quartiers des villes et des villages, ravinant la campagne, nourrissant la mer d'une lave épaisse. Pendant trois jours et trois nuits, le vent avait poussé dans le ciel d'énormes nuages violets au fur et à mesure que le ciel fondait sur la terre. Puis, à l'aube du mercredi 2 décembre, le soleil avait brillé… » (*Détective* du 11 décembre 1959.)

Le panneau d'information, sur le site de Malpasset, tait le nombre de victimes. Ce sont pourtant quatre cent vingt-trois corps qui furent retrouvés ; vingt-sept d'entre eux ne purent être identifiés. (Photo Gérard Bru.)

Malpasset, l'indestructible

Malpasset. Des années que l'on parlait de ce barrage qui permettrait de constituer un réservoir d'eau pour irriguer les riches terres alluviales de la plaine en période de sécheresse. André Coyne, ingénieur, spécialiste incontesté de la construction des barrages, est chargé de sa réalisation. Coyne choisit le site de Malpasset. Le Reyran sera dompté : plus de crues dévastatrices, plus de sécheresse, plus de soucis d'approvisionnement pour tous ces touristes qui affluent chaque été, et une réserve d'eau salutaire pour combattre les incendies des forêts de l'Esterel.

Les Varois ont, à ce sujet, des avis partagés. Ils connaissent l'impétuosité du Reyran, rivière capricieuse qui se transforme au gré des pluies en torrent. Ils savent ses eaux dormantes en été et furieuses en hiver qui, depuis les gorges de l'Esterel, emportent dans leur folle descente cailloux et sable ravinant le massif, inondant la plaine jusqu'aux quartiers de Fréjus pour se jeter rageusement dans la Méditerranée.

Malpasset, du nom d'un brigand, du temps lointain des diligences, bandit de triste mémoire qui a laissé son nom honteux au pays.

Les journaux ont suffisamment parlé de cette merveille technologique, barrage-voûte d'une exceptionnelle résistance à la pression, quasiment indestructible contrairement aux barrages-poids, plus vulnérables à la force de l'eau. « Le barrage le plus mince d'Europe » : 1,50 mètre à la crête !

Cette prouesse architecturale n'est pas d'ordre à rassurer le bon sens des locaux qui savent bien que l'indomptable nature provençale se fiche de la technique, se gausse des experts et se méfie des savants parisiens. « Ce barrage nous fera pleurer un jour », disaient-ils.

Une étrange prémonition

André Ferro, le gardien du barrage, est inquiet. La pluie tombe sans discontinuer depuis trois jours. Jamais le barrage n'a atteint un tel niveau depuis son inauguration, voici cinq ans. Il y a deux jours, déjà, il a reçu l'ordre d'ouvrir la vanne pour faire baisser le niveau, mais aujourd'hui c'est impossible : les ingénieurs du chantier de l'autoroute juste en aval du barrage sont en train de couler les piles en béton du futur pont ; on ne peut gâcher l'ouvrage.
André est consciencieux ; il a passé la journée de mercredi sur le parapet, impuissant, à regarder l'eau monter. La peur devient angoisse à mesure que le soir tombe. Il fait nuit quand, à 18 heures, il reçoit enfin l'ordre de relâcher un peu la pression. Désormais, il scrute désespérément la retenue qui s'étend sur dix-huit kilomètres de long. L'eau ne descend pas, ou pas assez vite. Des heures et des heures seront nécessaires...
Pour cet ancien mineur italien qui a fui le fascisme pour s'installer à Malpasset, le barrage, c'est sa vie, son honneur. L'ingénieur du génie rural a pressenti les qualités de cet homme et l'a recruté comme gardien du barrage. Nul mieux que lui ne connaît cette terre, ses humeurs, ses secrets et son âme. Il a tremblé quand en novembre 1957, il a senti la voûte frémir sous ses pieds suite aux tirs de mines déclenchés par les ouvriers de l'autoroute Esterel-Côte d'Azur, à moins de trois cents mètres. Il a transmis ses craintes aux ingénieurs, les tirs ont continué...
André descend vers sa maison où l'attendent sa femme et son petit garçon. Il mange du bout des lèvres et prend soudain la décision d'aller passer la nuit en haut, sur la voûte, comme si sa seule présence allait éloigner le danger que déjà, il pressent. Il n'a pas d'autre choix pour exorciser la sombre intuition qui lui tord les entrailles. Le temps d'enfiler un pull, et la menace latente explose.

Il est tétanisé par une sorte de grognement d'animal suivi d'un bruit assourdissant de ferrailles tordues : « Le barrage ! Vite, vite ! » hurle-t-il. Il arrache sa femme à la télévision, le gamin à son sommeil, et les entraîne sur le haut de la colline.

Il est 21 h 13, et le barrage vient de céder...
À 21 h 35, la vague atteint le transformateur de l'EDF et plonge Fréjus dans l'obscurité. À 21 h 40, le flot atteint la rue de Verdun et les arènes de Fréjus. À 21 h 45, l'eau envahit la gare de Fréjus et le quartier de Fréjus-Plage. À 21 h 49, l'autorail Marseille-Nice est submergé. À 21 h 50, le torrent arrive à la mer, inondant la base aéronavale. À 22 h 15, le tocsin sonne à Fréjus. La ville est coupée du monde.

Une vague de soixante mètres

Cinquante millions de tonnes d'eau ont eu raison de la retenue. Une vague de soixante mètres de haut sur une largeur de cent déferle sur le premier contrefort ; une éclaboussure de plus de cent mètres jaillit dans le ciel, terrifiante ; le rouleau monstrueux se pelotonne à chaque méandre que fait la vallée et continue sa course mortelle emportant tout sur son passage. Les maisons sont soulevées comme fétus de paille ; des blocs de béton de cinq cents tonnes roulent dans un fracas épouvantable. Les millions de tonnes d'eau et de boue s'enfoncent comme un coin dans la vallée. L'autoroute en chantier est emportée, et les baraquements des ouvriers s'envolent sans laisser aucune chance à leurs occupants endormis.

La vallée est labourée par la violence de cette masse d'eau qui arrache la montagne, les routes, les arbres, les fermes, et atteint Fréjus en une dizaine de minutes. En moins de sept minutes, dans la vallée du Reyran, ce sont une cinquantaine de maisons qui sont détruites, et il y a déjà plus d'une centaine de morts sans qu'aucune alerte n'ait alarmé les Fréjusiens.

Vue panoramique de la plaine inondée. (Coll. Sandrine Muscat.)

Le barrage de Malpasset, avant la catastrophe. (Coll. Sandrine Muscat.)

Les bas quartiers sont sous l'eau. Des façades entières de maisons se détachent. Les voitures et les meubles sont projetés dans les airs. L'autorail Marseille-Nice est englouti. Certains passagers arrivent à se réfugier dans la première voiture qui est restée sur les roues et parviennent à se sauver. Les autres sont emportés, noyés... On retrouve un passager accroché à un poteau avec sa cravate : il est épouvanté mais vivant... Des cadavres flottent. Les eaux boueuses du lac se mélangent dans un fracas terrible à la mer et s'enfoncent jusqu'à plusieurs miles de la côte. L'effroyable roulement s'estompe. 22 h 15 : le curé de Fréjus sonne les cloches. Dérisoire tocsin. Tout est fini ; tout est à faire.

Les Ferro ont grimpé la colline à perdre haleine, l'eau grondant à leurs talons. Course effrénée perdue d'avance, la vague les engloutit. Ils roulent dans le magma de boue jusqu'à ce qu'un choc de deux murailles de béton les soulève et les envoie dix mètres plus haut, sonnés mais vivants. Bien peu auront cette chance insolente.

Les Fréjusiens rescapés sont des survivants suspendus à quelques branches, à une gouttière, à une improbable épave, souvent déshabillés par la force de l'eau ou en pyjama, hurlant leur peur dans la nuit. Sur les toits des maisons, ils s'accrochent, blessés, trempés, hagards. Ils regardent incrédules les corps qui émergent de la gadoue, les voitures et les camions ensevelis sous la boue. La rue de

Le barrage de Malpasset,
après la catastrophe.
(Coll. Sandrine Muscat.)

Verdun a disparu ; la nationale 7 a été soufflée ; la vague meurtrière a emporté les fermiers de la vallée, les ouvriers de l'autoroute, les soldats du camp de l'Intendance et de nombreux habitants des bas quartiers de Fréjus.

Réfugié au deuxième étage de sa maison, un paysan a eu la peur de sa vie : « J'ai vu arriver la trombe d'eau qui me dominait de plusieurs dizaines de mètres, encerclant la maison. Les murs ont tenu. Quelques secondes plus tard, elle était passée, mais le flot continuait à couler, dans lequel je pouvais tremper mes mains. Au loin, la vague progressait à la vitesse d'un cheval au galop, et je voyais sur la route les phares des voitures bousculées et traînées comme des fétus de paille. » « On aurait dit dix avalanches simultanées », soutiennent des métayers. « Cent trains lancés à 100 kilomètres-heure sur des voies parallèles », renchérissent les cheminots.

Entre la route et la voie ferrée, un couple a été réveillé par le vacarme. La femme, dans un demi-sommeil, croit entendre le train. L'homme se lève, ouvre la fenêtre. « À la place du train, et presque aussi vite que lui, j'ai vu passer un arbre, un camion et des tonneaux entraînés par un courant furieux qui montait presque aussi vite que du lait dans une casserole. »

Les témoignages se succèdent, évoquant la fin du monde, un raz-de-marée, un tremblement de terre.

La Piste aux étoiles

Le plan Orsec est immédiatement déclenché. Les militaires des bases

locales, ainsi que des hélicoptères de l'armée américaine basés dans les environs s'occupent de porter secours aux survivants, mais aussi de dégager les corps des victimes. Des projecteurs puissants balaient la zone sinistrée, orientant les sauveteurs qui, sans relâche, arrachent des miraculés à la mort. Les hélicoptères lancent des échelles de corde sur les toits. Soldats, civils et gendarmes extirpent des carapaces boueuses des corps méconnaissables mais vivants. Un de ces héros de la nuit aura la tête coupée par une pale en opérant son huitième sauvetage.

La marine française et la sixième flotte américaine sont dépêchées sur la côte sinistrée.

Certains Varois n'étaient pas convaincus par ce fleuron de la technologie française : « Ce barrage nous fera pleurer un jour. » (Photo Gérard Bru.)

Des barques et des canoës pneumatiques repêchent dans le noir des survivants à la dérive. Un des marins témoigne : « Je fus étonné par la couleur de la mer, la Méditerranée n'était qu'une étendue de boue. À deux ou trois miles de la côte, nous avons commencé à voir des meubles flotter… Comme il n'y avait plus de route entre Fréjus et Saint-Raphaël, les marins ont mis à l'eau des petites péniches de débarquement pour évacuer les survivants vers le port voisin… Après trois ou quatre jours, les hélicoptères de

Villefranche-sur-Mer ont commencé à venir déposer des paquets de boue, il s'agissait de morts dans leur gangue de terre. Au début, nous les nettoyions de notre mieux, avec les moyens du bord. Puis devant le nombre, nous avons dû avoir recours à la lance à incendie. »

Le jour se lève enfin. Quelques-uns, qui ont échappé à la mort, racontent leur miracle, telle cette famille qui a refusé après hésitation de monter dans une voiture, préférant grimper sur le toit à l'aide d'une échelle. L'eau emporte l'échelle alors que le père, en dernier, s'apprêtait à sauter sur le toit. L'homme s'agrippe à la gouttière. Dans un coup de rein incroyable, il est hors de danger. Au même moment, la voiture en bas est emportée par la vague… Tel ce jeune couple, prisonnier dans sa chambre, résolu à mourir main dans la main, qui a attendu en priant que l'eau monte. Et l'eau est montée, encore et encore, a soulevé le lit, l'a collé au plafond. Déjà, ils ne peuvent plus respirer quand l'eau redescend, ils sont vivants ! Tellement de miracles, tellement d'héroïsme, mais tellement de morts. De la boue émergent des bras, des jambes, des corps de femmes serrant les enfants, des hommes portant leurs femmes, des petits accrochés aux aînés, et des gens qui courent pieds nus, qui appellent, qui cherchent et qui ne trouvent pas. Des parents, qui reviennent du cinéma à Saint-Raphaël, ne voient plus leur maison, emportée par les flots avec les enfants qui n'avaient pas voulu rater la « Piste aux étoiles ». La « Piste aux étoiles » qui a sauvé cette gamine, invitée dans la ville haute pour voir Achille Zavatta, ses parents ont disparu. Le clown vedette qui reçoit quelques jours après une lettre émouvante : « Cher Zavatta, vous m'avez sauvé la vie. C'est parce que maman et moi étions en train de regarder la télé que nous étions réveillées et toutes habillées. Quand l'eau est venue, nous avons pu sauter par la fenêtre. »

Ces monstrueuses dents de béton sont les ultimes vestiges du barrage maudit. (*Détective* n° 702.)

Les pompiers, sans relâche, arrachent des corps à la gangue boueuse. (*Détective* n° 702.)

Un lourd bilan

Quatre cent vingt-trois morts au total, dont vingt-sept non identifiés : cent trente-cinq enfants de moins de quinze ans, quinze enfants de âgés de quinze à vingt et un ans, cent trente-quatre hommes, cent douze femmes et soixante-dix-neuf orphelins.

Neuf cent cinquante et un immeubles touchés, dont cent cinquante-cinq entièrement détruits. Mille trois cent cinquante hectares de terres agricoles sinistrées, dont mille trente totalement. Par ailleurs, deux kilomètres et demi de voies ferrées ont été arrachés, cinquante fermes soufflées, mille moutons et quatre-vingt mille hectolitres de vin perdus. On imagine la même catastrophe l'été, quand plus de six mille campeurs s'installent dans la vallée du Reyran et que Fréjus est envahi de touristes.

Ce 3 décembre, à Fréjus, c'est la désolation. La place du village est recouverte de cercueils sur lesquels des noms, des prénoms d'enfants ont été écrits à la craie. Ils seront enterrés dans des fosses communes creusées à la hâte par les engins du chantier de l'autoroute... Dans les rues, parmi les débris bourbeux, certains, le visage ravagé par les larmes, cherchent encore un signe de vie. Il faut apprendre à cette femme que son mari et ses quatre enfants viennent d'être déterrés ; à cet homme qu'il a perdu toute sa famille : ils étaient neuf, il est seul. La zone est totalement sinistrée. Le 17 décembre, le général de Gaulle en visite s'adresse aux survivants : « Je dois dire, et vous l'avez tous senti, l'élan de solidarité du pays tout entier en faveur des sinistrés. Cet élan a ces conséquences que vous apercevez déjà. Monsieur le maire en a d'ailleurs

Désolation dans les bas-quartiers de Fréjus après la catastrophe.
(*Détective* n° 702.)

Le barrage rompu est devenu, depuis le drame, un lieu de visite incontournable. (Photo Gérard Bru.)

parlé, et pour ce qui concerne la reconstruction, nous ferons le nécessaire mais avant tout, je tenais à ce que vous sachiez quels sont mes sentiments à cet égard et les sentiments du pays tout entier. Voilà ce que je voulais vous dire, bien simplement. »

L'heure arrive de comprendre. Pourquoi le barrage de Malpasset a-t-il cédé la première fois qu'il a été rempli ?

Pourquoi ?

Les questions, et surtout les réponses aux questions de la responsabilité, sont indispensables pour le travail de deuil des familles des victimes, car le traumatisme dans la région est immense. C'est la plus grande catastrophe de ce genre qui ait jamais touché la France.

Les élus du Var demandent quelques jours après le drame que la lumière soit faite sur les responsabilités : « Non, nous ne sommes ni des accusateurs ni des juges. Nous n'avons pas non plus à être des avocats. Nous n'accusons personne. Mais nous sommes des hommes bouleversés par l'ampleur de la catastrophe imprévisible de Malpasset qui a semé la mort, alors que nous avions voulu, nous, faire une œuvre de vie. »

Après les larmes vint la colère quand, après des années d'expertises et de procès, l'arrêt définitif rendu par la Cour de cassation, en date du 7 décembre 1967, notifiera ceci : « Aucune faute, à aucun stade, n'a été commise. Aucune infraction aux règles de l'art, ni aucun vice dans la conception de l'ouvrage et la façon dont furent exécutés les travaux. »

L'architecte André Coyne est mis hors de cause. Le maître incontesté des barrages-voûtes, auteur de soixante-dix barrages, dont celui majestueux de Tignes, est le premier pourtant à se déclarer responsable. Il sera le grand absent des procès. Profondément affecté par l'ampleur de la tragédie, il meurt le 21 juillet 1960, six mois à peine après le drame.

L'hypothèse d'un séisme est écartée, ainsi que celle de l'incidence des tirs d'explosifs sur le chantier de l'autoroute. Cependant, un ingénieur du génie rural chargé de superviser les travaux reste convaincu du contraire :

« Les tirs n'étaient pas encore réglementés ; il s'agissait de tirs au cordon, toutes les charges explosaient d'un coup, avec l'effet d'une bombe. Ce type de tir est désormais interdit, remplacé par le tir électrique, les charges explosant l'une après l'autre. C'est une sorte de bombe qui a fait sauter le barrage. À chaque tir, le gardien voyait des vaguelettes de plus de dix centimètres sur le lac. »

Un expert souligne la qualité médiocre de la roche et dénonce une série de failles sous le côté gauche du barrage, « ni décelées ni soupçonnées », qui affaiblissaient l'assise de la voûte. Le rocher fragile a « littéralement sauté comme un bouchon, et le barrage s'est ouvert comme une porte ». Un autre expert réfute cette théorie : « Le rocher, quoique médiocre, était cependant capable de supporter les pressions imposées par l'ouvrage. »

Comment admettre que c'est la faute à « pas de chance », que seule la fatalité a provoqué la rupture du barrage « indestructible », fleuron de la technicité française ? Quatre cent vingt-trois morts et peut-être bien davantage, car il se murmure que beaucoup d'ouvriers clandestins travaillaient sur le chantier de l'autoroute en 1955, des rescapés du tremblement de terre d'Orléansville. On était allé les chercher par bateaux, et ils s'entassaient dans les baraquements dans la vallée du Reyran. Des sans-papiers, des « qui n'existaient pas »... qui n'existent plus.

Les accusations précèdent les démentis. On reparle d'une déformation enregistrée l'été précédent dont la constatation resta sans suite. On reparle d'économies qui auraient été réalisées sur la construction ; on parle... on parle... tandis que des dizaines de malheureux gamins s'enfoncent dans la solitude affective des orphelinats et que les rescapés essaient courageusement de survivre à ce deuil impossible.

« Commémorer, c'est aimer… »

Plus de cinquante ans après la tragédie, l'insoumis Reyran a été définitivement canalisé dans une voie en béton, mais le mystère de la catastrophe reste entier. Un espace de mémoire en hommage aux victimes est inauguré pour le cinquantième anniversaire de la tragédie de Malpasset. L'émotion est grande quand une élue évoque la nuit dramatique : « Pour les soixante-dix-neuf orphelins, pour les familles déchirées, la vie ce matin-là, s'ouvre sur l'errance, le vide, le froid. Dans notre douleur, nous voilà devenus frères et sœurs de l'humanité souffrante. Ce 3 décembre, c'est aussi une révélation : celle du courage, du dévouement, de la solidarité, et pour tous les Fréjusiens, la volonté de se tenir debout coûte que coûte… Commémorer, c'est aimer, porter un regard neuf… » L'ancien ministre François Léotard, dont le père André était maire de Fréjus en 1959, évoque lui aussi la formidable « vague de vie, de solidarité humaine, de fraternité » qui a suivi l'effondrement meurtrier. Sur les six colonnes du mémorial qui s'élèvent vers les nuages, on peut lire la phrase lancée par le général de Gaulle après le drame : « Que Fréjus renaisse ! »

Au-dessus des gigantesques dents s'élevait la maçonnerie que l'immense vague emporta. (Photo Gérard Bru)

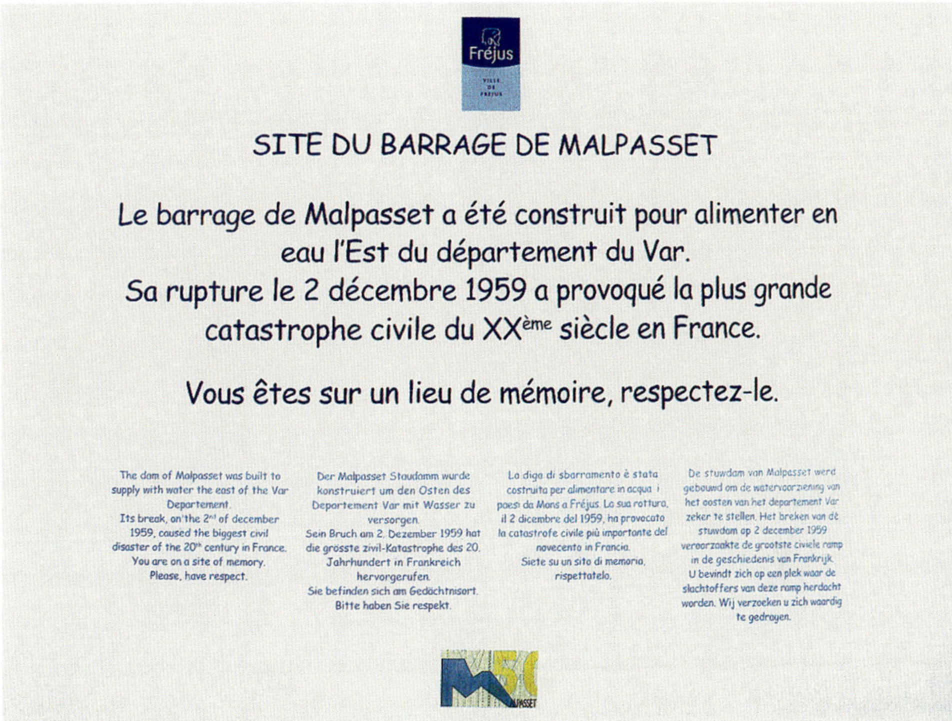

Le barrage avait été construit pour éviter les crues dévastatrices du Reyran et créer une réserve d'eau. (Photo Gérard Bru.)

Quatrième partie

Histoires incroyables

CERTAINS sont passés en coup de vent, n'atteignant qu'une postérité éphémère ; d'autres ont vu leur nom prospérer à titre posthume. Tous ont en commun cette part de rêve et ce grain de folie qui vibre en chacun de nous, mais eux seuls ont été jusqu'au bout de leur destin et de leur pensée, négligeant l'ambiance conventuelle de leur époque.

Des architectes du rêve précurseurs de l'art brut tels le facteur Cheval, Raymond Isidore dit Picassiette, ou Robert Tatin ; des fantaisistes du spectacle ou de la politique ; des écorchés vifs comme Pierre Vaux et Jean Journet ; des savants et des illuminés…

Ils peupent cette galerie de personnages aux histoires tellement incroyables qu'elles nous paraissent parfois irréelles.

L'incroyable histoire d'un prêtre réfractaire

À Clémentine et ses nombteux cousins-cousines venus de Marie-Madeleine…

« Le destin de l'individu est lié à celui du pays tout entier. »

Zhang-Xianliang

UNE DE MES AMIES, férue de généalogie, m'a raconté une étrange histoire, découverte il y a peu dans de vieux papiers familiaux. Ces faits authentiques commencent sous le règne du bien-aimé Louis le Quinzième.

Les jours heureux

Clorinde de Chemisac était une douce jeune fille, fort belle et fort sage, à peine sortie de l'enfance quand ses parents décidèrent de la marier avec le comte Victor de La Plante, issu d'une grande famille périgourdine. Clorinde, très romantique de tempérament, passait ses journées à rêver à ce fort beau jeune homme de grande distinction aperçu il y a peu lors d'un office à la cathédrale de Saint-Frons. Le garçon, âgé de dix-huit ans, mesurait bien cinq pieds six pouces et dépassait largement les autres jeunes hommes de sa connaissance. De plus, il était d'une grande distinction, émanation naturelle de la noblesse familiale. C'était donc avec empressement qu'elle attendait le jour de ses noces, même si les préparatifs de la fête la laissaient songeuse et quelque peu chagrinée, car elle devrait alors se séparer de ses parents pour lesquels elle avait un grand attachement.

Le grand jour arriva en l'été 1770. Toute la bonne ville de Périgueux s'extasiait devant la beauté de ce jeune couple, et c'était grand bonheur de les voir ne jamais se quitter des yeux. On devinait le comte Victor déjà éperdument amoureux de la blonde Clorinde qui, malgré la timidité de ses quinze ans, annonçait dans son regard impatient les

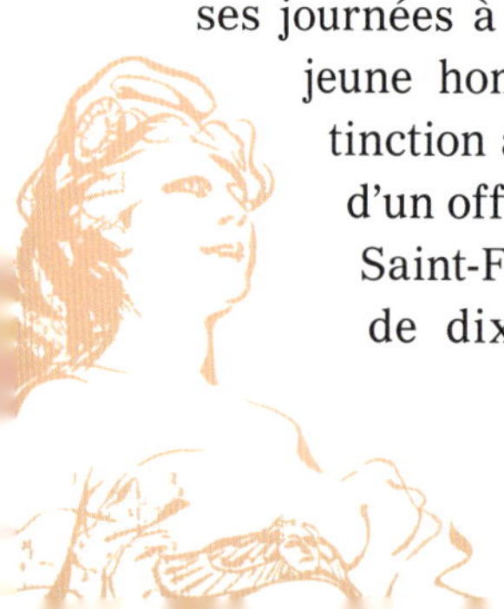

plus belles promesses. La fête fut belle mais non tapageuse, les deux familles préférant la sobriété à l'ostentation. Le soir venu, il fallut bien se séparer. Il avait été entendu, dès l'arrangement de cette alliance, qu'en raison du très jeune âge de Clorinde, il n'était pas convenable de laisser s'établir physiquement cette union le soir des épousailles. Ce fut donc en larmes que la douce rejoignit le couvent des visitandines, tandis que Victor allait parfaire son éducation chez les prêtres.

Pendant trois ans, bien qu'époux et femme devant Dieu et les hommes, ils ne se virent que les dimanches après-midi, dans le parloir de l'austère bâtisse, en présence de la mère supérieure qui surveillait leurs paroles et leur interdisait tout frôlement des mains.

Cette longue et languissante épreuve avait fortifié leur amour ; aussi quand ils purent enfin aménager dans un confortable hôtel particulier appartenant à la famille de La Plante, en plein cœur de Périgueux, leur bonheur fut complet.
Ils appelèrent leur premier enfant – une fille, née en 1777 sous le règne de Louis XVI – du doux prénom de Plantille, en respect de la tradition familiale. Marie-Madeleine, deuxième enfant, naquit en 1785. Ils gardèrent de cette période un délicieux souvenir, tant la vie était paisible et leur amour toujours grandissant.

« Qu'ey fut enterra aveu d'ytré na ! »

1789. Les jours heureux s'éloignent. Il ne fait pas bon avoir une particule en ces temps troublés, où même les nobles tremblent en province.

Une nuit de pleine lune, des coups redoublent à la porte. Victor, très inquiet, reconnaît par le judas un lointain cousin de sa femme, l'abbé de Chemisac. Se sachant surveillé, il l'introduit dans sa demeure par une porte dérobée, et lui promet hospitalité et protection. L'abbé, qui avait refusé de prêter le serment sacrilège voté par l'Assemblée constituante, restera trois longues années caché dans une cave aménagée et fermée par une immense pierre contre laquelle on poussait un saloir. Dès le lendemain de son arrivée, il leur confia son histoire.

« Toute ma vie, j'ai été en danger de mort, et c'est grâce à la bonté de Dieu si je peux vous parler ce soir. À vrai dire, je n'aurais jamais dû naître… Dès qu'elle fut enceinte, ma mère fut souffrante et dépérissait à mesure que je prenais vie dans ses entrailles. La malheureuse tomba en léthargie quelque temps avant le terme et mourut sans avoir repris connaissance. Mon père, fou de douleur, l'enterra avec tous ses bijoux, qui représentaient une véritable fortune. La nuit qui suivit la

mise en terre, des valets peu scrupuleux décidèrent d'ouvrir le caveau et le cercueil pour dépouiller leur ancienne maîtresse. Mal leur en prit ! À peine le couvercle soulevé que la gente dame s'éveillait en poussant un soupir éthéré qui leur provoqua une grande peur. Y voyant un signe du ciel, ils s'enfuirent à toutes jambes prévenir leur maître et faire acte de contrition.
« Tout à la joie de cette incroyable nouvelle, mon père leur lança une bourse d'or et leur pardonna sur-le-champ, tout en leur donnant l'ordre d'aller chercher sa jeune épouse ressuscitée. Je naquis dans les heures qui suivirent, et les circonstances si extraordinaires de ma naissance ont décidé de mon engagement à me consacrer au Tout-Puissant. »
L'abbé de Chemisac ne sortait de sa cachette que la nuit. Il disait alors la messe et donnait la communion à ses hôtes généreux. Mais il était dit que le malheur devait s'abattre sur la maison.

Une triste fin

Quelque temps après l'exécution du roi, des révolutionnaires étrangers à Périgueux vinrent trouver Victor de La Plante, le sommant de leur livrer l'abbé de Chemisac. De toute évidence, ils avaient été trahis, et le plus sage devant leur détermination aurait été de livrer l'abbé, mais Victor, homme de grand courage, leur lança : « Je n'ai rien à livrer. » Éructant de haine, ces hommes de peu de foi s'emparèrent de la jeune Plantille que l'on disait belle comme le jour. Ils l'affublèrent de falbalas et la promenèrent dans toute la ville, dressée sur un char où elle était censée représenter la déesse Raison dont le culte florissant devait accélérer la déchristianisation.

La jeune fille, profondément choquée par cette procession carnavalesque, fit un « sang glacé » et mourut huit jours plus tard d'une hémorragie, à la suite d'une fâcheuse saignée pratiquée par le médecin de famille.

Les Périgourdins adoraient la jeune Plantille qui n'était que bonté. À l'annonce de sa mort, quatre mille âmes se retrouvèrent devant la demeure du docteur et le lapidèrent jusqu'à son dernier souffle.
Victor et Clorinde furent inconsolables et se laissèrent mourir de chagrin dans les mois qui suivirent le drame.

L'histoire en chemin…

Marie-Madeleine, seule survivante, épousa Pierre, comte de Chameroy, un brillant officier d'état-major de l'armée napoléonienne, en 1807. Le jeune homme était le descendant des seigneurs de Chameroy en Champagne, ancienne famille qui donna son nom au bourg de Chameroy, qu'elle tenait en fief franc et noble avec droits de haute et basse et moyenne justice ainsi que droits de bannières et de chaudières.
La vaillance de Pierre pendant la campagne d'Italie fut remarquée par l'Empereur qui lui remit en signe de haute distinction une épée d'honneur qu'il offrit à sa jeune épouse en gage de son amour.

De « Vive le roi ! » à « Vive l'Empereur ! », ainsi se termine l'histoire de cet abbé mort avant que d'être né, de la belle Plantille sacrifiée sur l'autel de la Révolution et de Victor et Clorinde, morts de tristesse pour une parole donnée ; seule Marie-Madeleine a pu transmettre à sa descendance le récit de ces années de grands bouleversements qui ont marqué en lettres de sang la destinée de sa famille.

Le culte de la déesse de la Raison était destiné à supplanter le christianisme. Il fallait « guillotiner Dieu ». La belle Plantille allait payer de sa vie en participant de force à l'une de ces macarades anti religieuses.

Cadet Rousselle[1] : le tube de la Révolution française

« Il n'y a rien de si utile que d'envelopper les gens de paroles inutiles. »

Jean Prévost

QUEL BAMBIN n'a pas un jour ou l'autre chantonné la comptine de Cadet Rousselle, sans qu'on lui apprenne vraiment qui était ce personnage, au demeurant fort farfelu, pour posséder « trois maisons qui n'ont ni poutres ni chevrons » ? Une particularité architecturale qui dut impressionner ses contemporains au point que l'un d'eux, rimailleur de son état, lui consacra ces quelques vers et lui permit, sans le faire exprès, d'entrer au panthéon de la chanson populaire à défaut de la grande Histoire.

Une vie banale

Car, si le personnage reste en lui-même intemporel et sans grand intérêt, ne nous y trompons pas : la chanson de Cadet Rousselle fut un succès de la Révolution française, au même titre que *La Marseillaise* de Rouget de Lisle, ou de *Il pleut, il pleut, bergère* de ce malheureux Fabre d'Églantine, guillotiné avec ses amis montagnards. Moins patriotique ou moins bucolique certes, mais tout à fait conforme à l'image du Français, gai et bon enfant malgré le péril armé qui guettait nos frontières en ces temps révolutionnaires troublés.

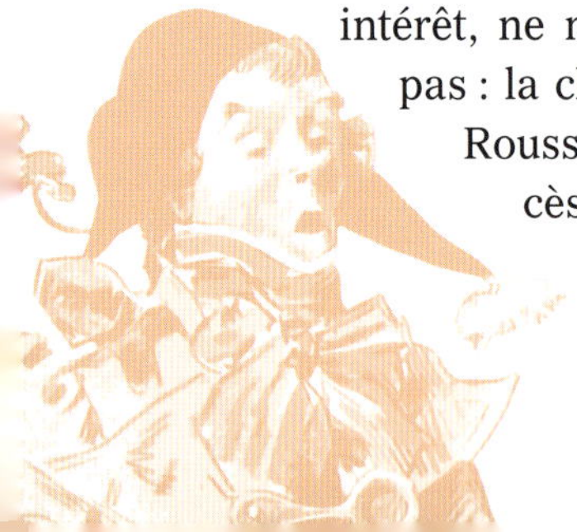

Diable ! qui était ce mystérieux Cadet Rousselle ? Qu'avait-il fait de si extravagant pour que l'un de ses compatriotes se mette en tête de le brocarder, sans se douter le moins du monde qu'il le faisait entrer dans la légende, lui offrant sans le vouloir la postérité ? Car notre bon Cadet Rousselle a bel et bien existé, semant suffisamment de petits cailloux pour nous permettre de remonter le cours de sa vie. Une vie des plus banales, du reste, qui mérite quelques explications quant à la signification de son patronyme.

Guillaume Joseph, dit cadet Rousselle, a bel et bien existé. Personnage excentrique de la ville d'Auxerre, un de ses contemporains le brocarda en composant la célèbre comptine.

De l'ambition, encore de l'ambition, toujours de l'ambition

Rousselle, ou Roussel, tel est le nom de son père, Jean-Baptiste. Sa profession de boucher l'amènera plus tard – mais n'y voyez aucune allusion – à devenir cavalier de la maréchaussée jurassienne. De quoi faire frémir tous les criminels en herbe d'une région que l'on sait, du reste, riche en pâturages. Notre brave pandore s'était marié à Orgelet avec Marie Pierrette Girard, qui lui avait donné trois enfants : Claude Antoine, dit « l'aîné Roussel » ; Guillaume Joseph, né le 30 avril 1743, dit, vous l'avez compris, « Cadet Roussel », et leur sœur Catherine, dont le prénom seul suffisait à sa peine.

Du premier et de la troisième, on ne sait ce qu'il advint, sauf que Catherine épousa un certain Julien Petit, chef cuisinier à Paris. Quant à Guillaume Joseph, alias Cadet, quelques aptitudes à étudier lui permirent de fréquenter le collège d'Orgelet et de tâter, dans sa jeunesse, de la fonction d'huissier qu'exerçait l'un de ses oncles.

Le décès de son père, le 18 avril 1762, scelle le départ de la famille Roussel vers la capitale. Quant à notre brave Cadet, il s'installe à Auxerre vers 1763. De domestique il devient, grâce à son instruction, clerc de notaire. Le gaillard a de l'ambition, c'est certain ! De quoi provoquer quelques commentaires bien sentis dans une petite ville de province.

cadet roussel

Avec *La Marseillaise* et *Il pleut, il pleut, bergère*, la chanson de Cadet Rousselle reste la plus célèbre de la Révolution française.

De ces jalousies, Cadet Roussel n'en a cure. Un beau mariage peut le faire définitivement entrer dans le giron de la bourgeoisie locale. Fin observateur à défaut d'être charmeur, il ne manque pas de s'apercevoir que Jeanne Serpillon, issue d'une bonne famille, lui fait les yeux doux ou, du moins, lui montre quelque intérêt. Car, si la promise est un brin sur le retour – de seize ans son aînée ! –, la dot reste substantielle pour compenser les rides superflues. Voilà donc notre homme bien marié et accepté par la bonne société auxerroise ! Une vie bien rangée, sans éclat, où seule compte l'ambition de grimper les barreaux de l'échelle sociale et de bien paraître. De quoi donner, plus tard, du grain à moudre à quelques chansonniers insolents !

Trois maisons, deux femmes et une statue

Suite logique d'une carrière ambitieuse, le temps est venu pour Cadet Rousselle de présenter sa requête au lieutenant général du bailliage d'Auxerre pour l'office de premier huissier audiencier au bailliage et siège présidial d'Auxerre. Requête acceptée le 15 mars 1780. Une belle situation ma foi qui, bon an mal an, lui rapporte un revenu de 2 000 livres, et lui permet d'acheter trois maisons – tiens, tiens ! –, dont l'une, toute de guingois, se voit agrandie d'une curieuse loggia accolée à la tour de l'Horloge, place du Prétoire, à Auxerre. De quoi faire jaser et laisser libre cours à la moquerie pour peu que l'ascension sociale de l'ancien domestique gêne les notables de la ville.

Surviennent, en 1789, le grand chambardement, l'abolition des privilèges, les droits de l'homme et la Terreur qui en est son contraire. Comme bon nombre de Français, Cadet Rousselle y voit l'ouverture de temps nouveaux, la fin de l'absolutisme et, surtout, le moyen pour la bourgeoisie d'accéder aux charges politiques, jusque-là monopolisées par la noblesse. Personnalité de la ville, il adhère à la Société populaire d'Auxerre, où il fait montre d'un zèle sans-culotte de bon ton, lié à quelques excentricités vestimentaires que ne manquent pas de brocarder, à cette époque, de vieux gentilshommes hostiles à ces nouveaux puissants.

Parmi eux, le chevalier Chenu du Souchet. La plume est son arme préférée, les rodomontades de Cadet Rousselle, son excipient favori. Sur l'air de *Jean de Nivelle*, le petit huissier d'Auxerre se voit tourner gentiment en dérision. La chanson fait le tour des cercles de la cité bourguignonne, au point que les volontaires de l'Yonne, mobilisés pour combattre l'ennemi aux frontières, en font leur hymne de marche favori, laissant aux Marseillais leur chant éponyme. Que pense Cadet Rousselle de cette chanson personnalisée ? Nul ne le sait, mais un sans-culotte touché dans son orgueil pouvait devenir un bien féroce accusateur pour l'écrivain qui s'était permis de telles moqueries ! Il n'en fut rien… Preuve que la musique adoucit bien les mœurs ! Et que dire des troupes prussiennes et autrichiennes qui devaient bien se demander qui était ce fameux Cadet Rousselle dont les soldats de l'armée du Nord entonnaient la chanson en partant au combat !

D'une région à l'autre, la comptine fit le tour du pays. Ceci ne protégeait en rien notre Cadet Rousselle qui, grandeur et décadence, se retrouva quelques mois au cachot lors de la réaction thermidorienne avant de retrouver la liberté par l'amnistie de vendémiaire an IV. Dès lors, comprenant que la politique ne faisait pas forcément bon ménage avec une situation de bon rapport, il se le tint pour dit et revint à ses premiers amours d'huissier.

En 1803, le décès de son épouse Jeanne l'inquiète plus qu'il ne l'attriste. Sans aucune descendance, Cadet Rousselle se voit obligé de rétrocéder sa dot à l'héritière de la défunte, en l'occurrence sa nièce, Reine Baron. Qu'à cela ne tienne ! Fidèle entre les fidèles, il la demande en mariage et l'épouse le 20 avril de la même année. Un court veuvage qui dut faire jaser dans les chaumières auxerroises... surtout que la donzelle rendait à son cher mari vingt-trois ans d'écart. De quoi organiser un beau charivari devant la demeure du veuf éploré qui ne put guère profiter de cette jeunesse, lui-même rendant son âme à Dieu, le 26 janvier 1807. Immortel Cadet Rousselle qui laissait trois maisons, deux femmes, une statue à Auxerre et surtout... une chanson !

Outre une chanson, Cadet Rousselle eut droit à une pièce de théâtre ainsi qu'à une statue qui trône aujourd'hui au centre d'Auxerre.

[1] Ou Roussel. Les deux orthographes sont admises.

Pierre Vaux : instituteur et bagnard

« Un homme libre, quel qu'il soit,
est plus beau que le marbre. »

Charles Baudelaire

PRINTEMPS 1848, naissance de la IIe République. Après plus de trente ans de monarchie constitutionnelle autoritaire et injuste, le peuple parisien savoure sa victoire.

Printemps 1848, naissance de tous les espoirs pour les ouvriers, les petits, les sans-grades, tous ceux qui attendent la fin de la misère depuis la Révolution, la grande. Pour la première fois, sans doute, le monde rural manifeste sa joie, uni avec les citadins dans la fabuleuse espérance d'une France fraternelle, démocratique et sociale.

Cette France-là ne convient pas aux conservateurs de tout poil qui craignent pour leurs privilèges et utilisent les troubles engendrés par les nombreuses manifestations pour attiser la peur de ces « partageux » irresponsables, de « ces forcenés qui n'ont ni système politique dans leur esprit ni chimère sociale dans leur cœur, mais qui n'acceptent une révolution qu'à condition du désordre qu'elle perpétue, du sang qu'elle verse, de la terreur qu'elle inspire… » (Alphonse de Lamartine.)

Le petit village de Longepierre, situé aux confins de la Saône-et-Loire et du Jura, est à l'image du pays : partagé politiquement, sauf que les notables nourrissent une sévère antipathie envers les rouges, et plus précisément envers ce jeune instituteur qui, depuis sa nomination en 1844, sous le prétexte fallacieux d'assurer une vie meilleure aux plus pauvres, propage des idées subversives qui inquiètent fortement les propriétaires.

Pierre Vaux : soldat de la République

Bien avant les « hussards noirs de la République » pétris d'idéal de laïcité et de tolérance cher à Jules Ferry, il était déjà des instituteurs qui

croyaient au pouvoir de l'instruction pour améliorer le sort de tous ces miséreux analphabètes exploités par une élite conservatrice louant leurs bras à la journée pour quelques sous. Pierre Vaux était de cette trempe. Résolument égalitaire, il accueille avec enthousiasme la nouvelle république et se prend à rêver d'une école gratuite et surtout obligatoire, lui qui ne voit les élèves que les quelques mois d'hiver, la belle saison revenue, la plupart partant « à maître » garder les troupeaux pour gagner leur soupe. Lui-même, orphelin de père, avait connu cette fierté de ramener une pièce à sa mère à la fin de l'été, mais son ambition féroce de « faire l'instituteur » l'avait éloigné de son destin de journalier : « Je savais ce que je voulais, et je n'étais point trop bête », avouera-t-il plus tard.
Il aurait pu être heureux de cette destinée enviable : une jolie femme, Irma, dont il est éperdument amoureux ; un métier choisi qui, s'il ne l'enrichit pas, lui apporte cependant satisfaction ; un poste de secrétaire de mairie. Et pourtant...

Dès son installation, il n'a de cesse d'obtenir du conseil municipal l'agrandissement de l'école, ainsi que le renouvellement du mobilier pour rendre l'apprentissage plus facile. Ensuite, il œuvre pour la gratuité de l'enseignement. Tous les jours, il se désole devant les bancs vides, affligé de ne pas recevoir les enfants des plus pauvres dans l'incapacité de payer le franc mensuel exigé par l'administration. Ses exigences incommodent les élus, peu habitués à s'occuper des manants et qui trouvent l'idée de les instruire inutile voire dangereuse.

Pierre Vaux est connu pour son dévouement et sa probité. Très vite, il gagne la confiance des villageois qui s'imprègnent de ses paroles sur la nécessaire gratuité de l'école, puisqu'il assure que les finances de la commune le permettent largement. Son charisme impressionne, et les notables commencent sérieusement à s'inquiéter de son influence et à le traiter de rouge. Ils doivent toutefois s'incliner : Longepierre vote la gratuité un mois avant la naissance de la IIe République.
Cette victoire ne lui vaut pas que des amitiés, on s'en doute, surtout quand il commence un autre combat, celui du partage des pâtures communales que les plus riches se sont appropriés pour leurs bœufs et leurs chevaux, privant du même coup les manouvriers de ce pacage gratuit. Nous sommes en février 1848. Les dépêches de Paris se multiplient, annonçant la fin imminente de la monarchie, et les notables de Longepierre et d'ailleurs tremblent.

Le rêve volé

Gallemard, aubergiste et adjoint au maire, n'est pas franchement lié avec l'instituteur. Sa réputation est mauvaise. On le dit voleur. Son menton fuyant et son regard de fouine le

Longepierre.
L'école où enseigna
Pierre Vaux.

rendent antipathique autant que sa propension à fréquenter les plus riches de la commune jusqu'à se faire élire adjoint au maire.
Vaux l'écoute avec attention pourtant, refusant de se laisser emporter par une méfiance jugée arbitraire. Le gros homme l'informe d'un complot ourdi par les notables réunis à Verdun pour constituer un « comité cantonal provisoire », afin de conserver le pouvoir. Cette fois, c'en est trop ! Malgré les conseils de prudence de ses amis, l'instituteur décide d'accorder sa confiance à l'aubergiste qui vient de trahir les siens, et de démissionner du conseil municipal pour prouver sa bonne foi. Un nouveau dans le camp de la liberté et de la fraternité est le bienvenu…
Et puis, le vent s'est mis à tourner. Le rêve égalitaire des classes ouvrières de février 1848 inquiète les ralliés de la dernière heure qui considèrent que le peuple n'est pas assez mûr pour assurer son lendemain et déjà, les scrutins d'avril 1848 annoncent pour décembre l'élection à la présidence de Louis-Napoléon Bonaparte, le Prince-Président…
Une loi du 18 janvier 1850 autorise les préfets à révoquer les instituteurs trop « rouges ». Vingt mille seront remerciés. Pierre Vaux est dans le collimateur. On redoute en haut lieu son ascendance auprès de la population et au sein même du conseil municipal, qui vient de consentir aux chefs de famille des baux de dix-huit ans pour les terres d'alluvion qui bordent le Doubs et constituent les fameux communaux. Le préfet s'empresse de casser la décision, préférant transformer les terrains litigieux en prairies, ce qui lui vaut une réponse rapide du maire :

« J'ai l'honneur de vous faire savoir que mes administrés ne se nourrissent pas de foin. C'est du blé qu'il leur faut. » Le ton est donné ! Mais la vengeance de l'administration ne se fait pas attendre.

Le maire Charbonnier est destitué pour avoir osé écrire cette lettre, et Vaux, que l'on soupçonne de l'avoir aidé, est tout simplement révoqué de sa fonction d'instituteur le 12 avril ! Le voilà un peu sabotier, un peu paysan, et toujours agitateur d'idées, plus que jamais déterminé à défendre sa république malgré les injonctions de sa femme Irma, qui essaie vainement de limiter ses ardeurs.

Lors des nouvelles élections municipales, une campagne farouche dirigée par l'enseignant déchu oppose les blancs et les rouges. Les résultats sont sans appel : la liste démocrate est élue en entier. Pierre Vaux est nommé maire, décision aussitôt annulée par le préfet qui lui laisse toutefois entendre que s'il renonçait à défendre ses idées séditieuses, il pourrait retrouver ses fonctions d'instituteur tout en restant le premier magistrat de la commune. Tout autre que lui aurait pu être tenté. Sa réponse est cinglante : « Une écharpe de maire ne m'empêcherait point de dormir, mais je préférerais donner ma démission plutôt que d'être un instrument. »

Gallemard, au bénéfice de l'âge, s'installe alors dans le fauteuil désormais vacant de Vaux, et laisse libre cours à sa véritable personnalité.

« Je t'avais prévenu », ne peut s'empêcher de lui reprocher Jean-Louis Petit, ami de toujours qui déteste ouvertement l'aubergiste. Pierre Vaux ne peut que reconnaître ses torts quand Gallemard, fort de sa nouvelle fonction, s'oppose rudement aux propositions du conseil et affiche une jalousie maladive envers ses amis et lui-même. Il est loin de s'imaginer comment cette jalousie va se transformer en haine, détruire le village et anéantir sa vie.

« Quand il brûle à Longepierre, c'est qu'on y met le feu ! »

Le village de Longepierre, pour son malheur, allait alimenter presque exclusivement, en quelques mois à

Longepierre. La mairie où résida Pierre Vaux.

peine, la rubrique des faits divers de la presse régionale, puis rapidement nationale.

Un premier incendie, qui avait tout d'accidentel sans les traces suspectes de phosphore retrouvées sur les murs, ravage la ferme Mazué, voisine de la maison de Jean-Baptiste Petit, l'ami cordonnier de Vaux, dans la nuit du 2 au 3 mars 1851. Malgré les efforts des villageois unis en une chaîne solidaire, le feu dévaste six bâtiments, laissant heureusement la vie sauve aux occupants. Gallemard, qui s'était étripé avec Petit lors du dernier Conseil, à propos de la célébration de l'anniversaire de la révolution de 1848 dont il ne voulait pas, glisse à quelques-uns que c'est certainement un coup des « rouges ».

Trois semaines plus tard, le feu dévaste la maison de Jean Duperron, un notable, accréditant la thèse maintenant bien répandue d'un geste criminel des « partageux ». La douce Irma n'ose plus aller au village où elle sent les regards hostiles et suspicieux qui l'inquiètent. La suite va donner raison à son angoisse. Son mari et Jean-Baptiste Petit sont convoqués comme témoins chez le juge d'instruction Boulanger le 6 avril. Ils sont reçus comme des coupables, chacun faisant état de son emploi du temps les nuits des crimes devant un juge acquis à la cause du maire et partageant sa haine pour tous ceux qui ont lutté pour le partage des communaux.
Le 5 mai, c'est la maison de Richard qui brûle. Or Richard est un fidèle ami de Pierre… Qu'à cela ne tienne ! il a mis le feu à sa demeure pour toucher l'assurance ! Deux jours plus tard, Richard et Vaux sont arrêtés, toujours sur dénonciation de Gallemard. Ils resteront trois semaines à Chalons avant d'être relâchés pour absence de preuves.
La hiérarchie s'énerve et se fait pressante. Il faut désigner les coupables au plus vite. Gallemard, en sa qualité de maire, est omniprésent pour aider la justice : « Les élections ont été en faveur des partageux, et ce sont eux qui poursuivent de leur haine les gens qui ont du bien et qui pensent droit. Les chefs des rouges sont connus, ce sont eux les responsables. »
Là-dessus, un dénommé Balleaut, plutôt du genre lourdaud, fait une déposition accablante devant le juge Boulanger. Le fait que ce soit Gallemard qui souffle toutes les réponses n'est pas de nature à perturber le magistrat, il tient enfin les vrais coupables. Il est question dans le témoignage de Balleaut d'un faux billet rédigé par le tisserand Michaud, lequel lui aurait confié faire partie de la bande des incendiaires composée de Savet, Jean-Baptiste Petit, Malois, Nicollot et lui-même. Enfin, la vérité ! Que Michaud soit connu honorablement, et que Balleaut ait la réputation d'être une franche crapule n'arrête pas sa décision : tous en prison !
La cour d'assises condamne Michaud à sept ans de réclusion pour usage de

faux et acquitte Balleaut à l'étonnement de l'auditoire. Un non-lieu sera prononcé envers les autres inculpés, toujours par manque de preuves.

Deux autres incendies, en septembre et octobre, détruisent un pâté de maisons, dont celle de Michaud qui croupit en prison ! En janvier, nouveau sinistre. Les gazettes de France ne manquent pas de s'interroger sur la lenteur de la justice et l'incompétence des gendarmes.

Une nouvelle déposition de Balleaut va précipiter les choses, la mémoire lui est revenue : « À ma connaissance, il y a huit incendiaires dans la bande : Petit, Nicollot, Savet père et fils, Michaud, Dumont, Malois et leur chef Pierre Vaux. » Enfin, le nom tant espéré est prononcé à charge par un témoin. Pierre Vaux, le rouge, l'agitateur ! L'enquête va être rondement menée, jusqu'à l'arrestation du dangereux brûleur, le 29 avril 1852 !

Irma est en pleurs. Trois petits s'accrochent à sa jupe et regardent partir le père qui enfile dignement sa veste, met son chapeau et recommande à sa femme de prendre soin des enfants : « Je risque d'être absent un long moment... » Il ne croyait pas si bien dire...

Le procès de la honte

Deux mois ont suffi pour instruire l'affaire. Le juge de paix Boulanger, fortement acquis à la cause impériale et en attente de promotion, ne cache pas son intime conviction. On assiste à une parodie de justice dès l'ouverture du procès en Assises. L'acte d'accusation souligne que les « charges pesant sur les inculpés [sont] accablantes et ne [peuvent] laisser aucun doute de leur culpabilité ». En fait, aucun témoin à charge digne de foi n'amène l'ombre d'une preuve. Gallemard, la voix mielleuse, allègue qu'il est bien connu de l'opinion publique que Vaux est le chef d'une association de malfaiteurs, propos qui provoquent l'indignation de l'accusé et les sanglots d'Irma qui assiste, impuissante au premier rang, à l'hallali, le ventre gonflé par la promesse d'une nouvelle naissance. Elle serre convulsivement dans ses bras un gamin de sept ans qui fixe son père désespérément.

Le déni de justice atteint son comble quand Balleaut s'approche de la barre. L'homme n'est pas très malin et s'embrouille dans des dépositions contradictoires, alors que Gallemard, en face, s'efforce de le guider, lui faisant des gestes et des mimiques désespérés pour diriger ses réponses. La scène serait comique si l'honneur d'un homme n'était pas en jeu.

Les défenseurs s'indignent du procédé et de l'accord tacite de la Cour. En vain demandent-ils l'expulsion de Gallemard. On assiste alors à une scène surréaliste lorsque l'avocat de la défense, Me Guerrier, demande des précisions sur la pièce de l'habitation de l'accusé dans laquelle Balleaut affirme avoir assisté à une réunion secrète. Le témoin se trouble, bafouille et, malgré les signes intempestifs du maire, donne des indications fantaisistes qui, à elles seules, suffiraient à anéantir son témoignage, mais qui ne dérangent pas le moins du monde la Cour. L'auditoire gronde, s'agite et se remet à espérer quand le receveur municipal de Longepierre affirme que Pierre Vaux « est un homme d'une parfaite probité. Je le crois incapable de diriger une bande de malfaiteurs, dont le but aurait été de ruiner le village qui lui tenait à cœur. » L'espérance est de courte durée, le président suspend brutalement l'audience et renvoie très vite le témoin gênant.

Le réquisitoire contre Vaux est d'une virulence rare : « Son hostilité aux notables, son goût pour la révolution cachaient l'ambition de devenir maire de la commune au prix de la ruine de celle-ci. Son instruction supérieure lui permit d'en devenir le chef. Il était l'âme de cette société du mal qui visait la destruction de la propriété. »

Les derniers mots résument toutes les craintes qu'inspire alors le socialisme pour chaque propriétaire terrien. Le magistrat sait bien que la peur ancestrale de la confiscation des terres par les rouges est de nature à influencer les jurés.

La parole est alors à la défense. Pauvre défense ! Pierre Vaux avait choisi l'avocat le plus brillant du barreau de Chalons-sur-Saône. Bizarrement, il s'est récusé à la dernière minute pour laisser la place à Me Guerrier, tout jeune défenseur sans expérience, commis d'office, et qui, de plus, souffre d'un défaut de langue ! On saura par la suite que M[e] Le Royer, d'abord pressenti, sera nommé un peu plus tard président du Sénat.

Longepierre.
La place de l'église,
l'école des filles
et la maison Gallemard.

À minuit, le président fait un résumé des débats, synthèse qui s'apparente à un nouveau réquisitoire. Pierre Vaux, Jean-Baptiste Petit, Antoine Michaud et Savet père sont condamnés aux travaux forcés à perpétuité ; Savet fils à dix ans de la même peine ; Malois, Dumont et Nicollot sont acquittés.
Un silence de mort accueille le verdict honteux. Personne, dans l'auditoire, n'avait imaginé une pareille sévérité. Soudain, un cri ! Irma, en proie à de violents tremblements, s'est écroulée sur son banc. Pierre se lève alors, et, de toute sa hauteur, crache aux jurés un cri déchirant : « J'en appelle à Dieu ! » Puis les larmes aux yeux, le visage blafard, il envoie un dernier baiser à sa femme et se retire dignement de ce prétoire devenu scélérat.

Les flammes de l'enfer

Le village lourdement traumatisé par les incendies successifs peut enfin dormir en paix. Les coupables sont en route pour Brest, en attente du départ pour Cayenne. Le juge Boulanger, en récompense des services rendus à l'empire, est nommé à Verdun-sur-le-Doubs. Il est remplacé par un nouveau magistrat, M. Feurtet qui, à la lecture du lourd dossier sur l'affaire de Longepierre, est effaré par ses manquements, l'arbitraire de l'enquête et l'iniquité du procès.
Ses suspicions ne tardent pas à se révéler soupçons quand un nouvel incendie éclate en août 1853. Le cauchemar reprend avec encore plus d'ardeur, d'autant plus que l'angoissante série rouge continue jusqu'au drame du 29 août 1854, où un domestique périt dans les flammes.
L'incendiaire semble en proie à une folie dévastatrice que plus rien ne peut arrêter. En octobre, deux autres fermes importantes brûlent, et les noms de Gallemard et de Balleaut, aperçus tour à tour sur les lieux, sont sur toutes les lèvres. Cette fois, les notables sont touchés ; des réunions s'organisent ; les langues se délient. Il se murmure que des innocents sont au bagne alors que les coupables sont restés au pays. Le maire a beau crier sur tous les toits que les riches mettent le feu à leurs domaines pour toucher l'assurance, il est de moins en moins crédible.
Sous la pression des notables, le préfet exige la démission de Gallemard. 12 avril 1855. Un terrible incendie ravage la maison des sœurs institutrices, un bâtiment communal. Imaginons un instant la terreur des habitants ! Il s'agit là du dix-neuvième incendie criminel. Soixante-quatre maisons sur les cent quatre du village sont parties en fumée. Chacun épie son voisin et tremble d'être la prochaine victime. L'ambiance est délétère car, de toute évidence, des innocents croupissent en prison ou se meurent au bagne alors que les criminels continuent à faire belle figure. Pas pour longtemps !

Cette fois, Balleaut a été surpris par un gendarme alors qu'il allumait la mèche incendiaire. Arrêté, il avoue, après bien des tergiversations, avoir mis le feu à la maison des bonnes sœurs sur

Longepierre.
Le quartier de l'église.

l'ordre de Gallemard. Il avoue aussi être l'auteur des incendies portés à l'actif de Vaux et Petit. Le procès-verbal de ses révélations disparaîtra mystérieusement de l'épais dossier.

Le nouveau juge n'est pas homme à se laisser dicter sa conduite. Il souhaite ardemment réhabiliter l'honneur de la justice si mise à mal par son prédécesseur mais, surtout, à travers cet honneur retrouvé, c'est à Pierre Vaux qu'il pense et à la révision de son procès, puisque la culpabilité de Balleaut l'innocente.

L'ordre d'appréhender Gallemard est donné ; celui-ci se retrouve dans la cellule anciennement occupée par Pierre Vaux. Irma se reprend à espérer. Son cauchemar va cesser, et toutes les lettres et pétitions envoyées pour obtenir la libération de son mari vont enfin connaître une issue positive. Malgré ces nouveaux éléments, la hiérarchie persiste : « La culpabilité de Gallemard ne détruit nullement la culpabilité des condamnés de 1852. Il faut surtout que rien n'autorise l'opinion à entrer dans une voie anticipée du procès Vaux-Petit. »

L'ancien maire nie toutes les accusations, mais « le César de Longepierre », comme on le surnommait au temps de sa gloire, perd de sa superbe. Il semble évident qu'il ne va pas tarder à craquer.

Le sort, pourtant, en décide autrement… Le 14 août au matin, le surveillant donne l'alerte. Le prisonnier s'est pendu en utilisant sa serviette de table. Le mauvais sort ? Pas si sûr.

Quelques années plus tard, un gardien de prison, voulant soulager sa conscience, confiera à M. Feurtet un bien terrible secret sur ce prétendu suicide. Il relate que Gallemard venait de regagner sa cellule, quand deux hommes appartenant à la Secrète se sont présentés munis d'un laissez-passer signé du directeur de la police de Paris. Ils lui demandèrent une serviette de table pour accompagner le repas du prisonnier, ce qui n'était pas d'usage. Ils s'enfermèrent une demi-heure avec Gallemard dans la cellule et quittèrent les lieux en lançant un salut jovial. Par curiosité, le gardien regarda par le judas et vit le corps de Gallemard pendu aux barreaux de la fenêtre... Gallemard mort, il fallait trouver d'autres coupables pour satisfaire l'opinion et étouffer toute velléité de révision de la chose jugée !

Après un nouvel incendie, mi-novembre 1855, il est urgent que la justice fasse preuve d'une plus grande sévérité. Faute de Gallemard, ce sont trois de ses larbins qui sont condamnés à mort le 17 mars 1856, dont le fameux Balleaut. Les trois sont graciés à la dernière minute par l'empereur, provoquant une vive déception dans la nombreuse foule qui, depuis la veille, attend impatiemment au pied de l'échafaud la triple exécution.

Il était dit que Longepierre n'en finirait pas de trembler, et la peur n'excluant pas le danger, un an après, un nouveau feu fait une nouvelle victime : une parente de Pierre Vaux qui essayait de sauver ses poules. Le village brûle encore le 29 août, entraînant deux nouvelles condamnations à mort ; peines commuées en travaux forcés à perpétuité.

Vingt et un incendies criminels à Longepierre, deux morts, et des innocents toujours au bagne !

Innocent et bagnard

C'est un homme brisé qui quitte l'Armide et ses cachots puants pour la côte guyanaise, boulets aux pieds. C'était le même qui, en 1848, fêtait la nouvelle république porteuse des valeurs qu'il avait toujours défendues. La république l'a abandonné, la tentation de se laisser aller au désespoir est grande, mais le souvenir d'Irma l'oblige à rester debout et confiant malgré la grande misère du bagne. Son attitude si digne et généreuse lui vaut l'estime du gouverneur et de l'aumônier. Ensemble, ils œuvrent pour la révision du procès. Les réponses de la métropole sont désespérantes. Le garde des Sceaux ne juge pas nécessaire de donner suite aux différentes demandes, et l'arrestation des coupables n'y changera rien.

Il aura fallu vingt-deux ans de longues batailles juridiques et législatives aux enfants Vaux pour qu'ils puissent entendre, le 16 décembre 1897, la Cour suprême prononcer l'arrêt annulant la condamnation prononcée contre Pierre Vaux le 28 juin 1852.
(*Le Petit Journal*, 19 décembre 1897.)

RÉHABILITATION
Le procès Pierre Vaux

Vaux ne croit plus en la justice de son pays. La supplique adressée à l'empereur en 1859 reste vaine. Personne, en métropole, ne souhaite le retour du forçat, il ne faudrait pas que lui prenne l'envie de demander des comptes pour tant de déni de justice ! Seule contre tous, Irma la courageuse écrit, supplie, et finit par demander l'autorisation de rejoindre son mari dont la santé faiblit et que la folie du désespoir guette.

La famille Vaux se retrouve en 1861 et, ensemble, s'acharne à arracher à cette terre inconnue une maigre subsistance. Pierre Vaux continue à crier son innocence dans des lettres adressées aux responsables du pays. On ne lui répond plus, l'affaire de Longepierre est oubliée.

À cinquante-cinq ans, le beau jeune homme brun dont la puissance et le charisme avaient séduit Irma n'est plus qu'un vieillard usé prématurément, en proie à une grave maladie nerveuse. Le 13 janvier 1875, il part demander à Dieu la justice que les hommes lui ont refusée.

Ses enfants souhaitent regagner la France. L'aîné, Armand, doté de la même énergie farouche que son père, sait déjà que chaque minute de sa vie sera consacrée à la révision du procès inique. Irma meurt quelques jours après leur arrivée, inconsolable d'avoir laissé en ces terres si lointaines la tombe de celui qu'elle avait tant aimé.

Il faudra vingt-deux ans de longues batailles juridiques et législatives aux enfants Vaux pour qu'ils puissent entendre, le 16 décembre 1897, la Cour suprême prononcer l'arrêt annulant la condamnation prononcée le 28 juin 1852.
Le procureur général Manau, la voix entrecoupée de sanglots, sut convaincre la Cour du « crime judiciaire » dont avaient été victimes Vaux et Petit, à des fins purement politiques.

Ce sera le même qui, dix-huit mois plus tard, prononcera un fervent plaidoyer pour une autre réhabilitation : celle du capitaine Dreyfus.

Les architectes du rêve

Le château fou du facteur Cheval

« L'art, c'est la plus sublime mission de l'homme, puisque c'est l'exercice de la pensée qui cherche à comprendre le monde et à le faire comprendre. »

Auguste Rodin

BIEN QUE FUTILE pour ce qui concerne une œuvre d'art, la première question que se pose souvent un visiteur en découvrant le monument du facteur Cheval à Hauterives (Drôme) est de savoir combien de temps a nécessité l'accomplissement du Palais idéal. La réponse se résume en quelques chiffres bruts : quatre-vingt-treize mille heures, dix mille journées, trente-trois ans d'obstination de 1879 à 1912 pour un monument de quatorze mètres de

Le facteur Cheval consacra toute sa vie à réaliser le Palais Idéal, symbole de l'art populaire. (Coll. particulière.)

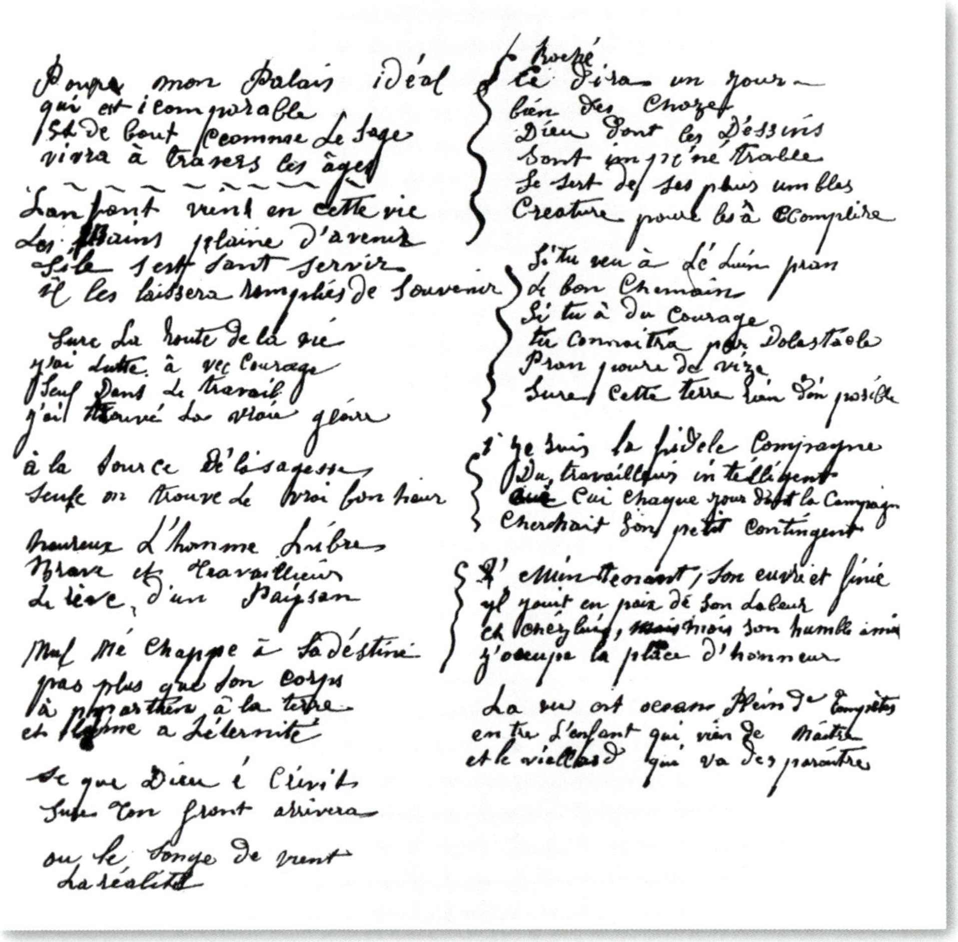

Pour ma mon Palais idéal
qui est icomparable
Est de bout comme le Sage
vivra à travers les âges

L'enfant vient en cette vie
Les mains plaine d'avenir
s'il le sert sant servir
il les laissera remplies de souvenir

Sure la route de la vie
j'ai lutté avec courage
Seul dans le travail
j'ai trouvé la vraie gloire

à la source de la sagesse
seule on trouve le vrai bonheur

heureux l'homme libre
brave et travailleur
de la race d'un paysan

Nul n'échappe à sa déstinée
pas plus que son corps
à appartenir à la terre
et l'âme a l'éternité

Se que Dieu a écrit
sure ton front arrivera

ou le songe devient
la réalité

Rocher
le dira un jour
bien des chozes
Dieu dont les dessins
Sont impénétrables
Se sert de ses plus umbles
Creature pour les accomplire

Si tu veu à le loin pran
le bon chemain
Si tu à du courage
tu connaitra par l'obstacle
Pran pour devize
Sure cette terre rien d'impossible

Je suis la fidèle compagne
du travailleur intelligent
qui chaque jour dans la campagne
cherchait son petit contingent

Maintenant, son œuvre est finie
il jouit en paix de son labeur
et chez lui, mais moi son humble ami
j'occupe la place d'honneur

La vie est océan plein de tempêtes
entre l'enfant qui vient de naître
et le vieillard qui va disparaître

On sait peu de choses sur la réalisation du facteur Cheval, à l'exception de quelques feuilles manuscrites écrites de sa main. (Coll. particulière.)

haut, douze de large et vingt-cinq de long. La seconde – qui conditionne tout le reste – est de se demander pourquoi ? Pourquoi toute une vie consacrée à une telle réalisation ?

La Vie d'un simple, écrit par Émile Guillaumin au début du XXe siècle, pourrait résumer à la fois la vie et l'œuvre du facteur Cheval. N'entendons pas le mot « simple » comme une description péjorative de l'individu et de sa réalisation, mais comme la traduction d'un quotidien sans tache et laborieux, conditionné par la seule réalisation d'un rêve. Mais ne nous y trompons pas, Ferdinand Cheval n'a pas reçu un flash nocturne, une vision instantanée. Au contraire, son rêve s'est forgé, jour après jour, dans la multiplicité renouvelée de ses courses à travers les chemins et les routes lorsqu'il distribuait le courrier, tout en songeant à ce que pourrait être l'œuvre

de sa vie. Car tout être possède en lui ce désir de se prouver quelque chose, d'atteindre un sommet, d'être glorifié ; non par orgueil, mais pour laisser la trace d'un passage. « J'aurais pu employer mes loisirs à la chasse, à la pêche, au billard… J'ai préféré à tout la réalisation de mon rêve. Il m'a coûté quatre mille sacs de chaux et de ciment. Mais avec cela, on m'assure que mon nom passera à la postérité. »

Le rêve accompli

Peu d'éléments nous sont parvenus pour connaître Ferdinand Cheval. Seul un texte autobiographique en deux versions nous apporte des éléments de réponse. Né le 19 avril 1836 à Charmes-sur-l'Herbasse (Drôme), d'une famille paysanne, le gamin Ferdinand acquiert une instruction modeste mais largement suffisante pour lui permettre de savoir lire et écrire, développer son ouverture d'esprit et s'initier au contact des livres à l'histoire, la géographie et aux sciences.

Cette éducation lui permet, à trente et un ans, de prêter serment comme facteur des Postes et de rejoindre Hauterives en 1869. Dès lors, le facteur Cheval ne cessera d'arpenter les trente-deux kilomètres de chemins qui l'entraînent à travers la campagne pour la distribution du courrier. Une telle répétitivité offre le champ libre aux divagations de la pensée : « Que faire en marchant perpétuellement dans le même décor, à moins que l'on ne songe.

C'est à l'occasion de ses tournées de facteur que Ferdinand Cheval ramassa galet après galet, pierre après pierre pour constituer son monument.

Pour distraire mes pensées, je construisais en rêve un palais féerique… avec grottes, tours, jardins, châteaux, musées et sculptures. »

Si le rêve n'est souvent qu'une chimère, pour Ferdinand Cheval, à quarante-trois ans, il devient accomplissement par un simple incident dans une existence devenue trop banale : « Un jour du mois d'avril 1879, en faisant ma tournée de facteur rural, à un quart de lieue avant d'arriver à Tersanne, je marchais très vite, lorsque mon pied accrocha quelque chose qui m'envoya rouler quelques mètres plus loin. Je voulus en connaître la cause. Je fus très surpris de voir que j'avais fait sortir de terre une espèce de pierre à la forme si bizarre, à la fois si pittoresque que je regardai autour de moi. Je vis qu'elle n'était pas seule. Je la pris et l'enveloppai dans mon mouchoir de poche, et je l'apportai soigneusement avec moi, me promettant bien de profiter des moments que mon service me laisserait libres pour en faire une provision. À partir de ce moment, je n'eus plus de repos matin et soir. Je partais en chercher ; quelquefois, je faisais cinq à six kilomètres, et quand ma charge était faite, je la portais sur mon dos… »

D'année en année, sans rechigner à la tâche qu'il s'est fixée, sans jamais se décourager, travaillant de nuit à la lueur d'une lampe à pétrole, Ferdinand

Le Palais idéal…

Ferdinand Cheval fit d'un songe, une réalité, faisant la gloire de son village d'Hauterives (Drôme).

Cheval cisèle son Palais idéal. Architecte et maçon à la fois, il accumule d'abord le matériau sur place, puis trace un plan sur le papier, avant d'en élever les premiers murs. Cascade, tombeau et temple égyptien, temple hindou, les Trois Géants voient le jour entre 1881 et 1896, date où le facteur prend une retraite bien méritée pour se consacrer entièrement à son projet. Trois ans plus tard, la façade est terminée. Il lui faudra encore cinq autres longues années pour terminer celle de l'ouest. En 1912, le Palais idéal est terminé, où se mêlent monuments, plantes et animaux du monde entier. Ferdinand Cheval peut alors contempler son ouvrage : son vœu le plus cher est qu'il lui subsiste, qu'il se substitue à son être, une fois mort, afin de perpétuer sa mémoire.

Les dernières années de sa vie, il les consacre à bâtir, pierre par pierre, sa chambre funéraire, pour goûter au repos éternel près de son œuvre, le 19 août 1924.

Bâtisseur ou artiste ?

Le facteur ne s'est jamais vraiment senti dans la peau d'un artiste. D'ailleurs, il n'emploie dans ses écrits qu'une seule fois le mot «art». Peut-être parce qu'il n'arrive pas à traduire ce terme par rapport à son acte ? À moins que, humble parmi les humbles, il lui fasse peur. Est-ce d'ailleurs à lui de se définir comme artiste ? Non, sinon à être prétentieux. Songeons aux contemporains du facteur, à ceux qui, heure après heure, voient s'élever le Palais idéal. Cheval, un artiste ? Non ! Un fou ou un original ? Peut-être ! Plus sûrement, au fil des années, un bâtisseur accomplissant sans relâche sa tâche, forgeant l'admiration de tous l'âge avançant. Car les regards de ses concitoyens devaient bien être amusés quand Cheval débuta sa construction. Et ce ne fut que dans l'ennoblissement de son labeur que les esprits se transformèrent pour finir par s'approprier le Palais idéal, dans l'élévation de son monument que le bâtisseur devint artiste. S'aperçut-il de cette transformation ? Peut-être pas si l'on considère qu'il voua jusqu'à la fin un véritable culte à ses outils. Ainsi, parlait-il de sa brouette : « fidèle compagne du travailleur intelligent qui, chaque jour, dans la campagne, cherchait son petit contingent », ou de l'ensemble de ses outils, « compagnons et témoins de tes peines de siècles en siècles, travail d'un seul homme, nous dirons aux générations nouvelles que toi seul as bâti ce temple des merveilles. »

Courage, énergie, persévérance : trois mots qui résument l'ouvrage du facteur Cheval, associés à la puissance de son esprit à réaliser son rêve. Trois mots qui en font « le héraut des plus humbles ». Paysan, il est, paysan il reste : « Tout ce que tu vois, passant, est l'œuvre d'un paysan. » Et plus loin : « Fils de paysans, paysan, je veux vivre et mourir pour prouver que dans ma catégorie, il y a aussi des hommes de génie et d'énergie. »

Dans le Palais idéal, dans cette profusion de matière agglomérée et sculptée, se lisent donc toute l'humilité de l'homme, sa maladresse, son authenticité, son besoin de gloire et d'éternité, même après la mort. Pour le facteur Cheval, le songe est bien devenu réalité.

Le facteur Cheval attisa la curiosité de tous ses contemporains avant d'être reconnu comme un artiste et d'attirer, chaque année, de nombreux touristes.

Le monde selon Tatin

«En cet âge de l'imprimerie, le savoir (ça-voir) s'inculque
à grand renfort de mots.
La forme règne ainsi que brouette sans contenu,
ondulatoire sans corpusculaire,
yang sans yin, blanc sans noir, fleur sans parfum.
On se déshabitue de lire dans le grand livre de la nature...
On sait seulement lire ce qui est en caractères A.B.C.D.E...
alphabétiques.
On ne sait pas discerner le sens d'une image.»

Robert Tatin

C'ET HOMME est assurément d'ailleurs. Robert Tatin (1902-1983), l'homme aux cinquante métiers, le baroudeur qui, après avoir traversé l'Europe, découvert Amsterdam et New York, visité l'Afrique et s'être installé en Amérique du Sud pendant cinq ans, est revenu dans son haut Anjou natal pour nous offrir le chef-d'œuvre de sa vie, une création intemporelle, lien insolite entre la terre et le ciel, entre l'Orient et l'Occident, entre le yin et le yang. Cet homme est assurément d'ailleurs...

Une enfance sous l'influence des fées

L'enfance de Robert Tatin, dans un quartier populaire de Laval, va fortement influencer son œuvre alors que rien ne le prédestine à être un artiste. Mais il en est souvent ainsi de ces génies de l'art réinventé à partir des impulsions intimes ; art que le peintre Dubuffet a qualifié de «brut», hors de l'académisme tant par les sujets choisis que les matériaux utilisés.

Tatin n'a pas reçu d'enseignement culturel dans son enfance, mais a été généreusement nourri de l'affection des femmes qui l'entourent. Sa mère, sa grand-mère, sa sœur, sa nourrice et ses voisines veilleront sur ses plus jeunes années alors que le père, employé de commerce puis forain, est souvent absent. Son parcours esthétique gardera toujours l'empreinte de cette influence féminine.

Mille métiers, mille voyages

À quatorze ans, le jeune Tatin commence un apprentissage de peintre en bâtiment et suit en même temps des cours d'art plastique, où il apprend les émaux, la peinture, la sculpture et la céramique. À seize ans, il débarque à Paris où, insatiable curieux, il s'imprègne de la vie artistique tout en exerçant tous les métiers du bâtiment ;

expérience qui lui permet de créer sa propre entreprise à Laval, dont les bénéfices confortables l'autorisent à voyager à travers le monde.
Après un long périple, on le retrouve bougnat à Paris en 1945. Il y rencontre Dubuffet, Cocteau, Breton et Prévert. La vie culturelle parisienne est en pleine reconstruction après les années noires de la guerre, et Tatin décide alors de se consacrer uniquement à l'expression de son art multiple.

L'Amérique du Sud, où il restera plusieurs années, lui offre une notoriété internationale, et c'est profondément habité par la culture amérindienne qu'il s'installe définitivement à Cossé-le-Vivien, près de Laval, en 1962. Son imaginaire fantastique, nourri de l'art de tous les coins du monde, de tous les styles et de toutes les croyances, va exploser dans une œuvre colossale, sorte de testament improbable, ultime vestige de son immense talent.

Un acte d'amour

D'une vieille bâtisse aux fondations datant du VIe siècle, Robert Tatin, aidé de sa femme Liseron, va, pendant vingt et un ans, réaliser une construction monumentale, sculpture spectaculaire et étrange, source éternelle d'étonnement pour les voyageurs.
Dix-neuf statues de ciment coloré en bordure d'une allée majestueuse invitent le visiteur à une promenade originale à travers la mémoire de l'artiste. Des personnages historiques, des héros de légende, des peintres modernes, autant de figures qui ont marqué l'enfance du sculpteur et contribué à son génie créatif.
Au bas de l'allée, deux totems «être» et «avoir» représentent la dualité de son adolescence entre plénitude et turbulence. Les questionnements métaphysiques qui hantent cette période de transition sont incarnés par les statues de sainte Anne et de la Vierge de l'Épine. La statue du maître compagnon montre le chemin à l'artiste, celui des bâtisseurs de cathédrales.
Un dragon de quatre mètres de hauteur, gueule ouverte, mythique gardien du cœur du bâtiment, symbolise le passage à l'âge adulte, l'âge de la quête éternelle du sens de la vie.
Toutes les facettes du talent de l'artiste, à la fois peintre, sculpteur, architecte, céramiste, maçon et mosaïste s'épanouissent dans la maison au décor fantastique dans laquelle on pénètre par la porte des Géants. L'évocation hiératique de ses cinq artistes peintres préférés (Rembrandt, Van Gogh, Léonard de Vinci, Goya et Delacroix) nous conduit dans le jardin des Méditations où l'on se promène en respectant le sens de la rotation de la Terre. Ainsi, l'architecture des lieux nous rappelle le cycle de la vie intimement lié au cosmos avec, au nord du patio, «Notre-Dame Tout-le-Monde», statue de six mètres cinquante reliant le ciel et la terre. À l'identique, la porte du Soleil au levant et la porte de la Lune au ponant traduisent la nécessaire union entre l'Orient et l'Occident.
On ne peut s'empêcher de penser à Gaudí, l'architecte catalan, face à ce

mélange fantasmatique de statues incas, de cathédrales tourmentées, de bas-reliefs à l'inspiration mythologique. La magie du lieu célèbre l'art qui, « comme le soleil se partage » et invite à une introspection dans le mystère de notre propre enfance, dans notre difficulté d'épanouissement, dans notre vie d'adulte coincée dans la petitesse de la pensée occidentale que Tatin a si bien réussi à sublimer.

De la maison des champs au musée Tatin

Les amoureux du « monde selon Tatin » soulignent le caractère intemporel de son œuvre, dans laquelle se mêlent symboles universels et poétiques en une folle exubérance en accord complet avec la douceur du bocage angevin.

La créativité exceptionnelle de l'artiste est consacrée en 1969, quand André Malraux, alors ministre de la Culture, inaugure le chantier de « l'étrange musée de Robert Tatin » appelé à recevoir des milliers de visiteurs par an.

Robert Tatin, qui se définissait comme un « auto-dit-d'acte », a retrouvé les fées de son enfance le 16 décembre 1983, sans jamais quitter sa maison des merveilles où il est inhumé juste au sortir du jardin, fidèle à la pensée de Chesterton : « Tout enchaînement d'idées peut conduire à l'extase, tous les chemins mènent au royaume des fées. »

L'attrape-rêves : Raymond Isidore, dit Picassiette

«L'art possède la faculté illimitée de transformer l'âme humaine.»

Werner Jaeger

IL EST DES HOMMES qu'on ne devine pas, des hommes transparents qui traversent la vie si humblement, si discrètement que seule leur absence nous inonde des mille éclats de leur univers merveilleux, de leur fantastique imagination.

Raymond Isidore est de ceux-là. Né à Chartres avec le XXe siècle, il y meurt soixante-quatre ans plus tard, laissant à la ville de toutes les lumières un fabuleux trésor né de ses rêves les plus fous. Pourtant, tout n'avait pas vraiment bien commencé.

Le balayeur du cimetière

Quand on est le septième enfant d'une famille d'ouvriers, qu'un huitième arrive dans la plus grande pauvreté, que les quelques sous gagnés sont dépensés par le père au bistrot, l'avenir est bien limité. Dans ce décor à la Zola, Raymond, gamin malingre et malvoyant, grandit à tâtons entre misère et prières, à l'ombre de la somptueuse cathédrale. Ce magnifique vaisseau de pierre célébré par Charles Péguy impressionne le petit Raymond qui se laisse guider par la force mystérieuse qui l'invite à en pousser la lourde porte.

«J'étais aveugle quand j'étais enfant ; c'est dans la cathédrale que j'ai vu pour la première fois de ma vie. Il faisait sombre ; d'abord, je n'ai pas vu grand-chose, et puis les vitraux...»

Les vitraux noyant de lumière «l'inaccessible obscurité» de l'église irradient le cœur de l'enfant. Ce sera son premier livre d'images, dont le symbolisme spirituel imprègne son âme et trace déjà la voie d'une destinée hors du commun.

Treize ans, l'âge du premier boulot dans une fonderie. Pénible travail de mouleur imposé par le dénuement de la famille qu'il aide toute sa jeunesse jusqu'à sa rencontre avec Adrienne, son aînée de onze ans, qui lui offre, en guise de dot, trois enfants à élever. De santé toujours fragile, Raymond doit abandonner l'usine et est embauché par la mairie pour balayer le cimetière.

Sou par sou, le couple économise pour acheter un bout de terrain en jachère. Heure après heure, Raymond construit seul sa maison de trois pièces : une chambre pour eux, une pour

les enfants d'Adrienne et la cuisine comme pièce à vivre. C'est en regardant passer un corbillard qu'il se pose la question qui lui deviendra vite existentielle : « Pourquoi on met des fleurs sur les morts ? Pourquoi n'en met-on jamais sur les vivants ? »

Le trône noir, sculpture insolite du monde merveilleux de Raymond Isidore. (Musée Picassiette.)

De Picasso à Picassiette

« L'esprit m'a dicté ce que je devais faire pour embellir la vie. Beaucoup de gens pourraient en faire autant, mais non : ils n'osent pas. Moi, j'ai pris mes mains, et elles m'ont rendu heureux, je voudrais être un exemple. »

Et il ose : embellir la vie, parsemer le quotidien de fleurs et d'étoiles, sublimer le réel, l'habiller de ses rêves. Tout un programme qui voit le jour en 1938, par le plus grand des hasards. Rien ne se jette chez les Isidore ! Tout peut servir ou resservir, et c'est naturellement que Raymond ramasse quelques débris de vaisselle cassée qui brillent sous le soleil. Ils sont si jolis...

Ce geste sera suivi de milliers d'autres car, désormais, Raymond est à la recherche de toutes les assiettes et de tous les verres ébréchés. Il classe les morceaux par couleur, par forme et les dépose dans un coin du jardin. Inlassablement, on le voit dans Chartres poussant sa brouette, fouillant poubelles et décharges, ignorant les regards narquois et les sarcasmes que sa quête provoque. Raymond est dans son monde. Les quolibets railleurs et méprisants le blessent assurément, mais renforcent aussi sa détermination créatrice.

« Tout est propice à son art : les pots de fleurs, la machine à coudre de son épouse... » (Musée Picassiette.)

Patiemment, il recouvre des débris récoltés les murs extérieurs de sa maison, la métamorphosant au gré de sa fantaisie en palais des mille et une nuits. Cet homme, dont le métier est de veiller à l'entretien du jardin des morts, ranime les éclats de verre, réveille la porcelaine cassée, ressuscite la matière, la transcende en décors fabuleux. Pour lui, tout est naturel. Ses mains et son esprit sont unis dans l'accomplissement de ses chimères.

« J'ai d'abord construit ma maison pour nous abriter. La maison achevée, je me promenais dans les champs

quand je vis par hasard des petits bouts de verre, débris de porcelaine, vaisselle cassée. Je les ramassais sans intention précise, pour leurs couleurs et leur scintillement. J'ai trié le bon, jeté le mauvais. Je les ai amoncelés dans un coin de mon jardin. Alors l'idée me vint d'en faire une mosaïque pour décorer ma maison. Au début, je n'envisageais qu'une décoration partielle, se limitant aux murs. »

Le regard est toujours goguenard, peut-être un peu moins méprisant devant la persévérance de celui que l'on surnomme « Picassiette », à la fois pour son obstination à collecter les morceaux de vaisselle et pour la palette de couleurs qu'offre désormais la façade de sa maison, à la « Picasso ».

Le bâtisseur de l'imaginaire

« J'ai suivi mon esprit comme on suit son chemin », a-t-il confié ; et son chemin est long qui, vingt-cinq années durant, le conduit à manipuler quatre millions de débris de vaisselle. Les sols, les façades, le faîte du toit vont s'habiller d'imaginaire, mais aussi les meubles, le poste TSF, la machine à coudre, les pots de fleurs, le lit…

Inlassablement, il choisit, découpe, colle, ignorant tout des canons esthétiques. Il crée spontanément, jour après jour, un véritable joyau avec la volonté des bâtisseurs de cathédrale.

Quand tout est recouvert, que toutes les surfaces s'éclairent de mosaïques insolites et de peintures baroques, il s'attaque alors au jardin qu'il peuple de statues, de reconstitution de monuments, telle la cathédrale et la porte Guillaume de Chartres, mais aussi la tour Eiffel.

Son univers s'anime de personnages de la vie rurale qui côtoient des animaux à la fois étranges et familiers. La Joconde n'est pas très loin de Landru, et le profane se mélange au religieux dans une alchimie originale. « Mon jardin, c'est le rêve réalisé ; c'est le rêve de la vie où l'on vit en esprit dans l'éternité. » Isidore est un homme réservé. Ces quelques mots lâchés lors d'une interview révèlent la dimension hors du commun de cet étrange personnage.

En 1956, il achète un bout de terrain mitoyen à sa maison et y construit la « chapelle », la « cour noire », le « tombeau » et le « trône noir », qui trahissent l'influence forte du spirituel, trouvant son accomplissement dans la construction du « tombeau bleu », le tombeau de l'esprit.

À travers son œuvre, car il ne convient plus de parler de simple décor, Raymond Isidore voyage seul dans des pays fantastiques, guidé par un mysticisme naïf et le souvenir de ses rêves nocturnes : « La nuit me dictait ce que j'avais à faire, je voyais mon motif devant moi, comme s'il existait vraiment. Je me levais en hâte et me mettais immédiatement au travail. Je ne choisissais aucun élément. Les morceaux de porcelaine ou de faïence se trouvaient à ma portée, prêts à être utilisés. Moi qui n'ai jamais su dessiner de ma vie, je ne comprends pas encore comment je suis arrivé à un pareil résultat. »

En 1962, son œuvre est achevée. L'homme s'enfonce alors dans une tragique descente aux enfers. Ses délires le conduisent à de nombreux séjours à l'hôpital psychiatrique de Bonneval, jusqu'à cette dernière hallucination, en 1964, qui l'envoie errer dans la campagne sous un grand orage. On ne le retrouvera que le surlendemain, couché dans un fossé, la bouche pleine de terre. Il répétait souvent qu'il mourrait le jour de son anniversaire. C'est la veille de ses soixante-quatre ans qu'il a rejoint son pays, le pays des rêves.

La traduction d'un rêve

Isidore était-il un illuminé ? Sans doute, mais c'est avant tout un artiste, un improvisateur de génie capable de traduire, avec ses mains, les méandres de son âme, capable, sans aucune formation artistique, de créer fresques et statues avec des matériaux de récupération qui font de lui un des meilleurs représentants de l'art brut, cet art marginal indemne « des poncifs de l'art classique ou de l'art à la mode » (Jean Dubuffet), où l'on retrouve tous les autodidactes géniaux, les artistes inclassables, tous ceux qui, ignorant les valeurs culturelles traditionnelles, « subliment leur mal-être dans la création artistique ». Son mal-être apparaît dans ses créations, dans le choix même du matériau selon le psychanalyste Paul Fuks : « Chez Picassiette, l'assiette est cassée. Ce qui a inspiré le balayeur du cimetière de Chartres, ce n'est pas l'assiette : c'est son débris ; ce n'est pas la surface intacte : c'est sa cassure... Si Picassiette en a fait son matériau d'élection, c'est qu'il s'y est reconnu. Il a trouvé dans cette porcelaine morcelée, dispersée, jetée au rebut, une image de lui-même, un portrait à sa ressemblance. »

Picassiette, qui a avoué la souffrance de sa grande solitude : « On m'a mis balayeur dans un cimetière comme quelqu'un qu'on rejette parmi les morts, alors que j'ai des capacités pour faire quelque chose, ainsi que je l'ai prouvé. »

En effet, la preuve est faite : la maison Picassiette est classée monument historique en 1983 et reçoit près de vingt mille visiteurs par an, à la fois émerveillés et dépaysés par ce décor baroque et surprenant où rôde toujours l'âme de son créateur.

La réplique de la cathédrale de Chartres, chère au cœur de Raymond Isidore, coiffe le tombeau. (Musée Picassiette.)

C'est à boire qu'il leur faut !

Deux curés qui ont de la bouteille

Félix Kir, le chanoine «rince-cochon»

«Trinquer est un plaisir fort sage
qu'aujourd'hui on traite d'abus… »

Béranger

INCLASSABLE personnage que ce chanoine dijonnais au verbe rabelaisien : homme politique atypique, ecclésiastique controversé, éponyme d'un célèbre apéritif, mais sans en être vraiment l'inventeur. Né en 1876 à Alise-Sainte-Reine, ancienne Alésia où le courageux Vercingétorix dut rendre les armes devant César ; un arrière-grand-père au nom prémonitoire de « Curé », transformé en Kir, par prudence, au moment de la Révolution : autant d'antécédents qui vont former le caractère indépendant du jeune Félix, cinquième enfant d'un ancien cheminot devenu perruquier. À quinze ans, alors que l'évêque déplore déjà le manque de vocations, il annonce fièrement sa décision d'entrer au séminaire : « Si personne ne se décide, l'évêque n'a plus qu'à ficeler sa valise et à s'en aller au pôle Nord chez les Esquimaux ! »

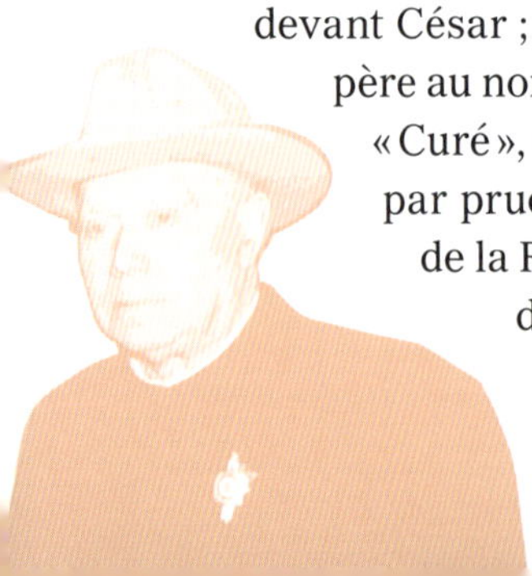

Les voies du Seigneur sont impénétrables

Les paroissiens sont d'abord surpris par la truculence de ce nouveau curé qui leur devient vite sympathique tant sa générosité est à l'égal de ses propos redoutables. Tout jeune prêtre, il sera perçu comme étant « des plus critiquables » pour son attitude lors des incidents de 1906, qui marquent la séparation de l'Église et de l'État. Il sera même poursuivi pour « délit de messe » ! Ces rendez-vous musclés avec les forces de l'ordre ne sont pas faits pour lui déplaire, et le goût de la polémique appelle rapidement celui de la politique.

La Première Guerre mondiale lui donnera l'occasion de démontrer son courage qui lui vaudra la croix de guerre. À l'instar d'un Tartarin, la modestie ne l'étouffe pas, et il soutient à qui veut l'entendre, dès la démobilisation, que c'est grâce à lui que la guerre a été gagnée : « Je ravitaillais une division entière en tabac chaque semaine. Si je flanchais, c'était cuit, car le moral tombait à moins que zéro ! » Le virus de la politique le rattrape jusque dans ses prêches, dans lesquels il n'hésite pas à brocarder le cartel des gauches, comme il le fera plus tard avec le Front populaire, critiquant dans les colonnes de l'hebdomadaire *Le Bien du peuple*, la loi sur les quarante heures hebdomadaires qu'il associe à une « mystique de la paresse ».

Sa faconde et sa bonhomie le rendent incontournable dans les réunions. Même si ses prises de position marquées agacent, son humour et sa repartie lui assurent une forte popularité.

Dès 1940, il s'engage avec une farouche détermination dans la Résistance et fait évader des milliers de prisonniers français du camp de Longvic. Arrêté à deux reprises par les Allemands, condamné à mort, victime d'un attentat auquel il échappe miraculeusement, l'ecclésiastique insoumis accueille à bras ouverts les premiers blindés lors de leur entrée victorieuse dans Dijon, image qui

Le chanoine Kir et le maréchal de Lattre, lors de la libération de Dijon le 3 octobre 1944.

lui donne définitivement une autorité morale incontestée. C'est naturellement qu'en 1945, Félix Kir est élu à une majorité écrasante maire de Dijon sur le programme « nourrir, vêtir, loger ». Certains Dijonnais se souviennent encore de ce maire en soutane, coiffé du képi emprunté à un policier, qui n'hésitait pas à faire la circulation devant la mairie quand les embouteillages menaçaient l'ordre public !

Du goupillon au Palais-Bourbon

Régulièrement réélu – en 1965 face à un certain Robert Poujade –, Félix Kir portera l'écharpe tricolore jusqu'à sa mort. Le cumul des mandats ne posant aucun problème aux Côte-d'Oriens, il est élu conseiller général et député de la Côte-d'Or ! Il a l'honneur d'être le doyen de l'Assemblée nationale de 1953 à 1967, et de présider en tant que tel la première séance de la Ve République. Il sera aussi le dernier député en soutane de la république.

Sa truculence bouscule quelque peu l'étiquette du Palais-Bourbon et amuse beaucoup les parlementaires ! Certaines de ses reparties sont restées célèbres ! À un député communiste qui l'invective sur sa foi, récusant que l'on puisse croire en Dieu sans l'avoir jamais vu, il riposte : « Et mon cul, tu l'as pas vu, et pourtant il existe ! » Avec le même accent rocailleux, il répond du tac au tac à un opposant qui lui demande pourquoi il ne s'est pas marié : « Pour pas être cocu, comme toi ! »

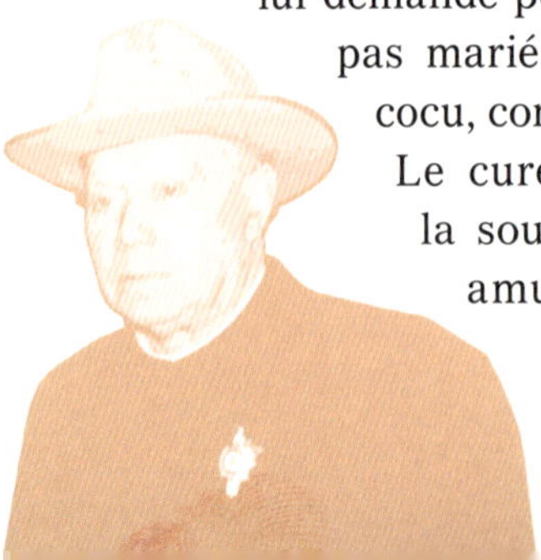

Le curé rondouillard, à la soutane trop courte, amuse beaucoup et dérange un peu par ses interventions intempestives qui lui valent d'être rappelé à l'ordre par le président de l'Assemblée, Vincent Auriol : « Monsieur le chanoine, rassemblez maintenant toutes vos interruptions, et vous nous ferez tout à l'heure un discours. » L'avertissement ne suffit pas à le déstabiliser, et il continue jusqu'à sa mort à envoyer des piques et à tourner en ridicule ses adversaires politiques.

Difficile d'échapper à ses joutes verbales, d'autant plus que le bon chanoine est un peu compliqué à suivre ! Ses alliances sont souvent à géométrie variable. Il réunit dans la même

Le chanoine Kir, député-maire de Dijon, et Nikita Khrouchtchev à l'ambassade de l'URSS de Paris, le 17 mai 1960.

aversion les gaullistes et les communistes, mais il vénère Khrouchtchev, à qui il porte une admiration sans bornes ! Toujours très modeste, il se targue de conseiller le président des États-Unis : « Monsieur Khrouchtchev est le plus grand diplomate du monde. Il a toujours manifesté sa volonté de sauvegarder la paix. Il l'a prouvé dans l'affaire de Cuba en retirant ses fusées. J'ai fait dire à Kennedy d'en faire autant en Turquie, et il l'a fait. »

Lors du voyage officiel du premier secrétaire du Parti communiste d'URSS en France en 1960, Kir se voit interdire une « entrevue amicale » par les plus hautes autorités religieuses. Françoise Giroud imagine alors dans *Le Monde* une rencontre fictive entre Khrouchtchev et le maire de Dijon. Il ne lui en faut pas plus pour entreprendre un voyage à Moscou et rencontrer son ami Nikita ! Ce qui fit de lui le « plus célèbre anticommuniste probolchevik de l'histoire de France » ! Ironie des accords électoraux, cette aventure lui permettra d'être réélu face à un candidat gaulliste donné gagnant, grâce aux voix des communistes reconnaissants, malgré son appartenance à un parti bien marqué à droite…

Les revendications de la classe ouvrière l'insupportent. Les grévistes de chez Terrot – fabrique de motos – en feront les frais. Alors qu'il est conspué lors d'une manifestation, il hurle en faisant référence à sa soutane : « Je savais que le rouge faisait peur aux taureaux, mais je ne savais pas que le noir faisait gueuler les vaches ! » Pas très social, l'abbé ! Ni très fraternel quand il estime exagéré le nombre de Maghrébins résidant en France : « Mieux vaut qu'ils restent chez eux, où ils ne manquent ni de soleil ni de vitamines fournies par les fruits. Et puis, ces pays sont bien loin de souffrir d'un excédent de population. Il y a là-bas des superficies immenses qui sont encore inoccupées. »

L'âge n'affaiblit pas sa faconde. Aux élections de novembre 1958, le saint homme approche des quatre-vingt-trois ans. En récompense des nombreux services rendus à la république, on lui propose le Sénat. La moutarde – de Dijon, bien sûr ! – lui monte au nez, et la réponse est cinglante : « Et pourquoi pas l'hospice ? Rien à faire, je n'irai pas dans une maison de vieux ! »

Sept ans plus tard, pour les présidentielles, il appelle ses fidèles à voter Mitterrand ! Comprend Kir peut…

« Pour le meilleur et pour le Kir »[1]

Si la teinte dorée des vignes de la côte beaunoise a inspiré le nom du département, le mariage d'amour entre l'aligoté et les petites baies noires qui s'invitent en grappes au cœur des hautes côtes a doté son patrimoine culturel d'un merveilleux apéritif, savante alchimie entre la crème de cassis et le vin blanc de Bourgogne.

Si c'est un garçon de café qui est à l'origine du fameux « blanc-cass' » du début du XXe siècle, c'est incontestablement notre pittoresque chanoine qui lui a apporté ses lettres de noblesse.

Il n'est pas, à Dijon, de réceptions, de manifestations ou de réunions qui ne commencent sans un petit blanc-cassis servi dans les cuisines ducales.

Certains Bourguignons se souviennent encore l'avoir vu offrir un « rince-cochon » – autre nom donné au blanc-cassis – à ses compagnons de voyage dans le train l'amenant au Palais-Bourbon, le compartiment du député étant alors très convoité... Il devient alors de bon ton, dans la bonne société, d'offrir la liqueur dijonnaise en apéritif avant qu'elle réussisse à conquérir tous les Français.

L'humilité légendaire du député ne pouvait se satisfaire d'une considération somme toute précaire quand on sait le peu de mémoire des hommes. La modestie est une chose, l'immortalité en est une autre. Surtout quand on est à la fois homme d'Église et élu du peuple. Fort de sa popularité, Kir donne en exclusivité à la famille Damidot, propriétaire de la maison créatrice de la crème de cassis, le droit d'utiliser son nom pour désigner l'apéritif désormais réputé. Sur un papier à en-tête de l'Assemblée nationale daté du 20 novembre 1951, il notifie : « Je déclare donner en exclusivité à la maison Lejay Lagoute le droit d'utiliser mon nom pour une réclame de cassis dans la forme qui lui plaît, et notamment pour désigner un vin blanc-cassis. »

Les concurrents, on s'en doute, n'apprécient pas du tout le privilège commercial ainsi consenti, et ce n'est qu'à l'issue de douze années de procès que Damidot pourra revendiquer l'appartenance exclusive de la marque « un Kir ».

Le truculent chanoine Kir lors d'une réception.

Honni soit Kir mal y pense !

Et l'on revient à Khrouchtchev... Dans les années 1960, l'opportunité de l'improbable rencontre du chanoine avec le chef de toutes les Russies n'échappe pas aux cafetiers dijonnais qui servent à tour de bras « un double K », blanc-cassis-vodka, célébrant à la fois leur maire de droite et le premier secrétaire du parti communiste d'URSS ! Kir peut le plus peut le moins ! Il ne manquait plus que la touche royale... La finesse du cassis associée aux bulles de champagne nous offre le kir royal pour notre plus grand plaisir !

Figure incontournable de la Bourgogne, Félix Kir quitte la scène le 25 avril 1968, à Dijon. Il a quatre-vingt-douze ans et l'enivrante satisfaction d'une vie bien remplie ! « *Kyr...ie eleison* »...

[1] Titre du livre de Jean-François Bazin et Alain Mignotte : *Kir. Pour le meilleur et pour le Kir.*

Noë Chabot, le curé-bistrot

« Du curé-bistrot, j'en ai plein le dos ;
de lui, de ses cartes, de ses propos. »

Anonyme

TOUT est exceptionnel chez Noë Chabot : son combat pour la reconnaissance de son ministère ; ses idées républicaines qui tranchent avec celles de la majeure partie du clergé à l'époque de la séparation de l'Église et de l'État ; l'ouverture d'un bistrot au cœur de Périgueux (Dordogne), où coule le meilleur monbazillac ; la création de nombreuses cartes postales satiriques où il se met en scène pour critiquer sa hiérarchie et la bigoterie ambiante ; sa fin, entre misère, solitude et repentir. Sans doute parce que tout est excessif chez ce curé à la foi profonde, mais qui se sent continuellement persécuté par sa hiérarchie. À tort ou à raison ? Qu'importe ! Le personnage distille, par ses attitudes et ses propos, un élan de curiosité et d'étonnement mêlés qui suffit à le rendre attachant, non seulement à ses contemporains, mais aussi à ceux qui tirent les fils de sa vie sulfureuse.

Un curé qui cultive son image

L'omniprésence de Noë Chabot sur les cartes postales qu'il auto-édite permet de brosser un portrait du personnage bien éloigné de la caricature des curés que l'on dresse au début du XXe siècle. Bien fait de sa personne, la taille est mince et l'allure sportive. Le contour des lèvres, bien dessiné, laisse percer un brin d'ironie qu'accentue un regard provocateur.

À l'évidence, notre curé-bistrot cultive son personnage, à la fois accusateur d'un haut clergé ridiculisé dans ses pratiques et rédempteur de toutes les fautes. Et le moins que l'on puisse dire, venant d'un messager de Dieu, c'est que la charge est souvent sévère et le verbe aussi corsé qu'un vin bien âpre. Évêques ventrus, prêtres grigous et bigotes en prennent pour leur grade. Et seul le bon peuple trouve grâce à ses yeux. Ainsi n'hésite-t-il pas à poser au milieu de ses ouailles, démontrant à sa hiérarchie combien il est apprécié.

Aigri par toutes ses mésaventures pastorales, Noë Chabot n'a de cesse de vouloir apporter la preuve de sa dure condition et de sa mise à l'écart. Toute sa vie, il a estimé que l'exercice de son ministère exigeait une rémunération décente, lui permettant de vivre et de faire vivre ses parents dans le besoin. « Vous avez juré de me faire vivre de l'autel, et non d'un bistrot ! Par vous, mes mains ont été consacrées, non pour vider des bouteilles sur un zinc, mais pour appeler et faire descendre du ciel sur l'autel Dieu, notre Père ; non pour peser le tabac, mais pour attirer les âmes dans le temple divin, pour les bénir et pour leur accorder le pardon, dans l'absolution de leurs fautes... »

Cette privation, malgré une patience de bénédictin, l'incite à trouver un moyen de subsistance en ouvrant un bistrot-tabac. Un choix bien incongru pour un curé, car les estaminets sont considérés par un clergé oublieux que le vin, dans la liturgie, est avant tout le sang du Christ, comme des lieux de perdition et de débauche.

Conscience chargée

Du curé bistro, j'en ai plein le dos
De lui, de ses cartes, de ses propos !...
– Mais je pèse si peu je suis si petit !..
– Foutre... je vous trouve bien lourd, mon ami.

Un curé républicain

Tout, pourtant, avait bien commencé pour ce Périgourdin bon teint né le 2 février 1869 dans une modeste famille d'artisan sabotier. Le temps de quelques études, il entre au grand séminaire. L'appel de Dieu est sincère mais, comme de nombreux gamins de classe modeste, la fonction ecclésiastique permet de mieux vivre et d'assurer le quotidien. Parcours classique qui va le conduire, après son service militaire, à la prêtrise. Ordonné le 29 juin 1897 à Tulle, il obtient la cure de La Boissière-d'Ans deux ans plus tard, avant de rejoindre les deux paroisses de Journiac et de Saint-Avit-de-Vialard.

Durant tout son ministère, Noë Chabot se fait remarquer pour son activité à restaurer l'édifice religieux.

Noë Chabot n'accepta jamais qu'on ne lui fournisse pas de ministère, ce qui lui aurait permis de vivre décemment.

La population apprécie ce jeune curé qui, à la différence de sa hiérarchie, soutient les candidats républicains aux élections. On imagine que dans les couloirs épiscopaux, l'information n'a pas tardé à percer. Là commencent les véritables ennuis du curé-bistrot ! Car, en ce début de XXe siècle, la guerre est déclarée entre un gouvernement qui vote la loi de séparation de l'Église et de l'État et interdit la pratique de l'enseignement aux congrégations, et ceux qui, à l'image de l'évêque de Périgueux, Mgr Delamaire, en appellent à la résistance face à cette république diabolique. Chabot, lui, a déjà pris position : « Au point de vue des convictions politiques et religieuses, j'étais en désaccord avec le clergé actuel. J'avais toujours rêvé d'un sacerdoce pouvant et devant vivre en harmonie avec les pouvoirs établis ; au lieu de cela, je ne vois qu'un clergé bruyant, belliqueux, lancé maladroitement dans l'arène politique. J'aime ardemment mon pays et son gouvernement républicain. Je ne reprendrai le service que lorsque le nouveau clergé d'après la séparation vivra en accord et en harmonie avec le pays et son gouvernement... »

le climat ne lui convient pas. Contraint de revenir en France, Chabot, dans un premier temps, fait acte de repentir auprès de son évêque qui lui conseille une retraite de quelques semaines dans un ermitage, Notre-Dame d'Esparron, perdu au cœur des Alpes. Après les chaleurs tropicales, le froid montagnard. Chabot, après cinq mois passés là en pénitence, rejoint à nouveau le Périgord. À partir de ce moment, il ne cesse de demander une paroisse à son évêque. Il n'obtient que des réponses laconiques. À l'évidence, Mgr Delamaire n'a nullement l'intention

Noë Chabot en disgrâce

Le décor est planté ! De quoi faire tourner les sangs de Mgr et d'épingler Chabot comme un curé « rouge ». Têtu comme un baudet, le curé de Journiac abandonne donc sa cure et s'en va outre-Atlantique visiter l'Amérique du Nord et le Mexique, où il passe quelques mois à enseigner le français dans un collège de la capitale. Mais

La figure du curé Noë Chabot est restée célèbre à Périgueux où, contre l'avis de sa hiérarchie, il avait ouvert un bistrot pour gagner sa vie.

de faire rentrer sa brebis égarée au bercail du clergé. Cette mise à l'écart et ces incertitudes sont mal vécues par Chabot, d'autant plus qu'il est obligé de subvenir aux besoins de ses parents âgés. Lettres sans réponses, visites à l'évêché où le vicaire général lui demande encore et encore d'être patient, Chabot n'en peut plus. Et comme l'homme a des convictions et n'est pas près de s'asseoir dessus, épuisé par un tel manque de considération, il décide ce qu'aucun prêtre n'oserait : passer du devant de l'autel à l'arrière d'un zinc de bistrot afin d'aider ses parents qui ont obtenu l'autorisation d'ouvrir un débit de tabac, place du Codec à Périgueux.

En un temps où le clergé s'opposait aux lois sur les congrégations, Noë Chabot prit parti pour les idées républicaines, ce qui lui valut de sérieuses remontrances de la part de l'évêché.

Le temps est venu de régler ses comptes

Noë Chabot tient sa vengeance ! Et le bon curé rince-goulot ne lésine pas pour régler son compte à la hiérarchie catholique. Inutile de dire que la nouvelle d'un curé, en soutane et calotte remplissant des ballons de vin de monbazillac ne passe pas inaperçue dans la bonne ville de Périgueux. Le succès est au rendez-vous, et le débit ne désemplit pas : « Une avalanche, une inondation de pèlerins désireux de faire leurs dévotions dans la chapelle du curé-bistrot », déclare-t-il. « Dans le tronc, écrivent ses deux biographes, Henri Brives et François Perroy, on glisse une petite offrande de deux ronds le ballon de vin. Une armoire contient les paquets

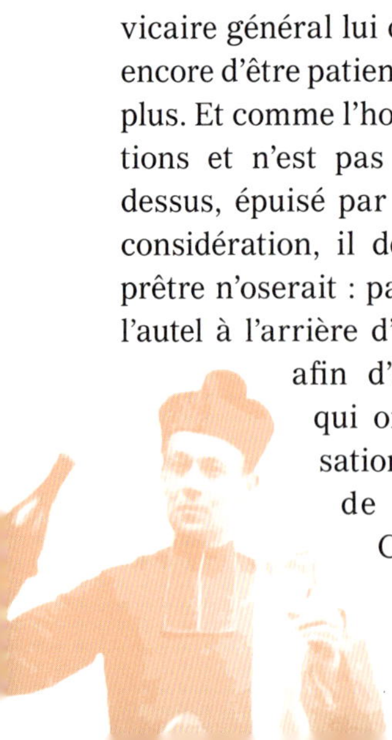

de tabac, du "jaune" au "caporal". Des jouets à 10 sous attirent les enfants de la ville, et les cartes postales illustrent les monuments parisiens, mais aussi ceux de Périgueux, et mettent en scène des personnages... » La presse fait ses choux gras de ce curé qui n'a pas la langue dans sa poche, surtout après quelques tournées : « J'ai pris la direction de leur bureau de tabac, j'ai créé cette buvette où l'on boit du vrai monbazillac et maintenant, je gagne des journées de député. Des journées de député, monsieur, et j'ai refusé 10 000 francs pour tenir un bar à Paris. J'ai aussi refusé une cultuelle. Je suis un prêtre romain et ne mange pas de ce pain-là. Un curé-bistrot : ça a un peu fait crier les bigotes, mais il n'y a pas de mal à ce que les bigotes crient. Et tous mes clients m'aiment, monsieur. Ils aiment mon monbazillac, mais ils m'aiment également. Certes, ils plaisantent bien un peu, mais ça n'a pas d'importance. »

Des cartes postales à l'humour caustique

À l'évêché, la publicité accordée au curé fait se hérisser les cheveux de Mgr Bougouin qui a remplacé Mgr Delamaire. À la lettre sardonique que lui a adressée Chabot : « Vous haussiez les épaules, la figure souriante, et vous laissiez les petits ballons à deux ronds s'envoler sous la voûte du ciel ! Et chez le curé, les ballons, les kilos, les tonneaux, la cave, tout se vidait ! On levait, on levait toujours le coude à votre santé, Monseigneur, et vous laissiez faire ! », l'évêque répond : « Nous désirons voir cesser votre débit et continuer à célébrer à la cité, ou bien cesser de célébrer à la cité et continuer votre débit. » À cette injonction, Chabot réplique : « Je n'ai qu'à continuer à faire ce que vous me laissez faire depuis bientôt trois mois. Voilà donc ces messieurs pris dans leur propre piège, un piège dont ils ne pourront ou ne voudront pas sortir ! Périssent la chrétienté et l'Église, plutôt que d'avouer et de réparer la faute commise ! »

Dès lors, la guerre est ouverte ! Chabot a compris que, face à sa hiérarchie, seule l'opinion publique peut lui permettre de démontrer l'arbitraire de sa situation. Qu'on lui donne une paroisse ainsi que les émoluments dus, et il cessera tout travail derrière son zinc ! L'intransigeance et les pressions de l'évêché n'y feront rien. Au contraire, Chabot ajoute à la vente de monbazillac celle d'une série de cartes postales vengeresses où il prend à partie les deux évêques et le vicaire général en les mettant en scène, agrémentée de vers assassins sur leur fonction. Ces cartes font fureur, et la notoriété de Chabot dépasse largement Périgueux et sa région ; l'argent entre dans les caisses.

La désobéissance du curé durera de 1908 à 1914. Quand la guerre éclate, Chabot monte au front comme officier de santé. Il est âgé de quarante-cinq ans. À son retour, en 1918, il ne reprend pas son affaire. Son père étant décédé, il vit avec sa mère et ne fait guère parler de lui. Jusqu'en 1931, où il sollicite le pardon de l'Église et demande son retour en grâce. Nommé à Paris en 1932 comme prêtre sans fonction, Chabot n'est plus qu'un ivrogne solitaire. De retour dans sa ville natale, il meurt à la maison centrale du Dorat, le 8 avril 1943.

Aujourd'hui, sa gloire éphémère persiste à travers les cartes postales, héritage du combat solitaire d'un homme qui ne voulut jamais s'avouer vaincu, nouvelle version du pot de terre contre le pot de fer.

Le curé-bistrot fit éditer de nombreuses cartes postales sur lesquelles il tourne ses supérieurs en dérision.

L'énigme du soldat inconnu vivant (1918-1942)

Le 1er février au soir, par un temps pluvieux à ne pas mettre un chef de gare dehors, un de ces trains de prisonniers en provenance de Constance arrive en gare de Brotteaux, non loin de Lyon. Sur le quai, des sergents aux capotes dégoulinantes, listes en main, s'efforcent tant bien que mal de mettre un peu d'ordre parmi ces hommes loqueteux, vêtus de haillons, tuberculeux ou gazés. Des commandements fusent, des noms et des matricules claquent dans les hoquets de vapeur de la locomotive. Des jeunes femmes en costumes d'infirmière tendent vers ces soldats des assiettes de soupe fumante qu'ils prennent en les remerciant. Puis, d'un pas pesant, chacun se dirige vers les camions qui les emporteront vers la caserne ou l'hôpital.

L'inconnu du quai de la gare

Sur le quai désormais désert, seule la lanterne d'un gendarme en faction ouvre un chemin de lumière dans l'obscurité de la nuit, uniquement dérangée par les clapotis de la pluie. Quelle n'est pas la surprise du factotum quand il découvre un homme prostré contre un pilier !

« Eh bien ! dit-il en l'abordant. Qu'est-ce que tu fais là, toi ?

– J' sais pas. »

Le gendarme approche sa lanterne du visage de l'inconnu. Son teint est cireux. Une barbe de quinze jours court le long de ses joues. À l'évidence, l'homme est un soldat égaré.

« Tu étais dans le train de Constance ? insiste le gendarme.

– J' sais pas.

– Comment t'appelles-tu ?

– J' sais pas. »

Pour un gendarme qui a le règlement chevillé au corps, un individu qui ne peut dévoiler son identité devient un suspect en puissance.

« Suis-moi, lui dit-il. Je vois ce que c'est... »

Docilement, l'homme lui emboîte le pas. Dans la lueur blafarde de sa lanterne, le gendarme distingue que l'inconnu porte une vieille capote de fantassin délavée, élimée et sans écussons, un calot sordide sur la tête, un pantalon de civil en velours côtelé et des galoches.

Dans le bureau militaire de la gare, l'adjudant de service et deux soldats sont en train de dîner quand ils entendent frapper à la porte.

« Qu'est-ce que c'est ? » tonne l'adjudant.

La porte s'ouvre devant l'inconnu que le gendarme pousse à entrer :

« Un lascar qui fait le dingo. Il ne veut pas dire son nom. »

L'officier n'est pas homme à perdre son temps, surtout quand la soupe est chaude.

« Qui es-tu ? lui demande-t-il.

– J' sais pas.

– Quel régiment ? D'où viens-tu ?

– J' sais pas. »

Il suffit. D'un bond, l'adjudant se lève, se penche sur cet énergumène puis, rouge de colère, assène :

« Tu vas te ficher de moi longtemps !

– Mangin, murmure enfin le soldat.

– Quoi, Mangin ? C'est ton nom ?

– Non. »

L'adjudant faillit en tomber d'une syncope.

« Alors pourquoi dis-tu Mangin ?

– J' sais pas. Mangin », poursuit l'inconnu en dodelinant de la tête.

La réponse laisse l'adjudant pantois. Mais on ne se moque pas impunément d'un supérieur. C'est écrit noir sur blanc sur le livret militaire. Question de discipline. L'index dirigé sur lui, il aboie : « Tu ne coupes pas au conseil de guerre ! »

Mais l'individu qui se trouve devant lui n'est plus dans la norme militaire. Aux paroles de l'adjudant, son visage se tord d'effroi. Ses mains tremblent sur sa capote détrempée. Puis, comme un enfant que l'on vient de punir, de grosses larmes coulent sur ses joues broussailleuses. Dans la salle, les quatre hommes hésitent sur l'attitude à adopter. Aucun n'ignore que la guerre n'est qu'une chienne de corde et de chaîne prête à mordre si vous approchez trop.

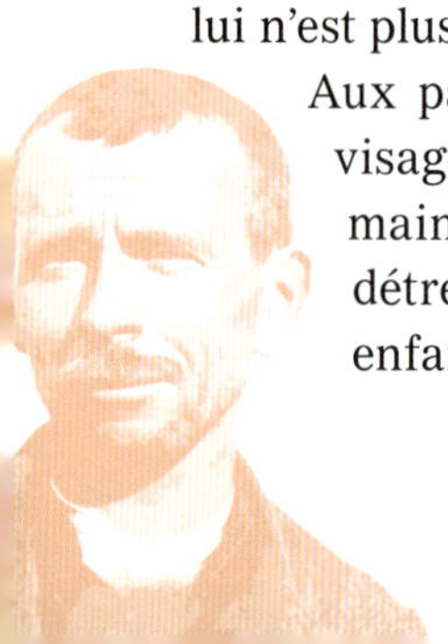

Calmement, l'adjudant s'est rassis à son bureau. L'air pensif, il secoue la tête puis bougonne :

« Bon Dieu, qu'est-ce qu'on va bien pouvoir en faire ? À la caserne, ils n'en voudront pas. À l'hôpital, non plus. S'en fichent pas mal : pas de blessure, ni de maladie. »

En homme de devoir, l'adjudant est dans l'obligation d'établir un rapport en bonne et due forme. Sur une feuille de service, il trace d'une belle écriture les premiers mots : « Monsieur le médecin-chef de l'hôpital de Bron, je vous fais conduire sous escorte un soldat trouvé errant... » Son porte-plume, durant quelques secondes, reste suspendu en l'air. Puis il ajoute, sans hésiter : « Ne sait ni d'où il vient, ni quel est son nom. »

Le soldat amnésique

À Bron, l'état-major médical accueillit l'inconnu de la gare avec le plus grand scepticisme. Au petit jeu de la simulation, ils en connaissaient un rayon. Le petit nouveau qu'on venait de leur confier en donnait toutes les apparences. Un interrogatoire poussé et quelques examens médicaux auraient bien vite raison d'un stratagème que de pauvres bougres sortis terrorisés des tranchées avaient tenté d'accréditer en vain auprès des médecins capitaines, peu enclins à la pitié. Mais pas plus que le gendarme et l'adjudant de

« Debout, les morts ! »

Brotteaux, les gradés de l'hôpital de Bron ne réussirent à le faire craquer. Au contraire, l'inconnu se referma un peu plus sur lui-même et fit un accès de fièvre. Devant le visage de l'amnésique secoué par des tremblements nerveux et claquant des dents et des genoux, un officier plus indulgent le fit mettre au lit, avec ordre de ne plus l'importuner.

Au chaud, dans le silence d'une chambre d'hôpital, alimenté plus que l'ordinaire, l'inconnu de Brotteaux se remit sur pied en deux semaines. En attendant, ses habits furent fouillés, les coutures déchirées pour tenter d'obtenir une information. En vain : ni marque ni matricule qui puissent le rattacher à un régiment, une ville, une famille. Seul un briquet fabriqué avec une douille de mauser fut retiré de la poche de sa vareuse. Un indice bien maigre, les pioupious s'étant fait une spécialité d'utiliser le matériel de guerre comme autant de trophées sculptés de leurs mains.

L'examen médical ne fournit guère plus de renseignements. Seul élément : la cuisse droite était entaillée d'une blessure, une fracture ouverte, sans doute vieille de trois années, ce qui laissait présager que l'inconnu avait été blessé lors des premiers combats et, peut-être, fait prisonnier. À la vérité, ces quelques pièces ne suffisaient pas à recoller les premiers éléments du puzzle. Vint l'interrogatoire. Assis sur une chaise, face à lui, un officier planta son regard dans le sien, le prit par les mains et, doucement, lui demanda : « Alors, mon gars, tu vas me raconter ça, hein. Réfléchis bien. Rappelle-toi. Ne t'affole pas. »

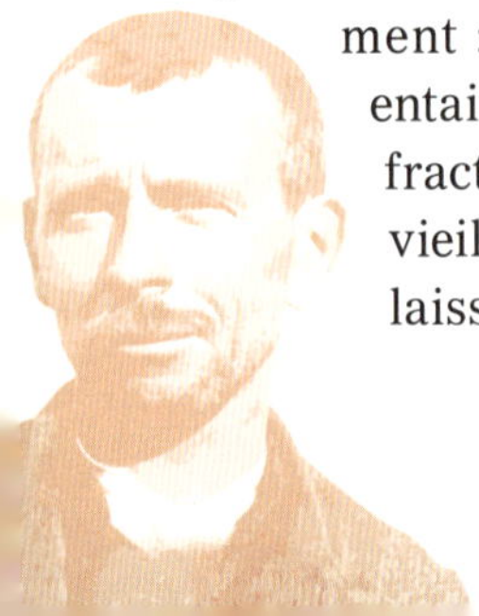

Et l'inconnu se mit à parler. Avec hésitation, certes, mais il parlait. De la guerre, de l'hôpital, du respect dû à la hiérarchie. Quand il se fut agi de dire qui il était, d'où il venait, le même nom propre revenait sempiternellement dans sa bouche : Mangin.
« Pourquoi dis-tu Mangin ?
– J' sais pas. J'ai envie de dire Mangin. Mais ce n'est pas mon nom. »
Un brin déboussolé, le « quatre galons » tenta une dernière fois de convaincre son interlocuteur.
« Écoute, dit-il, je ne comprends pas. Tu reviens sûrement d'Allemagne par la Suisse. Rapatrié après avoir été prisonnier, tu ne risques plus de retourner au front. Avec ton système, tu vas connaître les pires ennuis. Cesse de faire l'idiot, et tu finiras tranquillement la guerre dans un dépôt, ou peut-être chez toi. Tu n'as vraiment pas envie de rentrer chez toi ? »
En guise de réponse, Mangin se mit à pleurer. Dépité, le major haussa les épaules et signa d'un trait rapide la fiche qui envoyait Mangin en observation.
Entre les mains de psychiatres attentifs et toujours enclins à lui poser les questions les plus inattendues, Mangin ne changea pas son attitude d'un iota,

répondant avec une totale innocence à l'arsenal de pièges dans lesquels les aliénistes tentaient de le faire tomber. Mangin n'était pas un simulateur. De cela, ils furent désormais convaincus. À la lecture de leur rapport, le médecin commandant remplit le document qui classait le soldat errant parmi les aliénés : « Cet homme est un amnésique total, sans affection précise de la crise cérébrale. » Puis, présageant les conséquences qu'un tel constat médical allait pouvoir produire, il ajouta au dossier : « Il importe d'identifier au plus vite ce malade. Outre qu'il peut guérir en retrouvant l'atmosphère de son passé, il faut songer qu'une famille pleure peut-être un des siens qu'elle croit mort. »

L'hôpital de Bron l'aurait sans doute conservé dans ses murs quand une missive du ministère parvint au médecin commandant : « Il y a déjà un amnésique de ce genre à l'hospice de Clermont-Ferrand. Il convient de centraliser les cas. Envoyez votre malade rejoindre l'autre. »

Dans son pantalon de riz-pain-sel, un dolman bleu ciel de hussard sur le dos, Mangin débarqua à Clermont-Ferrand en plein été. Sur le front, les Allemands commençaient à perdre pied, abandonnant les premiers villages de l'Alsace-Lorraine. À l'hôpital, les frères d'oubli firent de leur solitude un sort commun, en attendant des jours meilleurs. Les gardiens les regardaient se promener dans le jardin, silencieux comme des moines, au milieu des blessés, des béquillards, des gueules cassées.

Deux mois s'écoulèrent quand, subitement, l'hôpital fut pris d'une fièvre communicatrice. Dehors, les cloches sonnaient à toute volée. Les infirmiers annonçaient de chambre en chambre la signature de l'armistice. Cette maudite guerre se terminait enfin. Ce fut un jour de fête, et le vin coula à flots pour la victoire. Seul Mangin, perdu dans son désespoir, rechercha la solitude de sa chambre.

Peu à peu, les blessés, remis sur pied, quittèrent l'hôpital. Dans les chambres et les couloirs ne déambulaient plus désormais que des malades et des vieillards qui ne ressortiraient sans doute jamais. L'établissement reprit sa quiétude d'avant-guerre. À l'extérieur, les soldats étaient devenus en quelques jours d'anciens combattants que l'on ne cessait pas d'honorer, sur les places et les monuments aux morts.

À l'hôpital, on retira à Mangin son dolman bleu pour lui donner la chemise des incurables.

L'arrivée à Rodez

Un blessé qui avait été soigné à Clermont-Ferrand regagna, après avoir été remis sur pied, son Aveyron natal. À plusieurs reprises, il évoqua le cas extraordinaire de l'amnésique. L'histoire parvint aux oreilles d'une veuve, Mme Mazenc, qui habitait un hameau à proximité de Rodez. Cette pauvre femme, vieillie par les travaux et le malheur, avait perdu son fils à la guerre. Elle se mit en tête que Mangin pouvait bien être son garçon. Son gendre et sa fille tentèrent bien de l'en dissuader. Elle ne voulut pas en démordre, implorant ses enfants de faire le voyage pour obtenir des preuves. Bonasse, le gendre monta à Clermont. Pour la première fois, Mangin allait

donc se trouver confronté à son passé.

Moment de calme dans une tranchée pour ces quelques poilus...

Le jour venu, un paysan un peu gauche, triturant son chapeau mou entre ses mains et cherchant à deviner sur son visage un détail qui pourrait l'éclairer, se présenta devant lui. Mangin le regarda sans manifester de sentiments. « Alors ? » demanda l'infirmier.

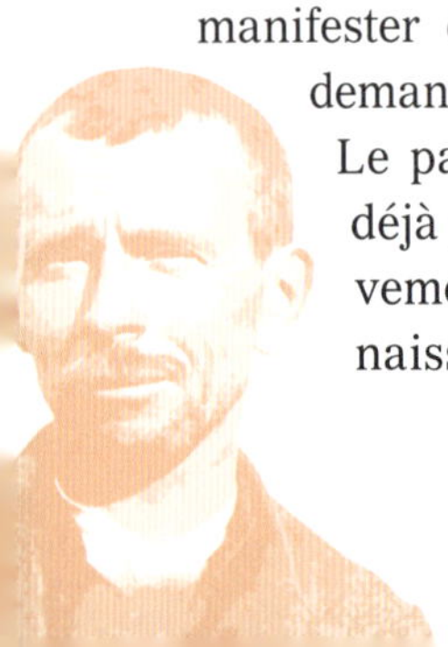

Le paysan, qui devait en être déjà persuadé, secoua négativement la tête. Il ne le reconnaissait pas. Avant de quitter l'hôpital, il demanda tout de même qu'on lui prêtât une photo de l'amnésique : « Ce sera plus facile pour convaincre ma belle-mère que cet homme n'est pas son fils. »

Revenu à l'*oustal*, le gendre tendit la photographie aux deux femmes dont l'espoir n'avait fait que grandir tout au long de son absence.

« Vous voyez bien que ce n'est pas lui, fit le gendre. L'homme de Clermont est plus grand que votre fils et beaucoup plus jeune. »

Mais la mère et la fille
n'écoutaient plus rien.
Crispant leurs doigts
sur la photographie,
elles écarquillaient les yeux
pour reconnaître les traits
du cher disparu.
« C'est bien lui ! »
s'écria soudain la vieille femme.
« C'est mon frère ! »
renchérit la fille.
Le gendre secoua la tête de dépit.

Les deux femmes s'accrochaient
à cet homme comme le noyé
à la dernière planche du navire
qui vient de sombrer. Comme
il était bon bougre, après avoir
vainement tenté de les raisonner,
il rédigea une demande
officielle de reconnaissance.
Quelques semaines plus tard,
le ministère de la Guerre répondit
favorablement à la requête.
« Puisqu'une famille le réclame
à Rodez, envoyez-le à Rodez ! »

Mangin arriva donc à l'asile d'aliénés, le soir du 20 juin 1920, son baluchon sur l'épaule, encadré par des infirmiers de Clermont-Ferrand. Il pénétra par une porte noire dans la cour des pas perdus où déambulaient des hommes aux visages émaciés, aux sourires édentés et aux regards perdus dans leur passé. De blessé de guerre, Mangin venait bel et bien de pénétrer dans l'antre des fous.

Un petit homme brun et sec, M. Gaubert, l'accompagna dans les couloirs cirés et luisants jusqu'au bureau du directeur, M. Fenayrou. Ce dernier, un brave homme, l'accueillit avec délicatesse. Il le conduisit à une petite chambre dont la fenêtre grillagée s'ouvrait sur les bois et les vallons environnants. Prévenu qu'une famille le réclamait, Mangin pensa qu'une partie du brouillard allait enfin se lever. Mais il se doutait aussi que l'entrevue serait rude et sans doute dramatique.

Quand les femmes Mazenc apprirent son arrivée, elles se précipitèrent à

l'asile, le gendre sceptique à leur suite. Mangin se tenait désormais devant elles, sans broncher, observant ces deux inconnues qui cherchaient, en tournant autour de lui et en le touchant avec crainte, à reconnaître leur disparu. Unanimes, elles murmuraient, l'air convaincu : « C'est lui, c'est bien lui. »
Dès qu'il eut le dossier entre les mains, le docteur Fenayrou fut convaincu de l'honnêteté des deux femmes tout autant que de leur inconsciente méprise. La scène des retrouvailles finit de le persuader. Après y avoir mis un terme, il les invita dans son bureau. D'un air grave, il tenta de les raisonner :
« Voyons, mesdames, ne vous entêtez pas. Tout indique que vous vous trompez. Le signalement militaire de votre disparu ne correspond pas du tout à celui de Mangin. La ressemblance entre les deux noms, Mazenc et Mangin, ne peut être considérée comme une présomption favorable. D'ailleurs, votre gendre, vos autres parents et les anciens camarades de votre fils affirment que ce n'est pas lui. »
Les femmes Mazenc s'en allèrent dépitées, mais en rien convaincues. Leur espoir était bien là, à portée de leurs mains. Leur peine s'était muée en élan de joie et de tendresse depuis l'arrivée de Mangin, cristallisant toutes leurs certitudes. La déception de ne pouvoir le reprendre à la maison fut trop forte : la veuve Mazenc ne survécut pas à cette nouvelle épreuve ; elle décéda quelques mois plus tard. « Maintenant que la mère est morte, dit le gendre, qu'on ne parle plus de cette histoire dans la maison. »

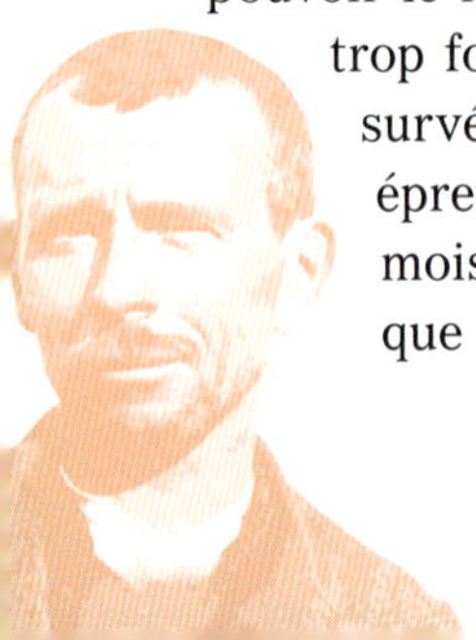

L'épouse, obéissante, garda le silence, mais, un beau jour, le directeur de l'asile la vit arriver, tenant un panier à la main.
« Est-ce que je pourrais voir mon frère, M. Mangin, enfin... Je lui apporte quelques petites choses, le pauvre. »
Le directeur acquiesça. Il ne pouvait pas refuser à cette pauvre femme la concrétisation d'un tel geste d'amour. Jamais, d'ailleurs, tout au long des quinze années suivantes, elle ne devait manquer son rendez-vous dominical.

Le mythe du soldat retrouvé déchaîne les passions

À la fin de 1921, l'affaire prit une tournure administrative quasi ubuesque. À qui appartenait Mangin ? Le ministère de la Guerre, ne le considérant plus comme un soldat, refusa de s'en occuper plus longtemps. Le département de l'Aveyron, gestionnaire de l'asile, se retrancha derrière la loi pour ne pas prendre en charge ses frais d'entretien. Mangin fut donc soumis à un conseil de réforme, qui le prit à cent pour cent, puis on le refila au ministère des Pensions. Dans le même temps, une enquête fut diligentée. Il fallait à tout prix trouver sa famille d'origine.
À l'issue du conflit, quatre cent mille d'entre elles possédaient un parent disparu. Inutile de dire que l'article paru dans la presse revenait à leur envoyer une bouteille à la mer. Elles ne se privèrent pas pour la repêcher, comme ces femmes de marins qui espèrent toute leur vie le retour de leurs maris disparus en mer.

Quel soldat se cachait derrière le visage de celui que l'on appela Anthelme Mangin, le soldat inconnu vivant qui tint en émoi la France entière durant l'entre-deux-guerres ? (*Détective*, 21 janvier 1937.)

Le mythe du soldat retrouvé prit toute sa quintessence par le seul biais de la photo de Mangin. Comme une icône sacrée, chaque famille de disparu vénéra son portrait, se persuadant qu'avec le temps – huit longues années –, les traits du visage avaient pu changer.

En moins d'une semaine, cinq mille lettres parvinrent à l'asile d'aliénés de Rodez, toutes plus émouvantes les unes que les autres, toutes aussi sincères, toutes aussi empreintes d'espérance. Le facteur et les employés ne surent bientôt plus où donner de la tête.

Il fallut les lire, recouper les détails fournis avec les maigres indices relevés sur Mangin, demander des renseignements supplémentaires, établir enfin une sélection, Mangin ne pouvant être le disparu de milliers de gens qui tendaient vers lui leurs bras chargés de promesses. Submergé par les demandes, le directeur dut bientôt engager des auxiliaires et faire passer une nouvelle note dans la presse, les familles devant désormais fournir le signalement précis de leur disparu.

À partir de là, une première sélection permit de conserver trois cents familles. Aux autres, on répondit : « À la vue des renseignements fournis, cet homme ne peut être le vôtre. Il vous est demandé de ne pas insister. »

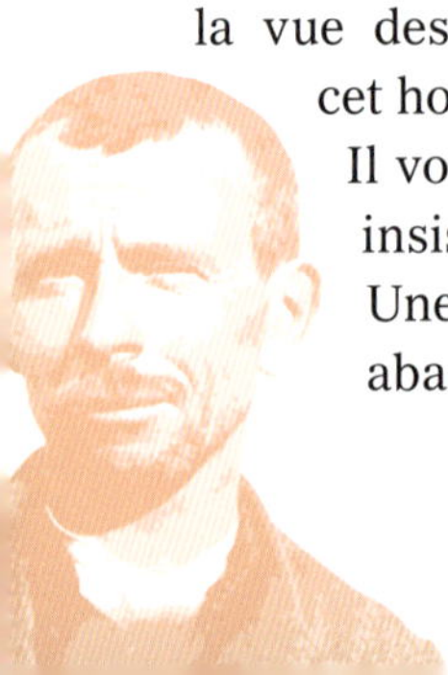

Une enquête plus approfondie abaissa le nombre à cent, puis à cinquante. La danse des familles allait pouvoir commencer. Mangin, dans son coin, vivait tout ce remue-ménage dans une sorte d'insouciance cruelle, persuadé qu'il faudrait du temps pour dénouer les fils encore emmêlés de son passé.

Outre la diffusion de son signalement, le ministère des Finances avait envoyé auprès de Mangin un expert, l'éminent professeur de médecine légale de Toulouse, le docteur Sorel, chargé d'examiner ce cas déconcertant et pour tout dire unique. Le docteur, après de longues heures passées en sa compagnie, réussit à obtenir sa confiance. Au bout de trois semaines de promenades, de discussions et d'expériences, l'expert établit son rapport. Il en ressortait que Mangin n'était pas à proprement parler un amnésique. Atteint de « démence précoce, il est, affirmait le docteur, plutôt un "négativiste" qui se refuse à approuver toute vérité évidente ». Ainsi, concluait-il : « Mangin est-il capable de dire non à une famille alors qu'une étincelle soudaine viendrait de lui faire prendre conscience qu'il s'agit bien de la sienne. »

L'affaire se corsait donc, et la direction de l'asile comprit très vite que son patient n'était pas prêt à quitter sa chambre.

L'incompréhension des familles

Après de multiples échanges de lettres avec les familles sélectionnées, le jour arriva où il fallut organiser une entrevue avec le soldat inconnu vivant. Aucune des cinquante familles ne voulant en démordre, on les convoqua

GRANDS PROCÈS

L'INCONNU VIVANT

Une vague d'assaut s'élance : il y aura des morts et des prisonniers, des blessés et des disparus... Anthelme Mangin ce pauvre fou...

Comme l'écrivit Paul Bringuier lorsqu'il entreprit de raconter l'affaire d'Anthelme Mangin, l'inconnu vivant, c'est vraiment « la plus belle, la plus inhumaine histoire de la guerre ».

Anthelme Mangin, ce pauvre fou que l'asile de Rodez a recueilli en 1920, pauvre être ramassé sur un quai de gare, près de Lyon, où il avait été conduit dans un convoi de prisonniers rapatriés...

Seize ans ont passé, pendant lesquels un dossier administratif, au ministère des Pensions, s'est grossi de paperasses et de témoignages d'une déchirante émotion. Vingt et une familles accrochées à l'espoir qu'Anthelme Mangin (le nom qu'il avait prononcé lorsqu'on l'interrogea, et dans lequel s'est fixée sa personnalité incertaine) était leur fils, leur frère, leur époux, disparu au front...

Et voici que, ces jours derniers, on s'est occupé de ce drame, d'une qualité unique.

Saisi par tant de familles d'une revendication sur l'être qu'elles considèrent comme leur appartenant, le tribunal civil de Rodez avait désigné trois médecins, particulièrement qualifiés pour une nouvelle et définitive expertise (de nombreux experts s'étaient déjà penchés sur le cas de Mangin) : le docteur Paul, le célèbre médecin légiste; les docteurs Génil-Perrin, médecin-chef des asiles d'aliénés de la région parisienne, et Truelle, médecin-chef de l'asile de Sainte-Anne. Une large mission leur était dévolue : Anthelme Mangin serait transféré à Paris pour subir l'examen des experts et ceux-ci pourraient pratiquer les expériences qu'ils jugeraient utiles pour parvenir à un résultat concluant.

L'« expérience » a eu lieu l'autre mardi dans le cabinet du Dr Génil-Perrin, à l'hôpital Henri-Rousselle.

Depuis un an, Mangin était en observation dans ses services et dans ceux du Dr Truelle.

Il fallait, après l'examen quotidien auquel avaient procédé les savants et leurs collaborateurs, réaliser le contact direct de l'inconnu avec ceux qui le réclamaient. Un filtrage avait été opéré : des vingt et une familles qui, tout d'abord, s'étaient révélées, il n'en restait plus que six.

Les six familles étaient là, dans la vaste pièce qui devait servir de cadre à la confrontation.

Assis au premier rang, en une longue file de fauteuils, ces braves gens, venus des quatre coins de la province, attendaient avec une anxiété qu'on ne trouve que dans le rêve, à voir paraître un mort qui vous fut cher, que la porte s'ouvrît.

Il défila devant les familles. Encadré par les trois experts, il parut indifférent à la scène qui se jouait. Au bout de quelques instants, il cacha sa tête sous un béret et, de temps à autre, regardait autour de lui, en ricanant.

Trois familles, d'emblée, renoncèrent à poursuivre l'épreuve. Non, vraiment, ce n'était pas « le leur ». Il ne restait plus, en lutte, que Mme Mazat, Mme Lemay et M. Monjoin.

Pauvre mère Mazat, dont le dossier, cependant, indiquait les faibles chances, mais qui luttait avec ferveur. Elle avait vendu, la chère vieille femme, sa petite ferme dans le Gers, ses quelques champs pour s'installer à Rodez, tout près de l'asile où elle pourrait voir son « petit ». Car elle n'avait qu'un fils, que la guerre lui avait pris. Elle l'avait attendu. Et puis, lorsqu'elle apprit qu'une maison de fous, loin de

Mme Lemay serait la veuve. Une veuve qui a retrouvé son mari. Elle aussi, elle était allée à l'asile, « à tout hasard », dans une sorte de pèlerinage; elle n'y avait pas grand'foi. Confrontée dans le bureau du directeur avec l'Inconnu, toute pâle, elle l'avait vu se diriger vers elle, la prendre par les épaules et l'embrasser, comme s'il l'avait quittée la veille :

— *Tiens, comment vas-tu?*

Elle tomba sur le parquet, évanouie. Car, elle, elle ne le reconnaissait pas.

On remit Mme Lemay en présence de Mangin. Il refusa énergiquement de la reconnaître. Mais elle, ce jour-là, le reconnut. Elle avait été trop près de réussir, elle n'abandonnait pas la lutte, elle prit un avocat; ce fut la première à engager un procès.

Mais l'examen du dossier laisse à penser que le tribunal de Rodez, après la conclusion des experts, ne délivrera pas Mme Lemay de son douloureux veuvage.

Après cette élimination progressive des cas franchements négatifs, puis des cas douteux, toutes les chances de succès se concentrent désormais sur la famille Monjoin, de Saint-Maur (Indre).

Octave-Félicien Monjoin, né le 19 mars 1891 à Saint-Maur, soldat au 94e régiment d'infanterie, avait été porté disparu à Blamont le 15 août 1914. En réalité, il avait été blessé et fait prisonnier; le 20 juin 1915, ses parents reçurent l'avis officiel de captivité; il leur écrivit quelques lettres d'Allemagne, puis, vers 1917, cessa de donner de ses nouvelles.

A l'hôpital Henri-Rousselle, des provinciaux ont reconnu, comme leur parent, l'amnésique de Rodez

Des traits communs aux deux visages d'Octave Monjoin et d'Anthelme Mangin, malgré les modifications causées par le temps, les souffrances, les privations, constituèrent des présomptions sérieuses. Mais, surtout, les recherches effectuées, par la voie diplomatique, dans les archives allemandes complétèrent la démonstration. On y retrouva la fiche de Monjoin, interné au camp de Darmstadt, puis à celui de Hamaln, et enfin, de janvier 1917 à janvier 1918, à celui de Vechta. C'est là qu'il avait donné des signes de déséquilibre mental qui motivèrent son rapatriement.

Me Paturaud-Mirand, avocat des Monjoin, a le ferme espoir de gagner son procès.

« *Négativiste ironique* », tel est le diagnostic exprimé par les psychiatres. Atteint de « démence précoce », Anthelme Mangin est un simulateur de la simulation.

De nombreux articles furent consacrés au soldat amnésique de Rodez, réclamé par de nombreuses familles qui n'avaient pas encore fait le deuil de leur cher disparu. (*Détective*, 21 janvier 1937.)

toutes ensemble à Rodez. Sans hésiter, de Bretagne, de Paris, de Corse, du Poitou, du Nord, de l'Algérie même, chacune accepta la confrontation. Le directeur les réunit dans la grande salle du réfectoire. Il y avait là toutes les classes sociales rassemblées, tout le désespoir issu de la guerre, tout l'espoir tendu vers la porte par laquelle Mangin allait pénétrer. L'ambiance était tendue à l'extrême quand des pas traînèrent dans le couloir. Le directeur avait bien sûr pris la précaution d'avertir Mangin que la confrontation serait pénible à vivre. L'entrevue dépassa toutes ses craintes... Sa casquette de drap bleu entre ses mains, Mangin ouvrit la porte et se posta, l'air inquiet, devant les familles. Il y eut trois secondes d'un silence pesant. Le docteur Fenayrou, scrutant les visages de chacun, rompit le silence : « Eh bien ? » D'un seul jet, dans un élan extraordinaire, les membres de chaque famille tendirent les bras, éclatèrent en sanglots, se précipitant sur Mangin pour le toucher : « C'est lui, c'est lui ! » criaient-ils d'une seule voix.

Mangin ne put supporter le choc. L'infirmier Gaubert le fit sortir. Le directeur eut bien du mal à calmer les esprits. Il proposa aux familles une entrevue personnelle.

Durant toute la journée, Mangin subit les assauts répétés des cinquante prétendants, pleins d'amour pour cet homme chez lequel ils tentaient vainement de faire ressurgir le passé. Des périodes successives de sa vie lui furent assénées à grands coups de détail. Mangin écouta cinquante enfances, vécut dans cinquante maisons différentes, aima plus que de raison. Chacun l'implorait afin qu'il prononce le mot décisif qui ferait pencher la balance en sa faveur. « Reconnais-nous ! Rappelle-toi ! » imploraient-ils.

Parfois, certaines familles ne pouvaient supporter l'air craintif et désabusé, le silence pesant dans lequel Mangin se réfugiait. De colère, elles lui jetaient à la figure : « Tu le fais exprès ! Ce n'est pas possible que tu ne nous reconnaisses pas. »

Rares furent celles qui, désormais conscientes de leur méprise, renoncèrent à le convaincre. Elles s'éloignèrent discrètement, en pleurant au milieu des aliénés qui s'étonnaient de ce fleuve d'amour s'écoulant depuis le début de la journée dans les couloirs de leur maison. Les plus tenaces repartirent vers leurs foyers sans savoir ce qui ressortirait de l'entrevue.

Quelques jours plus tard, le docteur Fenayrou envoyait son rapport au ministère des Pensions : « Notre enquête a donné des résultats surprenants. Sur les demandes formulées pendant les deux premiers mois de recherches, nous avons retenu cinquante dossiers, cinquante familles. Nous leur avons présenté le malade. Mangin n'a, à aucun moment, manifesté qu'un de ces visages lui était connu. En revanche, sur cinquante familles, dix-huit reconnaissent formellement notre pensionnaire comme leur époux, leur fils ou leur parent. Dix-huit groupes de personnes qui, toutes, paraissent de bonne foi, réclament avec insistance, avec violence qu'on le leur rende. »

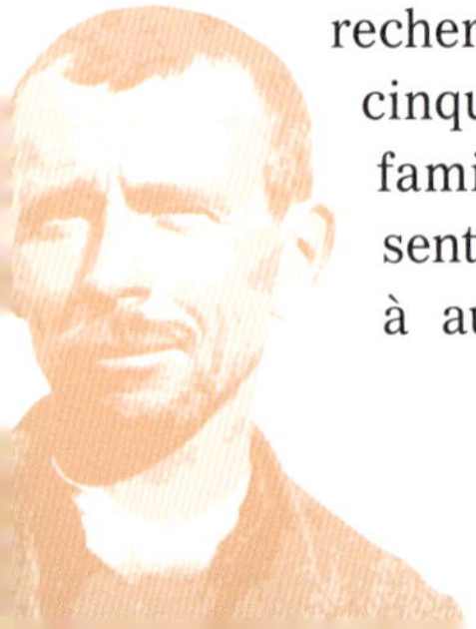

Mangin demeura donc à l'asile d'aliénés de Rodez, attendant que l'on veuille bien statuer sur son sort. Dans les bureaux des administrations, son cas faisait se dresser à chaque fois les cheveux des ronds-de-cuir chargés de son dossier. L'hospitalisé coûtait trois fois plus à l'État en timbres qu'en nourriture, et son budget photos dépassait de loin celui des vedettes de cinéma. Quant à Mangin, il continuait, au milieu des fous, de cultiver le jardin de l'asile sans savoir de quoi demain serait fait.

Les contradictions de Mangin

Chacun se résignait quand entra en scène la veuve Lemay. Cette veuve de guerre avait cru, elle aussi, reconnaître son mari porté disparu en Mangin. Elle fit donc comme les autres familles. En 1927, elle écrivit à l'asile, fournit les renseignements demandés et se retrouva bientôt à Rodez, dans le bureau du docteur Fenayrou. Le directeur s'aperçut très vite que la veuve Lemay n'avait rien à voir avec les familles précédentes. La veuve parlait posément, exposait avec précision ses requêtes, démontrait pièce après pièce les raisons de sa demande. Impressionné, le docteur l'autorisa à s'entretenir avec Mangin. Il le fit chercher par l'infirmier de

service. Quelques minutes plus tard, Mangin se présentait au bureau du directeur. La veuve lui tournait le dos. Quand elle sentit sa présence, elle se retourna puis, regardant le directeur, elle lui dit :
« Mais ce n'est pas un amnésique ! C'est un fou !
– Madame, qu'attendiez-vous donc ? » reprit le directeur.
Un brin déboussolée, la veuve Lemay se leva enfin et, fixant Mangin, s'écria : « Marcel, Marcel ! »

Mangin se dirigea vers la veuve, s'approcha d'elle, la prit par les épaules et, comme si de rien n'était, se pencha pour l'embrasser : « Tiens ! Comment vas-tu ? » lui dit-il. Pour un coup de théâtre, c'en était un ! La veuve Lemay s'évanouit pour le coup. Médusé, le docteur se précipita sur elle, appelant le personnel à la rescousse. Quant à l'infirmier Robert, il regardait Mangin en balbutiant, l'air abasourdi : « Tu en as de bonnes, toi. Tu en as de bonnes ! »

Que s'était-il passé dans la tête de Mangin ? Avait-il cru reconnaître, dans les fils ténus de sa mémoire une personne chère ? Ou bien, las de ne pas trouver acquéreur, avait-il décidé d'en finir une bonne fois pour toutes ? En attendant, la veuve Lemay regagna sa chambre d'hôtel de Rodez en titubant. Mangin, de son côté, avait avalé quelques cachets d'aspirine pour se calmer de toutes ces émotions. La réaction de Mangin avait été trop soudaine pour que le directeur s'en contente.
Le lendemain, il convoqua le conseil de l'asile pour examiner cette situation imprévue. Autour du docteur prirent place deux internes, l'économe et le surveillant Gaubert.
« Vous avez reconnu cette dame ? interrogea le docteur.
– Non, répondit Mangin avec l'air d'un enfant qui tente maladroitement de se disculper.
– Pourquoi alors l'avoir embrassée ?
– J' sais pas. J'ai eu envie de le faire. »
C'en était trop. Le rouge monta à la tête du docteur, qui le rabroua sèchement. Mangin, désarmé, ne sut que répondre. Agité par l'angoisse, dès lors, il ne cessa de répéter : « Je ne sais pas pourquoi. Je ne sais rien. »
Quand, au cours de la deuxième entrevue, Mangin refusa, cette fois, de reconnaître la veuve Lemay, le choc fut trop rude. Une heure fut nécessaire pour la ranimer. L'effet de surprise passé, elle se mit dans la tête que Mangin l'avait bel et bien reconnue une fois, et que cette reconnaissance avait valeur de victoire et de suprématie sur les autres familles, reparties bredouilles.
Son combat, qui devait durer dix années, ne faisait pourtant que commencer. Persuadée d'être dans le vrai, la veuve prit un avocat, ce que personne ne s'était encore décidé à faire. Lorsque son bureau-tabac de Coulonges-sur-Lautize (Deux-Sèvres) lui en laissait le temps, cette petite femme brune, aux yeux pétillants et fort distinguée d'allure, collectait minutieusement témoignages et indices pour étayer son dossier.

La tendre Mme Mazat

Malgré cet ensemble de gages, l'administration persista dans son hésitation. Rien, cependant, n'était laissé au hasard. L'administration en fit même parfois un peu trop. Puisque les experts ne s'entendaient pas pour résoudre le cas Mangin, le directeur de l'asile, qui ne savait plus à quel saint se vouer, autorisa quelques médiums et hypnotiseurs à tenter l'impossible. À chaque fois, l'échec fut patent. Mangin entrait dans un état second qui le faisait se précipiter sur le docteur ou délirer dans un état de fatigue extrême. Le docteur Fenayrou coupa court aux expériences.

Ce fut alors que l'affaire s'enlisait autour des revendications de chaque famille qu'arriva à Rodez une vieille femme âgée de quatre-vingts ans, dont la tendresse et la persévérance allaient bouleverser l'entourage de Mangin.

Son unique fils était parti à la guerre et n'en était point revenu. Depuis ce jour, la ferme familiale n'avait plus été travaillée. Quand Mme Mazat vit la photo dans le journal local, son sang ne fit qu'un tour. Rassemblant ses pauvres économies, vêtue de son deuil farouche et d'une capote à rubans sous laquelle elle disparaissait pour se protéger du froid, elle prit le train pour Rodez.

Mme Mazat se présenta aussitôt à l'hospice où elle demanda à voir le directeur. Celui-ci fut vite convaincu que cette nouvelle requête aboutirait, une fois de plus, à la déception. Cependant, quand il eut devant lui cette petite vieille au regard implorant de bonté, il ne se sentit pas le droit de lui refuser de voir Mangin. L'entrevue se passa dans le calme. Madame Mazat s'approcha de lui doucement, l'embrassa tendrement, puis le laissa aller, ce court instant suffisant à son bonheur.

Toutefois, le docteur Fenayrou ne voulut pas la laisser se bercer d'illusions. Il examina le dossier et éleva des objections, avant de lui montrer les faiblesses de sa demande. La petite vieille ne se laissa pas démonter. « Oui, oui », répétait-elle en fixant le docteur d'un air affectueux.

Elle partit le lendemain. Dans sa tête, pourtant, sa décision était prise. Son fils se trouvait à Rodez, il fallait qu'elle soit à ses côtés, et tant pis pour le reste. Elle vendit donc la ferme, les champs, les meubles et, sans se retourner, elle reprit la direction de l'Aveyron.

Personne, avant elle, n'avait pris une telle décision. Avec la sagesse qui caractérise cet âge, elle demanda au directeur la permission de la laisser quelques instants par jour en compagnie de Mangin. À l'heure dite, elle lui apportait des friandises, conversait calmement, ne l'embarrassait jamais de questions pénibles puis, avec l'amour d'une mère, lui glissait à l'oreille : « Mon petit... » Elle le quittait ensuite sans broncher et regagnait sa

Soldat écrivant une lettre dans une tranchée, durant la Première Guerre mondiale.

chambre du centre-ville, où elle attendait que le temps glissât doucement vers le lendemain.

Mangin est-il le fils Monjoin ?

Douze années après sa découverte sur le quai de la gare, le cas Mangin conservait tout son mystère, et l'intérêt autour du soldat inconnu vivant ne se démentait pas. Ce fut ainsi qu'au mois de mai 1930, le docteur Fenayrou ouvrit une lettre oblitérée de l'Indre, émanant d'une famille Monjoin, accompagnée d'un mot du député-maire de Saint-Maur, pour plus d'authenticité. Cette famille ne se fixait pas seulement sur la similitude des deux noms. Elle fournissait aussi des détails signalétiques précis et particulièrement convaincants. Le directeur lui fit parvenir une photographie de l'amnésique.

Le fils Monjoin fut bientôt délégué par le conseil de famille pour venir à Rodez. Mais, en présence de Mangin, il resta très évasif et, d'un air un peu contrarié, se retourna vers le directeur en lui disant : « Non, je ne le reconnais pas. »

Le docteur Fenayrou apprécia sa franchise et classa le dossier. Mais, à Saint-Maur, la version du fils laissa un goût amer. Après quatorze années, il avait bien pu se tromper. Les Monjoin demandèrent qu'une nouvelle entrevue soit fixée. Cette fois, le père prit la peine de se déplacer. Quand Mangin fut devant lui, il n'hésita pas une seule seconde et parlant à son second fils, lui dit :

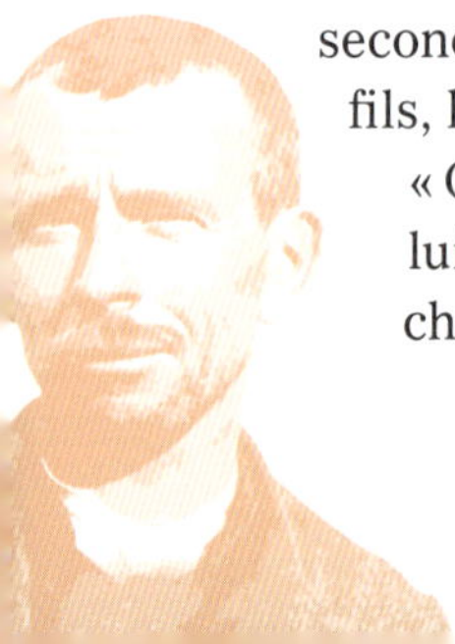

« Où as-tu la tête ? C'est lui, c'est notre garçon ! Il a changé, bien sûr. Il a perdu ses cheveux, il est plus maigre et plus jaune. Mais enfin, c'est lui ! Si la mère était là, elle ne s'y tromperait pas.

– Peut-être bien, acquiesça le fils. C'est peut-être lui, au fond. »

Le docteur Fenayrou aurait pu cocher un nouveau nom sur le dossier, un brin agacé. Mais le sort de Mangin, depuis le début, suscitait en lui à la fois de la pitié et l'espoir de résoudre une affaire extraordinaire. Praticien consciencieux jusqu'au bout des ongles, il s'intéressa à la requête des Monjoin autant qu'aux précédentes. Mieux encore, il y trouva des concordances assez troublantes pour en aviser le ministère. L'âge, la taille et la couleur du système pileux concordaient ; les traits du visage correspondaient, en tenant compte du vieillissement et des épreuves vécues par Mangin. Encore plus déconcertants étaient les renseignements militaires que la famille Monjoin avait obtenus à propos de son fils. Soldat du 94e régiment d'infanterie, Octave-Félicien Monjoin avait été porté disparu à Blamont, le 15 août 1914. En réalité, il avait été blessé et fait prisonnier. Au cours de sa détention, il écrivit à ses parents à plusieurs reprises. Puis un jour arriva l'avis officiel de captivité. Vers 1917, il cessa de donner de ses nouvelles. Avait-il été tué lors d'une tentative d'évasion, ou bien en représailles des milliers de soldats allemands qui continuaient à tomber au même rythme que leurs ennemis des tranchées voisines ?

Le dossier s'étoffa un peu plus quand les archives de l'armée allemande fournirent des renseignements plus précis. À vrai dire, tout concordait !

Et c'était bien la première fois ! Pris à Blamont, le soldat Monjoin avait été soigné à l'hôpital de Dovène, en Bavière, pour une fracture du bas de la cuisse. Guéri, il avait été interné au camp de Darmstadt puis à celui de Hamoln, enfin au camp de Vechta, de janvier 1917 à janvier 1918. Là, il avait été mis en observation car, depuis quelque temps, le soldat Monjoin donnait des signes évidents de déséquilibre mental. Les médecins allemands avaient plus tard reconnu la gravité de son état. Ils le firent donc évacuer vers la Suisse, le 31 janvier 1918, en train, en compagnie d'autres prisonniers, et la veille du jour où Mangin débarqua d'un train en provenance de la Suisse sur le quai de la gare de Brotteaux.

Rivalités et batailles d'experts

Cette fois, le docteur Fenayrou crut bien que le cas Mangin était définitivement tranché. Mais on était en 1930, douze années après le début de l'affaire, en présence d'une vingtaine de familles qui ne voulaient en aucune façon céder aux Monjoin, fussent-ils détenteurs de preuves évidentes. Les Monjoin auraient présenté leur requête au début des années 1920, sans doute l'affaire de l'amnésique serait-elle devenue un simple fait divers. Mais là, l'imbroglio était total, et les familles n'avaient nullement l'intention de se laisser dépouiller de leur amnésique. Passe encore qu'elles ne puissent pas le récupérer ! Mais qu'il parte chez des étrangers, qui plus est arrivés les derniers sur scène, les mettaient hors d'elles. Parlant pour une fois d'une seule voix, elles interdirent que Mangin quitte l'asile de Rodez. La plus virulente fut la veuve Lemay. Son avocat avait examiné de près le dossier des Monjoin. Il y trouva un certain nombre de discordances qu'il ne se fit pas faute de dévoiler. Le doute persistait donc encore. L'administration ne voulut pas trancher. Mangin demeurerait à l'asile, pris en otage. Les familles battirent des mains. Rien n'était encore fait !

Une bataille d'experts succéda aux rapports des avocats. L'opinion des uns et des autres s'équilibrait, le doute appelait le doute. D'éminents spécialistes examinèrent les photos de Mangin et de Monjoin ; des graphologues ne tombèrent pas d'accord sur la similitude des écritures. L'un d'entre eux, le docteur Sorel, proposa en fin de compte une dernière tentative : replacer Mangin dans son élément naturel, dans les paysages de son enfance. Le choc, pensait-il, serait peut-être salutaire. « Mangin, lui dit un jour le docteur Fenayrou, vous allez nous quitter. Vous irez chez des gens qui vous aiment bien et où vous serez bien soigné. Si vous êtes heureux, vous y resterez. Sinon, vous reviendrez ici. Vous me comprenez ? »

Un jour de l'automne 1933, Anthelme Mangin franchit donc la porte, accompagné du père et du fils Monjoin. Le docteur Sorel fit le voyage en leur compagnie. De la gare, ils prirent une voiture pour Saint-Maur. À l'entrée du village, le docteur Sorel fit arrêter le véhicule. Les hommes en descendirent. Le docteur prit Mangin par le bras : « Marchez. Allez où vous avez envie d'aller. » Et Mangin se mit à marcher. Bien sûr, la nouvelle avait fait le tour du village. La plupart des habitants avaient bien connu Monjoin avant que la guerre l'emporte. Derrière les fenêtres, les anciens écarquillaient les yeux à son approche, pour tenter de le reconnaître. Les plus jeunes, sur le pas de leur porte, essayaient de retrouver un trait commun avec celui qu'ils avaient côtoyé à l'école ou lors des fêtes du village. Courbé, soulevant la poussière de la route, Mangin continuait d'avancer.

Parvenu au milieu de la grande-rue, Mangin hésita une seconde, puis se décida à franchir le seuil d'une maison dont la porte était restée ouverte. À l'intérieur, il n'y avait pas âme qui vive. Une grande table de chêne trônait au milieu de la pièce. Des casseroles de cuivre pendaient au mur. Mangin n'eut pas le temps de ressortir. Sur les pas du père Monjoin, une foule de curieux avait pénétré dans la maison, parlant fort et venant féliciter le retour du fils disparu. Mangin, en effet, sans le savoir, était entré dans la propre maison des Monjoin, là où il avait pu naître et grandir. Inutile de dire que l'émotion marquait tous les visages. Et si le docteur Sorel restait méfiant, il n'en demeurait pas moins vrai que les Monjoin venaient de marquer de nouveaux points.

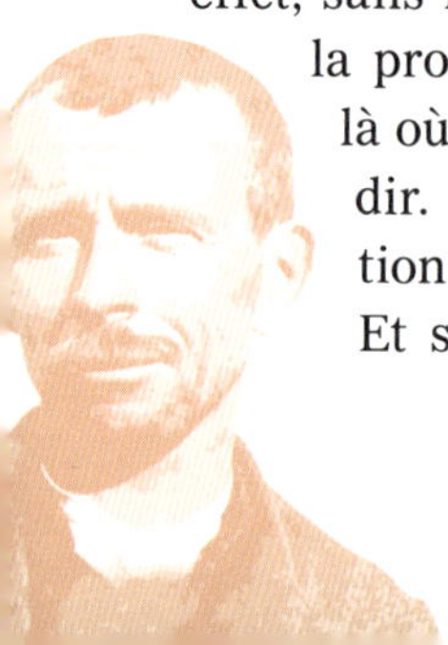

Mangin vécut trois mois à Saint-Maur. Le père l'installa dans ce qui avait sans doute été sa chambre. On le chouchouta. Le soir, les amis envahissaient la pièce, tentant de faire remonter des souvenirs à la surface. Mangin écoutait, se sentait bien, reprenait goût à la vie de famille. Cependant, l'éclair tant espéré ne venait pas. Le séjour touchait à sa fin et, un beau jour, le docteur Sorel reparut à la maison, visiblement gêné. Les autorités n'étaient pas tout à fait convaincues de l'identité de Mangin-Monjoin.

« Je ne peux pas vous le laisser, dit-il. Vous avez gagné un point, mais ce n'est pas encore suffisant. »

Deux jours plus tard, Mangin avait regagné sa petite chambre de l'asile. Sur son lit étaient disposées toutes les gâteries que la fille Mazenc et Mme Mazat étaient venues apporter régulièrement tout au long de son absence.

La justice tranche le cas Mangin

Les saisons continuèrent à défiler. Le tribunal civil, compétent sur l'affaire, examina l'épais dossier Mangin. Vint le procès. Les membres du tribunal étudièrent le dossier dans ses moindres détails. Le ministère des Pensions leur avait fourni de son côté un rapport circonstancié, plutôt favorable aux Monjoin. La salle s'attendait donc à ce que le tribunal se rangeât

Jean Anouilh s'inspira de l'histoire du soldat amnésique Anthelme Mangin pour écrire *Le Voyageur sans bagage*.

à cet avis. Et pourtant, quand le président Hich donna lecture de l'arrêt, chacun sentit bien que les Monjoin n'obtiendraient pas pour cette fois satisfaction. Les juges estimaient en effet qu'après quinze années de recherches, une controverse aussi aiguë et un faisceau de présomptions sans preuves formelles ne justifiaient pas une décision aussi grave, aussi cruelle pour les autres familles.

En conclusion, trois savants se voyaient désignés pour une nouvelle et définitive expertise. Mangin serait à cet effet transféré à Paris pour y subir des examens. En même temps, les experts pouvaient, en attendant le jugement définitif, le confier à tour de rôle à chacune des familles. Plus que jamais, l'affaire Mangin s'enfermait dans un débat stérile. Car comment croire qu'un collège d'experts allait pouvoir faire mieux que leurs précédents collègues ?

Personne, dans cette histoire, ne voulait prendre la terrible décision. Pour les familles vaincues, le verdict négatif aurait abouti à un deuxième deuil. Quant à Mangin, il ne demandait plus qu'une chose : qu'on lui foute la paix !

Tout était donc à recommencer. Une fois de plus, les experts se prononcèrent. Une fois de plus, en pure perte. Rien ne permettait de faire pencher la balance en faveur des uns ou des autres. On revint donc au tribunal. Chacun, à nouveau, fourbit ses armes. La bataille juridique fut rude. À plusieurs reprises, l'affaire fut renvoyée.

Enfin, en novembre 1937, le cas Mangin fut définitivement tranché. Le tribunal confiait la garde d'Anthelme Mangin à la famille Monjoin. Une parenthèse se refermait dans la vie de l'amnésique de Rodez. Il pouvait quitter l'asile pour rejoindre un foyer, le sien sans doute, sans être persuadé d'être le bon Octave-Félicien Monjoin, pas plus que n'étaient convaincues la veuve Lemay et la vieille Mme Mazat à qui on enlevait tout espoir de renaître auprès de leurs chers disparus.

Une fin dramatique

Le rideau allait-il enfin se baisser sur cette dramatique histoire, ou bien l'affaire de l'amnésique allait-elle aller jusqu'à la tragédie ?

Octave Monjoin vécut à Saint-Maur, au milieu des siens, jusqu'au moment où le malheur frappa coup sur coup sa famille. Son frère, Joseph Monjoin, disparut le premier le 23 mars 1939, à l'âge de cinquante-quatre ans. Le père Monjoin le suivit de près, le 1er avril de la même année. L'amnésique venait de perdre les deux membres de sa famille qui s'étaient acharnés à le reprendre. Quand la guerre éclata, sa plus proche parenté dut se résoudre à le faire interner. Octave Monjoin fut admis au service psychiatrique de l'hôpital Sainte-Anne, à Paris, où il mourut le 10 septembre 1942. Personne ne s'occupa de ses obsèques, et le cadavre fut transporté à la fosse commune.

Il y serait encore si, la paix revenue, un journaliste, Emmanuel Carr, qui autrefois s'était intéressé de près à son cas, ne s'était enquis de son sort et n'avait révélé la triste vérité. Il avisa les groupements d'Anciens Combattants et, en présence de leurs représentants, la dépouille d'Octave Monjoin regagna sa terre natale pour être inhumée au cimetière de Saint-Maur. Le rideau se baissait enfin.

L'INCONNU VIVANT

Phénoménal !

Sylvain Dornon, l'homme-échassier

« Le besoin de conquête vient de la force,
le besoin de participation vient du sublime étonnement. »

Arthur Koestler

DE TOUT TEMPS, les hommes ont accompli des exploits sportifs, qu'ils en aient eu conscience ou pas, le dépassement de soi effaçant souvent la simple raison. Pourtant, des quelques noms restés dans l'histoire, du soldat de Marathon, en 490 av. J.-C., à Steve Fossett, décédé en 2007, combien d'anonymes qui, en leur temps, avec des moyens rudimentaires, ont porté leur volonté jusqu'à l'exploit ? Volonté d'aventures sans doute, mais aussi de reconnaissance de soi-même, et d'une cause à défendre.

Telle est l'extraordinaire prouesse que réalise, en 1891, un petit berger des Landes, passionné d'échasses. « Il n'a rien à gagner à cela : rien que d'avoir fait un grand effort, et d'avoir ainsi montré une plus grande et plus naïve affection pour ceux qu'il va visiter », dira de lui Émile Sedeyn, dans la préface du livre paru après son incroyable performance.

Le mitron qui avait des fourmis dans les échasses

Avant d'accomplir cette prouesse sportive, Sylvain Dornon est avant tout un folkloriste passionné de ce moyen de locomotion typiquement landais, qui permet aux agriculteurs de cette région d'assurer plus efficacement la surveillance de leurs troupeaux et d'arpenter plus facilement des terres souvent marécageuses. Aussi, quand il prend l'envie à notre berger de quitter la lande pour s'établir boulanger à Arcachon, il emporte avec lui ses échasses. Dans cette station de villégiature germe alors l'idée de présenter un spectacle d'échasses devant des touristes ébahis par une telle dextérité des échassiers à évoluer sur ces bâtons, à un mètre vingt du sol.

Premier succès donc, qui donne des idées à Sylvain Dornon : il se verrait bien arpenter les rues de la capitale, d'autant plus que l'Europe entière a rendez-vous à l'Exposition universelle qui a ouvert ses portes depuis le Trocadéro jusqu'aux Invalides, dominée par un curieux monument, véritable toile d'araignée de fer, objet de toutes les discussions dans les bistrots parisiens.

Si les échasses n'ont plus aucun secret pour lui, Sylvain Dornon possède aussi un sens inné de la communication : à peine débarqué à Paris, il convoque la presse devant la tour Eiffel et ni une ni deux, il se met à grimper mille six cents marches sur ses échasses, devant un public médusé. Formidable coup de pub qui lui servira pour son exploit à venir. En attendant, et sans toutefois abandonner ses tournées d'échasses à travers la région, il rentre au bercail, car le pain ne lève pas tout seul, et il faut bien nourrir sa petite famille.

Il est clair, désormais, que le succès que Sylvain Dornon a eu à Paris l'incite à renouveler une expérience encore plus marquante, qui lui permettra d'atteindre le vedettariat cette fois. Quand il apprend qu'un soldat russe vient d'accomplir le périple Moscou-Paris à pied, avant d'être reçu triomphalement dans la capitale, l'échassier se sent pousser des ailes.

« Quand, vers la fin de février 1891, raconte-t-il, un officier russe, le lieutenant Winter, vint à pied à Paris, où il fut l'objet d'une réception

Du haut de leurs échasses, les bergers landais peuvent surveiller leurs troupeaux à travers les pinèdes.

enthousiaste, je résolus de lui donner la réplique en faisant mieux encore : je partirais de Paris et irais jusqu'à Moscou, tandis que Winter était parti de la frontière. »

Un succès populaire

Le boulanger d'Arcachon n'est pas homme à perdre du temps. En trois mois, il se fabrique deux bonnes paires de jambes et en expédie une à Moscou, en même temps qu'une malle remplie d'affaires de rechange. Puis il se procure des cartes – plutôt approximatives –, et place dans une sacoche un peu de linge et un revolver – sait-on jamais ! Sylvain Dornon n'oublie pas non plus de passer un accord avec *L'Illustration*, qui financera son voyage et le relatera depuis Paris jusqu'à Moscou.

Béret landais vissé sur le crâne, revêtu d'une peau de bique pour le protéger des intempéries, ses échasses bien arrimées aux pieds, voilà notre sportif débarquant à Paris, prêt à réaliser l'exploit de sa vie, celui qui lui permettra de faire entrer son nom dans la légende.

L'Illustration a bien fait les choses. La nouvelle de son départ a fait le tour des quais de la Seine, et c'est devant un public estimé à dix mille personnes que l'échassier s'élance à la conquête de Moscou, le 12 mars 1891.

« À 9 heures et demie, j'arrivai sur la place de la Concorde, à Paris. Mon véhicule ayant été signalé, à cause des échasses qui se trouvaient près du cocher, je fus bientôt entouré par un cercle tumultueux de plusieurs mètres d'épaisseur. Environ trois ou quatre mille personnes m'attendaient là depuis 9 heures, tant était grand déjà le retentissement causé par la presse autour de mon projet. Enfin, arrivé auprès d'une des balustrades qui entourent la place, je sautai à bas de mon fiacre, et je me mis en devoir de chausser les échasses qui devaient me conduire au terme de mon voyage, et, à l'aide de mon grand bâton, je me hissai : j'étais debout, j'étais parti !

« Je pris la rue Royale, les boulevards, la rue Drouot ; dans cette dernière se trouvent les bureaux du *Figaro*, dont toute la rédaction,

Le départ de Sylvain Dornon, à Paris, vu par *L'Illustration*, qui possédait les droits exclusifs sur ce surprenant voyage en échasses. (*L'Illustration*, 21 mars 1891.)

au grand complet, m'attendait pour m'offrir le vin d'honneur. Les trois mille personnes qui s'étaient obstinées à me suivre se massèrent devant l'hôtel du journal, interceptant la circulation des voitures et poussant des cris et des acclamations diverses. Enfin, après quelques poignées de mains, je reprends ma course par le faubourg Montmartre, la rue Cadet, la rue Lafayette (halte au *Petit Journal*) et la rue d'Allemagne. À 11 heures et demie, j'étais hors de Paris ; mais quelques Parisiens me suivaient encore jusqu'à Bondy, où je déjeunai en compagnie de quelques-uns de mes escorteurs. Au bout d'une heure, je me remis en route, à l'effet d'arriver à Meaux dans la soirée, ce que je fis. Je couchai donc à Meaux, à l'hôtel des Trois-Rois, et le lendemain de bonne heure, j'étais sur pied pour le départ. »

Partout en France, l'enthousiasme ne se dément pas sur son passage. Le public est à chaque fois au rendez-vous, découvrant ce curieux petit bonhomme perché sur ses jambes de bois. Vins d'honneur et réceptions se succèdent jusqu'à la frontière allemande. Pourtant, Sylvain Dornon a, sans le savoir, mangé son pain blanc. Car les kilomètres qui lui restent à couvrir seront tout sauf une partie de plaisir. L'hiver joue les prolongations, principalement en Russie, et c'est parfois sous des tempêtes de neige et par un froid glacial que l'échassier s'avance dans deux pays inconnus où l'on parle des langues qui lui sont étrangères, et par des routes et des chemins incertains.

« Dès le 19, à Libramon-Recogne, la neige me cloue sur place et, malgré l'heure peu avancée, je dois y rester toute la journée… Le lendemain, à 7 heures et demie, je me remets en marche. Plus froid que jamais, le vent souffle lugubrement ; une épaisse couche de neige couvre le sol. Je traverse un petit village dont les habitants s'enfuient à mon approche, et dont les enfants viennent, sournoisement, me jeter des pierres, pendant que d'autres gens inquiets se barricadent dans leurs basses et misérables cahutes. La neige tombe toujours à gros flocons ; essoufflé, je m'abrite un instant sous un rocher que je trouve sur ma route, espérant voir bientôt cesser le temps affreux qui rend mon voyage si dur. »

Hostilité allemande et amitié franco-russe

Sylvain Dornon doit aussi affronter l'hostilité des Allemands vis-à-vis de la France. Non qu'il se trouve à cette époque en territoire ennemi, mais la montée du patriotisme, exacerbée par la rivalité historique entre les deux puissances, de part et d'autre du Rhin, n'est pas propice à l'accueillir avec autant de fastes que dans la première partie de son parcours.

« Me voilà parti pour Cassel, où j'arrive enfin à 10 heures sonnantes ; au milieu d'une foule bigarrée et houleuse, je traverse la ville pour me rendre à un hôtel quelconque. Sur la place Royale, j'en trouve un et j'entre : on refuse de me recevoir ; un peu découragé, je vais à l'hôtel Golze, où on m'accepte cependant. Je suis aussitôt entouré par les membres de la presse allemande venus pour m'insulter. L'un de ces reptiles m'envoie même une

Outre son périple à travers l'Europe, Sylvain Dornon fut un grand défenseur de la culture et des traditions landaises.

carte portant ces mots, reproduits ici textuellement : "Croyez-vous qu'un Allemand oserait traverser la France comme vous traversez l'Allemagne, sans être insulté comme le dis (sic) M. Déroulède et la Ligue des patriotes ? Avez-vous trouvé des barbares ? Répondez." »

Un événement inattendu le met hors de lui. Répondant à l'invitation d'un cirque qui lui offre le train pour se produire le temps d'une soirée, Sylvain Dornon est accusé d'emprunter des moyens de transport illicites par la presse. Aussi, c'est sans regret et avec un profond soulagement qu'il quitte le territoire allemand pour pénétrer dans l'immensité russe, la Pologne étant occupée par ces deux nations.

En pleine période d'amitié franco-russe, l'arrivée de l'échassier est considérée, tant par le pouvoir tsariste que par la population, comme une preuve du lien entre les deux peuples. Il arrive quand même parfois, dans cette campagne reculée, que les moujiks prennent peur à la vue de cet énergumène qui les regarde de haut : « Sur la route que je suivais, et qui, par surcroît, n'était pas une route, je rencontrai une longue file de voitures toutes chargées de poteries diverses en terre. À ma vue, les chevaux prennent peur, s'effraient et s'emballent, les voitures culbutent, la vaisselle tombe, les moujiks crient : c'est un spectacle épique. Enfin, on parvient à rétablir l'ordre, les chevaux sont réattelés, et, vérification faite, pas un pot n'est cassé – bien solide, la vaisselle, en Russie –, ce que voyant, les conducteurs se sauvent en criant que je suis le diable ou le bon Dieu. »

Et plus loin : « Je traverse des pays à demi sauvages où il est impossible d'entrer dans une maison : à ma seule vue, les moujiks se barricadent dans leurs pauvres habitations. Je me couvre de ma pelisse, et je continue ma route. »

De simples anecdotes, car, partout ailleurs, ce ne sont que réceptions, vins d'honneur et acclamations d'une foule qui veut voir ce phénomène et l'accompagne sur plusieurs kilomètres.

Une rude épreuve, pour un exploit incroyable

Le 6 mai, soit cinquante-quatre jours après son départ, Sylvain Dornon parvient en vue de Moscou, le sens du devoir accompli, mais épuisé par tant d'efforts et de conditions atmosphériques épouvantables : « J'avais déjà trop lutté contre la pluie, la neige et les mauvaises routes. Cette fois, harassé et encore mouillé jusqu'aux os des averses des jours précédents, je pouvais à peine me traîner. »

L'entrée officielle du Français, juché sur ses échasses, se déroule le 10 mai, suivi par une foule immense qui l'accompagne jusqu'à l'Exposition universelle qui se tient cette année-là à Moscou. Le pari de Sylvain Dornon est tenu. À raison de cinquante kilomètres par jour, il a parcouru deux mille huit cent cinquante kilomètres en échasses. Un authentique exploit, unique dans les annales !

L'échassier séjournera encore quelques semaines en Russie et visitera Saint-Pétersbourg, avant d'être reçu par le tsar Alexandre III. Le 28 juin, le boulanger retrouve sa famille à Arcachon, qui ne lui réserve aucun accueil digne de son exploit. Qu'importe ! Sylvain Dornon vient d'accomplir son rêve. Modeste, il continuera de promouvoir à travers le pays l'usage des échasses, proposant même à l'armée de constituer un corps d'échassiers. En vain !

Son aventure s'arrête en 1900, la mort venant subitement le terrasser à l'âge de quarante ans. Nul ne sait s'il emporta ses échasses pour le grand voyage. Elles auraient pu éventuellement l'aider à courir d'un nuage à l'autre, lui, le rêveur de grands espaces.

Sylvain Dornon accomplit un authentique exploit en parcourant deux mille huit cent cinquante kilomètres sur ses échasses.

Joseph Pujol, le souffleur de vent

«Un pet retenu fait un abcès au trou du c.»
«Mieux vaut péter en compagnie que crever seul.»

Dictons populaires

EN 1945, à bout de souffle, Joseph Pujol rend son dernier soupir. Dans le plus grand anonymat, le Pétomane le plus célèbre du music-hall vient de quitter la grande scène de la vie, lui qui, un demi-siècle plus tôt, avait créé le plus étrange et le plus populaire spectacle de la Belle Époque, damant même la vedette à une actrice aussi prestigieuse que Sarah Bernhardt.

Joseph Pujol naît à Marseille le 1er juin 1857. Gamin, alors qu'il se baigne dans la grande bleue, il sent son ventre inondé d'un froid intense qui l'oblige prestement à aller se vider d'un liquide à peine opaque. «Maman, maman, il faut que je te conte, rapporte Louis Pujol dans ses mémoires, à propos de ce curieux phénomène. Je crois que j'ai une très grave maladie...»

Le médecin de famille, aussitôt consulté, ne décèle rien d'anormal ; d'un point de vue purement médical du moins. Et pour cause : «En arrêtant sa respiration par le nez et par la bouche, et en mettant sa tête sous l'eau, l'eau de la mer avait pénétré par l'anus.»

Ce ne sera que bien plus tard, lorsque Joseph Pujol sera devenu une vedette, que la médecine se penchera sur son cas et publiera les raisons de son don extraordinaire, mettant fin à toute polémique sur une éventuelle supercherie : «Dans ces conditions, il a été facile, relate le docteur Marcel Baudouin, de s'assurer qu'il n'y avait là, comme on pense, rien de surnaturel, rien d'artificiel, que cet homme était de parfaite bonne foi, et qu'il s'agissait simplement de phénomènes vraiment insolites, mais physiologiquement explicables, et non point d'un truc quelconque...»

Boulanger et comique troupier

Le gamin devenu adulte n'oubliera rien de cette étrange sensation qui a envahi son être. La peur dépassée, il renouvelle l'expérience. Et une fois de plus, contractant sa ceinture abdominale, Joseph Pujol remplit sa panse d'eau salée avant de la rejeter à volonté. Ce qui se produisait avec l'eau se traduisait à l'envi avec l'air, qui ressortait à foison de son anus, déclenchant une belle pétarade, rythmée à sa guise.

Cette manifestation inadaptée à la vie en société, Joseph Pujol aurait pu la

garder pour lui, pétant pour son propre compte. Mais l'homme a l'esprit badin. Il profite de son service militaire pour trouver son premier public, faisant se tordre de rire les bidasses aspergés par le jet d'eau sortant à pression de son anus ou impressionnés par les arrivées d'air chaud émanant de son postérieur.
Revenu à Marseille, Pujol concilie à la fois son métier de boulanger – il vient de se marier et doit subvenir aux besoins de sa famille – et quelques représentations dans les music-halls de la région marseillaise, où il joue le comique troupier de service. Ses séances de pets sont réservées à son entourage dans un premier temps, avant que l'idée germe de faire de son don un spectacle. Mais Joseph Pujol est un homme méthodique. Il se produit à Marseille tout d'abord, dans un local désaffecté. Les débuts sont difficiles, mais le bouche-à-oreille, cher aux Marseillais, fonctionne à merveille, et le succès est bientôt au rendez-vous. De quoi donner l'ambition à notre Pétomane, et d'aller voir hors de la cité phocéenne si son spectacle fait tout autant rire. « Entièrement vêtu de noir, chaussures, bas couvrant la jambe, culotte de soie noire serrée aux genoux et très ample veston assorti », Joseph Pujol se met en scène, de Toulon à Bordeaux en passant par Clermont-Ferrand, le temps de peaufiner son spectacle avant de monter à la capitale et de grimper tout en haut de l'affiche.

« Je me souviens avoir entendu, rapporte un témoin, le pet rond du maçon, le petit pet timide de la jeune fille. La séance se terminait par un essai de monter la gamme… Une dame disait que le Pétomane se présentait d'abord côté pluviôse et qu'ensuite, il exécutait son numéro côté ventôse. »

Un artiste dans le vent

Un spectacle révolutionnaire qui, en 1890, finit par conquérir Paris. Et pas n'importe où ! Pour Joseph Pujol, seul le Moulin Rouge se révèle à la taille de son talent, à l'égal de la Goulue ou de Valentin le Désossé, les vedettes de l'époque. Encore faut-il convaincre son directeur. Mais le Pétomane a le vent en poupe, ainsi que le raconte Yvette Guilbert dans ses mémoires :
« Zidler, le directeur, reçut un jour la visite d'un monsieur à visage maigre, triste et pâle, qui lui confia, qu'étant un "phénomène", il voulait vivre de sa particularité.
"En quoi consiste-t-elle, votre particularité, monsieur ?
– Monsieur, expliqua l'autre en toute gravité, figurez-vous que j'ai un anus aspirateur…"
« Zidler, froidement blagueur, fit :
"Bon, ça !"
« L'autre continua, d'un ton de professeur :
"Oui, monsieur, mon anus est d'une telle élasticité que je l'ouvre et le ferme à volonté…
– Et alors, qu'est-ce qui arrive ?
– Il arrive, monsieur, que par cette ponction providentielle, j'absorbe la quantité de liquide qu'on veut bien me confier…
– Comment ? Vous buvez par le derrière ? dit Zidler, effaré et aguiché. Qu'est-ce que je puis vous offrir, monsieur, dit Zidler, cérémonieux…"

Joseph Pujol, grâce à un spectacle unique de pétomanie, fut l'un des artistes les plus connus de la Belle Époque.

« L'autre, de même :
"Une grande cuvette d'eau, monsieur, si vous le voulez bien…
– Minérale, monsieur ?
– Non merci, naturelle, monsieur."
« Quand la cuvette fut apportée, l'homme, enlevant son pantalon, fit voir que son caleçon avait un trou à l'endroit nécessaire. S'asseyant alors sur la cuvette remplie jusqu'au bord, il la vida en un rien de temps et la remplit de même…
"Ce n'est pas tout, monsieur. Une fois ainsi rincé, si j'ose dire, je puis – et c'est là toute ma force – expulser à l'infini des gaz inodorants… car le principe de l'intoxication…
– Quoi ? quoi ? interrompit Zidler ; parlez plus simplement… Vous voulez dire que vous pétez ?
– Heu… si vous voulez, concéda l'autre, mais mon procédé, monsieur, consiste dans la variété sonore des bruits produits.
– Alors, quoi ? Vous chantez aussi du derrière ?
– Heu… oui, monsieur.
– Eh bien, allez-y, je vous écoute !
– Voici le ténor… un ; voici le baryton… deux ; voici la basse… trois ; la chanteuse légère… quatre ; celle à vocalises… cinq."
« Zidler, affolé, lui cria :
" Et la belle-mère ?
– La voilà", dit le Pétomane. »
Ainsi convaincu, Zidler ne se fait pas prier pour l'engager. L'homme a le nez creux et, dès ses débuts, Joseph Pujol obtient un énorme succès populaire qui remplit les caisses du Moulin Rouge à raison de 1 000 louis par dimanche. Étonné, le Tout-Paris se précipite pour voir le phénomène, « le seul artiste qui ne paie pas de droits d'auteur ». L'Europe lui ouvre ensuite ses portes : la Belgique, l'Espagne… La presse encense son numéro exceptionnel, et les caricaturistes s'emparent de son personnage. Joseph Pujol devient un artiste… dans le vent, au point qu'il décide, dès 1895, de travailler pour son compte, dénonçant le contrat qui le lie au Moulin Rouge, suivi à la même époque par l'autre vedette de la scène, la Goulue.

Les démêlés avec la justice

Son départ n'est guère du goût de la direction, laquelle, de 1894 à 1898, poursuit Joseph Pujol en justice pour rupture abusive de contrat, obtenant *in fine* 150 louis de dommages-intérêts. Ceci n'empêche pas notre Pétomane de couper les gaz avec son ancien mentor et de créer son propre théâtre, Le Pompadour. Mais l'affaire est loin d'être close ; quand Joseph Pujol apprend que le Moulin Rouge a engagé une femme pétomane, il s'empresse de demander à ses avocats d'aller en justice, dénonçant la supercherie par contrefaçon et imitation frauduleuse. À son tour, la presse s'empare de l'affaire, et la Pétomane perdra son procès pour diffamation contre la revue *L'Art lyrique et le Music-Hall.*

Le théâtre Pompadour devient alors une affaire de famille. À l'affiche, outre Joseph Pujol se produisent son frère Henri, dans un spectacle d'hommes de marbre, et sa sœur aînée dans un numéro de magie.

Retour à Marseille

Jusqu'à la Grande Guerre, le Pétomane tient le haut du pavé. « À la vérité, relate Jacques-Charles dans un ouvrage sur le caf' conc, je dois dire que je n'ai jamais vu des salles entières rire, hurler, crier, suffoquer... Les gens se tordaient littéralement ; les femmes, étouffant dans leur corset, étaient emportées par des infirmières que le père Oller, malin, avait placées dans la salle, bien en vue, dans leurs blouses blanches... Alors la folie devenait du délire. On ne peut imaginer les hurlements de tous ces gens qui n'en pouvaient plus et voulaient rire encore plus fort, les figures congestionnées, ruisselantes de larmes. Il leur fallait un bon quart d'heure pour reprendre leur souffle... »

Les coups de canon et l'hécatombe humaine qui n'épargnera guère les fils du Pétomane, blessés ou invalides, auront raison de son succès. L'armistice venu, Joseph Pujol décide d'abandonner Paris et son spectacle pour retourner à Marseille, puis à Toulon où il crée une entreprise de biscuiterie-pains de régime. La vieillesse aidant, le Pétomane ne remontera jamais sur scène avant de s'éteindre, en 1945, à l'âge de quatre-vingt-sept ans, entouré de sa nombreuse progéniture, non sans que la faculté de médecine eût tenté, en vain, d'acheter son corps pour 25 000 francs.

Par quel orifice, Joseph Pujol poussa-t-il son dernier soupir ? Nul ne le sait ! Qu'il repose en... P !

Joseph Pujol dut à une déformation de son anus de devenir le pétomane le plus connu au monde ! Vedette du Moulin Rouge, il fonda ensuite son propre théâtre, Le Pompadour.

Les fantaisistes de la politique, d'Adolphe Bertron à Coluche

« C'est en parlant haut qu'on devient haut-parleur. »

Aguigui Mouna

Ils ont souvent illuminé la vie politique française de leurs facéties, notamment à l'occasion des élections présidentielles ou législatives, quand les médias s'intéressaient à eux avant de les replonger dans l'oubli. Sans doute parce qu'entre leurs rêves exprimés tout haut et notre réalité quotidienne, le fossé se révélait bien trop profond pour pénétrer nos consciences.

Libre de tout parti ou de toute chapelle politique, honnissant le carriérisme, portant aux sarcasmes les promesses électorales des candidats « officiels » et proposant des mesures fantasques ou parfois avant-gardistes, ces fantaisistes de la politique obtiennent un franc succès populaire jamais traduit dans les urnes. Mais l'essentiel n'est pas là ! Jouant des vertus de la démocratie, leur but est de faire entendre leur voix, de développer leur pensée et leur programme, leur candidature n'étant qu'un moyen de communication qu'ils maîtrisent parfaitement.

Néanmoins, avec le recul, certaines de ces propositions seront reprises plus tard, leurs initiateurs ayant eu le tort d'avoir eu trop tôt raison comme Aguigui Mouna qui, dans les années 1970, prônait déjà, bien avant le succès des « Vélib », la « Vélorution » à Paris.

Candidats inclassables, illuminés de la pensée utopique, jouant de la dérision et proposant des projets plus loufoques les uns que les autres, ne sont-ils pas l'expression authentique de notre démocratie, à défaut d'avoir raison ?

Aguigui Mouna, longtemps, demeura une figure du Quartier latin. Il présenta des idées novatrices, notamment sur l'utilisation du vélo en ville.

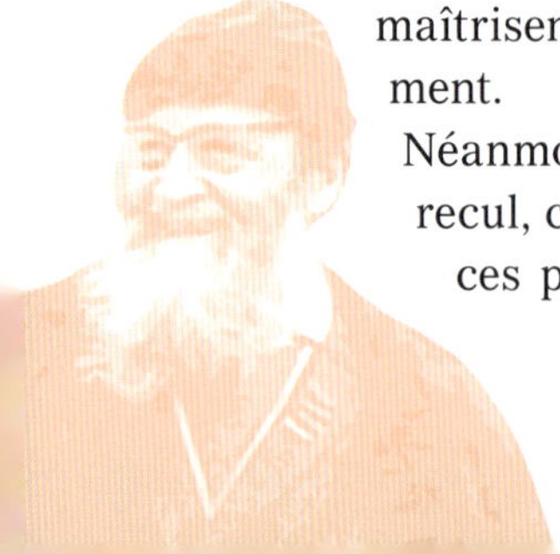

Adolphe Bertron : « Abondance en tout et partout »

Il est commun de traiter de fou celui qui pense différemment. Longtemps, Adolphe Bertron fut ainsi considéré par ses contemporains, avant d'enlever la mairie de Sceaux en 1877, lui donnant enfin une certaine légitimité sortie des urnes. Mais combien de railleries, de sourires condescendants et d'échecs dut-il digérer avant d'accéder à la chaire municipale !

L'homme, négociant de son état, n'est pourtant pas dénué d'intelligence, et bien de ses théories peuvent être aujourd'hui considérées comme avant-gardistes, si l'on songe à l'universalité de sa pensée, proche des idées saint-simoniennes et fouriéristes en vogue au milieu du XIXe siècle : « Un gouvernement unique du globe terrestre fonctionnant par le suffrage universel des deux sexes où régneraient l'amitié, la gratuité et l'unanimité. En conséquence, la paix universelle sera établie pour l'éternité par l'abondance en tout et partout. »

S'ajoutent à cette panacée une franche hostilité à la guerre et un refus catégorique de la peine de mort en un temps où la guillotine et Jean-Cadavre œuvrent plus que de raison. Olympe de Gouges et Théroigne de Méricourt, les amazones de la Révolution française, auraient trouvé en lui un ardent défenseur de la cause féministe,

Candidat « humain », Adolphe Bertron se prononça, dès le milieu du XIXe siècle, en faveur du vote des femmes.

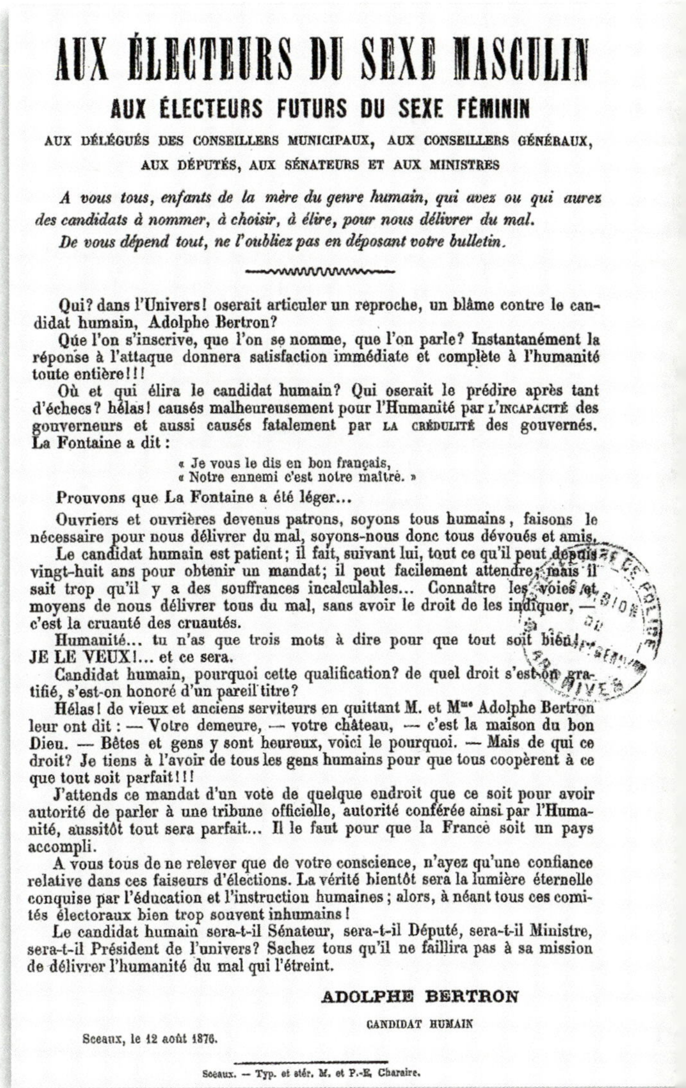

AUX ÉLECTEURS DU SEXE MASCULIN

AUX ÉLECTEURS FUTURS DU SEXE FÉMININ

AUX DÉLÉGUÉS DES CONSEILLERS MUNICIPAUX, AUX CONSEILLERS GÉNÉRAUX, AUX DÉPUTÉS, AUX SÉNATEURS ET AUX MINISTRES

A vous tous, enfants de la mère du genre humain, qui avez ou qui aurez des candidats à nommer, à choisir, à élire, pour nous délivrer du mal.

De vous dépend tout, ne l'oubliez pas en déposant votre bulletin.

Qui? dans l'Univers! oserait articuler un reproche, un blâme contre le candidat humain, Adolphe Bertron?

Que l'on s'inscrive, que l'on se nomme, que l'on parle? Instantanément la réponse à l'attaque donnera satisfaction immédiate et complète à l'humanité toute entière!!!

Où et qui élira le candidat humain? Qui oserait le prédire après tant d'échecs? hélas! causés malheureusement pour l'Humanité par L'INCAPACITÉ des gouverneurs et aussi causés fatalement par LA CRÉDULITÉ des gouvernés. La Fontaine a dit :

« Je vous le dis en bon français,
« Notre ennemi c'est notre maître. »

Prouvons que La Fontaine a été léger...

Ouvriers et ouvrières devenus patrons, soyons tous humains, faisons le nécessaire pour nous délivrer du mal, soyons-nous donc tous dévoués et amis.

Le candidat humain est patient; il fait, suivant lui, tout ce qu'il peut depuis vingt-huit ans pour obtenir un mandat; il peut facilement attendre; mais il sait trop qu'il y a des souffrances incalculables... Connaître les voies et moyens de nous délivrer tous du mal, sans avoir le droit de les indiquer, — c'est la cruauté des cruautés.

Humanité... tu n'as que trois mots à dire pour que tout soit bien!... JE LE VEUX!... et ce sera.

Candidat humain, pourquoi cette qualification? de quel droit s'est-on gratifié, s'est-on honoré d'un pareil titre?

Hélas! de vieux et anciens serviteurs en quittant M. et Mme Adolphe Bertron leur ont dit : — Votre demeure, — votre château, — c'est la maison du bon Dieu. — Bêtes et gens y sont heureux, voici le pourquoi. — Mais de qui ce droit? Je tiens à l'avoir de tous les gens humains pour que tous coopèrent à ce que tout soit parfait!!!

J'attends ce mandat d'un vote de quelque endroit que ce soit pour avoir autorité de parler à une tribune officielle, autorité conférée ainsi par l'Humanité, aussitôt tout sera parfait... Il le faut pour que la France soit un pays accompli.

A vous tous de ne relever que de votre conscience, n'ayez qu'une confiance relative dans ces faiseurs d'élections. La vérité bientôt sera la lumière éternelle conquise par l'éducation et l'instruction humaines; alors, à néant tous ces comités électoraux bien trop souvent inhumains!

Le candidat humain sera-t-il Sénateur, sera-t-il Député, sera-t-il Ministre, sera-t-il Président de l'univers? Sachez tous qu'il ne faillira pas à sa mission de délivrer l'humanité du mal qui l'étreint.

ADOLPHE BERTRON

CANDIDAT HUMAIN

Sceaux, le 12 août 1876.

Sceaux. — Typ. et stér. M. et P.-E. Charaire.

Adolphe Bertron n'hésitant pas à évoquer la création d'une Assemblée parlementaire exclusivement féminine.

Son anticléricalisme viscéral, issu de 1789, l'amène aussi à vilipender le clergé, exigeant même un jour de son cocher qu'il renverse deux ecclésiastiques passant à proximité. « Je réponds de tout », lui aurait-il affirmé !

Enfin glorifié par son élection à Sceaux, le nouveau maire baptise son château « le palais de l'Humanité ». Les chalands passant devant ses murs peuvent à loisir y cueillir poires et raisins que le châtelain humaniste fait pousser à leur avantage.

Adolphe Bertron, candidat de l'univers, subit le même sort que tous ses congénères : il décède en 1887 sans avoir vu aboutir ses idées. Un journaliste, à défaut d'un hommage universel, le saluera en ces termes : « Nous avons perdu le candidat humain, les périodes électorales promettent d'être bien ennuyeuses ! Dans les partisans de tous régimes, il voyait des Français, dans les habitants de tous pays, il voyait des hommes. Je souhaiterais sa folie à bien des sages. »

Captain Cap, l'aventurier au long cours de la Seine

Bien différent d'Adolphe Bertron, voici Albert Caperon, que les habitués de la butte Montmartre surnomment familièrement « Captain Cap ». Le candidat fantaisiste aux élections législatives du 20 août 1893 se présente comme un

Affiche électorale présentant la candidature d'Albert Caperon (Captain Cap) aux législatives.

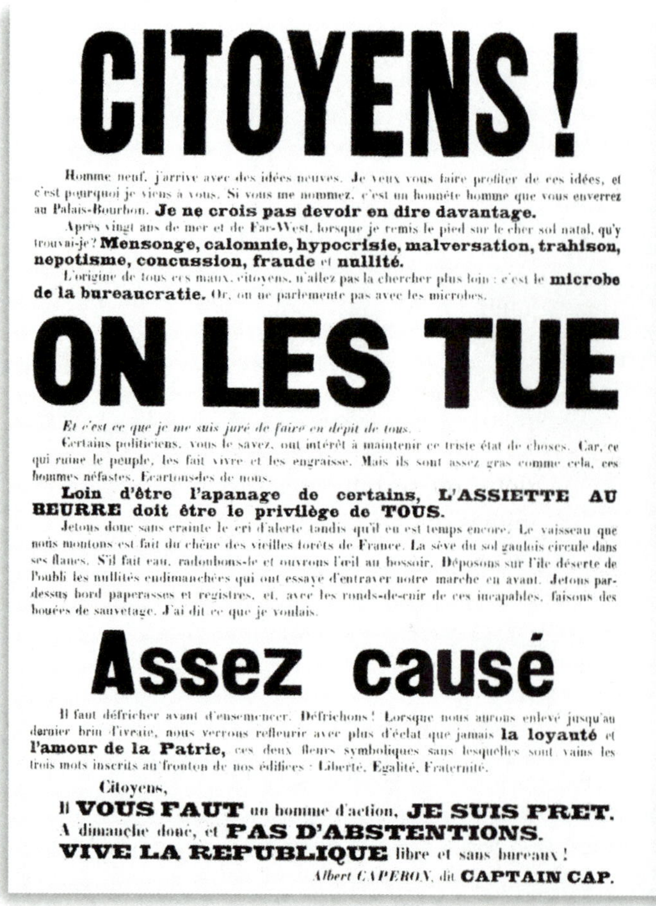

CITOYENS !

Homme neuf, j'arrive avec des idées neuves. Je veux vous faire profiter de ces idées, et c'est pourquoi je viens à vous. Si vous me nommez, c'est un honnête homme que vous enverrez au Palais-Bourbon. **Je ne crois pas devoir en dire davantage.**

Après vingt ans de mer et de Far-West, lorsque je remis le pied sur le cher sol natal, qu'y trouvai-je ? **Mensonge, calomnie, hypocrisie, malversation, trahison, nepotisme, concussion, fraude** et **nullité.**

L'origine de tous ces maux, citoyens, n'allez pas la chercher plus loin : c'est le **microbe de la bureaucratie.** Or, on ne parlemente pas avec les microbes.

ON LES TUE

Et c'est ce que je me suis juré de faire en dépit de tous.

Certains politiciens, vous le savez, ont intérêt à maintenir ce triste état de choses. Car, ce qui ruine le peuple, les fait vivre et les engraisse. Mais ils sont assez gras comme cela, ces hommes néfastes. Ecartons-les de nous.

Loin d'être l'apanage de certains, L'ASSIETTE AU BEURRE doit être le privilège de TOUS.

Jetons donc sans crainte le cri d'alerte tandis qu'il en est temps encore. Le vaisseau que nous montons est fait du chêne des vieilles forêts de France. La sève du sol gaulois circule dans ses flancs. S'il fait eau, radoubons-le et ouvrons l'œil au bossoir. Déposons sur l'île déserte de l'oubli les nullités endimanchées qui ont essayé d'entraver notre marche en avant. Jetons par-dessus bord paperasses et registres, et, avec les ronds-de-cuir de ces incapables, faisons des bouées de sauvetage. J'ai dit ce que je voulais.

Assez causé

Il faut défricher avant d'ensemencer. Défrichons ! Lorsque nous aurons enlevé jusqu'au dernier brin d'ivraie, nous verrons refleurir avec plus d'éclat que jamais **la loyauté** et **l'amour de la Patrie,** ces deux fleurs symboliques sans lesquelles sont vains les trois mots inscrits au fronton de nos édifices : Liberté, Egalité, Fraternité.

Citoyens,

Il **VOUS FAUT** un homme d'action, **JE SUIS PRET.**

A dimanche donc, et **PAS D'ABSTENTIONS.**

VIVE LA REPUBLIQUE libre et sans bureaux !

Albert CAPERON, dit **CAPTAIN CAP.**

vieux loup de mer de vingt-huit ans, clamant à qui veut l'entendre qu'il a écumé les océans et les terres du Far West au prix de périls qu'il raconte avec une telle verve que chacun peut s'y croire, si ce n'est qu'il n'apporte aucune preuve tangible à ses propos. Les jours précédant le scrutin, avec ses fidèles aux gosiers bien en pente, il parcourt le quartier de sa circonscription, écumant les bars où les tournées s'enchaînent au rythme des déclarations fantaisistes, emportant l'adhésion d'une clientèle ravie de boire à la santé de celui qui « jette par-dessus bord paperasses et registres. Avec les ronds de cuir de ces incapables, faisons des bouées de sauvetage. » Une prose qui ressemble fort à celle du *Père Peinard*, très en vogue à cette époque dans le milieu anarcho-syndicaliste.

Pour Captain Cap, c'est au peuple de définir le programme électoral, et non aux candidats, préconisant seulement quelques propositions, telles l'aplanissement de la butte Montmartre, la création d'un fort-observatoire pouvant servir en cas de siège de la capitale, référence à la Commune de Paris, et celle d'un grand tunnel polyglotte où seront apprises toutes les langues du monde, à charge pour chaque parent d'y amener leur progéniture : « Tout citoyen conduira son fils âgé de six ans au commencement de la voûte et, dix ans plus tard, il ira le chercher à l'autre bout. »

Riche idée qui pourrait inspirer nos ministres de l'Éducation nationale, désespérés de voir le faible niveau de nos potaches dans l'apprentissage des langues étrangères.

L'écrivain humoriste Alphonse Allais ne fut pas insensible à la candidature et aux propositions de Captain Cap.

Seuls, cent soixante-seize bulletins (2,22 % des voix) se porteront sur son nom. Pas de quoi pavoiser, mais suffisamment pour descendre quelques gorgeons de vin de Suresnes en évoquant les futures joutes électorales.

Jules Depaquit, l'antigrattecielliste de Montmartre

Jules Depaquit, artiste atypique de la butte Montmartre – il s'y installe à l'âge de vingt-quatre ans et ne la quittera plus –, connaît son unique fait de gloire lors de la première élection de la commune libre de ce quartier parisien haut en couleurs qui tente de s'affranchir, par la dérision, de la tutelle parisienne. Le 11 février 1920, il devient le premier maire… postiche, bien entendu.

L'homme à la perpétuelle redingote noire a fondé, quelques mois plus tôt, le mouvement des « antigratteciellistes ». Ami de Rodolphe Salis, patron du célèbre Chat Noir où il a élu domicile, Jules Depaquit possède la gouaille montmartroise, et ses canulars suscitent bien des rires sur la Butte où l'artiste est connu comme le loup blanc.

Pourtant, lors de cette élection, la concurrence est rude, chaque artiste ou mouvement désirant apporter sa touche fantaisiste et décalée. Les dadaïstes se retrouvent autour du peintre Picabia et des poètes André Breton et Tristan Tzara. Les « sauvagistes » d'Henri Chassin s'en prennent au symbole religieux du Sacré-Cœur, menaçant de le transformer en piscine municipale. Les cubistes ne sont pas en reste. Picasso, Cocteau et Max Jacob proposent ni plus ni moins de raser les maisons traditionnelles de la Butte pour y construire des gratte-ciel. Une hérésie que les habitants de la Butte sanctionneront en votant pour Jules Depaquit.

Dans son *Histoire de France pour les mômes*, Jules Depaquit, maire de la Commune Libre de Montmartre, se représente en maire et instituteur.

On les appelait les Gauloises pour la même raison que leurs époux s'appelaient les Gaulois.

Jules Depaquit ne fut jamais en reste de manifestations originales. Antigrattecielliste, il proclama l'interdiction de mourir sur la Commune Libre, sous peine de mort.

Au cours de son mandat, de 1920 à 1924, date de sa disparition, le maire de la commune libre n'est pas en reste de manifestations originales, véritables contre-pieds au sérieux de ses contemporains. Quand bien même la vitesse s'impose dans les compétitions automobiles, Jules Depaquit organise une course de lenteur automobile… Et que dire des propositions saugrenues, comme la construction de toboggans pour descendre la Butte, l'installation de trottoirs roulants permettant de se déplacer d'un bistrot à l'autre – pratique pour ceux qui ont un peu trop abusé de la chopine ! –, l'interdiction de mourir sur le territoire de la commune sous peine de mort, la déclaration de paix en cas de déclaration de guerre, ou l'abolition, en un temps où l'on ne parle pas encore de réchauffement climatique, des mois de décembre, janvier et février afin de supprimer l'hiver. Quant aux pots de fleurs, ils seront transformés en pots de vignes ou en pots-de-vin. Afin, peut-être, pour ce brave Jules, de mourir en aPOTHéose !

Alphonse Galland l'extravagant

Les candidats farfelus raillent souvent les hommes politiques en se présentant sous les traits d'animaux, comme ici le citoyen Chomoc. (Coll. particulière.)

Les candidatures farfelues se nourrissent du miel de l'antiparlementarisme. En un temps où les illuminés de la nitroglycérine mettent Paris à feu et à sang, d'autres anarchistes profitent des élections pour caricaturer la représentativité électorale en soutenant un animal propre à ridiculiser leurs adversaires.

Personnage extravagant issu d'une famille parisienne aisée, Alphonse Galland, qui signe Zo d'Axa dans deux revues qu'il dirige, présente aux législatives de 1898 un âne surnommé « Nul », sur lequel pourront se porter les voix des abstentionnistes, leur proposant « de voter blanc, de voter Nul, tout en se faisant entendre », et avertissant la bourgeoisie que « l'âne trotte vers le Palais-Bourbon ».

Le jour du scrutin, tout ce que Paris compte de libertaires et de joyeux drilles suit dans une belle pagaille la carriole sur laquelle est monté le candidat « Nul », vociférant : « C'est un âne, c'est un âne, c'est un âne qu'il nous faut. » Une manifestation peu au goût de la police, qui finira par disperser la bande, brisant du même coup une carrière politique prometteuse.

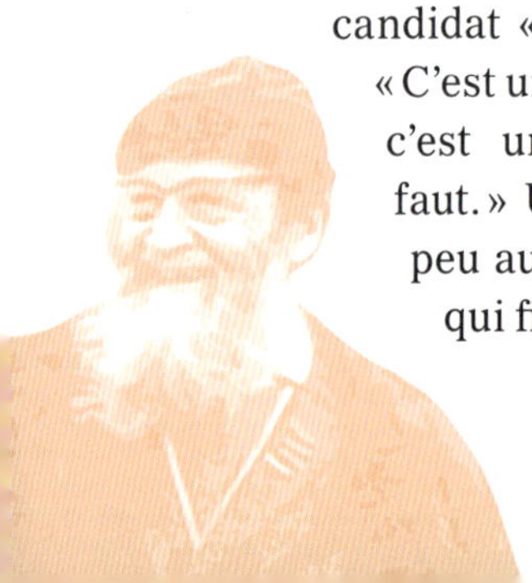

Douze ans plus tard, les anarchistes Victor Méric et Miguel Almareyda présentent aux électeurs un cochon surnommé « Chonoc », estimant qu' « à la place de cinq cents glaireux, il vaut mieux prendre un seul groin qui ait au moins le mérite d'être authentique ». Au programme : droit à la barbe pour les femmes, création de la semaine de huit jours... et cochon qui s'en dédit !

Fénelon Hégo, le roi du Congo

« Tous pour lui ! Lui pour tous ! » Tel est le slogan de campagne de Fénelon Hégo, qui s'autoproclame roi honoraire du Congo lors des élections législatives de 1910, légitimant son titre par un accord secret passé avec le roi des Belges, lequel lui a conféré « l'honneur de régner sur les Noirs congolais ».
Dans le quartier parisien de la Goutte-d'Or, cher au chanteur Aristide Bruant, notre Fénelon n'en est pas à son coup d'essai. En 1902 et 1906, déjà, ses candidatures ne se sont guère traduites en chiffres – 0,48 % en 1902, 1,51 % en 1906 –, mais ont tout de même déclenché une vague de sympathie de la part de ses partisans, les « hégoistes », ravis de pimenter une campagne bien fade. Si, aux yeux de la police qui s'intéresse à cet énergumène, Fénelon Hégo passe pour « un toqué », sa moustache en accent circonflexe et les breloques en fer blanc qu'il arbore sur un costume élimé de roi fantoche amusent d'autant plus le public, que notre « candidat inamovible » propose des projets de haut vol que seule une intelligence supérieure peut imaginer et mettre en action : suppression du métropolitain remplacé par des ballons dirigeables incandescents, éclairage gratuit de la ville au moyen des arcs-en-ciel – déjà les énergies renouvelables ! –, et suppression des inondations à venir au moyen d'une épaisse nappe de pétrole enflammée – tant pis pour l'environnement ! – qui ferait entrer l'eau en ébullition, permettant son évaporation – quel chimiste aurait pu y songer ?
Médiatisation bien éphémère ! Fénelon Ier retombera aussi vite dans l'anonymat, à la lueur d'un matelas de voix bien maigre ! Un comble pour ce matelassier que la politique rendra bien vite à sa première profession.

Du Passocéan à la présidence ! Paul Démarais (1872-environ 1945)

Connaissez-vous le Passocéan ? Potion magique inventée par Paul Démarais, pharmacien de son état, qui permettait d'échapper aux effets désastreux du mal de mer. De la nausée à la politique, il n'y avait qu'un pas que l'apothicaire original d'Honfleur n'a pas hésité à franchir.

Un drôle d'apothicaire !

Quand il débarque à Honfleur en 1927, Démarais a déjà cinquante-cinq ans. Précédé d'une bonne réputation professionnelle, il se murmure toutefois que l'homme est un tantinet excentrique, et qu'il a dû quitter la petite ville de Lurey-Levy (Allier) après avoir goûté aux délices de l'asile de Moulins, suite à quelques exactions non précisées dans les ragots.
Les Honfleurais, qui en ont vu d'autres – a pharmacie que vient d'acheter Démarais n'a-t-elle pas vu naître l'humoriste Alphonse Allais ? –, ne vont pas être déçus !

Des compétences indiscutables en botanique, un sens inné des mixtions, une imagination débordante et un souci constant de soulager les maux de l'humanité l'amènent à offrir à sa clientèle un large panel de solutions médicamenteuses garanties miraculeuses. C'est ainsi que, des années durant, les messieurs ont pu arrêter la chute intempestive de leurs cheveux, les jeunes épouses en promesse d'enfants éviter les vomissements des premiers mois, et les dames callipyges perdre quelques kilos jugés superflus grâce au pharmacien de la place Hamelin. Il déclare une guerre sans merci au bacille de Koch, rendant l'espoir aux infortunés tuberculeux avec un sirop concocté dans son laboratoire, au grand dam des mandarins du coin.

L'officine se situant à quelques mètres du port où accoste le bateau reliant Honfleur au Havre, il ne tarde pas à repérer ces pauvres passagers qui débarquent verts comme une olive de Provence et se délivrent sur le trottoir à grands renforts d'éructations douloureuses.

Quelques expériences alambiquées lui suffisent pour proposer le remède génial qui contribuera à asseoir sa gloire et sa fortune : « le Passocéan », dont il vante les mérites sur la façade même de la pharmacie en lettres démesurées. Mais son esprit inventif a déjà d'autres idées, hors du cadre de la santé, pas si farfelues que ça.

L'homme aux mille idées

Le Calvados n'est pas si loin des côtes anglaises, et notre pharmacien de première classe – selon la qualification de l'époque – se désespère de voir le peu de goût et d'aptitude des Normands à parler correctement la langue de Shakespeare. Il invente donc une méthode révolutionnaire qui consiste à apprendre l'anglais selon la phonétique. Ainsi : « Je suis heureux d'être ici » devient : « aille am glad tou bi hi-heu », et « pouvez-vous parler anglais ? » se traduit par « Cann you spik innglich ? » La méthode est osée pour les puristes, mais rencontre un certain succès dont il se flatte avantageusement. L'homme n'est pas modeste !
Toujours avec une longueur d'avance, il se met en tête de publier et de vendre, pour 10 francs, un opuscule où, en douze leçons, il apprend à ses concitoyens comment réaliser des économies d'énergie avec des gestes simples empreints de bon sens.
Un homme de sa trempe se devait nécessairement de s'impliquer dans les affaires si mal conduites de la commune, pour prendre hardiment la défense de tous les opprimés. La chose est faite en 1933, date à partir de laquelle les Honfleurais seront nourris tous les jours de ses extravagances sur fond d'humanité.

De la place Hamelin au palais de l'Élysée

Le malheureux maire de Honfleur n'arrive plus à contrôler les dérapages

Paul Démarais, un drôle d'apothicaire décoré de médailles factices qui s'autoproclamait président de la République ! (Coll. particulière.)

Votez Popaul !

verbaux de cet encombrant conseiller qui fustige dans toute la ville les notables et les bourgeois, les accusant d'écraser honteusement les petits commerçants, les ouvriers, les marins, les retraités et les anciens combattants ! Pour faire valoir ces idées que certains s'appliquent à briguer, Démarais crée une feuille de chou, *Le Journal des écrasés de la nation*, dans laquelle il va donner libre cours à ses indignations contre le pouvoir corrompu, la fiscalité accablante, l'administration et la justice, n'hésitant pas à nommer l'objet de sa colère du jour, le plus souvent un autre élu ou une personnalité de la ville. L'ambiance devient lourde quand il annonce la création d'un parti politique, « le Parti national humanitariste », dont le programme est imprimé en première page du *Journal des écrasés* entre deux réclames pour le Passocéan...

Un siège de conseiller à la mairie, un journal et un parti : les éléments sont réunis pour de plus hautes ambitions. Justement ! Le septennat d'Albert Lebrun touche à son terme. Le collège électoral constitué des grands électeurs doit élire un nouveau président en mai 1939. Paul Démarais n'écoutant que son devoir se présente aux élections et commence une campagne originale. Avec son bagout inimitable, il harangue la foule, distribuant des bonbons aux enfants et des billets de 5 francs à leurs parents contre une promesse de vote. Toujours à la pointe de la modernité, il promet d'éradiquer le chômage en prônant le partage du travail, et lance un nouveau concept : « travailler moins pour gagner pareil », quatre heures de travail quotidien sans diminution de salaire... Il s'engage à interdire l'immigration et à renvoyer les travailleurs étrangers qui viennent manger le pain des Français dans leur pays d'origine.

On le retrouve donc à Versailles le 5 mai 1939 pour faire enregistrer sa candidature, décoré comme un sapin de Noël de médailles factices, et encadré par deux marins embauchés comme gardes du corps. Toujours soucieux de communication, il commence par distribuer des tracts et placarder des affiches, et pour finir, il injurie copieusement le président. Les pandores l'embarquent au poste de police en compagnie de catins emplumées et de clochards avinés, jusqu'à la proclamation du résultat reconduisant Albert Lebrun, qui sera le dernier président de la IIIe République. Les gendarmes trouvent dans sa voiture une étrange canne à pêche au bout de laquelle il a fixé un canif. Pensait-il pouvoir revenir au pays avec la tête de ce pauvre Albert au bout de sa pique révolutionnaire ?

Quoi qu'il en soit, de retour dans son officine, il est accueilli par les acclamations des Honfleurais qui l'appellent « président Démarais ». Debout sur son balcon, il prononce alors son discours d'investiture dans lequel il affirme qu'il est le « seul président de la République élu dans l'honneur », et que si les politiciens l'ont coffré, c'est pour empêcher son élection !

Suite à ce coup d'État échoué, la santé mentale de l'apothicaire ne cessera d'empirer. Ses foucades et autres extravagances commencent sérieusement à fatiguer ses administrés, lesquels ont d'autres soucis avec cette nouvelle guerre qui se profile et semble inévitable.

Le préfet du Calvados impose son internement, et celui qui avait tenu la vedette pendant une bonne dizaine d'années meurt à l'asile du Bon-Sauveur de Caen, dans la plus grande solitude. À Honfleur, au 4, place Hamelin, la pharmacie Passocéan offre au regard des curieux sa façade recouverte de la fameuse publicité éponyme, vestige d'une époque délirante où le président Démarais entraînait chaque jour dans ses élucubrations les rêves de tout un chacun.

Ferdinand Lop, le gaLOPin de la « LOPitique »

Des années 1920 aux années 1970, le Quartier latin – sorte de marmite estudiantine bouillonnante – s'entiche d'un tribun au visage à la Buster Keaton venu chercher en ce lieu symbolique de la contestation le haut du pavé politique. Au point qu'au lendemain de sa mort, le 28 octobre 1974, le très sérieux quotidien *Le Monde* consacre au maître une nécrologie que n'aurait pas reniée un VIP.

Belle revanche posthume, pour ce Marseillais à l'allure sentencieuse, né en 1891, qui part, à l'âge de vingt-huit ans, conquérir Paris avec une seule idée en tête : réussir en politique ! Pour se faire un nom, Ferdinand Lop débute comme secrétaire d'un vieux député de la Meuse, Henry Ferrette. Une fonction qui lui permet de posséder ses entrées au Palais-Bourbon, de côtoyer le gotha politique, et de chroniquer dans plusieurs revues. La plume alerte, il publie divers ouvrages plus ou moins médiocres qui ont trait aux colonies françaises, au pétrole ou à la paix en Europe...

Candidat perpétuel aux élections présidentielles, Ferdinand Lop salue ses partisans de son chapeau, en 1960.

Mais une carrière journalistique se révèle vite ennuyeuse pour ses ambitions politiques. L'homme a des idées et croit en sa bonne étoile. Quand, en 1928, les radicaux l'envoient au feu dans la circonscription très conservatrice de Versailles, Ferdinand Lop ne fait pas dans la dentelle, appelant les Versaillais à appliquer le programme de la CGT et à reconnaître l'Union soviétique. Pour Lop, c'est un véritable FLOP : 4,14 % des voix !

Cet échec électoral n'affecte pas le moins du monde notre candidat. Son destin est en marche ; la cruauté du scrutin n'est que le prélude à sa future élection. De quoi fournir du grain à moudre à ses confrères de la presse écrite, lesquels profitent de son exaltation pour lui faire avaler d'incroyables blagues.

Le voilà tout à coup nommé sous-préfet à Saint-Pol-de-Léon qui n'a jamais été sous-préfecture... Et quand le président de la République se morfond à résoudre une nouvelle crise ministérielle, c'est à Lop qu'il fait appel, tout en prenant bien soin de

Ferdinand Lop, lors de sa candidature aux élections de 1950.

laisser closes les portes de l'Élysée, afin de l'empêcher d'y pénétrer.
Au Palais-Bourbon, ses excès de fièvre politique ajoutés aux canulars dont se gaussent les couloirs de la Chambre n'ont d'autre effet que de lui faire retirer son accréditation. Évincé de son terrain de jeu politique, criant à l'injustice et à la persécution, le proscrit se réfugie au Quartier latin, où les étudiants décèlent aussitôt dans ce bonhomme à l'allure théâtrale, qui aime être flatté, l'objet de leur future exubérance. Définitivement, et à son corps défendant, Ferdinand Lop passe dans le camp des candidats fantaisistes.

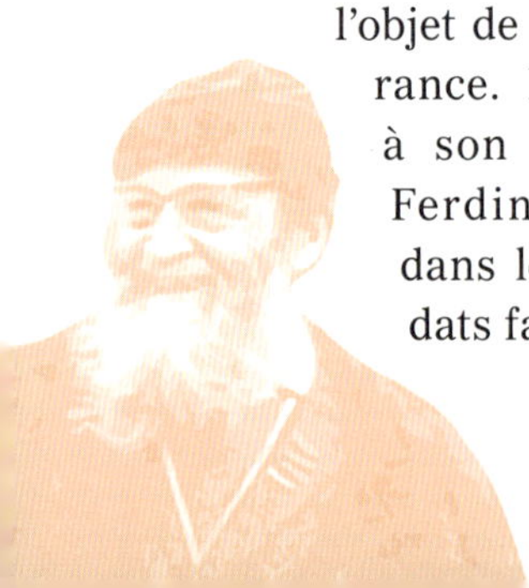

« Je n'ai jamais fait un geste qui eût pu faire croire à une fantaisie quelconque de ma part, écrit-il dans ses mémoires... Je suis loin, même fort loin, d'être un fantaisiste. On a voulu, en me faisant une telle réputation, en me dépeignant sous une apparence comique, contre ma nature même, jeter le discrédit et mettre ainsi un sérieux barrage au développement et au rayonnement de mes conceptions politiques et sociales. »
Ses résultats aux différents scrutins, tant législatif que présidentiel, lui laisseront à chaque fois le goût amer d'être incompris, ne récoltant jamais plus de 2 % des voix. Ceci n'empêche pas ce laissé-pour-compte de la politique de

devenir le maître du Quartier latin, de posséder sa « garde de fer » rapprochée, composée d'étudiants facétieux, les « Lopettes », qui n'hésitent pas à déclarer qu' « au char de l'État, il faut la roue d'un Lop ». Grand éclat de rire des anti-Lop que le maître n'entend même pas ! Le voilà candidat à la présidence de la République en 1939, faisant le pied de grue à Vichy pour rencontrer Pétain et le conseiller, candidat à la présidence des États-Unis d'Europe en 1948, ou désireux de contracter mariage en 1951 avec la princesse Margaret. Ceci n'est guère du goût des *bobbies* qui vont se charger de lui faire comprendre l'hostilité de Buckingham Palace face à un tel projet.

Ferdinand Lop, jusqu'à sa mort – une belle saLOPerie –, le 28 octobre 1974, incarnera le candidat fantaisiste qui donne aux scrutins un brin de piment, mais qui prête toujours à sourire au moment de déposer le bulletin de vote dans l'urne. Il faut dire que, hormis quelques projets tels l'aménagement de trottoirs roulants pour faciliter le labeur des péripatéticiennes ou la construction sur la Seine d'un pont de trois cents mètres permettant d'abriter les clochards de la capitale, son programme reste secret par crainte de se le voir voler par d'autres candidats peu scrupuleux. Mais peut-être a-t-il déjà trouvé là-haut un LOPin de terre électoral ?

Lop fit l'objet de nombreuses caricatures et de jeux de mots à partir de son nom. (Coll. J.-M. Cosson.)

Le vivier ne s'épuise pas...

Contemporains ou postérieurs à la carrière politique de Ferdinand Lop, divers candidats fantaisistes persévèrent dans le jeu de la raillerie politique : Achille Fournier, éphémère inventeur du « Tricoloris », chapeau national tricolore réservé aux fonctionnaires lors des commémorations qui suivent la Libération ; Raymond Depriester, curieux fondateur du mystérieux « synthésisme pyramidal rationnel », chargé de mettre en place une république pyramidale ; le médiatique Aguigui Mouna, roi du Quartier latin des années 1970 à 1990, écologiste avant l'heure, se définissant comme un « cyclodidacte », qui réussit à rallier 3,13 % des voix aux législatives de 1988, à Paris ; Maurice Mercante, enfin, sorte de gentleman-farmer, lequel, à la présidentielle de 1981, propose de revenir à la traction hippomobile en milieu urbain, tout en préconisant la semaine de trente-sept heures, une semaine supplémentaire de congés payés à la montagne, et la réduction du mandat présidentiel à trois ans.

Des hommes mais aussi des femmes, largement dévêtues et venues faire campagne au grand jour sur les réformes de la sexualité, sans jamais obtenir le nombre de signatures suffisant pour se présenter aux présidentielles. Marlène, en 1995, réclame la réouverture des maisons closes, le mariage homosexuel et la gratuité des préservatifs sous l'étiquette de son parti de la liberté et de l'amour. Elle est suivie en 2001 par la strip-teaseuse Cindy'Lee, Cicciolina à la française, fondatrice du Parti du plaisir, secondée par un régiment d'amazones en strings, distribuant sa profession de foi (ouverture de clubs échangistes à tarifs sociaux, soirées X à la vidéothèque de Paris...) à des passants amusés ou outrés.

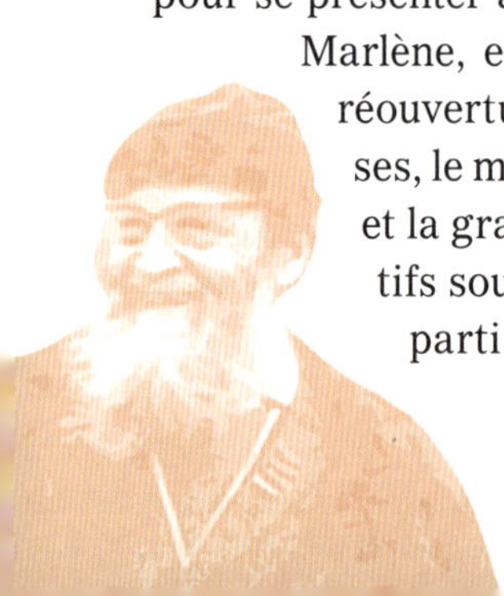

Reste le cas particulier de Coluche, en 1981, qui a fait trembler la classe politique quand elle a appris, sondage à l'appui, que « le seul candidat qui n'a pas besoin de mentir », était crédité de 10 à 16 % des voix à la présidentielle. Les politiques estimèrent cette fois que la plaisanterie avait assez duré. Les pressions se faisant plus fortes, Coluche retira sa candidature, laissant place à toutes les suppositions...

Tract électoral de Raymond Depriester, lors des élections législatives de 1932 à Rouen. (Coll. particulière.)

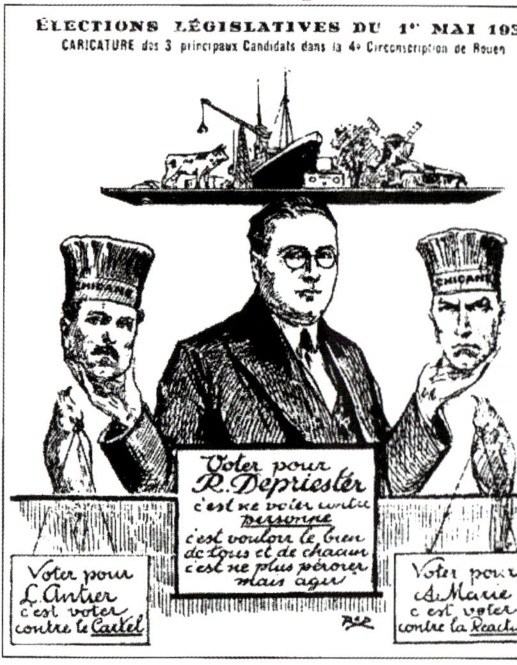

Les calculateurs prodiges

> « La mathématique est une science dangereuse : elle dévoile la supercherie et les erreurs de calcul. »
>
> Galilée

LE 11 DÉCEMBRE 2007, Alexis Lemaire, doctorant en intelligence artificielle de vingt-sept ans, bat le record du monde en calculant mentalement la racine treizième d'un nombre à deux cents chiffres choisi au hasard par un ordinateur en 72,4 secondes. En d'autres termes, en multipliant ce nombre treize fois par lui-même, il a obtenu le nombre de départ généré par l'ordinateur. « Je crois que la plupart des gens peuvent le faire », commentera cet étudiant de l'université de Reims.

En quelque sorte, la « bosse des maths » n'existerait pas : il suffirait de « bosser les maths ». Pas si sûr !

Les calculateurs prodiges ont toujours impressionné le peuple et excité la curiosité des savants. Certains sont célèbres, tels Ampère ou Arago, d'autres sont tombés dans l'oubli. Ces derniers, le plus souvent analphabètes, ont développé des capacités de calcul prodigieuses, et leur histoire reste encore une mystérieuse énigme.

Concours d'arithmétique entre Boece à la plume et Pythagore manipulant une abaque antique peu pratique. Si le premier est ravi d'avoir trouvé la solution grâce au calcul mental et aux chiffres arabes, le second semble dépité de son échec.

II. — LES NOMBRES DE DIX A VINGT ET A CENT LES DIZAINES

1. — Les nombres de dix à vingt

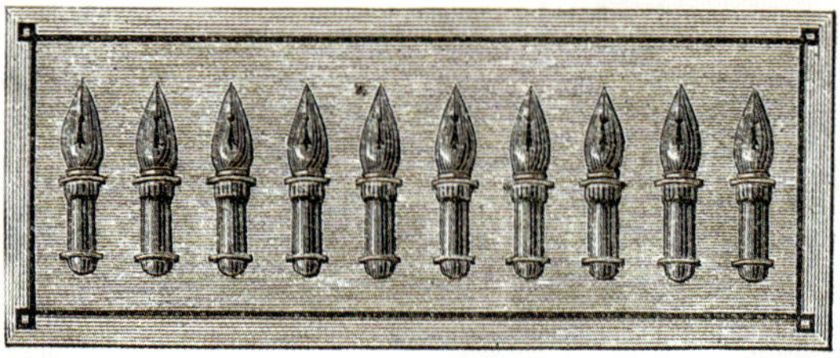

1. — Dix. — *Dix* plumes, c'est une *dizaine* de plumes.

On groupe les *unités* par *dix* et l'on forme ainsi comme une famille de nombres, celle des ***dizaines***.

Les nombres de 1 à 10 composent la ***première dizaine***.

Remarquons que pour écrire *dix* on se sert de *deux chiffres* : 1 et 0. **10**

2. — Onze. — Voici un boulier-compteur. Il y a *dix* boules à la rangée supérieure et *une* à la rangée inférieure.

Il y a donc une *dizaine* de boules plus *une* boule.

Je devrais dire : *dix et une*.

La langue française exige qu'on dise ***onze***.

J'écris encore avec deux chiffres. **11**

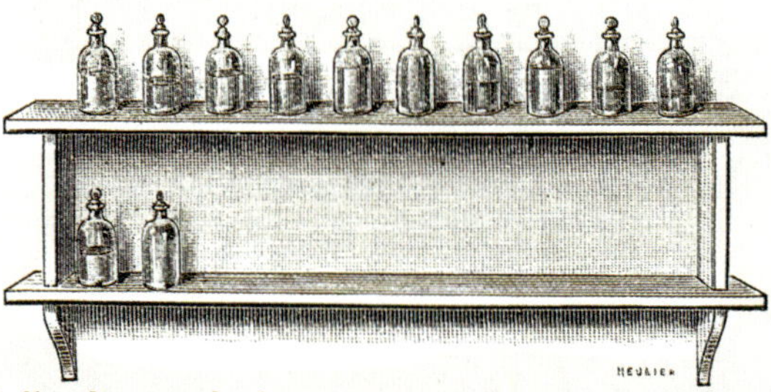

3. — Douze. — *Dix* flacons, plus *deux* flacons, font une *dizaine* de flacons, plus *deux* flacons.

On devrait dire : *dix-deux*. Il faut dire : ***douze***.

J'écris avec deux chiffres. **12**

Le nombre *douze* était jadis plus employé que le nombre dix. Dans certains commerces on vend encore par ***douzaines***.

EXERCICES (Calcul mental). N° 11

A. 10 — 1	*B.* 6 + 4	*C.* 11 — 1	*D.* 10 + 1	*E.* 12 — 2	*F.* 9 + 3	*G.* 2 × 6
10 — 2	2 × 5	11 — 3	8 + 3	12 — 3	8 + 4	4 × 3
10 — 3	10 : 2	11 — 5	7 + 4	12 — 4	7 + 5	6 × 2
3 + 7	10 : 5	11 — 7	6 + 5	12 — 5	6 + 6	12 : 3

H. Reprenez chacun de ces nombres en ajoutant un nom d'objet.

Page de *L'Arithmétique et Calcul mental* à destination des élèves du cours élémentaire de la fin du XIXe siècle.

Le quadrateur inventif du Gers : Joseph Lacomme

Les académies scientifiques reçoivent régulièrement les travaux de génies méconnus, persuadés d'avoir enfin résolu l'épineux problème de la quadrature du cercle. Des milliers de pages couvertes de signes cabalistiques, illisibles aux esprits frappés d'obscurantisme à toute logique mathématique, donneraient ainsi la solution qui permettrait de construire un carré de même aire qu'un cercle donné à l'aide d'un compas et d'une règle.

L'affaire est de grande importance, assurément, puisque le grand Aristote s'est lui-même frotté à sa résolution, suivi d'une pléiade de calculateurs chevronnés jusqu'à ce jour funeste de 1882, où un mathématicien allemand démontra, grâce à la transcendance de π, l'impossibilité de la chose, et renvoya du même coup les savants de tous bords vers d'autres galaxies.

La vérité est au fond du puits

Lacomme est déjà presque vieux quand il décide de creuser un puits. La robustesse ne lui manque pas, car le Ciel l'a généreusement doté d'une musculature impressionnante, développée par les durs travaux de la ferme dès son plus jeune âge. À quarante-quatre ans, Joseph a le cerveau en ébullition constante, le verbe facile et une solide réputation d'original assortie d'une reconnaissance légitime pour son esprit inventif. Le voilà tracassé par la quantité de pierres de taille dont il aura besoin pour couvrir le fond de son puits. Lacomme n'est pas homme à laisser une telle énigme en suspens. De sa campagne gersoise, il se rend à Auch interroger un professeur de mathématiques qui est dans l'impossibilité de répondre à sa question, laquelle hante en vain les cerveaux les plus savants depuis l'Antiquité. Les raisonnements fumeux de l'enseignant, où il est question de Newton et d'Archimède, n'arrivent pas à convaincre notre homme, d'autant plus qu'il n'a jamais entendu parler de ces gens-là ! Une question appelle une réponse ! Toute sa vie, cet apostolat lui a permis de sortir de sa condition de misérable gardien de basse-cour.

Né en 1792, orphelin très jeune, Lacomme est réduit à la mendicité jusqu'à ce qu'un paysan lui confie la garde de ses dindons, certes majestueux gallinacés, mais dont la conversation, on le sait, est limitée. Joseph va rapidement se rendre indispensable. Ingénieux en diable, il améliore le matériel araire par des bricolages de fortune. Le fermier, éberlué par son intelligence, l'emmène avec lui dans les foires aux bestiaux où, là aussi, il fait merveille. Sa rapidité pour compter laisse pantois les maquignons qui en connaissent pourtant un bout en la matière ! Joseph n'a jamais été à l'école, ne sait ni lire ni écrire, mais c'est lui que l'on appelle pour pacifier les disputes des champs de foire, calmer l'acheteur se sentant grugé, ou le vendeur persuadé d'être dépouillé.

À seize ans, las de servir de domestique, il apprend le métier de tisserand.

En quelques mois, l'élève dépasse le maître. Il modifie et améliore les métiers à tisser, perfectionne la qualité du tissu, jusqu'à ce qu'un mauvais tirage au sort l'envoie en Espagne, participer au rêve expansionniste du grand Napoléon.
Quelques années plus tard, Lacomme, rescapé du bourbier espagnol, est à la tête d'une entreprise de tissage prospère quand il décide de creuser le fameux puits...

Un quadrateur de génie

Notre tisserand veut absolument savoir avec précision la quantité de pavés nécessaires pour finir son ouvrage. Fi de sa femme et de son entreprise ! Obsédé par sa recherche, il passe jours et nuits au fond du puits et se heurte au mur de son ignorance, dont il commence à réaliser l'étendue.
L'homme est tenace. Pour apprendre les chiffres, il va utiliser une méthode originale mais efficace. Les Auscitains s'étonnent, un beau matin, d'apercevoir un individu étrange arpenter la grande rue en tout sens, s'extasier devant les numéros des maisons et les relever avec application sur un calepin en poussant à chaque fois des cris de victoire. Vous aurez reconnu Lacomme qui, par ce stratagème astucieux, apprend la numérotation. L'esprit vif, il trouve une façon très personnelle d'accommoder les chiffres, suivant que l'on veut multiplier ou diviser, bien plus rapide que celle enseignée sur les bancs de l'école. Les quatre opérations acquises, il est temps de revenir à la résolution du problème de géométrie qui lui apportera la reconnaissance de l'humanité qui s'enlise dans les théories nébuleuses de ses savants.

Fort de sa nouvelle science, la solution lui apparait enfantine. Que diable ! les grands esprits en font tout un cirque : il suffit de se munir d'une feuille de fer-blanc, de la couper à vingt-cinq centimètres et d'en faire un tube ; le diamètre du cercle ainsi obtenu est quand même facile à mesurer ! Huit centimètres ! Le rapport est donc de vingt-cinq à huit.

Les années passent, et Lacomme se morfond dans son Gers natal, honteux de priver le monde scientifique de sa prestigieuse découverte et impatient d'offrir son génie inventif à la mère patrie.

Le sot est-il celui que l'on pense ?

Après des années de tergiversations, le grand jour est arrivé. Lacomme décide de vendre tous ses biens et, abandonnant famille et patrimoine, il part à la conquête de la gloire.
Première étape : Toulouse. On imagine aisément l'ironie avec laquelle les distingués savants de l'Académie des sciences accueillent le fou-dingue qui prétend avoir résolu la plus grande énigme mathématique de tous les temps ! Pas dupe de la dérision et du mépris qu'il inspire, il lance à ces messieurs : « Les véritables

savants sont ceux qui n'ont jamais peur de trop apprendre ! », Et pour les convaincre de son prodigieux génie, il leur propose d'aller cuber le bassin de la place des Carmes, où on le retrouve à minuit avec ses instruments de mesure. S'ensuit une altercation avec les sergents de ville, qui lui vaudra huit jours de prison. Reconduit dans la capitale gersoise, le préfet songe à le faire enfermer en asile, quand le rusé Lacomme fait étalage de son extraordinaire facilité à manier les chiffres. Médusé, le haut fonctionnaire l'envoie prendre les eaux à Bagnères, où il aura tout le loisir de mesurer les fonds des bassins.

Les curistes, tous de la bonne société, n'apprécient pas trop cet hurluberlu grossier qui ne cesse de les entretenir de son génie ignoré de quadrateur. Tant et si bien que la maréchaussée doit encore s'en mêler, et que notre mathématicien malheureux, après avoir généreusement rossé un sergent, se retrouve devant le procureur du roi. Encore une fois, le tribunal se laisse séduire par le récit de ses nombreuses découvertes en mathématiques : convaincu de réparer une injustice envers un si grand homme, il l'acquitte à l'unanimité. Les pandores se font sérieusement tancer pour leur vil obscurantisme et, dans un souci de réhabilitation de la profession qui, autrefois, envoya Galilée en prison à vie, une souscription est ouverte pour permettre au génie méconnu de publier ses découvertes.

La presse commence à s'intéresser à ce drôle d'énergumène. *La Gazette de France* le présente ainsi au grand public : « Dans une petite commune du Midi de la France vivait un pauvre vieillard de soixante ans, cultivateur tout à fait illettré et sachant à peine signer son nom : il se nommait Lacomme. Un commis voyageur, de passage dans ce village, se trouva

Ainsi sont vêtus les savants qui reçoivent le « quadrateur » gersois Joseph Lacomme.

fortuitement en rapport avec le cultivateur et fut surpris de reconnaître la prodigieuse facilité de ce vieillard pour le calcul mental, ayant, en outre, la perception distincte de l'opération qu'il accomplissait dans son intelligence, et pouvant la formuler d'une manière nette et précise, de sorte que chacun pouvait être mis à même de résoudre, comme lui, en un instant, des équations du premier et du second degré. »

Cette notoriété toute neuve le conduit à Paris devant l'illustre Société des arts, sciences et belles-lettres de Paris, ainsi que devant la plus modeste Société de l'industrie, où il expose sans complexe le résultat de ses recherches : « J'étais un jour occupé à creuser un puits ; je me posai cette question : quelle quantité de matériaux me faudrait-il pour couvrir la surface du fonds de ce puits ? Eh bien ! j'ai résolu ce grand problème, le désespoir de tous les savants mathématiciens, des Archimède, des Legendre, des Métius et des Bezout ; aucun d'eux n'a donné le rapport exact du diamètre à la circonférence, et je l'ai trouvé par des moyens qui m'ont valu les épithètes de fou, d'extravagant, de tête fêlée, et moi, j'ai répondu : bien plus sot est celui qui ne me comprend pas. »

Ses démonstrations savantes lui vaudront une médaille d'argent décernée par la Société des sciences et des arts, mais surtout lui assureront « la grosse tête » qui le confortera dans ce rôle d'original et d'irascible, assurant ainsi sa marginalisation.

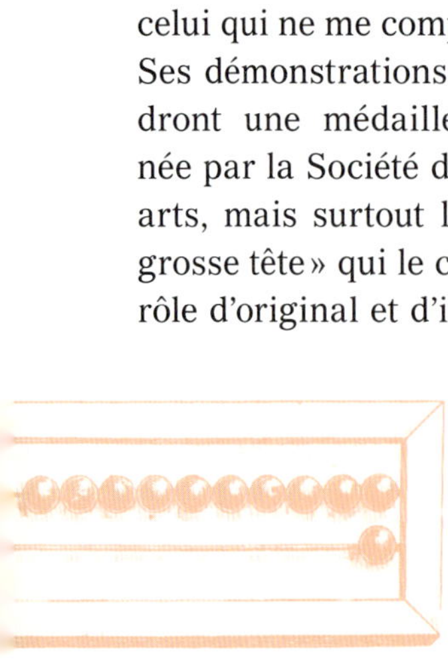

La fin d'un rêve

Quelques publications de brochures sur les principes de mathématiques et de géométrie au raisonnement alambiqué ne convainquent pas les érudits. Idem pour ces cours particuliers du « nouveau système » qu'il ouvre sur Paris. Dès le deuxième jour, les potaches s'enfuient, persuadés que leur maître, qui se présente comme un calculateur naturel, est quelque peu dérangé et que sa méthode de simplification sort tout droit du cerveau d'un illuminé. Si Lacomme a pu, grâce à sa faconde, impressionner les foirails gersois, il en est autrement dans les milieux scientifiques parisiens où on le raille et, pire, on l'oublie.

À trop vouloir jouer dans la cour des grands, le calculateur gersois, qu'une brève notoriété a persuadé de son génie, a perdu ses racines en étant rejeté par les uns et ridiculisé par les autres. Il meurt en 1860 dans la misère, oublié de tous, mais toujours convaincu de son extraordinaire talent.

« L'instruction, nourrice du génie,
De son lait pur ne m'abreuva jamais
Et si je passai d'abord ma triste vie
Dans d'incertains et pénibles essais
Que peut savoir qui n'a point eu de maîtres !
Mon seul génie autrefois m'a formé,
Et ces épis que mon état civil vit naître,
Sont ceux d'un champ où rien ne fut semé. »

Joseph Lacomme

Cent cinquante ans après sa mort, l'expression « la quadrature du cercle » est toujours synonyme d'un projet irréalisable, d'un problème impossible à résoudre ! Lacomme peut reposer en paix...

Le petit pâtre tourangeau qui possédait la bosse des maths : Henri Mondeux

Analphabète, asocial, vicieux, sauvage et... génial ! Que de qualificatifs pour un gamin de Touraine né à Neuvy-le-Roi en 1826, fils de fagoteur, orphelin de mère à six ans, persécuté par ses marâtres, indomptable et de surcroît épileptique. C'est que le garçon n'est pas ordinaire ! Si on le cantonne à garder les vaches, il ne se passionne nullement pour ce bucolique labeur, préférant occuper ses journées à compter, non pas ses génisses, somme toute très paisibles et peu enclines à fuguer, mais les cailloux, les brindilles, les feuilles des arbres. Les chiffres l'enthousiasment, alors qu'il n'a jamais mis les pieds à l'école. Les aristocrates du coin s'amusent de ce petit bouseux si prompt à résoudre les problèmes de calcul les plus épineux. Ils lui offrent un verre, lui lancent un sou, et le renvoient à ses vaches.
Cette inclination assez originale n'allait pas tarder à étonner le voisinage, stupéfier la Touraine, et ébahir la France entière.

Le chemin de la gloire

« Pourquoi pleures-tu ? Tu as perdu un veau ? Tu es souffrant ? Aurais-tu reçu de mauvais traitements ? »
Pressé de questions, le petit pâtre déguenillé essuie sa morve avec la manche de sa chemise déjà fort sale, et répond en hoquetant aux belles demoiselles qui se sont approchées du pacage :
« C'est que j'ai perdu mon couteau, et si je pouvais deviner où je l'ai laissé aussi vite que je calcule, j'en serais bien heureux. »
Oubliant son chagrin, il s'adresse à la plus jeune des promeneuses et s'enquiert de son âge, sans se soucier de l'incongruité d'une telle demande et sans en imaginer la goujaterie. Amusée, la jeune fille lui répond :
« J'ai dix-neuf ans.
– Ah oui ! 599 184 000 secondes donc ! »
Interloquées, les promeneuses vérifient le calcul et s'empressent de raconter la surprenante anecdote à un ami instituteur, à Tours. Émile Jacoby, fort intéressé, décide, toutes affaires cessantes, de rechercher le jeune prodige. On peut lire dans son récit biographique la singulière rencontre :
« Arrivé près du port, j'aperçus un enfant en haillons appuyé sur sa houlette, et dans l'attitude d'un homme qui pense profondément. Quelques vaches paissaient devant lui. Je m'approchai et l'expression de sa physionomie, sa pose, tout en lui me plut. Je devinai qu'il était l'enfant que je cherchais. Aussi, quand, passant près de lui, il me demanda quelle heure il était, je lui dis :
"Il est, mon garçon, la moitié du tiers des trois quarts de 12 heures.
– Oh ! reprit Henri, je vous dirai bien quelle heure il est.
– Eh bien, quelle heure ?
– Mon Dieu, monsieur, il est 1 heure et demie."

François Arago, polytechnicien et physicien de renom, reçoit à l'Académie des sciences le jeune Henri Mondeux et son maître.

« C'était juste, et il mit moins de temps à répondre à cette question que je n'en mets pour raconter le fait. Je lui proposai alors quelques autres questions qu'il ne put comprendre tant que j'employai les termes techniques de la science des nombres, mais qu'il résolut à ma satisfaction dès que je les eus dégagées des expressions qu'il ne connaissait pas. Plus je l'observais, plus son regard paraissait beau et intelligent. J'avais remarqué aussi que son œil s'animait, que son teint se colorait à chaque nouvelle question que je lui adressais, puis il me semblait que sa tête avait quelque chose de Descartes et de Newton.
"Sais-tu lire ? lui dis-je alors.
– Hélas ! non, monsieur.
– Eh bien, si tu le veux, je t'apprendrai à lire, à écrire, et puisque tu aimes bien à compter. Si tu travailles bien, je te donnerai des leçons qui te mettront à même de faire des calculs bien plus beaux que ceux que tu sais faire aujourd'hui. Quand tu auras fini ton ouvrage, tu viendras me trouver à Tours, et nous commencerons tout de suite." »
Ainsi fut fait !

Le cancre de la classe

Début janvier 1839, Henri, toujours en haillons et pieds nus, prend place sur les bancs de l'école, n'hésitant pas à parcourir plus d'une lieue dans le grand froid pour « apprendre ».

L'image de ce pauvre paysan analphabète devenu, grâce au talent de son maître, un homme instruit est trop belle. La vérité est toute autre. Jacoby sait la réputation de « monstre indomptable » qui précède l'admission de son protégé à l'école. Il sait que depuis des années, ce gosse vit de rapines et d'aumônes, que son père l'a chassé en le traitant de vaurien. Le brave instituteur est persuadé que les livres vont assagir l'enfant trop livré à lui-même, que son intelligence hors du commun va s'épanouir dans la connaissance, que le prestigieux lycée Louis-le-Grand l'accueillera dans quelques années et, pourquoi pas, en suivant, l'École polytechnique ? Après Descartes, illustre enfant du pays, Mondeux auréolera la Touraine de gloire. La chimère est de courte durée.
« Bientôt, l'école fut sens dessus dessous, et tous les jours, ce n'étaient plus que plaies et bosses, cris et pleurs, plaintes et menaces... On l'a vu, dans plus d'une circonstance, en luttant avec ses camarades, faire usage de ses ongles et de ses dents. Mais aussi, que peut-on attendre d'un enfant à qui l'on attachait les mains derrière le dos, à qui on passait une corde au cou et que l'on promenait comme une bête fauve à coups de fouet dans le village, pendant que les jeunes garçons de la commune couraient après lui en le huant, l'injuriant et lui jetant de la boue au visage, d'un enfant enfin qui entendait à chaque instant des imprécations horribles et des menaces de mort à son oreille ? On fut obligé de le renvoyer pour rétablir la paix dans la classe... »
Ne supportant aucune institution, il est bien sûr viscéralement anticlérical et blasphème outrageusement l'Église, attirant l'hostilité de toutes les bigotes de Tours. Le bedeau en fera les frais, qui sera blessé dans sa dignité et surtout dans son généreux fondement.

L'horrible gosse ayant disposé des épingles sur sa chaise, il fut des jours et des jours sans pouvoir s'asseoir !
Émile Jacoby renonce à inculquer à cet élève si particulier les bases de la civilité la plus élémentaire, tout en s'émerveillant chaque jour un peu plus de ses facultés à manier les chiffres.

« Un fort gaillard d'une quinzaine d'années à la face poupine » que le Tout-Paris s'arrache…

Le sale gosse à l'Académie des sciences de Paris

Henri a les plus grandes difficultés à apprendre à lire et à écrire. La calligraphie des chiffres reste un exercice difficile : « Je ne sais faire que des comptes », avoue-t-il. Il n'arrive pas à traduire dans le « langage des hommes » les nombres qui « s'unissent dans l'air, se confondent et se pressent ». En revanche, ses prédispositions en calcul mental se développent prodigieusement, à un tel point que l'instituteur, conscient de ses propres limites, décide de le présenter à l'Académie des sciences de Paris où d'insignes savants réunis en commission extraordinaire pourront examiner plus sérieusement son protégé.

C'est ainsi que le 16 novembre 1840, M. Poncelet, président de l'Académie, et M. Arago, polytechnicien, astronome et physicien de renom, accueillent un couple insolite : « Un homme mûr à la mise impeccable, et son compagnon, un gaillard fort d'une quinzaine d'années à la face poupine. Il porte des bottines neuves qui jurent manifestement avec le reste de son accoutrement. Une grande blouse sombre lui descend à mi-cuisse. Un mouchoir de couleur rehausse le col trop ample de sa chemise blanche. Il tient à bout de bras un grand chapeau plat dont il refuse obstinément de se séparer. De longs cheveux noirs caressent ses épaules. Nullement impressionné quand il s'agit de répondre aux questions concernant sa réputation de calculateur, il regarde fixement ailleurs lorsqu'il est interrogé sur son enfance ou sur les détails de sa vie privée. Son compagnon répond à sa place aux questions sur sa famille, son éducation ou son avenir.»

Mathématicien reconnu, professeur à l'École polytechnique et à la Sorbonne, le baron Cauchy rend hommage au dévouement d'Émile Jacoby, et s'extasie devant les performances en calcul mental du jeune prodige : «Que sans secours, et abandonné à lui-même, un enfant préposé à la garde des troupeaux arrive à exécuter de mémoire et très facilement un grand nombre d'opérations diverses, c'est un fait que seraient tentés de révoquer en doute ceux qui n'en auraient pas été les témoins. Henri est parvenu seul à trouver le procédé connu qui donne la somme d'une progression arithmétique. Plusieurs des règles qu'il a imaginées pour résoudre différents problèmes sont celles qui se déduisent de certaines formules algébriques. On peut citer comme exemple les règles qu'il a obtenues pour calculer la somme des cubes, des quatrièmes et même des cinquièmes puissances des nombres naturels...»

Pour Henri Mondeux, c'est le début de la gloire...

Les trompettes de la renommée

Le Tout-Paris s'arrache le petit génie. Les conclusions de l'Académie des sciences ont propulsé ce petit pâtre toujours analphabète à la une des journaux, et il est de bon ton de l'inviter dans les salons où il alimente toutes les conversations. Il parade ainsi sans la moindre timidité chez le baron Cauchy, se prête au jeu des questions des plus grands scientifiques, papote avec George Sand, boit le thé en compagnie de Chateaubriand. Alfred de Vigny est conquis et écrit pour lui *La poésie des nombres* :

«Les nombres, jeune enfant, dans le ciel t'apparaissent
Comme un mobile chœur d'esprits harmonieux,
Qui s'unissent dans l'air, se confondent, se pressent
En constellations faites pour tes grands yeux
Nos chiffres sont pour toi de lents degrés informes,
Qui gênent les pieds forts de tes nombres énormes,
Ralentissent leur pas, embarrassent leurs jeux.
Quand ta main les écrit, quand pour nous tu les nommes,
C'est pour te conformer au langage des hommes,
Mais on te voit souffrir de peindre lentement
Ces esprits lumineux en simulacres sombres,
Et par de lourds anneaux d'enchaîner ces beaux nombres
Qu'un seul de tes regards contemple en un moment.
Va, c'est la poésie, encor, qui dans ton âme
Peint l'algèbre infaillible en symboles de flamme,
Et t'emplit tout entier du divin élément :

Car le poète voit sa règle
Le mot secret de tous les sphinx ;
Pour le ciel, il a l'œil de l'aigle,
Et pour la terre l'œil du lynx. »

Les dîners des ambassadeurs sont moins ennuyeux depuis que l'on y croise cette espèce de gosse mal équarri qui jongle avec les chiffres, comme d'autres avec des balles. La mode est à l'exotisme, le Tourangeau fait dans le pittoresque.

Le pittoresque s'exporte en province. On le reçoit au son des fanfares dans les collèges royaux où son improvisation en mathématiques fait merveille. Cabotin à souhait, il s'amuse avec les logarithmes, badine avec les racines carrées, multiplie des millions avec des billions devant un public ébahi qui applaudit à tout rompre et en redemande. La presse locale, sous le charme, le qualifie de talent prodigieux, d'extraordinaire calculateur, d'illustre mathématicien, tout en soulignant le contraste entre son incroyable intelligence des nombres et son peu d'aptitude pour les autres matières. On peut lire dans *Le Journal de la Vienne*, en 1847 : « Et pourtant, qui le croirait ! Le célèbre pâtre de la Touraine est tout aussi extraordinaire pour ce qu'il a en moins que pour ce qu'il a en plus : avec une mémoire si prodigieuse pour les nombres, il est incapable de rien apprendre, rien retenir de ce qui n'est pas nombre. La vue des monuments ne laisse aucune trace en lui ; le nom et les traits d'une personne qu'il aura vue mille et mille fois lui sont étrangers. En un mot, Henri Mondeux nous a semblé le phénomène le plus étrange qui ait jamais été donné d'observer. »

Étrange ? Assurément !

Une mystérieuse maladie

Il avait à peine trois ans quand le futur prodige tomba dans une fosse à purin et s'y serait noyé sans l'intervention de sa mère. Émile Jacoby voit dans cet accident la cause de ses drôles de crises qui l'agitent souvent de façon spasmodique, état convulsif qui terrorise son entourage, ajoutant à sa réputation de vaurien. Ce mystérieux « mal des fous » qui le ronge ne serait-il pas la source de ce don inexpliqué des mathématiques ? Auquel cas, les forces obscures du mal se seraient-elles emparées de son âme ?

Un jour de février 1861, *Le Courrier du Gers* annonce le décès du célèbre « calculateur de la Touraine » : « Henri Mondeux revenait, il y a peu de jours, de Condom où il avait obtenu de brillants succès, et il avait pris place dans la voiture d'Auch en parfait état de santé. À peine la diligence est-elle arrivée à Auch qu'on s'empresse d'ouvrir la portière de la rotonde où il était seul, et on le prie de descendre. On s'aperçoit bientôt à son silence que l'infortuné jeune homme avait expiré. »

Henri avait à peine trente-cinq ans. Il est fort possible qu'une crise d'épilepsie ait eu raison de sa forte constitution, mais sa renommée s'étendra encore pendant de longues années, les instituteurs gratifiant souvent l'élève se distinguant par ses aptitudes en maths d'un « bon comme un Mondeux » admiratif !

« Le plus extraordinaire calculateur des temps modernes » : Jacques Inaudi (1867-1950)

« Voulez-vous que je vous fasse votre calcul ? »
L'homme interpellé est stupéfait par ce gosse morveux de sept ans qui ose lui proposer son aide. Il hésite entre la colère et le mépris, son regard s'attarde sur les pieds nus du gamin, ses vêtements en loques, et la marmotte qu'il serre précieusement dans ses bras. Les conversations se sont éteintes. L'aubergiste s'approche, prêt à faire déguerpir ce gamin insolent pour apaiser son maquignon de client qui peine depuis un bon moment à faire le compte de ses bêtes vendues. La journée a été bonne, le marchand opte pour un ton mi-amusé, mi-menaçant : « Tu sais, mon petit, si tu te moques de moi, tiens bien tes oreilles ! Mais si tu réussis, je te donne 10 sous. »
Le gosse jette un rapide coup d'œil sur la feuille où sont alignés les chiffres et, en moins d'une minute, énonce le résultat, fier comme Artaban de ses 10 sous gagnés si facilement.
Les clients se sont rassemblés autour de la table. Vite, le gamin tend sa casquette qui se remplit de piécettes. Pour la première fois de sa vie, il a gagné des sous en s'amusant. Car au plus loin de ses souvenirs, Jacques a toujours travaillé pour gagner sa pitance. D'abord pâtre dans son Italie natale, il arpente avec son frère, depuis la mort de leur mère, les villages de France en faisant danser la marmotte les jours de marché.

Un orgue, une marmotte et des chiffres

Les deux gamins, qui n'ont jamais mis les pieds à l'école, ne savent ni lire ni écrire, mais le désintérêt du père pour sa progéniture les a obligés à faire très tôt usage d'une grande débrouillardise. Le plus grand tourne la manivelle de son orgue de barbarie, Jacques présente sa marmotte danseuse. Ainsi ramassent-ils assez de sous pour manger, traversant le Nord de l'Italie jusqu'au Sud de la France, toujours à pied, dans l'insouciance propre à l'enfance.

Jacques a la passion des chiffres. Il compte toute la journée les arbres, les oiseaux, les nuages. Il ne sait expliquer d'où lui vient cette étrange inclination. Son frère lui a appris de façon orale à compter jusqu'à cent, et sans aucune méthode scolaire il ajoute, multiplie et divise au gré de son humeur.

Suite à son succès biterrois, il propose à son public quelques échantillons de son talent, tout étonné des applaudissements enthousiastes qu'il déclenche et surtout de la générosité des quidams quand il passe parmi eux, casquette à la main. Enhardi par l'accueil de ces exercices qui sont pour lui un jeu, il

propose ses services aux paysans les jours de foire, qui abandonnent vite leur méfiance naturelle pour profiter de l'aubaine.
Adulte, Jacques évoque cette période de son enfance : « En réalité, j'étais très étonné que ces hommes, généralement très malins, ne connussent pas d'une façon naturelle le résultat de leur compte que je connaissais moi-même, presque instantanément, rien qu'en les écoutant, ce qui me donna la hardiesse, un jour, de prendre part à une discussion de règlement de comptes entre deux paysans prêts à en venir aux mains et que je ramenai au calme après leur avoir démontré qu'ils se trompaient tous les deux ; cette altercation n'avait pas été sans attirer la foule, qui fut très étonnée qu'un petit bout d'homme sût mieux compter que les grands. Les plus forts en calcul me posèrent différentes questions auxquelles je répondis juste et très facilement, restant toujours étonné que l'on pût ignorer ces résultats qui semblaient si naturels. Par la suite, les paysans venaient me chercher dès que surgissait une difficulté. »

En route pour Paris

Depuis plusieurs jours, un homme prend place au café de la Bourse à Marseille. Il en oublierait presque de consommer tant son attention est captée par les deux gamins dépenaillés qui se produisent sur la terrasse. La musique et la danse ne le passionnent pas, mais il est subjugué par les capacités du plus jeune à répondre aux problèmes de

calcul que lui posent les boursiers en fin de séance. Le gamin est devenu en quelques jours l'attraction des hommes d'affaires qui, en échange de quelques sous, s'amusent à l'interroger. Le patron du troquet est aux anges, les clients ravis et les deux frères aussi. L'homme, représentant de commerce, comprend vite le parti qu'il pourrait tirer de ce don prodigieux. La droguerie ne l'a jamais beaucoup intéressé, et le soudain désir de sortir ce gosse de sa condition misérable s'impose à lui comme une évidence, comme une urgence. Dombey propose donc à Jacques de l'emmener chez lui, à Saint-Étienne, lui promettant de veiller à son instruction et de développer ses capacités phénoménales. Quelques sous pour le tenancier du bistrot, quelques autres pour le grand frère, et l'affaire est faite.
Dombey n'est pas un mauvais homme. Comme promis, il donne à Jacques un minimum d'enseignement, sans toutefois le sortir de son analphabétisme et, dès ses treize ans, il décide de le présenter aux sommités scientifiques de la capitale.

La bosse des maths

Le jeune Jacques Inaudi est reçu par Camille Flammarion, astronome réputé, qui le compare « à un musicien qui nous charme sans avoir appris la musique, et sans en connaître aucune note ». Le savant homme confirme que « lorsqu'il arriva à Paris, il ne savait ni lire ni écrire et ne connaissait pas un seul chiffre. Il eût été incapable de faire une addition au crayon. Cependant, il donnait presque instantanément la solution de problèmes

assez compliqués. On lui demandait, par exemple, combien il s'était écoulé de minutes depuis la naissance de Jésus-Christ, ou combien il y aurait d'habitants sur la Terre si les morts de dix siècles ressuscitaient, ou la racine carrée d'un nombre de douze chiffres, et il donnait la réponse exactement en deux ou trois minutes, tout en causant d'autre chose et en s'amusant car il était assez espiègle. Il ne savait pas encore extraire les racines cubiques, et ce fut dans une de nos soirées qu'il en fit le premier essai, parfaitement réussi. La question lui avait été posée par un mathématicien de l'Académie des sciences. Le terme même lui était inconnu, car il avait compris "racine publique", et pendant plus d'un an, il ne se servit que de cette expression. »
Une commission est chargée par l'Académie des sciences d'examiner le phénomène. Le docteur Jean Martin Charcot note qu'« il est d'une grande distraction, ses oublis des choses de la vie quotidienne forment un piquant contraste avec sa prodigieuse mémoire pour les chiffres. Il lit les journaux, converse volontiers avec les autres, et parle de politique ; d'une nature douce et gaie, il rit beaucoup et joue aux cartes et au billard. » Gaston Darboux, docteur ès sciences mathématiques, s'étonne aussi dans son rapport de sa mémoire prodigieuse.
Le Tout-Paris scientifique est captivé par ce nouveau cas de calculateur prodige. Camille Flammarion le présente aux différentes sociétés savantes et aux étudiants de la Sorbonne devant lesquels il récite une série de nombres comprenant plus de quatre cents chiffres. Un physiologiste de renom, le docteur Brica, décèle en lui un surdoué exceptionnel, mais s'intéresse plus précisément à la proéminence de son front, caractéristique physique qui fait l'objet de débats passionnés.

La polémique fait rage sur l'éventuelle possibilité de reconnaître des facultés particulières ou des vices pervers grâce à la physiologie du crâne ; toutes les controverses aboutissent à la conclusion que la bosse étrange qui déforme le visage de l'enfant est le témoignage de ses dispositions extraordinaires en mathématiques. En un mot, le petit Jacques a la bosse des maths, expression qui passera à la postérité alors que le seul nom d'Inaudi est tombé dans l'oubli.

Du calcul mental aux Folies Bergères

Les scientifiques ne sont pas les seuls à trouver le jeune prodige intéressant. Le monde du spectacle est à l'affût de ce genre de prouesses, et notre petit Jacques, treize ans, se retrouve très rapidement sur la scène des Folies Bergères.
Dombey vend son petit génie à un illusionniste, avec qui il va faire le tour du monde. On le retrouve dans les plus prestigieux théâtres. Il est invité au palais de Buckingham, devant le roi Édouard VII qui, enthousiasmé, le fait accompagner à son hôtel dans son propre carrosse. On est loin du petit montreur de marmotte déguenillé.

En 1926, il remplit la salle du Grand Opéra de Lyon pendant plusieurs jours. Dans toutes les villes de France qu'il traverse, son succès est immense. « À chaque représentation, il résolvait mentalement une soustraction de deux nombres de vingt et un chiffres, une addition de cinq nombres de six chiffres. Dans la foulée, il élevait au carré un nombre de quatre chiffres ; divisait deux nombres de quatre chiffres. Il terminait par l'extraction de la racine cubique d'un nombre de neuf chiffres et de la racine cinquième d'un nombre de douze chiffres. Fréquemment, il jouait de la flûte durant ses performances mentales. »

Erreur de calcul

À la veille de la Seconde Guerre mondiale, Jacques Inaudi décide de prendre une retraite bien méritée avec sa femme, la douce Marie, fille de son premier impresario, Dombey. Il est très riche. Depuis 1908, il a créé son propre théâtre itinérant et encaisse des bénéfices confortables. Déjà, au tout début de sa carrière de saltimbanque, Camille Flammarion s'étonnait que « sa situation dépasse le triple des appointements du directeur de l'Observatoire de Paris » !
Ses capacités extraordinaires lui permettent de faire des placements financiers juteux, mais nul n'est prophète en sa matière : l'inflation d'après-guerre, dont Keynes assurait qu'elle était l'euthanasie des rentiers, ruine Inaudi et l'oblige à vendre sa maison de Champigny-sur-Marne en viager, pour finir ses jours sans avoir à faire danser la marmotte !

Illuminés, excentriques et autres originaux...

L'apôtre de l'utopie libertaire : Jean Journet, le missionnaire de Fourier

« Ma théorie se borne [...] à utiliser les passions réprouvées, telles que la nature les donne et sans y rien changer. »

Charles Fourier

« JE VAIS FAIRE le portrait historique d'un homme excentrique de notre temps. Ça ressemble à *Marlborough s'en va-t-en guerre*. Journet est si connu dans Paris qu'il faudra mettre, à côté du tableau, un gendarme pendant l'exposition ! »

Qui est donc ce Journet pour que Gustave Courbet lui consacre une de ses œuvres ? Le peintre rebelle réalise le tableau *L'Apôtre Jean Journet partant pour la conquête de l'harmonie universelle* vers 1850. Voilà des années déjà que « l'Apôtre » arpente les rues de la capitale et les routes de France, animé par la foi ardente d'un missionnaire païen pour convertir hommes et femmes aux théories de son maître à penser, le philosophe écrivain Charles Fourier.

La révélation

Journet est né à Carcassonne en 1799. Après des études tourmentées, il arrive à Paris à vingt ans, bien décidé à se nourrir de toutes les idées nouvelles qui font tant défaut en province. Insoumis, pétri d'idéal égalitariste et profondément sincère dans ses convictions, il s'enrôle dans les Carbonari, société secrète dont le but, essentiellement politique, est de combattre la tyrannie des Bourbons afin d'instituer la démocratie en France.

Traqué, emprisonné, il arrive à s'évader et se réfugie en Espagne où il participe à la guerre d'indépendance. À nouveau capturé, il passe deux années de souffrance à la prison d'État du Castillet, à Perpignan. Cette vie de baroudeur aurait pu se terminer sur l'autel du mariage qu'il contracte à Limoux où, sagement, il s'installe pharmacien. Mais c'est sans compter sur sa curiosité intellectuelle, toujours en éveil, qui l'oblige à étudier tous les livres consacrés aux nouvelles doctrines parvenues sous le manteau jusqu'à son officine. Quand il tombe sur les œuvres de Fourier, c'en est fini des comptes d'apothicaire ! Fourier, le philosophe visionnaire qui pose, dès ce début du XIXe siècle, un regard critique sur les relations entre l'individu et la société, conscient du malheur des gens, en particulier dans les milieux pauvres, pense qu'il faut repartir à zéro. Il préconise la construction d'un phalanstère – contraction du mot « phalange » (regroupement) et « stère » (monastère) –, sorte d'hôtel coopératif formé par la libre association et par l'accord affectueux de ses membres. Dans ses ouvrages, il dénonce les « manufactures dépréciatives, qui réduisent le salaire de l'ouvrier et l'envoient mourir de faim quand il plaît au fabricant de ne plus l'employer ». Il réclame aussi l'éducation pour tous les citoyens et la libéralisation de la femme.

L'esprit exalté de Journet adhère avec enthousiasme à ses idées humanistes. Il a enfin trouvé son maître à penser ! Le cerveau en ébullition, il abandonne femme et enfants, et part à la rencontre du philosophe à Paris.

Apôtre à Paris

La rencontre entre le jeune homme passionné et le vieux penseur utopiste a lieu dans un meublé parisien à peine éclairé et sans feu. Fourier expose ses théories à un Journet en extase et n'a de cesse de le prévenir de la folie qu'il y aurait à épouser ces pensées nouvelles dans un monde hermétique où les novateurs sont persécutés. Ah ! les doux mots... Le jeune homme a déjà choisi : il sera l'apôtre qui portera la bonne parole aux impies, et leur distribuera des opuscules dans lesquels seront résumés les enseignements. Il souffrira mille morts pour que le monde adhère aux idées lumineuses de son génie et, pour finir, il réalisera le phalanstère.

Fourier meurt en 1837. Journet s'investit alors avec exaltation dans sa mission. On le voit dans tous les lieux publics et dans toutes les manifestations, haranguant les foules, une brochure à la main. Il essaie de la vendre, finit par la donner et achève de se ruiner. Qu'importe ! « Prenez ! dit-il, c'est le pain de ma vie. »

Celui que l'on surnomme déjà « l'Apôtre » cultive sa ressemblance avec un disciple du Christ. Il porte une espèce de toge, le cheveu long et bouclé et la barbe longue. Il ne se promène plus sans sa besace bourrée des saints préceptes et tient un long bâton comme ces pèlerins à la coquille en partance pour la lointaine Saint-Jacques-de-Compostelle.

Nadar, qui a « élevé la photographie à la hauteur de l'art », a admirablement croqué « cette tête fulgurante de saint Pierre » en plusieurs variantes, transcendant par les jeux de lumière le caractère illuminé du fouriériste à qui il conservera toute son estime, malgré ses extravagances outrancières. Car sa frénésie de convaincre, qui était somme toute sympathique, n'a plus de limites et devient vite une agitation brutale qui provoque l'énervement des quidams non convaincus de l'absolue nécessité de construire les fameux phalanstères qui seront la clé du bonheur !

Les gendarmes l'arrêtent pendant un entracte de la représentation de *Robert*

Gustave Courbet, immortalise « l'Apôtre partant pour la conquête de l'harmonie universelle », tableau représentant Journet avec son bâton, errant sur les grandes routes. (Coll. particulière.)

le diable à l'opéra, où il oblige – plutôt de force que de gré – les spectateurs à prendre son recueil de bonnes paroles qu'il appelle la « semence divine ». Le commissaire, persuadé d'avoir à faire à un fou, en réfère au préfet qui le fait enfermer à Bicêtre. La promiscuité avec les aliénés s'avère terrifiante et Journet, qui est plus utopiste que dément, essaie de persuader les médecins de le libérer, arguant de la clarté de son esprit. « Tous nos fous demandent la même chose », lui rétorque-t-on ! Et pour le calmer, dans un dessein hautement thérapeutique, on lui administre plusieurs lavements qui le laissent épuisé sur son lit de misère.

Ses anciens amis, enfin, le sortent de ce mauvais pas. Avec une énergie renouvelée, il reprend son apostolat et décide d'aller éclairer les hauts personnages, puisqu'il est si difficile d'atteindre la conscience du peuple. Doté d'une opiniâtreté à toute épreuve, il obtient un entretien avec le ministre de l'Intérieur. Celui-ci écoute patiemment, puis se permet d'interrompre l'homme fantasque, dont le verbe lui semble excessif :

« Vous en avez pour longtemps ?

– Oui, très longtemps.

– Mais, c'est que les préfets m'attendent, et ils représentent tout un département.

– Et moi, monsieur le ministre, je représente l'humanité entière ! »

Cette repartie fera le tour des salons parisiens. Sa foi inébranlable le conduit à instruire les poètes auxquels il envoie des lettres enflammées.

George Sand, Lamartine et Victor Hugo seront ainsi initiés aux doctrines fouriéristes. Hugo l'invite à son domicile, Place-Royale, en présence de tous les hommes éminents de la capitale. Journet invective les poètes et les artistes qui méprisent les questions sociales : « Poète, tu as des yeux pour ne point entendre. »
Mais le temps est venu de reprendre son bâton de pèlerin pour porter la bonne nouvelle aux provinciaux incultes qui ignorent tout des géniales théories auxquelles, pourtant, un Allemand, un certain Karl Marx, commence à s'intéresser sérieusement.

« L'homme de la grande route »

Les déplacements de l'Apôtre sont signalés par les préfets tant l'homme provoque, à défaut de conversions, des attroupements et des désordres. À Toulouse, les étudiants s'amusent de cet énergumène et le portent en triomphe au Capitole, engendrant une telle confusion que le prédicateur finit aux fers. Le préfet, qui avait été au temps de sa jeunesse fasciné par les idées fouriéristes, le fait relâcher. À Montpellier, ce sont les évêques qui font les frais de son délire : « Réveillez-vous ! Lévites sacrilèges, ivres d'encens, dans la pourpre endormis ; le Saint-Esprit a dévoilé vos pièges, il va saper des sépulcres blanchis. »
On le retrouve à la sortie des offices, dans les salles de café, sur les places des villages toujours l'œil hagard, apostrophant les passants pour leur exposer la « théorie des quatre mouvements », premier ouvrage de Fourier, dans lequel le philosophe développe ses objectifs pour un gouvernement et une économie mondiale régis par l'Attraction passionnée, seule possibilité pour transformer la société et « remédier au plus scandaleux des désordres sociaux, à la pauvreté ». Contre les morales et les idéologies qui prêchent pauvreté et médiocrité, Journet, fidèle à l'ouvrage du maître, défend l'opulence pour tous, le luxe, la gourmandise et la volupté devant des badauds médusés qui le prennent encore une fois pour un fou !
Ses pérégrinations le conduisent en Belgique et le ramènent dans le Sud, où il retrouve sa femme qui survit grâce à un petit commerce de fleurs qu'elle exploite avec ses filles. Mais déjà, il est reparti vers Paris...

De Dumas à Courbet

Journet est épuisé par son errance et les privations quand, sur la route de Saint-Germain, il aperçoit les tourelles du château de Monte-Cristo, propriété d'Alexandre Dumas. On ne sait rien de leur rencontre, mais l'Apôtre repart pour Paris avec un précieux papier dans la poche :
« À Monsieur Jules Dulong, agent général des auteurs dramatiques,
« je veux faire une bonne action, il faut que vous m'aidiez. Je vous adresse Jean Journet, l'apôtre de Fourier. Je crois à certaines parties de sa doctrine, mais je crois surtout à la probité, au dévouement et à la foi de celui que je vous adresse. Je désire lui constituer sur mes droits, et je crois la chose possible, une petite rente de 100 francs par mois, jusqu'à ce que la Société puisse faire quelque chose pour lui. Il touchera directement chez vous, et

vous me compterez les reçus comme argent. Ceci restera entièrement entre nous deux.
« À vous de cœur.
« Alexandre Dumas. »
Journet va enfin pouvoir se poser, débarrassé des contingences matérielles grâce à son généreux mécène. Il prend l'habitude de s'installer tous les soirs rue de Roule, dans un humble troquet où, devant un parterre de peintres et d'écrivains, « l'œil injecté de sang, la bouche béante, les cheveux et la barbe en désordre, il gesticulait à outrance et, passant de l'explication de ses doctrines au paroxysme de l'hallucination, vociférait les mots les plus bizarres et émettait les idées les plus invraisemblables. » (D'après *Les Célébrités de la rue*, paru en 1868.)
Gustave Courbet, habitué du lieu, immortalise à cette époque *L'Apôtre partant pour la conquête de l'harmonie universelle*, tableau représentant Journet avec son bâton, errant sur les grandes routes.
Le prophète à la foi impatiente ne trouvera jamais les fonds nécessaires à la construction de l'idyllique phalanstère. Isolé dans son délire, il se retire à Foix et meurt à Toulouse à l'âge de soixante-deux ans, en laissant des écrits exaltés, seulement connus de quelques fouriéristes inconditionnels.

Nadar a admirablement croqué cette « tête fulgurante de saint Pierre », transcendant le caractère illuminé de l'utopiste libertaire. (Coll. particulière.)

Jacques Lebaudy, l'empereur fantoche du Sahara

> « Je crois qu'il faut presque toujours un coup de folie pour bâtir un destin. »
>
> Marguerite Yourcenar

JACQUES LEBAUDY fait partie de ces hommes qui se sont obstinés dans leur folie en oubliant de devenir sages. Ses délires, sans doute, n'ont jamais mis quiconque en péril si ce n'est la France, inquiète pour sa diplomatie vis-à-vis de puissances étrangères. Sans doute – et les caricaturistes de son temps ne s'y sont guère trompés – sa douce démence fit-elle plus jaser et sourire qu'elle n'inquiéta. L'histoire de Jacques Lebaudy est à rapprocher de celle d'Antoine Tounens, qui se prétendit, au milieu du XIXe siècle, roi de Patagonie et d'Araucanie, sans parvenir à se faire reconnaître internationalement. Seule différence, mais de taille : Jacques Lebaudy est un homme très riche qui dépense sans compter. Son père, Jules, est un magnat de l'industrie qui a bâti son empire sur le sucre et la spéculation boursière, quitte à mettre en faillite certaines banques.

Des fils à papa aux goûts extravagants

Au côté de ce dernier, sa femme Amicie fait office d'une sainte. Très croyante et cultivée, elle publie plusieurs ouvrages sur le jansénisme sous le nom d'emprunt de « Guillaume Dall », et finance la restauration de l'abbaye de Port-Royal des Champs. Quand éclate le scandale de la faillite de l'Union générale, en 1882, qui laisse sur le trottoir de nombreux petits employés, elle décide de se consacrer aux œuvres sociales. Dans une sorte de repentir, la voilà qui s'habille avec des vêtements défraîchis, loge dans un deux-pièces à Saint-Lazare et s'oblige à ne manger qu'un repas par jour, comme si elle voulait exorciser les méfaits de son défunt mari.

Pas vraiment gâtée par un époux, qui, avoua-t-elle, « l'avait choisie à cause de sa jeunesse, comme on sélectionne une pouliche dans son haras », elle ne le sera guère plus par sa triple descendance. Max Lebaudy, le petit dernier, est atteint de tuberculose alors qu'il accomplit son service militaire. Il meurt le 25 décembre 1895, après avoir croqué la vie à pleines dents, dépensant sans compter au gré de son humeur et de ses frasques, entouré d'un cercle de filous et de parasites, toujours en quête, sur la Côte d'Azur, d'un pigeon richissime à plumer. Sa mort scandalisera par ailleurs les milieux pacifistes, l'armée étant accusée, à cette occasion, d'avoir obligé le jeune homme à accomplir son service militaire alors qu'il est atteint d'une grave maladie.

Le cadet, Robert, est bien différent, mais tout aussi dépensier. Passionné par les aéronefs qui commencent à survoler les grandes villes, il se met en tête d'en assurer la fabrication dans l'usine Lebaudy, associé à ses deux cousins, Paul et Pierre. Ces dirigeables de couleur jaune moutarde, concurrents du fameux Zeppelin, connaîtront un certain succès, l'armée s'y intéressant de près, avant de connaître plusieurs accidents dramatiques qui mettront fin à cette expérience.

L'empereur du sucre veut se faire un nom

Avec l'aîné, Jacques, la famille Lebaudy atteint le zénith de l'extravagance, étape intermédiaire qui le conduira à la folie. Jeune, rien n'est trop beau pour ce fils à papa qui joue les dandys au Jockey Club et se répand dans les mondanités de la capitale. Excentrique, il préfère acheter toutes les places qui entourent son siège plutôt que d'avoir un mauvais environnement.

De la fibre paternelle, il a reçu le goût des spéculations boursières. À bon escient, semble-t-il ! L'une d'entre elles l'amène à financer la construction d'une hypothétique transsaharienne qui doit relier l'Algérie au Sénégal. Voilà notre richissime héritier qui se passionne tout à coup pour cette immense étendue de sable qu'est le Sahara, encore mal connu des Européens et soumis à de nombreuses tribus farouchement indépendantes. Dans sa tête fleurit alors une idée lumineuse : lui dont la vie dissolue fait jaser le Tout-Paris, lui qui n'a encore jamais rien fait de son existence se

Auto-proclamé empereur du Sahara, Jacques Lebaudy fut l'objet de bien des railleries de la part des caricaturistes.

sent tout à coup une âme d'aventurier, mêlée d'une ambition à devenir une tête couronnée. Un moyen de se prouver quelque chose à lui-même et à son entourage. Cette étroite bande de sable inoccupée sur laquelle il pose un doigt tremblant, ce cap Juby, situé face aux îles Canaries et que le Maroc revendique, sera son empire, son havre de paix, le lieu de sa future mégalomanie, qui plus est quand, fatiguée de ses remarques désobligeantes à propos de la moralité du peuple, sa concierge l'arrose d'un bol d'eau de Javel. Il n'est que temps pour l'empereur du sucre de s'éclipser de ce monde qu'il ne comprend plus pour conquérir son empire !

Comme l'argent ne lui fait pas défaut, Jacques Lebaudy ne lésine pas sur les moyens pour mener à bien son expédition. Une goélette jaugeant les cent cinquante tonneaux, douze hommes d'équipage et une midinette, Augustine Dellière, qu'il épousera, composent cet étrange équipage qui vogue désormais, en ce mois de mars 1903, en direction des côtes africaines. Des matelots qui ne sont pas au bout de leur surprise quand, un matin, apparaît sur le pont Jacques Lebaudy ceint d'une tenue de général de parade, précédant deux ordonnances tout aussi déguisés.

L'esprit de Lebaudy s'enlise dans le désert

Le *Frasquita* aborde le cap Juby le 25 mai, après une escale aux Canaries où son commandant de bord a armé le bateau de canons et engagé huit hommes prêts à en découdre s'il se trouve quelques indigènes vindicatifs à même de l'empêcher d'atteindre sa Terre promise.

Il n'en sera rien ! La baie où mouille la goélette n'est occupée que par deux malheureux Sahariens peu vindicatifs. Deux jours plus tard, il se fait nommer empereur du Sahara, sous le nom de Jacques Ier. Les grandes puissances n'ont qu'à bien se tenir !

En attendant une reconnaissance diplomatique dont il ne doute pas qu'elle sera unanime, Jacques Ier s'en retourne aux Canaries pour valider ce nouvel État d'Afrique et mettre en place son organisation administrative. Un trône, du papier à en-tête composé de deux lions soutenant un écu et du sigle « empire du Sahara », un chargé d'affaires à Paris capable de recruter de nouveaux marins, un diplomate et une garde impériale formée d'anciens officiers de l'armée suffisent au nouvel empereur pour fouler à nouveau le sol de son royaume.

Vingt hommes l'accompagnent cette fois. Jacques Ier doit penser que cinq siècles auparavant, Christophe Colomb en fit de même en découvrant sans le savoir l'Amérique. Une oasis plus loin et, solennellement, Lebaudy proclame la naissance de sa future capitale, Troja. Laissant cinq hommes et une tente, la petite troupe se dirige ensuite vers le sud. À « la baie de la Liberté », il décide que là se

— Jacques Lebaudy a bien le Sahara. Pourquoi n'aurais-je pas la France ?

Dans ce numéro de *L'Assiette au beurre*, le dessinateur Grandjouan utilise l'image de l'empereur du sucre Jacques Lebaudy, empereur fantoche du Sahara.

situera le futur port de son empire. Seul problème : aucun de ses hommes n'accepte cette fois de tenir la place en attendant son retour. C'est sur le chemin qui les ramène vers Troja que Lebaudy et son « armée » rencontrent une tribu nomade qui propose de lui vendre des esclaves. L'empereur les éconduit ; une erreur qui lui causera quelque temps plus tard les premiers ennuis.

En attendant, Jacques Ier s'en revient une seconde fois aux Canaries, impatient de connaître les réactions des puissances à son entreprise. Grande est sa colère quand il apprend qu'elle n'a guère suscité d'enthousiasme. Quant à ses recrues parisiennes, elles se comptent sur les doigts d'une seule main. Un pis-aller pour celui qui n'écoute plus aucune recommandation ! Après avoir placardé une multitude d'affiches annonçant son nouvel État, il vogue à nouveau vers son destin. Mais Troja n'est plus qu'une ville déserte. Les cinq hommes qui ont la charge de la défendre ont été enlevés par une tribu maure qui exige, pour gage de leur libération, la somme de 5 000 pesetas. Une rançon ridicule pour le richissime Jacques Ier qui mégote en ne proposant que le cinquième de la somme. Son autorité est en jeu. Puisque les Maures ne veulent rien entendre, les cinq détenus feront le sacrifice de leurs vies pour le bien de l'empire.

La France frôle l'incident diplomatique

Retour à Las Palmas. Enfin, une bonne nouvelle ! Le représentant de la république du Libéria vient lui présenter la reconnaissance officielle de l'empire par son gouvernement.

Jacques Ier se sent pousser des ailes. Immédiatement, il embarque pour Hambourg et se rend à La Haye, où il tente désespérément d'obtenir une reconnaissance internationale qui ne viendra jamais. Car en France, les autorités commencent à s'inquiéter de ce trublion qui met en péril la diplomatie française en un temps où le moindre dérapage peut mettre le feu aux poudres. Déjà, l'Espagne et la Grande-Bretagne ont protesté et demandé des explications.

Le gouvernement apprend également avec stupeur que cinq de nos concitoyens sont retenus prisonniers dans le désert. C'en est trop ! Premier coup de semonce : le croiseur *Galilée*, commandé par le capitaine de vaisseau Jaurès, frère du grand tribun socialiste, fait route vers le cap Juby pour récupérer les otages.

De retour en France, ils porteront plainte contre celui qui les a abandonnés à leur triste sort. Second coup de semonce : recherché par l'État français, Jacques Lebaudy s'enfuit avec son épouse et sa petite fille, d'abord à Londres puis en Italie.

En 1906, il s'insurge de ne pas avoir été invité à la conférence d'Algésiras, chargée de régler la colonisation du Maroc. Entre temps, il s'est converti à l'islam.

La fin tragique d'un excentrique devenu fou

En 1907, Jacques Lebaudy décide de mettre de la distance entre lui et son pays natal, dans un sentiment de tristesse et de trahison. Direction New York pour se refaire une santé. L'empereur éphémère joue en bourse et s'achète une splendide propriété de trois cents hectares à Long Island. Non pour y couler des jours heureux et tranquilles, mais pour se faire remarquer. Ne le voit-on pas déambuler à cheval sur les artères principales de New York, suivi par un cortège de cinquante chevaux de parade ? De quoi aiguiser la curiosité des habitants qui se demandent qui est cet hurluberlu, surtout quand celui-ci décide de s'en prendre aux forces de l'ordre venues faire la circulation. Lebaudy est arrêté et sommé de s'expliquer.

Quand les États-Unis décident d'entrer en guerre, en 1917, il propose trente mille têtes de bétail à envoyer en France et la création d'un corps expéditionnaire d'une cinquantaine d'hommes pour aller se battre. À dire vrai, sa folie est devenue démence ! L'ex-empereur se balade nu dans sa propriété, un cache-sexe autour des reins. Son épouse n'a pas voulu lui donner un descendant mâle afin de perpétuer la dynastie. Qu'à cela ne tienne ! C'est sa fille qui exaucera son vœu. Le 12 janvier 1919, il écrit à son épouse un message qui la laisse sans voix :

« Madame, je vous informe que j'ai pris la décision de violer notre fille cet après-midi.
Je vous conseille de ne pas vous opposer à mes projets. »

Cette fois, Jacques Lebaudy dépasse les bornes. Quelle mère pourrait accepter une telle résolution ! Alors

que la mère et sa fille se sont barricadées dans une chambre, l'empereur déchu tente de les enfumer. Augustine sort alors son revolver et tire à cinq reprises contre son mari fou.
Ainsi finit la carrière de celui qui, croyant se bâtir un empire, finit par s'identifier lui-même à son personnage, à la manière du roi Ubu. Lui qui aurait pu vivre seulement en fonction de la volonté familiale avait choisi de vivre dans ses rêves jusqu'aux vagues de sa folie.

Le Petit Journal

Le Petit Journal
CHAQUE JOUR — SIX PAGES — 5 CENTIMES
Le Supplément illustré
CHAQUE SEMAINE 5 CENTIMES

5 Centimes — SUPPLÉMENT ILLUSTRÉ — 5 Centimes
Huit pages
L'AGRICULTURE MODERNE, 5 cent. — La Mode du Petit Journal, 10 cent.

ABONNEMENTS

	SIX MOIS	UN AN
SEINE ET SEINE-ET-OISE	2 fr.	3 fr. 50
DÉPARTEMENTS	2 fr.	4 fr.
ÉTRANGER	2 50	5 fr.

Quatorzième année — DIMANCHE 20 SEPTEMBRE 1903 — Numéro 670

Délivrance par le « Galilée » des marins français abandonnés par l'« Empereur du Sahara »

Dans ce supplément illustré du *Petit Journal*, l'équipage du *Galilée* secourt les marins abandonnés par l'empereur du Sahara Jacques Lebaudy.

Le baron Saint-Cricq : un aristo excentrique

« L'excentricité est le remède aux grands désespoirs. »

Vladimir Nabokov

« LES ARISTOCRATES à la lanterne », chantaient les sans-culottes à la Révolution française, qui, les associant à la noblesse, leur reprochaient de les affamer… Ignorant ces années de grand désordre, on retrouve, dans le Paris du XIXe siècle, nombre de leurs descendants qui se caractérisent par la même inconscience du monde qui les entoure, entièrement occupés à dépenser ostensiblement leur fortune sur les grands boulevards où se trouvent les cafés les plus huppés de la capitale. L'un d'eux, de souche béarnaise, est incontournable dans ce milieu si particulier des « viveurs » épicuriens.

Le doux-dingue baron de Saint-Cricq

Le baron de Saint-Cricq semble avoir élu domicile boulevard des Italiens, tantôt au café de Paris, tantôt chez le célèbre glacier Tortoni, mais surtout au café Anglais qui est le principal théâtre de ses extravagances. Si le personnage est attachant, on dirait de lui aujourd'hui qu'il est complètement déjanté tant ses frasques quotidiennes amusent la galerie. Princes, marquis et lords flanqués de leurs coquettes, fortunés excentriques, mais aussi écrivains égarés, tels Alfred de Musset ou Théophile Gautier, font de ces luxueux salons le centre culturel de Paris où il est de bon ton de passer quelques heures dans la journée, sirotant un punch l'air inspiré ou se délectant d'une glace en attendant cet extravagant de Saint-Cricq.

Accompagné d'une délicieuse fillette qu'il présente comme sa nièce, le voilà qui s'installe d'abord sous les lambris blancs et or de chez Tortoni, où il a ses habitudes, et surtout une originale façon de consommer les sorbets si réputés. Le garçon lui sert invariablement une glace à la vanille et une autre à la fraise.

Il se laisse un instant aller à une réflexion appliquée et se déchausse. Commence alors un cérémonial immuable : dans la botte droite, il verse la vanille et dans la gauche la fraise. Et si par mégarde, il lui arrive de se tromper, il commande deux autres sorbets et répète l'opération !

Il crée la surprise au café de Paris où il s'enquiert d'un café noir et du nécessaire pour écrire. Après le recueillement d'usage, il verse délicatement dans la tasse l'encre, la poudre et les pains à cacheter, puis il remue doucement le breuvage sous le regard amusé du cercle qui ne manque pas de se former autour de lui. Plus rien n'étonne chez cet homme qui sucre son thé avec la salière, assaisonne ses salades avec du chocolat liquide, et prise du sucre à coup de grands reniflements.

Une exceptionnelle prodigalité

Les enfants connaissent bien sa silhouette fine et élégante et s'inquiètent peu du costume pas toujours très net, tant le baron les gâte en leur offrant plus qu'il n'est raisonnable les meilleurs bonbons de la capitale.

L'aristocrate paie rubis sur l'ongle les joailliers qui sont tout en courbettes quand il se pique de commander parures d'or et diamants de gros carats choisis avec attention. Tous ces bijoux font le bonheur de la première élégante qu'il croise.

Achats compulsifs sans doute, puisqu'un beau matin, il se fait livrer douze douzaines de cercueils au grand dam de son domestique qui ne sait où empiler cet encombrant et macabre arrivage ! Et le baron s'amuse...

Achats cocasses pour le seul plaisir de rire de sa bouffonnerie. Il est très prisé chez les plus riches de faire livrer à son domicile une baignoire d'eau bien chaude pour satisfaire à cette curieuse nouvelle mode de se laver entièrement. Le truculent baron sent bien qu'il y a là l'occasion d'une bonne farce. Pour la même heure, il commande, à une douzaine d'échoppes spécialisées un bain à domicile. Le moment venu, il s'enferme dans sa chambre, tire les volets et guette... Le premier sur les lieux se dispose à monter la baignoire quand un deuxième arrive, puis un troisième, suivi d'un quatrième jusqu'à ce que la cour de l'immeuble soit envahie de

Le baron Saint-Cricq avait ses habitudes chez le célèbre glacier Tortoni du boulevard des Italiens. Il ne manquait pas de créer l'animation en multipliant facéties et extravagances.

baignoires fumantes et retentisse des invectives des garçons livreurs sûrs de leur bon droit ! Tous seront payés, mais dans la famille, on commence à s'inquiéter. Et le baron jubile !

Une nouvelle espièglerie va étendre sa réputation d'excentrique au Tout-Paris. Un jour de grand beau temps, il s'adresse au responsable d'une station de « citadines » que sont les anciens taxis de la capitale et loue trente voitures. L'homme est surpris, mais la commande est assortie du paiement immédiat, ce qui calme aussitôt sa méfiance. Le baron s'installe alors dans le premier véhicule et ordonne aux vingt-neuf autres de le suivre au pas à travers Paris. Cet étrange cortège part de Montmartre, descend jusqu'à Madeleine et remonte jusqu'à Bastille ! Les promeneurs, intrigués par cette procession de voitures vides, interrogent les cochers qui sont bien en peine de donner la moindre réponse. Et le baron exulte !

Trop, c'est trop !

Cette fois, la famille, quoique aimante et fortunée, s'inquiète de la santé mentale du cher parent et demande à un valet de confiance de tenir les cordons de la bourse. Saint-Cricq se désole quelques jours et trouve vite un subterfuge. Il interpelle un de ses amis du cercle : « Vous savez, mon cher, que je suis malheureusement un peu excentrique et qu'on craint, sans raison pourtant, que je dissipe mon patrimoine comme un fils de famille qui a lâché le frein à ses passions ; on me surveille, on m'espionne, on me rationne, et je suis obligé de faire la cour à mon laquais pour avoir 1 louis ; c'est répugnant et cruel, et je ne le souffrirai pas plus longtemps. Seulement, pour l'instant, il faut en passer par là ; j'ai sérieusement besoin d'argent, une misère, 2 ou 3 louis. Faites-moi donc l'amitié de me les prêter. »

L'ami en question donne volontiers la petite somme demandée et, aussitôt, le quêteur, usant du même discours, s'empresse d'emprunter à une autre connaissance. Dès que, grâce à la sollicitude de ses proches, il a recueilli 200 ou 300 francs, il descend le boulevard et, en bon samaritain, il distribue au peuple ravi la somme récoltée.

L'ultime pirouette

Le temps est venu pour le trop picaresque baron de quitter la scène. Un triste matin, des parents l'accompagnent dans une de ces maisons dites de santé où, justement, le seul fait d'y entrer vous fait perdre le peu que vous aviez en arrivant. Saint-Cricq, conscient de l'hypocrisie du discours bienveillant du directeur, se tourne vers ses parents et inversant les rôles, les assure qu'ils seront bien traités dans ce luxueux établissement et que les amis viendront nombreux leur rendre visite en les cajolant de mille friandises.

Cet homme invraisemblable ne résiste que deux ans à la séquestration forcée et meurt emporté par une maladie cérébrale. La nouvelle de son décès attriste profondément le « must » de la capitale, même si quelques esprits éclairés décident de croire à une nouvelle farce du baron facétieux.

Charles Fossez, un fakir hors des clous (1901-1952)

> « Une fois enrichi,
> le fakir décida de dormir sur la paille. »
>
> Sylvain Tesson

AUCUNE inclination pour la planche aux clous acérés, aucun goût pour le dressage des serpents n'affecte celui qui se fait appeler le « fakir birman ». Le personnage n'a rien d'un ascète spirituel et encore moins d'un illuminé aux prétendus dons de voyance. Non ! Ce provincial, vendeur aux Galeries-Lafayette de Saint-Étienne, sans la moindre ascendance birmane, qui débarque à Paris, gare de Lyon, le 15 janvier 1932, a tout simplement faim !

« Dans l'ennui, venez à lui »

Charles Fossez a certainement une place privilégiée au panthéon des charlatans qui ont discrédité l'obscure science de l'astrologie, laquelle, ne l'oublions pas, était associée à la noble astronomie aux temps anciens de la belle Babylone.

Mais rendons à César ce qui est à Charles. Grâce à lui, cette science jusqu'alors quelque peu occulte connaît un engouement non démenti depuis les années 1930, puisque même les princes qui nous gouvernent consultent régulièrement les spécialistes de la carte du ciel et autres prophètes enturbannés ou non, pour les aider dans leurs choix stratégiques.

Fossez est sans le sou quand il débarque à la conquête de Paris, mais son imagination fertile assortie d'une intelligence vive, et surtout d'une capacité surprenante à ne pas s'encombrer de scrupules, vont en faire en quelques années un des hommes les plus riches de la capitale, faisant taire à tout jamais les gargouillements incessants de ses intestins vides.

Le lendemain de son arrivée, il investit ses derniers sous dans la parution d'une annonce insolite dans les journaux parisiens : « Dans l'ennui, venez à lui ! Le fakir birman, 14, rue de Berne, de 10 heures à 19 heures. »

Si les premiers jours, l'homme attend le chaland désespérément, la chance va lui sourire quand une dame de la haute société frappe à sa porte. L'infortunée, épouse d'un chef d'orchestre réputé, confie longuement au fakir ses tourments conjugaux, s'épanchant sur sa longue solitude et le manque d'empressement de son mari à l'honorer malgré toute sa bonne volonté.

Et notre homme d'interpréter la course des astres, leur positionnement et l'influence de la lune pour annoncer délicatement à la malheureuse que son mari la trompe assurément avec une jolie pianiste. Ulcérée, la dame du monde, oubliant les bonnes manières, va d'un bon pas faire un scandale à l'opéra, où le mari furibond jure sur sa baguette que sa sollicitude pour la jeune artiste n'est que professionnelle et que si la musique adoucit les mœurs, elle ne les avilit pas !

L'affaire ne s'arrête pas là. L'époux calomnié porte plainte contre le faux fakir et lui réclame 3 000 francs au motif délicieux de « trouble de jouissance »...

Les secrets d'alcôves du maestro passionnent le Tout-Paris, qui se presse à l'ouverture du procès, autant pour la présence du talentueux avocat de la défense, Me Valensi, que dans l'espérance à peine voilée d'en savoir un peu plus sur les dérives érotiques d'un des leurs.

L'avocat vedette se surpasse. À grand renfort d'ardeurs lyriques accompagnées de larges envolées de manches, il innocente son client et charge le méchant mari qui devient, dans la bouche du président, un être « faible et prompt au péché » découvert par le « fakir serpent ». Le juge conclut : « Attendu que Dieu n'a pas cru devoir condamner le serpent, j'agis de même et condamne le chef d'orchestre aux dépens. »

Le verdict légitime la renommée du fakir birman, dont le modeste cabinet ne désemplit plus, accueillant toutes les Parisiennes trompées !

Charles Fossez, le fakir birman, un charlatan de génie qui a inspiré le célèbre sketch de Francis Blanche et Pierre Dac « fakir Sâr Rabindranath ».

La cage aux rats

Quelques mois plus tard, ce sera l'apothéose. Invité à une soirée de gala au profit des enfants tuberculeux, Charles Fossez décide de présenter un numéro dangereux. L'homme n'en mène pas large... Il s'est engagé à se laisser enfermer dans une cage de fer grouillant de rats sales à souhait et privés de nourriture depuis plusieurs jours ! Ils sont plus de cent à chicoter qui commencent à montrer les dents. Fossez, enturbanné, essaie de se concentrer en position traditionnelle du fakir, espérant vainement une lévitation spontanée, fréquente dans la profession, qui le sauverait et du ridicule et des morsures intempestives qui s'annoncent. Le miracle ne vient pas. Le « Sésame, lève-moi » se révèle inopérant, mais un misérable fox-terrier va le sauver de sa fâcheuse posture.

Sorti d'on ne sait où, le providentiel animal, excité par la vue des mulots, s'acharne contre la grille de la cage et libère, en quelques coups de pattes, les rongeurs qui s'égaillent dans la salle avec le bonheur que l'on peut imaginer !

Hystérie, évanouissements, hurlements, c'est la débandade dans la confusion la plus totale. Sur scène, un discret sourire illumine le visage du faux mystique. Il se croyait fait comme un rat, et voilà qu'il domine la situation, le regard amusé par ces élégantes qui, debout sur les fauteuils, soulèvent leurs atours en hurlant. Un refrain lui trotte soudain dans la tête : « Frou-frou, frou-frou par son jupon la femme, frou-frou, frou-frou de l'homme trouble l'âme... Lorsqu'on la voit se retrousser, son cotillon vous ensorcelle... »
Dès le lendemain, le fakir birman fait la une des quotidiens parisiens, célébrité qu'il entretient avec brio !

La gloire en chemin

Une idée de génie va asseoir sa notoriété et le faire connaître du plus grand nombre. Pour la première fois, les lecteurs du journal *L'Intransigeant* vont découvrir dans les pages du canard une nouvelle rubrique consacrée à l'horoscope. Flatteries, lapalissades, truismes, bulletins de santé stéréotypés et chance en amour deviendront incontournables, et la rubrique sera imitée, assurant la fortune d'un tas de charlatans complimenteurs et incompétents.
Le succès est tel que la radio le sollicite, et c'est sur les ondes du Poste parisien, ancêtre de France Inter, que notre Stéphanois bien inspiré va bonimenter avec brio, devisant savamment sur le mouvement des planètes et donnant l'assurance à l'auditeur ravi que seul son cas l'intéresse.
Ce sont désormais une trentaine de sacs de lettres qui lui arrivent quotidiennement. Soixante-sept secrétaires sont chargées de gérer les quelque cinq cent mille clients qui, contre espèces sonnantes et trébuchantes, désirent soulever le voile opaque de leur avenir ou tout simplement connaître la combinaison de la Loterie nationale qui vient de naître !
Le fakir birman est la coqueluche des chansonniers et des humoristes. Maurice Chevalier entonne : « Moi, je suis le fakir » ; Francis Blanche lui donne la réplique : « Moi, je suis content, content ; je consulte le fakir birman. » La consécration viendra des joyeux lurons Francis Blanche et Pierre Dac, qui imaginent le désopilant sketch mettant en scène le fakir Sâr Rabindranath, directement inspiré des prophéties hasardeuses de Fossez.

Tel le phénix...

Les profits pharamineux engrangés depuis sept ans attirent la convoitise des services fiscaux. Des plaintes de clients s'estimant trompés arrivent sur les bureaux des procureurs. La presse versatile, qui faisait ses choux gras des excentricités du Stéphanois, l'accuse d' « exploiter la crédulité des simples d'esprit » et le couvre d'opprobre à l'ouverture de son procès pour escroquerie, en 1939. Il est contraint d'abandonner le turban, fier toutefois d'avoir été consulté par cinq cent deux mille clients.

La guerre et son convoi de restrictions passent. L'homme va encore rebondir d'une façon surprenante : frou-frou, frou-frou... Sa petite amie Barbara se plaint du peu de choix et du manque d'élégance des petites culottes et des gaines en mauvais coton. Il est vrai que l'époque a des problèmes plus urgents à régler, mais Fossez, qui a toujours le sens aigu du commerce, lance une ligne de sous-vêtements affriolants sous la marque Barbara, qu'il s'empresse de déposer. Visionnaire, il impose sa ligne aux toutes nouvelles ventes par correspondance. Succès garanti ! La marque acquiert une solide réputation pour afficher aujourd'hui plus de sept mille points de vente dans le monde.

Vendeur de vent

Un petit matin glacial de l'hiver 1952, on retrouve le loufoque fakir pendu dans son luxueux appartement parisien. Il n'a que cinquante et un ans et était depuis quelque temps en proie à une sérieuse dépression. Avait-il fait sienne la recommandation de son imitateur favori Pierre Dac : « Il faut se suicider jeune quand on veut profiter de la mort » ?

Quelque temps avant de mourir, il avait confié, mélancolique : « Du temps où j'étais fakir, tous les matins en me levant, j'ouvrais mes fenêtres, je respirais à plein poumon et, pendant toute la journée, je revendais à petites doses ce que j'avais respiré : du vent... »

Bibliographie

Ouvrages généraux

ARZ, Claude, et FOUQUET, Franck, *Hauts Lieux, croyances et légendes de la France mystérieuse*, Sélection du Reader's Digest, 2007

DELOBETTE, Hubert, *Les Grandes Catastrophes du Sud*, Le Papillon rouge Éditeur, 2009

DELOBETTE, Hubert, *Les Plus Grands Farfelus français*, Le Papillon rouge Éditeur, 2008

Les Grandes Énigmes de l'Histoire de France, Larousse, 2004

LEFEBURE, Christophe, *La France des croyances et des superstitions*, Flammarion, 2004

ROMI, *Les Célèbres Inconnus d'hier et d'avant-hier*, Filipacchi, 1987

Lieux insolites

Beautés magiques

Brocéliande, forêt enchanteresse

BUGEON, Claude, et MARKALE, Jean, *Guide spirituel de la forêt de Brocéliande*, Éditions du Rocher, 1996

LE GOFFIC, Charles, et DUPOUY, Auguste, *Brocéliande*, Terre de Brume Éditions, 1990

LE GUILLOU, Philippe, *Brocéliande, ou l'obscur des forêts*, Artus, 1988

SCOUEZEC, Gwenc'hlan (Le), et MASSON, Jean-Robert, *Brocéliande*, Beltan, 2002

REBILLE, Edmond, *Brocéliande(s). Sur les traces du roi Arthur et de ses chantres*, Coop Breizh, 1996

Les pénitents des Mées

Rochers de légende, Les Amis des Mées, 2000

La main des hommes

Les mystérieuses gravures de la vallée des Merveilles

CLEBERT, Jean-Claude, « Dans la vallée des Merveilles », *Planète*, n° 29, 1966

Jegues-Wolkiewiez, Chantal, *Des gravures de la vallée des Merveilles au ciel du mont Bégo. Approche ethno-astronomique d'un temple luni-solaire du néolithique*, thèse de doctorat, université de Nice, 1997

Lumley, Henri (de), *Le Mont Bégo, vallées des Merveilles et de Fontanalba*, Éditions du Patrimoine, 2003

Magnardi, Nathalie, et Breteau, Emmanuel, *Roches confidentes : dessins et témoignages gravés de la vallée des Merveilles*, Images en mouvements Éditions, 2005

Masson, Émilia, *Vallée des Merveilles : un berceau de la pensée religieuse européenne*, Éditions Faton, 1993

Spilmont, Jean-Pierre, et Decaudin, Bernard, *La Vallée des Merveilles*, Simoën, 1978

L'insondable enceinte du mont Sainte-Odile

Fischer, Marie-Thérèse, *Treize siècles d'histoire au mont Sainte-Odile*, Signe, 2001

Legros, Jacques, *Le Mont Sainte-Odile : une énigme*, SOS Éditions, 1974

Manz, Francis, *Le Mur païen : histoire et mystère autour du Mont Sainte-Odile*, Éditions La Nuée bleue, 1991

Vogt, Nathalie et Michel, *L'Enceinte mystérieuse du mont Sainte-Odile*, à compte d'auteur, 1991

Les sculpteurs anonymes de Dénezé-sous-Doué et du Jugement dernier de Brantôme

Carnac, Pierre, *La Cave sculptée de Dénezé-sous-Doué*. Enquête autour d'un mystère, Cheminements, 2005

Cocula, Anne-Marie, *Brantôme : amour et gloire au temps des Valois*, Albin Michel, 1986

Delluc, Brigitte et Gilles, « Deux ensembles sculptés de la vallée de la Dronne : Brantôme et Bourdeilles en Dordogne », in *La sculpture rupestre en France (de la préhistoire à nos jours)*, numéro spécial du *Bulletin de la Société historique et archéologique du Périgord*, 1988

Heron de la Chesnaye, Albert, *Les Caves énigmatiques de Dénezé-sous-Doué*, 1976

Sainte-Marie de Vals, singulière et énigmatique

Duhourcau, Bernard, *Guide des Pyrénées mystérieuses*, Éditions Tchou, 1978

Durand, J. (abbé), *Le site archéologique de Vals*, 1967

Lebegue, Antoine, *Lieux insolites et secrets des Pyrénées*, Éditions Sud-Ouest, 1994

Vals, son église, son musée, Association des Amis de Vals, 1994

L'alchimie des lieux

Nicolas Flamel et la pierre philosophale

Flamel, Nicolas, *Livre des figures hiéroglyphiques*, Pierre Belfond, 1973

Gagnon, Claude, *Nicolas Flamel sous investigation*, Loup de gouttière, 1994

Kahn, Didier, *Nicolas Flamel. Écrits alchimiques*, Les Belles Lettres, 1993

Prouteau, Gilbert, *Le Fabuleux Secret de l'alchimiste. Nicolas Flamel prophète ou imposteur ?*, Éditions Christian de Bartillat, 1999

Varenne, Jean-Michel, *Nicolas Flamel : son histoire, sa personnalité, ses influences*, De Vecchi, 2004

Wilkins, Nigel, *Nicolas Flamel. Des livres et de l'or*, Imago, 1993

Étrange alchimie au Plessis-Bourré

Bulteau, Michel, *Le Plessis-Bourré : alchimie et mystères*, Livre-Essor, 1983

Canseliet, Eugène, *Deux Logis alchimiques*, Jean-Jacques Pauvert, 1979

Cherpillod, André, *Le Plessis-Bourré et l'alchimie*, A. Cherpillod, 1993

Fulcanelli, *Les Demeures philosophales et le symbolisme hermétique dans ses rapports avec l'art sacré et l'ésotérisme du Grand Œuvre*, Jean-Jacques Pauvert, 1965

Sauvebœuf, Bruno (de), *Le Plessis-Bourré*, 2001

L'or disparu du château de Gisors

Markale, Jean, *Gisors et l'énigme des templiers*, Pygmalion, 1998

Sede, Gérard (de), *Les Templiers sont parmi nous*, Robert Laffont, 1962

Tragédies

Tiffauges : le château de l'homme maudit

Bataille, Michel, *Gilles de Rais. L'histoire d'un monstre ? La légende d'un homme ?*, Éditions Planètes, 1966

Bossard, Eugène (abbé), *Gilles de Rais, maréchal de France, dit Barbe-Bleue*, 1404-1440, Jérome Million, 1992

Cazacu, Matei, *Gilles de Rais*, Éditions Tallandier, 2005

Heers, Jacques, *Gilles de Rais*, Éditions Perrin, 1994

Coup de folie à Hautefaye

Corbin, Alain, *Le Village des cannibales*, Aubier, Collection historique, 1990

Marbeck, Georges, *Hautefaye, l'année terrible*, Robert Laffont, 1982

Massenet, Violaine, *Les Mangeurs de cendres*, L'Archipel, 2008

Teule, Jean, *Mangez-le si vous voulez*, Julliard, 2009

Destins extraordinaires

Chœur de brigands

Cartouche, ou la vie sans issue

Deleuze, Robert, *Cartouche, prince des voleurs*, Dagorno, 1994

Ellenberger, Michel, *Cartouche, histoire d'un brigand, un brigand devant l'histoire*, Éditions La Bibliothèque, 2006

Henry, Gilles, *Cartouche, le brigand de la Régence*, Éditions Tallandier, 2001

Peyramaure, Michel, *Cartouche*, Robert Laffont, 2006

Gaspard de Besse, brigand d'esprit et de cœur

Bens, Jean, *Gaspard de Besse*, Ramsay, 1986

Siccardi, Jean, *Gaspard de Besse. 1757-1781. Brigand de France, héros de Provence*, Éditions du Rocher, 2005

Alexandre Jacob, le vrai Arsène Lupin

Astruc, Paula et Olivier, *Les Mystères de l'Hérault*, Éditions De Borée, 2008

Caruchet, William, *Marius Jacob, biographie*, Nouvelles Éditions Séguier, 2003

Delpech, Jean-Marc, *Alexandre Jacob, l'honnête cambrioleur. Portrait d'un anarchiste (1879-1954)*, Éditions Atelier de création libertaire, 2008

Jacob, Alexandre, *Marius. Écrits*, L'Insomniaque, 2004

Sergent, Alain, *Un Anarchiste à la Belle Époque : Alexandre Marius Jacob*, Libertaires, 2005

Thomas, Bernard, *Les Vies d'Alexandre Jacob (1879-1954), mousse, voleur, anarchiste, bagnard...*, Fayard-Mazarine, 1998

Vigouroux, Gisèle, *Les Grandes Affaires Criminelles de l'Hérault*, Éditions De Borée, 2009

L’empreinte de leurs noms

Les éponymes gourmands, ou quand hommes et femmes deviennent délices

Pour une fleur de parmentière : Antoine-Augustin Parmentier (1737-1813)

MURATORI-PHILIP, Anne, *Parmentier*, Plon, 2006

Le roi, la soubrette et les petits gâteaux : Madeleine Paulmier (1755- ?)

CAFFIER, Michel, *Il était une fois la madeleine. Histoire et recettes d’un produit d’exception lorrain*, Éditions La Nuée bleue, 2006

Marie Brizard, un zeste d’histoire dans une bouteille de légende

BONIN, Hubert, *Marie Brizard (1755-1995)*, L’Horizon chimérique, 1995

Variations solognotes autour d’une tarte : les sœurs Tatin

BARDON, Gérard, *La Tarte Tatin. Gourmandise solognote : naissance et vie d’un grand desser*t, Éditions CPE, 2006

QUEVREMONT, Catherine, *Tartes Tatin*, Marabout Hachette, 2003

La mère Poulard, ou comment l’omelette devint un mythe

COUILLARD, Émile, *La Mère Poulard*, 1932

Autres éponymes un peu moins appétissants…

Comment raccourcir sans douleur : Joseph-Ignace Guillotin (1738-1814)

PIGAILLEM, Henri, *Le Docteur Guillotin, bienfaiteur de l’humanité*, Pygmalion, 2004

Un préfet écolo : Eugène Poubelle (1831-1907)

CAZALS, Rémy, et FABRE, Daniel, *Les Audois : dictionnaire biographique*, Association des amis des archives de l’Aude, Fédération audoise des œuvres laïques et Société d’études scientifiques de l’Aude, 1990

FOURIE, Jean, *Essai de nomenclature générale des Audois célèbres*, Espéraza, 1975

Le roi de la godasse : Alexis Godillot (1816-1893)

COINTAT, Alain, *Les Souliers de la gloire : Alexis Godillot (1816-1893), l’exceptionnelle réussite d’un fidèle de Napoléon III*, Les Presses du Midi, 2006

Les torturées de Dieu

Marguerite-Marie Alacoque, une mystique déconcertante

DUFOUR, Gérard, *À l'école du Cœur de Jésus avec sainte Marguerite-Marie*, Éditions de l'Emmanuel, 1991

PEYROUS, Bernard, DARRICAU, Raymond, *Sainte Marguerite-Marie et le message de Paray-le-Monial*, Desclée, 1993

Marthe Robin, «La Croix et la joie»

ANTIER, Jean-Jacques, *Marthe Robin, le voyage immobile*, France Loisirs, 1991

CLEMENT, Marcel, *Pour entrer chez Marthe*, Fayard, 1993

GIDE, André, *La Séquestrée de Poitiers*, Gallimard, 1930

GUITTON, Jean, *Portrait de Marthe Robin*, Grasset, 1985

PEYROUS, Bernard, *Vie de Marthe Robin*, Éditions de l'Emmanuel/Éditions Foyer de Charité, 2006

RAVANEL, Jacques, *Le Secret de Marthe Robin*, Presses de la Renaissance, 2008

Claire Ferchaud, la nouvelle Jeanne d'Arc et son petit roi

LE NAOUR, Jean-Yves, *Claire Ferchaud. La Jeanne d'Arc de la Grande Guerre*, Éditions Hachette Littérature, 2007

Les chercheuses de nuages

Le fabuleux destin de Jeanne Barret

DESCHAMPS, Fanny, *La Bougainvillée, tome II : Quatre épices*, Éditions Albin Michel, 1986

PELT, Jean-Marie, *La Cannelle et le Panda*, Éditions Fayard, 1999

Une Toulousaine en Susiane : Jane Dieulafoy

CAUJOLLE, Patrick, *Les Mystères de la Haute-Garonne*, Éditions De Borée, 2008

GRAN-AYMERIC, Ève et Jean, *Jane Dieulafoy une vie d'homme*, Éditions Librairie Académique Perrin, 1990

Alexandra David-Néel, «la femme aux semelles de vent»

CHALON, Jean, *Le Lumineux Destin d'Alexandra David-Néel*, Éditions Librairie Académique Perrin, 1998

PEYRONNET, Marie-Madeleine, *Dix ans avec Alexandra David-Néel*, Fondation Alexandra David Néel, 1992

Les grandes catastrophes

L'effondrement mystérieux du mont Granier (24 novembre 1248)

BERLIOZ, Jacques, *L'Effondrement du mont Granier en Savoie, 1248. Histoire et légendes*, Éditions Centre alpin rhodanien ethno, 1999

La terre de Provence bouge (Lambesc, 11 juin 1909)

L'Illustration, n° 3460

Le Sud-Ouest tremble (Arette, 13 août 1967)

Détective, n° 1104

L'incendie du Bazar de la Charité (4 mai 1897)

L'Illustration, n° 2828

Le métropolitain en feu ! (10 août 1903)

HOUDRY, Philippe et Gilles, *La Vie de Caroline et Frédéric*, édité par Philippe et Gilles Houdry, 1997

L'histoire secrète de la plus grande catastrophe ferroviaire de France (12 décembre 1917)

CHARDANS, Jean-Louis, *Historia*, n° 311, octobre 1972

Le crash mystérieux du DC-4 canadien (13 novembre 1950)

HAMELIN, Louis-Edmond, *L'Obiou entre Dieu et le diable*, Éditions du Méridien, 1990

Le barrage maudit : Malpasset le bien nommé (2 décembre 1959)

VALENTI, Vito, et BERTINI, Alfred, *Barrage de Malpasset. De sa conception à sa rupture*, édité par la Société d'histoire de Fréjus et de sa région, 2003

Histoires incroyables

Cadet Rousselle : le tube de la Révolution française

CARADEC, François, *Vie de Raymond Roussel*, Jean-Jacques Pauvert éditeur, décembre 1972

Pierre Vaux : instituteur et bagnard

CHARVIN, René, *Le Village en flammes*, Éditions Cêtre, 1993

Les architectes du rêve

Le château fou du facteur Cheval

BORNE, Alain, *Le Facteur Cheval*, Éditions Curandera, 1993

Le Palais idéal du facteur Cheval, Éditions du Moniteur, 1981

L'attrape-rêves, Raymond Isidore, dit Picassiette

FRANZOSINI, Edgardo, et DI MEO, Philippe, *Monsieur Picassiette : Raymond Isidore et sa cathédrale*, Jean-Claude Lattès, 1998

PREVOST, Claude et Clovis, *Raymond Isidore, dit Picassiette, de Chartres*, Éditions du Chêne, 1978

C'est à boire qu'il leur faut ! Deux curés qui ont de la bouteille

Félix Kir, le chanoine « rince-cochon »

BAZIN, Jean-François, et MIGNOTTE, Alain, *Pour le meilleur et pour le kir, le roman d'un mot-culte*, JPM éditions, 2002

DEVANCE, Louis, *Le Chanoine Kir. L'invention d'une légende*, Éditions universitaires de Dijon, 2007

LAPORTE, Guillaume (pseudonyme de Jean-François Bazin et d'Alain Mignotte), *Le Chanoine Kir a-t-il existé ?*, Imprimerie Massebeuf, 1968

MARQUES, Charles, *Le XXe siècle à l'hôtel de ville de Dijon*, Éditions de l'Armançon, 2006

MURON, Louis, *Le Chanoine Kir*, Presses de la Renaissance, 2004

Noë Chabot, le curé-bistrot

BRIVES, Henri, et PERROY, François, Moi, Noë Chabot, *curé-bistrot*, Éditions Copédit, 1986

CHABOT, Jean-Noë (abbé), *Mémoires du curé-bistrot*, Joucla

L'énigme du soldat inconnu vivant (1918-1942)

COSSON, Jean-Michel, *Une Vie oubliée*, Éditions De Borée-France Inter, 2002

Phénoménal !

Sylvain Dornon, l'homme-échassier

DORNON, Sylvain, *58 jours sur des échasses*, Imprimerie Gounouilhou, 1892

Joseph Pujol, le souffleur de vent

NOHAIN, Jean, et CARADEC, François, *Le Pétomane au Moulin Rouge*, Éditions Mazarine, 2000

Les fantaisistes de la politique, d'Adolphe Bertron à Coluche

FULIGNI, Bruno, *Votez fou !* Éditions Horay, 2007

Jules Depaquit, l'antigrattecielliste de Montmartre

DEPAQUIT, Jules, *Histoire de France*, H. Jonquières, 1928

Du Passocéan à la présidence ! Paul Démarais (1872-environ 1945)

BOITEAU, Pierre, *Votez Démarais*, Éditions de la Lieutenance, 2001

Ferdinand Lop, le gaLOPin de la « LOPitique »

LOP, Ferdinand, *Antipensées*, Imprimerie Belleville, 1973

Les calculateurs prodiges

BINET, Alfred, *Psychologie des grands calculateurs et joueurs d'échec*, Hachette, 1894

Le quadrateur inventif du Gers : Joseph Lacomme

BLANC, Dominique, *Le Calcul mental et la question de l'écriture*, rapport à la mission du patrimoine ethnologique du ministère de la Culture, Toulouse, Centre d'anthropologie, 1997

Le petit pâtre tourangeau qui possédait la bosse des maths : Henri Mondeux

BARBIER, Hippolyte, *Vie de Henri Mondeux*, jeune pâtre mathématicien, Appert Imprimeur, 1844

JACOBY, Émile, *Biographie d'Henri Mondeux*, Jeune Éditions, 1846

« Le plus extraordinaire calculateur des temps modernes » : Jacques Inaudi (1867-1950)

FLAMMARION, Camille, et BINET, Alfred, Notice sur *Jacques Inaudi, le plus extraordinaire calculateur des temps modernes*, 1925

Illuminés, excentriques et autres originaux...

Jacques Lebaudy, l'empereur fantoche du Sahara

MEYER, Charles, « Jacques Ier : mon empire au Sahara », *Historia*, n° 473, mai 1986

ROGER, Régis, « Jacques Ier, empereur du Sahara », *Historia*, n° 106, septembre 1955

Le baron Saint-Cricq : un aristo excentrique

LESBROS, Dominique, *Paris mystérieux et insolite*, Éditions De Borée, 2009

Remerciements

Les Nouveaux Mystères de France, second opuscule qui fait suite aux *Mystères de France* (2009), s'inscrit dans la collection qui décline, département par département, les histoires insolites, étranges, criminelles et extraordinaires.
Inaugurée avec *Les Mystères de l'Aveyron*, cette collection s'est enrichie au fil des années grâce aux différents auteurs qui en ont fourni la quintessence. À ce travail ethnographique de premier ordre au cœur des terroirs de France, il fallait un grand ordonnateur pour nourrir et orienter cette collection. Anthony Frot fut celui-là.
Alors que ce dernier a décidé de donner un autre lit à son fleuve de vie, qu'il en soit ici remercié tout en sachant que la collection des «Mystères», loin d'être épuisée, continuera à vivre et à se développer.

Christine, Marie-Paule et Gérard se sont essayés reporters photographes. Les auteurs les remercient pour les belles vues d'ici ou d'ailleurs…

Merci à Mono, pour nous avoir confié l'insolite histoire de son lointain cousin, l'abbé mort avant d'être né.

À Bernard Peyrous, pour les documents concernant Marthe Robin.
À Suzanne, Sandrine et Éric, pour leur aide généreuse.
À la mairie de Brantôme, et à celle de Dénezé-sous-Doué.

Table des matières

QUATRIEME PARTIE

Histoires incroyables

Chez le même éditeur

*Les Mystères de l'*ALLIER
Jean Débordes

*Les Nouveaux Mystères de l'*ALLIER
Jean Débordes

*Les Mystères de l'*AVEYRON
Paul Astruc, Jean-Michel Cosson et Jean-Philippe Savignoni

*Les Nouveaux Mystères de l'*AVEYRON
Paul Astruc, Jean-Michel Cosson et Jean-Philippe Savignoni

*L'*AVEYRON *mystérieux et insolite*
Paul Astruc, Jean-Michel Cosson et Jean-Philippe Savignoni

*L'*AVEYRON *secret*
Jean-Michel Cosson et Jean-Philippe Savignoni

Les Mystères de la CÔTE-D'OR
Alain Lequien

Les Mystères des CÔTES-D'ARMOR
Danièle Vaudrey

Heurs et Malheurs du DAUPHINÉ
Claude Muller

Les Mystères du DAUPHINÉ
Claude Muller

Histoires extraordinaires du DAUPHINÉ
Claude Muller

Les Mystères de la DRÔME
Claude Didier

Les Mystères de la FRANCE
Jean-Michel Cosson

Les Mystères de HAUTE-GARONNE
Patrick Caujolle

Les Mystères de la HAUTE-MARNE
Bruno Théveny

Les Mystères de la HAUTE-SAVOIE
Jean-Philippe Buord

*Les Mystères de l'*HÉRAULT
Paula et Olivier Astruc

*Les Nouveaux Mystères de l'*HÉRAULT
Paula et Olivier Astruc

*Les Mystères d'*ILLE-ET-VILAINE
Christophe Belser et Lenaïc Gravis

Les Mystères du Jura
Alain Lequien

Les Mystères du département de la Loire
Philippe Marconnet

Les Mystères du Lot
Élisa Sabathié

Les Mystères de Lozère
Élisa Sabathié et Marie-Pascale Vincent

Les Mystères de la Manche
Jean-François Miniac

Les Mystères de la Meuse
Alain Fisnot

Les Mystères du Nord – Pas-de-Calais
Bernard Coussée

Les Nouveaux Mystères du Nord – Pas-de-Calais
Bernard Coussée

Le Nord – Pas-de-Calais secret
Bernard Coussée

Paris mystérieux et insolite
Dominique Lesbros

Paris mystérieux et insolite (tome 2)
Dominique Lesbros

Les Mystères de Saône-et-Loire
Alain Lequien

Les Mystères de Seine-Maritime
Lionel Acher et Daniel Fauvel

Les Mystères du Tarn
Paula et Olivier Astruc

Les Nouveaux Mystères du Tarn
Paula et Olivier Astruc

Les Mystères du Tarn-et-Garonne
Patrick Caujolle

Les Mystères des Vosges
Bruno Théveny

Les Mystères de l'Yonne
Jean-Pierre Fontaine

Les Nouveaux Mystères de l'Yonne
Jean-Pierre Fontaine

L'Yonne secrète
Jean-Pierre Fontaine

Crédit iconographique

Archives départementales de l'Hérault

128.

Gérard Bru

235, 240, 244, 246, 247.

Jean-Michel Cosson

21, 22, 23, 53, 88, 91, 92, 94, 96, 121, 149, 275, 276, 277, 278, 294, 295, 296, 298, 324, 329, 330, 331, 332, 336, 339, 343, 344, 354, 376.

Détective

207, 208, 211, 241, 242, 243, 307, 309.

Philippe Grandcoing

57, 59, 60, 62.

Kharbine-Tapabor

11, 12, 16, 37, 38, 39, 41, 44, 47, 51, 55, 69, 77, 79, 80, 82, 83, 85, 97, 99, 100, 101, 102, 105, 106, 107, 108, 110, 111, 113, 114, 115, 116, 119, 122, 123, 125, 129, 130, 131, 132, 133, 135, 136, 137, 139, 147, 151, 152, 153, 154, 155, 157, 160, 163, 164, 165, 167, 169, 174, 177, 178, 181, 183, 185, 186, 187, 189, 220, 230, 255, 258, 301, 304, 312, 323, 327, 334, 335, 346, 349, 352, 367, 369, 371, 373.

Sylvain Larue

56.

Mairie de Brantôme

26.

Mairie de Dénezé-sous-Doué

24, 25.

Christine Maurin

15, 17, 18.

Marie-Paule Maurin

195,196, 197, 198, 199.

Sandrine Muscat

237, 238, 239.

Musée Picassiette

283, 284, 287.

Office de tourisme de Brantôme

27.

Bernard Peyrous

134, 141, 142.

Rue des archives

45, 52, 71, 73, 87, 109, 126, 159, 229, 232, 233, 257, 260, 289, 290, 317, 320, 333, 341, 342, 345.

Gisèle Vigouroux

29, 30, 31, 33, 35.

Malgré nos recherches d'ayants droit, nous nous excusons en cas d'omission du crédit iconographique.

« Ce livre vous a plu ?
Partez à la découverte des autres collections des Éditions *De Borée*... »

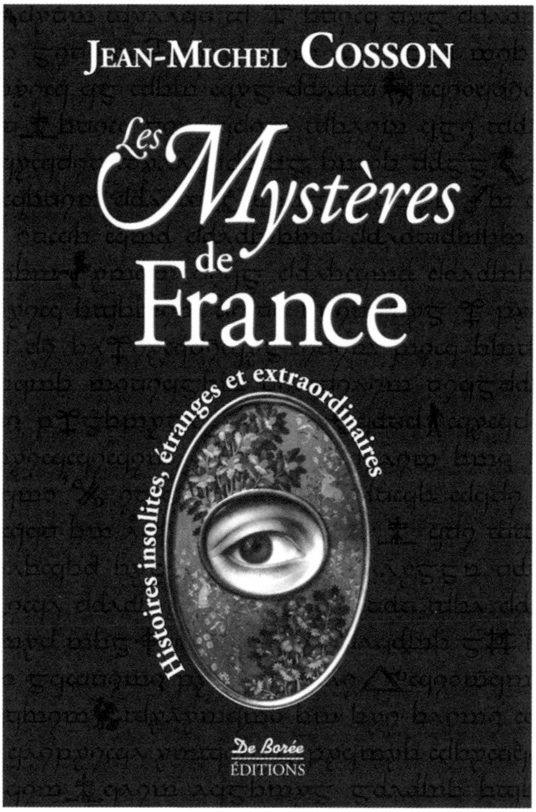

LES MYSTÈRES DE FRANCE
Jean-Michel Cosson

Quel est le secret de Rennes-le-Château et de son célèbre abbé Saunière ? Que penser du trésor caché de Montségur ? Quant aux possédées, qu'elles soient de Loudun, Louviers ou Morzine, Jean-Michel Cosson lève aujourd'hui le voile sur des mystères restés jusqu'ici insondables...

384 pages - 16,8 x 24,8 cm - 9782844949639 - 28 €

www.deboree.com